노먼 빈센트 필의
긍정적 사고방식

The Power of Positive Thinking

by Norman Vincent Peale

Korean translation copyright ⓒ 2020 by Sejong Books, Inc.
Copyright ⓒ 1987 by Prentice Hall Press, A Division of Simon&Schuster, Inc.
All rights reserved.
This Korean edition was published by arrangement with
the original Publisher, Simon&Schuster c/o through KCC, Seoul.

노먼 빈센트 필의 긍정적 사고방식

지은이	노먼 빈센트 필
옮긴이	이갑만
펴낸이	오세인
펴낸곳	세종서적(주)
주간	정소연
편집	장여진
표지	안자은
마케팅	임종호
경영지원	홍성우
출판등록	1992년 3월 4일 제4-172호
주소	서울시 광진구 천호대로 132길 15 3층
전화	경영지원 (02)778-4179, 마케팅 (02)775-7011
팩스	(02)776-4013
홈페이지	www.sejongbooks.co.kr
네이버 포스트	post.naver.com/sejongbook
페이스북	www.facebook.com/sejongbooks
원고 모집	sejong.edit@gmail.com

초판   1쇄 발행 1997년 7월 1일
개정신판 1쇄 발행 2014년 10월 30일
개정2판 1쇄 발행 2020년 4월 1일
         3쇄 발행 2022년 9월 30일

ISBN 978-89-8407-786-7 03320

어떻게 자신의 행복을 창조할 것인가

노먼 빈센트 필의
긍정적 사고방식
The POWER of POSITIVE THINKING

노먼 빈센트 필 지음 | 이갑만 옮김

세종

머리말

삶이 순조롭게 풀려나가는 방법

이 책은 당신에게 어떤 일에도 좌절하지 않고 마음의 평화와 건강, 그리고 끊임없이 솟아오르는 삶의 활력을 누리며 살아갈 수 있는 방법을 알려주고, 그 실례들을 제시함으로써 그런 인생이 실제로 가능하다는 것을 보여주기 위해 쓴 것이다. 당신의 인생은 기쁨과 보람으로 넘쳐날 수 있으며, 나는 인생의 이런 가능성을 조금도 의심하지 않는다. 지금까지 많은 사람이 이 방법을 자신의 삶에 적용해 온갖 혜택을 누리며 사는 모습을 누누이 보아왔기 때문이다. 이 주장은 언뜻 보기에는 터무니없다고 생각될 수도 있지만, 그런 사실들은 생생한 삶의 현장에서 확실하게 입증되고 있다.

삶의 일상적인 문제들로 인해 참담한 좌절을 맛보는 사람은 셀 수 없이 많다. 그들은 인생이 사람에게 안겨주는, 소위 '불운'으로 치부되는 수많은 일에 대해 막연한 분노를 느끼며, 더 나은 인생을 살기 위해 몸부림치면서 하루하루를 살아가고 있다. 어떤 의미에서는 인생에 '운'이라는 것이 있을지도 모른다. 만약 우리의 인생에 그런 운이 있다면, 그 운을 조절하고 좌지우지할 방법도 있을 것이다. 수많은 사람이 살아가면서 겪게 되는 여러 가지 문제, 자질구레한 걱정거리, 난관 등으로 인해 심각한 좌절을 느끼는 것이 현실이다. 그런데 그러한 좌절은 전적으로 불필요하며, 사람들이 이를 모르고 살고 있다는 것이 참으로 딱하게 느껴진다.

물론 인생의 고난이나 비극을 무시한다거나 경시할 생각은 없다. 다만 그런 것들이 우리의 인생을 지배하도록 방치해두어서는 안 된다는 점을 말하고 싶다. 그런 장애물이 당신의 마음을 지배하도록 내버려둔다면, 그것은 극도로 증폭되어 결국 당신의 사고방식을 주도하게 된다. 그렇기 때문에 당신은 마음속에서 장애물을 제거하는 방법을 배워, 정신적으로 굴복당하지 않도록 단호히 차단해야 한다. 나아가 당신의 사고에 영적인 힘을 불어넣어서, 당신을 좌절시키는 그 장애물을 극복해내야 한다. 이제부터 설명하는 방법들을 적용한다면, 그런 장애물이 당신의 행복과 안녕을 파괴하는 일은 없을 것이다. 그러나 소극적인 사고방식을 적용하고 쉽게 좌절한다면 당신은 패배할 수밖에 없다. 『긍정적 사고방식(*The Power of Positive Thinking*)』은 당신에게 승리를 얻을 수 있는 비결을 가르쳐줄 것이다.

이 책의 취지는 매우 직접적이고 분명하다. 나는 이를 통해 나의 문학적인 재능을 드러내거나 남다른 학식을 과시할 생각은 추호도 없다. 다만 독자들이 행복하고 만족스럽고 보람 있는 인생을 살아나가길 바라는 마음뿐이다.

이 책은 더 나은 삶을 위해 실생활에 바로 적용할 수 있는 실제적인 안내서이다. 당신이 이 방법들을 생활 속에서 실천한다면 인생에서 큰 승리를 얻을 수 있을 것이다. 그 확실한 근거와 효과적인 원리들이 바로 이 책

속에 들어 있다. 나는 그 원리를 합리적이고 간단명료하며, 이해하기 쉽게 설명할 것이다. 따라서 당신은 마음속 깊이 바라는 인생을 스스로 만들어나가는 실제적인 방법을 배울 수 있을 것이다.

당신이 이 책을 진지하게 읽고 그 가르침을 조심스럽게 마음으로 받아들인다면, 그리고 그 속에 담긴 원리와 방법을 진지하고 끈기 있게 당신의 삶에 적용한다면, 참으로 놀라운 사실을 경험하게 될 것이다. 당신의 삶을 지배해왔던 과거의 환경을 당신이 지배하게 될 것이며, 당신의 삶을 둘러싸고 있는 현재의 환경을 부분적으로 조정하거나 전면적으로 바꿀 수도 있을 것이다. 그러면 당신의 대인관계는 개선되고, 인망은 더욱 높아져 사람들로부터 존경과 사랑을 받게 될 것이다. 그리고 이런 원리들에 숙달됨으로써 기쁨이 넘치는 새로운 행복을 맛볼 것이며, 지금까지는 결코 생각할 수조차 없던 놀라운 건강을 누릴 뿐만 아니라 새롭고 멋진 삶의 기쁨과 마주하게 될 것이다.

이러한 원리의 실천이 그와 같은 결과를 낳을 것이라고 내가 이토록 확신하는 이유는 무엇일까? 나는 뉴욕의 마블 협동교회에서 오랫동안 영적인 기법에 기초한 창조적인 생활을 가르치며 수백 명의 삶에 나타난 변화들을 면밀히 관찰해왔는데, 이 원리들이 효과가 있음을 문서로 확인했고, 실제로 확인할 수도 있었다. 내가 내세우는 주장들은 결코 터무니없는 것이 아니다. 이 책에 소개된 삶의 기법들은 성공적인 인생을 가져다주는, 실로 흠잡을 데 없는 놀라운 방식이다.

여러 권의 저서, 백여 종의 일간지에 매주 정기적으로 썼던 기고문, 17년 이상 계속한 라디오, 내가 편집했던 『가이드포스트(Guideposts)』지, 수많은 도시에서의 강연 등으로 나는 지금까지 성공과 건강, 행복을 위한 과학적이면서도 간단명료한 원리들을 계속 가르쳐왔다. 많은 사람이 그것을 읽고, 듣고, 실천했으며, 그 결과는 언제나 한결같았다. '새로운 인생', '새로운 힘', '증대된 능력', '더 큰 행복'이 바로 그것이다.

　이 원리들을 많은 사람이 더 쉽게 배우고 실천할 수 있기를 소망하는 마음으로 『긍정적 사고방식』을 출간하게 되었다.

　여기에 기록되어 있는 여러 원리는 내가 고안해낸 것이 아니라, 우리와 같이 이 땅에서 사셨고 지금도 살아 계시는 위대한 스승이 주신 것이라는 사실을 새삼 다시 언급할 필요는 없을 것이다. 이 책은 기독교를 응용하여 인생을 성공적으로 이끄는 간단명료하면서도 아주 과학적이고 실제적인 방법들을 당신에게 가르쳐줄 것이다.

노먼 빈센트 필

차례

01

당신 자신을 믿어라

당신 자신을 믿어라. 그리고 자신이 가지고 있는 힘과 능력을 신뢰하라!

자신의 능력에 대해서, 겸손하지만 확실한 근거가 있는 믿음이 없다면 당신은 성공할 수도, 행복할 수도 없다. 오로지 자신의 능력에 대한 믿음인 자신감이 뒷받침되어야만 성공할 수 있다. 열등감과 자신감 부족은 소망이 성취되는 것을 방해하지만, 자신에 대한 긍정적인 신뢰, 즉 자신감은 당신의 자아와 소망을 성취시킬 것이다. 이러한 자세는 매우 중요하다. 이 책은 당신이 스스로를 믿고, 당신 안에 잠재되어 있는 내적 능력을 풀어내는 데 많은 도움이 될 것이다.

만성적 질병인 열등감에 사로잡혀 정신적인 불구가 되고, 평생을 비참하게 살아가는 사람이 굉장히 많다는 사실을 생각하면 오싹 소름이 끼친다. 누구도 그런 질병으로 고통받을 이유는 없다. 뭔가 적당한 조치만 취한다면 열등감이란 문제는 충분히 극복할 수 있으며, 자신에 대한 창조적이고 생산적인 믿음, 정당한 근거가 있는 믿음을 가질 수 있다.

어느 날 나는 한 도시의 공회당에서 열린 실업가들의 모임에서 강연을 한 적이 있었다. 강연이 끝나 연단에서 청중들에게 마무리 인사를 하고 있을 때였다. 한 남자가 진지한 태도로 면담을 요청했다.

"저에겐 아주 중요한 문제인데요, 잠깐이라도 좋으니 선생님과 이야기를 좀 나눌 수 있을까요?"

나는 그에게 청중이 모두 빠져나갈 때까지 기다려달라고 말했다. 이윽고 청중이 다 빠져나갔고, 우리는 연단 뒤쪽에 있는 사무실에 자리를 잡았다. 그가 말을 꺼냈다.

"저는 이 도시에서 일생을 건 사업을 하려고 합니다. 그 사업이 성공한다면 좋겠지만, 실패한다면 그야말로 끝장입니다."

나는 그에게 조금 진정하라고 이르고, 세상일이 그렇게 간단히 끝장나는 것은 아니라고 말해주었다. 그가 사업에 성공한다면 그것이야말로 말 그대로 좋은 일이겠지만, 그렇지 못하더라도 내일은 내일대로 또 다른 날이 되지 않겠느냐는 등의 이야기를 해주었다.

그러나 그는 풀이 죽은 채로 이렇게 말했다.

"제 자신을 조금도 믿지 못하겠어요. 도무지 자신이 없어요. 지금 하려는 일도 성공적으로 해낼 수 있을지 걱정입니다. 용기는커녕 아무런 의욕도 없습니다. 사실······."

그는 울먹이고 있었다.

"저는 그야말로 파멸 직전입니다. 지금 마흔인데, 이 나이가 되기까지 늘 제 자신이 못났다는 열등감, 자신감 부족, 회의감으로 고통받았습니다. 제가 왜 그래야 하는 겁니까? 오늘 강연을 주의 깊게 들었습니다. 매우 감명받았어요. 그래서 당신에게 묻고 싶습니다. 어떻게 해야 제가 저에 대한 신뢰와 자신감을 얻을 수 있습니까?"

"두 가지 단계를 밟아야 합니다. 첫째, 왜 당신이 그러한 무력감을 느끼게 되었는지를 알아내는 것이 아주 중요합니다. 그렇게 하려면 세심한 분석이 필요하고 시간도 꽤 걸립니다. 내과 의사가 환자의 몸에서 잘못된 것을 찾기 위해 몸을 샅샅이 검사하듯이 감정의 질병도 그런 식으로 접근해야 합니다. 이 일은 마음먹는다고 해서 당장 이루어지는 것이 아닙니다. 물론 오늘 밤 우리의 짧은 상담으로도 해결될 수 없지요. 무언가 근본적인 해결을 위한 대책이랄까, 치유가 필요합니다. 하지만 오늘 저는 눈앞에 닥친 긴박한 문제를 타개할 수 있도록 당신에게 해결책을 가르쳐드릴 생각입니다. 제대로 활용하기만 한다면 반드시 효과가 있을 겁니다.

오늘 밤 거리를 걸을 때, 이 문장을 소리 내어 말하세요. 잠자리에 들어서도 여러 번 되풀이해서 중얼거리고, 내일 아침에 잠이 깰 때에도 자리에서 일어나기 전에 세 번만 되풀이해서 말해보세요. 또 중요한 약속이나 일 때문에 나갈 때에도 그 말을 되풀이해 암송하세요. 믿음을 가지고 진지하게 이 일을 계속해나간다면, 당신은 분명히 문제를 처리할 수 있는 충분한 힘과 능력을 얻게 될 것입니다. 그런 다음에 당신이 의향만 있다면, 저는 당신의 근본적인 문제 원인에 대한 분석을 시도할 수 있을 것입니다. 그 시도에서 제가 어떤 결과를 얻어내든, 지금 제가 제공하는 해결책은 궁극적인 치료에 아주 중요한 역할을 할 것입니다."

내가 그에게 적어준 문구는 다음과 같은 것이었다.

"내게 능력 주시는 자 안에서 내가 모든 것을 할 수 있느니라."(「빌립보서」4장 13절)

그는 이 성경 구절을 잘 모르고 있었기 때문에 나는 이 구절을 카드에 적어 주며, 세 번 이상 크게 소리 내어 읽도록 했다.

"꼭 이대로 해보시기 바랍니다. 꾸준히 하셔야 효과가 있습니다. 저는 당신이 어떤 일을 하든 모두 잘 풀릴 것으로 믿습니다."

그는 자리에서 벌떡 일어나 한동안 아무 말도 없더니 다소 격앙된 어조로 이렇게 말했다.

"알겠습니다, 네, 선생님, 잘 알겠습니다."

나는 그가 어깨를 활짝 펴고 어둠 속으로 사라져가는 것을 지켜보았다. 멀어지는 뒷모습은 애처로워 보였지만, 그의 마지막 모습은 믿음이 이미 마음속에서 역사하기 시작했다는 것을 보여주었다.

얼마 후, 그는 이 간단한 해결책이 기적을 일으켰다고 전화하면서 이런 말을 덧붙였다.

"성경 속의 짧막한 구절이 그렇게 엄청난 일을 일으켰다는 게 도무지 믿어지지가 않습니다."

이 사람은 그 후 자신이 지닌 열등감의 원인을 찾아내려고 적극적으로 노력했고, 과학적인 상담과 신앙을 통해 열등감의 원인들을 차례차례 해결해나갔다. 그는 어떻게 종교적 신앙을 가져야 하는지를 배웠고, 그 신앙을 유지하기 위해 따라야 할 특별한 가르침(이 가르침은 이 장의 후반부에 소개된다)도 받아들였다. 이후 그는 점차 강하고 견실하며 확실한 근거가 있는 자신감을 갖게 되었다. 모든 일이 등을 돌리는 것이 아니라 자신을 향해 흘러들어온다는 사실에 경탄했다. 성공을 내쫓는 부정적이며 소극적인 성격은 성공을 자신에게로 이끌어오는 긍정적이며 적극적인 성격으로 바뀌게 되었다. 이제 그는 자신의 능력에 대해 근거가 확실한 자신감을 가지게 된 것이다.

자신감을 가로막는 열등감의 뿌리

열등감의 원인은 아주 다양하지만 대개는 어린 시절에 형성된다. 언제인가 어떤 회사의 중역으로부터 승진시키려고 하는 유망한 청년 사원을 상담해달라는 요청을 받은 적이 있었다.

"그 청년에게 중요한 기밀정보 관리를 맡길 수 없습니다. 유감스럽지만 그를 믿을 수가 없어요. 내 오른팔로 키울 자질은 충분한데, 다만 한 가지, 말이 많고 입이 가벼운 것이 탈입니다. 지극히 사적이고 중요한 기밀을 무분별하게 말해버리고 맙니다."

청년을 상담해본 결과, 말이 많고 입이 가벼운 것은 그의 열등감에 기인하고 있음을 알게 되었다. 그는 열등감을 보상받기 위해서 자신의 지식을 자랑하려는 유혹에 사로잡혀 있었다.

그는 회사 안에서 아주 능력 있는 동료들과 어울렸는데, 모두 대학교를 졸업하고 동문회에 속해 있었다. 그러나 이 청년은 가난한 집에서 태어나 대학교도 다니지 못했고, 당연히 낄 동문회도 없었다. 자연스럽게 그는 학위나 사회적 배경에서 자신이 동료들보다 뒤떨어져 있다고 생각하게 되었다. 그는 동료들과 동등한 위치에까지 자신을 끌어올려 자신의 열세를 보상하고자 하는 심리적 기제를 찾고 있었다. 다시 말해서 그의 잠재의식은 자만심을 끌어올릴 수단을 강구하고 있었던 것이다.

그 청년은 회사에서 상사와 함께 여러 회의에 출석하는 등 경영 문제에 깊이 관여하고 있었다. 상사와 동석하는 회의에는 최고 경영층도 참석하기 때문에 그들의 중요한 사적 대화를 접할 기회가 많았다. 그렇게 해서 알게 된 내부 정보를 동료들에게 자랑스레 말해 감탄과 선망을 얻으려고 했다. 이것이 그 청년의 자부심을 고양시키는 데 도움이 되었고, 또한 남들로부터의 인정을 받고자 하는 그의 욕망을 만족시키는 수단이 되었다.

그 청년의 상사는 친절하고 이해심이 깊은 사람이었다. 그 상사는 청년의 성격적 결함의 원인을 발견하자, 곧 그에게 재능을 발휘할 사업상의 기회를 주었다. 또한 그의 열등감이 기밀사항을 누설시키는 원인이었음을 조용히 지적해주었다. 이러한 과정을 거쳐 청년은 자신을 새롭게 인식하게 되었고, 자신에 대한 바른 인식, 충실한 믿음과 기도 생활을 통해 회사에 없어서는 안 될 귀중하고 유능한 인재로 성장해나갔다. 감춰져 있던 그의 참된 힘이 비로소 솟아나기 시작한 것이다.

내 개인적인 이력을 보아도 어린아이들이 어떻게 열등감을 가지게 되는지를 설명할 수 있을 것 같다.

어렸을 때 나는 무척 말랐었다. 신체조건이 좋은 육상 선수로서 큰 병 없이 건강했지만, 웬일인지 몹시 야위었다. 이것은 그 당시 나의 가장 큰 고민거리였다. 나는 야윈 것이 싫었고 통통해지고 싶었다. 아이들은 나를 말라깽이라 놀렸고, 나는 이 별명을 끔찍하게 싫어했다. 어떻게 해서든 아이들이 나를 뚱뚱보라고 불러주기를 바랐다. 나는 강인하고 튼튼하게 살이 찌고 싶었다. 그래서 살찌기 위해서 할 수 있는 일이라면 무슨 일이고 다했다. 간유도 먹어보고 엄청난 양의 밀크셰이크도 마셨다. 아마도 땅콩과 생크림을 듬뿍 뿌린 초콜릿 아이스크림을 수천 개도 더 먹었을 것이다. 생과자와 파이도 수없이 먹어치웠다. 하지만 내가 기대하는 효과는 조금도 나타나지 않았다. 여전히 살이 찌지 않았으며, 밤마다 너무 야위었다는 생각에 잠도 잘 수 없었다.

이렇게 몸무게를 늘리려고 무던히 애쓴 결과 서른 무렵부터 갑자기 살이 찌기 시작했다. 옷의 솔기가 터질 정도로 몸의 여기저기가 갑자기 부풀었다. 결국 필요 이상으로 살이 쪘고, 이제는 거꾸로 적당한 몸무게를 유지하기 위해 살을 찌우려고 애쓰던 때와 같은 고민에 빠져 15킬로그램이나 줄여야 할 처지가 되었다.

게다가 나는 목사의 아들이라는 사실이 항상 부담스러웠다. 다른 아이들은 뭐든지 자유롭게 할 수 있었지만, 나는 사소한 잘못만 해도 사람들이 대뜸 "이봐, 넌 목사 아들이면서……"라고 나무랐다. 그래서 나는 목사의 아들이라는 사실이 너무 싫었다. 사람들은 목사의 아들은 착하고 친절해야 한다고 생각했지만 나는 어깨가 떡 벌어진 골목대장이 되고 싶었다. 아마도 나와 같은 아이들이 말썽꾸러기가 되는 경우는 늘 목사의 아들이라는 꼬리표에 반항하려고 하기 때문이 아닐까 생각한다. 아무튼 나는 어른이 되어도 결코 목사는 되지 않을 것이라고 굳게 맹세하곤 했다. 그 당시에는 정말 목사의 아들이라는 나의 처지가 견딜 수 없도록 싫었다.

가족들은 모두 대중 앞에 서는 연기자 또는 단상의 연사 노릇을 하고 있었는데, 내가 제일 싫어했던 것이 바로 그런 직업이었다. 그러나 가족들은 걸핏하면 나를 연단에 세워 연설하도록 부추겼는데, 어린 시절에는 그것이 죽기보다 싫었고, 때로는 두렵기까지 했다. 이미 오래된 일이지만, 지금도 단상에 오를 때면 가끔씩 그때의 공포가 엄습하곤 한다. 그럴 때마다 나는 하나님이 내게 주신 힘에 대한 확신을 확인하기 위해 가능한 온갖 수단을 활용한다.

결국 나는 이 문제의 해결책을 성경에서 가르치는 간단한 믿음의 기술에서 찾아냈다. 이 믿음의 기술은 과학적이며 건전한 원리로써 열등감이라는 병으로 고통받는 이를 능히 고칠 수 있다. 이 원리를 이용하면 지금까지 옳지 못한 정서에 갇혀 있던 능력을 찾아내 막힘없이 활용할 수 있게 되는 것이다.

위에서 말한 것들이 우리의 인격 속에서 강력한 장벽을 만들어 능력을 크게 제한하고 있는 병적인 열등감의 원인들이다. 그것은 어린 시절의 우리에게 가해진 정서적인 폭력일 수도 있고, 혹은 바람직하지 못한 환경에서 불가피하게 주어지는 결과일 수도 있으며, 우리 스스로 자신에게 가한 잘못일 수도 있다. 이 병적인 열등감의 뿌리는 인격의 깊고 깊은 본질 속에 머물고 있는 안개에 싸인 과거에 박혀 있다.

열등감을 치유하는 믿음

당신에게 지능이 아주 뛰어난 수재인 형이 있다고 가정하자. 형은 학교에서 A 학점만 받는데 당신은 언제나 C 학점이며, 거기에서 벗어날 수 있을 것 같지도 않다. 그래서 당신은 한평생 노력해도 형처럼 성공하긴 힘들 것이라고 지레 포기하고 만다. 형은 매번 A 학점을 받고 당신은 C 학점을 받으니, 당연히 당신은 자신의 인생에서도 C를 받을 것이라고 생각한다. 학교에서 좋은 성적을 얻지 못했으나 학교 밖에서는 굉장한 성공을 거둔 사람이 많다는 사실을 조금도 깨닫지 못하고 있는 것이다.

대학교에서 A 학점을 땄다고 해서 반드시 사회에서도 A 학점을 거둘 것이라고 단정할 수는 없다. 실제로 학교에서는 A 학점이었지만 졸업과 함께 끝나는 경우와, 반대로 학교에서 C 학점을 받았지만 인생에서 참된 A 학점을 따기 위해 노력해 성공한 사람도 적지 않다.

병적인 열등감을 다른 말로 바꾸면, 자기 자신에 대한 심각한 의심이다. 따라서 열등감을 제거하기 위한 최선의 비결은 당신의 마음을 믿음으로 가득 채우는 것이다. 하나님에 대해서 다른 모든 것을 능히 압도할 수 있는 믿음을 갖도록 하라. 이를 통해 당신은 자신에 대해 소박하지만 더

없이 건전하고 현실적인 마음을 가질 수 있을 것이다.

이런 역동적인 믿음의 함양은 기도하되 열심히 기도하고, 성경을 읽되 열심히 읽으며, 성경이 가르치는 믿음의 기술을 성실히 구사하면 성취할 수 있다. 나는 다른 장에서 기도의 특별한 기법을 다룰 것이다. 그러나 여기에서는 열등감이라는 병을 제거하는 데 필요한 믿음을 낳기 위한 특별한 형태의 기도를 말하고자 한다. 피상적인 기도나 형식적인 기도, 또는 마지못해 하는 기도는 열등감을 제거하지 못한다.

텍사스에 사는 친구의 요리사에게 자신에게 주어진 문제들을 어떻게 극복하느냐는 질문을 한 적이 있다. 그녀는 일상적인 문제들은 일상적인 기도로 극복하지만 큰 문제가 닥치면 큰 기도로 대처한다고 대답했다.

나에게 언제나 힘이 되어주었던 친구로, 뉴욕의 시러큐스에 살았으나 지금은 이 세상에 없는 할로 B. 앤드루스는 내가 아는 사람 중에서 가장 뛰어난 실업가이자 유능한 영적 전문가였다. 그는 기도를 해도 마음이 후련하지 못한 것은 대부분 그 기도가 충분히 크지 못하기 때문이라고 말했다. 그는 또 이렇게 말했다.

"이 세상 어느 곳으로든 믿음을 가지고 나아가기 위해서는 큰 기도를 드리는 법을 배우세요. 하나님은 당신이 드리는 기도의 크기에 따라서 당신을 평가하신답니다."

그가 옳다는 것은 의심할 여지가 없다. 성경은 명백히 "너희 믿음대로 되라"(「마태복음」 9장 29절)라고 말하고 있기 때문이다. 당신의 문제가 크면 클수록 당신의 기도도 커져야 한다.

가수인 롤런드 헤이스는 자신의 할아버지가 자주 했다는 말을 내게 들려주었다. 할아버지는 아무 교육도 받지 못했으나 타고난 지혜를 소유한 분이었다며 이야기를 꺼냈다. 할아버지는 "대부분의 기도가 이루어지지 않는 것은 그 기도가 문제를 완전히 빨아들이지 못하기 때문이란다"라고 말씀하셨다는 것이다.

당신의 기도를 의심, 두려움, 열등감 속으로 과감히 몰고 들어가라. 그리고 깊이 있는 기도를 하라. 어떤 문제라도 충분히 빨아들여버릴 만한 큰 기도를 한다면 당신은 능력 있고 생명력이 넘치는 믿음을 갖게 될 것이다.

유능한 영적 전문가를 찾아가서 믿음을 구사하는 방법을 배워라. 믿음을 소유하고 구사하며, 그것이 제공하는 힘을 끌어들이고 풀어내어 쓰는 능력은 기술이다. 이 기술도 다른 것들과 마찬가지로 배워서 익혀야 하며, 부단한 연습을 통해 완벽해진다.

나는 이 장의 끝에 당신의 열등감을 극복하고 믿음을 함양시킬 수 있도록 10개의 규칙을 열거할 것이다. 이를 충실히 이행한다면, 당신의 열등감은 아무리 뿌리가 깊어도 제거될 것이며, 확실한 자신감을 키워나가는 데 큰 도움을 얻을 수 있을 것이다.

불안을 평안으로, 실패를 성공으로

자신감을 키우기 위해서는 당신의 마음속에 계속해서 확신을 심어주는 것이 효과적이다. 만약 당신의 마음이 불안감이나 자신감 부족에 사로잡혀 있다면, 그것들이 오랫동안 당신의 사고방식을 지배해왔기 때문이다. 따라서 그 부정적인 마음을 이겨내기 위해서는 더 긍정적이고 적극적인 관념을 주입해야 한다. 확신하는 마음을 자신에게 되풀이해서 암시하면 원하는 것을 이룰 수 있다. 자신의 마음을 재교육하고, 능력을 창출해내는 생산공장으로 만들기 위해서는 매일매일의 분주한 일상생활에서도 사고방식을 훈련하지 않으면 안 된다. 당신의 의식 속에 자신감을 불어넣는 것은 분주한 생활에서도 가능하다. 이제 아주 독창적인 방법으로 이것을 실행한 한 사람의 이야기를 해보겠다.

몹시 추웠던 어느 겨울날 아침, 그는 중서부 지역의 한 호텔에 묵고 있던 나를 찾아왔다. 거기서 60킬로미터쯤 떨어진 마을에서 강연하기로 되어 있는 나를 데리러 온 것이다. 우리는 차를 타고 미끄러운 도로 위를 빠른 속도로 달렸다. 나는 그가 너무 속도를 내는 듯해 아직 시간 여유가 있으니 천천히 갈 것을 부탁했다. 그러자 그는 "제 운전 솜씨에 대해서는 걱정하지 마세요"라고 대답하고는 "예전에 저는 항상 갖가지 불안감에 가득 차 있었는데, 지금은 그것을 극복해냈습니다. 예전에는 무엇이든지 두려워하기부터 했답니다. 자동차와 비행기를 타는 것도 무서워했고, 가족 중 누군가가 외출이라도 하면 그가 돌아올 때까지 좌불안석이었지요. 무슨 일이 일어날 것 같은 불안감이 항상 제 주변을 맴돌았어요. 이런 불안감이 제 생활을 비참하게 만들었습니다. 열등감에 깊이 물들어 있었고, 자신감도 없었어요. 이런 심리 상태는 사업에도 고스란히 반영되어 일이 잘 풀리지 않았습니다. 그러나 저는 이 모든 불안감을 한꺼번에 마음속에서 깨끗이 씻어버릴 묘안을 생각해냈습니다. 그리고 지금은 개인적인 일에서나 생활 전반에서 언제나 자신감을 가지고 살아가고 있습니다."

그 묘안이란 지극히 간단한 것이었다. 그는 앞 유리 바로 밑의 계기판 위쪽에 붙어 있는 두 개의 클립을 손가락으로 가리켰다. 그리고 운전석 옆의 도구함 속에 손을 넣어 카드 뭉치 하나를 꺼내서는 한 장을 골라내어 계기판 위의 클립에 끼웠다. 그 카드에는 이렇게 쓰여 있었다.

"만일 너희에게 믿음이 겨자씨 한 알만큼만 있어도 (……) 너희가 못할 것이 없으리라."(「마태복음」 17장 20절)

그리고 그는 아주 익숙한 솜씨로 그것을 카드 뭉치 속에 섞고는 거기서 다른 카드를 꺼내 클립에 끼웠다. 물론 한 손으로는 운전을 하면서 말이다. 거기에는 이렇게 적혀 있었다.

"만일 하나님이 우리를 위하시면 누가 우리를 대적하리요."(「로마서」 8장 31절)

"저는 각 지방을 돌아다녀야 하는 세일즈맨입니다. 하루 종일 차를 몰아 거래처의 고객들을 방문합니다. 사람들은 운전을 하면서 별의별 생각을 다 하지요. 그런데 만일 그 사람의 사고방식이 부정적이고 소극적이면, 하루 종일 부정적이고 소극적인 생각들만 하니 그날 하루가 좋지 않게 풀릴 것은 너무도 뻔한 일이지요. 제가 바로 그랬습니다. 저는 하루 종일 한 거래처에서 다른 거래처로 이동하는 내내 두려움과 패배적인 생각을 하면서 다녔습니다. 그러니 판매 실적이 떨어진 것은 당연한 일이었지요. 그러나 차를 운전하는 동안 이 카드를 사용해서 거기에 쓰여 있는 성구들을 기억하려고 애를 쓰면서부터는 완전히 다른 사고방식을 가지게 되었습니다. 끈질기게 제 마음을 따라다니던 불안감은 깨끗이 사라졌고, 실패하리라는 생각과 열등감 대신 믿음과 용기를 갖게 되었습니다. 이것이 나를 바꾼 방법입니다. 게다가 이것은 제 사업도 도와주었습니다. 거래가 이루어지지 않을 거라고 생각하면서 거래처를 방문하는 사람이 어떻게 그 거래를 성사시킬 수 있겠습니까? 그렇지 않습니까?"

이 사람이 선택한 방법은 아주 현명했다. 그는 하나님이 존재하시며, 자신을 후원하고 일을 거들어주신다는 긍정적이고 적극적인 생각을 마음에 가득 채워 자신의 사고방식을 바꾼 것이다. 오랫동안 끈질기게 괴롭혀 온 불안감이 자신을 지배하는 상황을 마침내 끝내고 잠재하고 있던 능력을 자유롭게 풀어낸 것이다.

우리는 사고방식에 따라 불안을 쌓아 올리기도 하고 평안을 쌓아 올리기도 한다. 우리의 생각이 언제 일어날지도 모를 무서운 사건에 대한 불길한 기대에만 집중되어 있다면, 결과는 언제든지 떨쳐버리기 힘든 불안감일 수밖에 없다. 더욱 심각한 것은 우리가 자신의 사고력으로 두려워하는 상황을 스스로 만들어낸다는 사실이다. 이 세일즈맨은 자동차 안에서 눈앞에 카드들을 놓아두어 용기와 자신감이라는 살아 있는 생각을 할 수 있었고, 그 생각을 통해 실제로 긍정적이고 적극적인 결과를 창출해냈다. 그의 힘은 실패할 것이라는 부정적이고 소극적인 심리에 의해 부당하게 억압되어왔지만, 이제는 창조적인 생각들로 고무되어 넘쳐나고 있다.

자신이 가진 자산의 재평가

자신감의 결여는 오늘날 사람들을 끈질기게 괴롭히고 있는 심각한 문제 가운데 하나이다. 어느 대학교의 심리학 강의 중에 600여 명의 학생들을 대상으로 자신을 괴롭히는 개인적인 문제가 무엇인지에 대해 설문조사를 한 적이 있었다. 놀랍게도 응답자의 75퍼센트가 '자신감 결여'라고 대답했다.

나는 다른 사람들을 조사해도 결과는 크게 달라지지 않을 것이라고 생각한다. 세상 어디를 가도 막연한 공포에 시달리며, 적극적인 생활에서 도피하고, 심각한 열등감과 불안감에서 헤어나지 못하며, 본래부터 지니고 있던 힘마저 믿지 못하는 사람을 만날 수 있을 것이다. 그들은 자신에게 스스로 책임질 능력이 있다는 사실을 믿지 못하고 있거나, 주어진 기회를 붙잡을 만한 능력이 있는지에 대해서도 늘 회의적이다. 또한 언제나 모든 일이 뒤틀려 있다는 막연하고 불길한 공포에 사로잡혀 있고, 자신이 바라는 것을 이미 가지고 있다는 사실도 믿지 않는다. 언제나 자신이 이룰 수 있는 것 이하의 것에 만족한다.

몇천만 명이나 되는 수많은 사람이 패배와 불안감을 끌어안은 채 엉금엉금 기면서 겨우겨우 인생을 살고 있는데, 사실 대부분의 좌절이란 불필요한 것이다. 생활의 빈곤, 누적된 곤란, 산적해가는 문제가 당신의 에너지를 좀먹고, 당신을 탈진시키며, 결국에는 낙심하게 만든다.

이런 상황에서는 자기가 가지고 있는 총체적 자산을 재평가해보는 것이 중요하다. 재평가가 합리적으로 이루어지기만 한다면, 자신이 생각하는 만큼 상황이 그렇게 절망적인 것만은 아님을 확신하게 될 것이다.

언젠가 쉰두 살이 되는 사람이 자신의 문제를 상의하러 왔던 일이 있었다. 그는 실의에 빠져 "이제 끝장났습니다. 한평생 걸려 쌓아 올린 모든 것이 한순간에 와르르 무너지고 말았습니다"라고 한탄했다.

"모든 것이 다 사라졌습니까?"

"네, 모든 것이 다 사라졌습니다. 이제 아무것도 남은 게 없습니다. 모든 것이 다 사라지고 말았습니다. 정말 아무런 희망이 없어요. 무언가를 다시 시작하려고 해도 나이가 너무 많아요. 제가 무언가를 할 수 있다는 믿음조차 남아 있지 않습니다."

이렇게 말하는 그에게 동정심은 생겼지만, 이미 인생의 희망이 사라져버렸다는 암울한 그림자를 마음속에 드리우고 절망하는 것이 더 깊은 절망을 낳고 있는 것 같았다. 그의 진정한 능력은 뒤틀린 사고방식의 뒤로 숨어버렸고, 결국 그는 실제로 무능력한 사람이 되어 있었다.

그래서 나는 그에게 말했다.

"그래요? 그렇다면 종이 위에 당신에게 아직까지 남아 있는 자산목록을 한번 적어보도록 합시다."

그는 "소용없는 일입니다" 하고는 한숨을 길게 쉬었다. "아까 말씀드린

대로 남은 것이 하나도 없습니다."

나는 이렇게 말했다.

"그래도 어쨌든 한번 해봅시다. 부인은 아직 계십니까?"

"물론입니다. 아주 좋은 여자입니다. 결혼한 지 30년이나 되었지만, 어떤 곤경에 빠진다 해도 결코 저를 떠나지 않을 사람입니다."

"좋습니다. 그것을 적읍시다. '당신 부인은 지금도 당신과 함께 있으며, 어떠한 일이 일어날지라도 떠나지 않는다.' 자녀들은 있습니까? 몇이나 됩니까?"

"네, 있습니다. 셋인데 아주 자랑스러운 녀석들입니다. 아이들이 제게 와서 '아버지, 저희는 아버지를 사랑해요. 저희는 아버지의 힘이 되고 싶어요'라고 말했을 때 정말 큰 감동을 받았답니다."

"좋아요. 그것이 두 번째군요. '당신을 사랑하고 당신의 힘이 되어주는 세 자녀가 있다.' 자, 친구는 있습니까?"

"네, 정말 다정하고 훌륭한 친구들이 있지요. 그들은 제게 아주 너그럽답니다. 제게 와서 저를 돕겠다고 말했습니다만, 무슨 도움이 되겠습니까? 아무 소용도 없어요."

"'몇 명의 친구가 있는데 그들은 당신을 돕고 싶어 하며 존경한다.' 좋습니다. 이것이 세 번째입니다. 자, 당신의 성실성은 어떻습니까? 뭔가 문제가 있는 것은 아닙니까?"

"아닙니다. 저는 언제나 성실히 살아왔습니다. 항상 바르게 살려고 노력했어요. 양심에 거리낄 일은 하지 않았습니다."

"좋습니다. 그럼, 네 번째로 적어둡시다. '성실하다.' 건강은 어떻습니까?"

"아주 건강합니다. 몸이 아파서 쉰 적이 거의 없어요. 신체적으로 꽤 양호한 편입니다."

"그럼, 다섯 번째로 '건강 상태 양호'라고 적어둡시다. 이 나라에 대해서는 어떻게 생각하십니까? 여전히 번영하고 있으며, 기회를 잡을 수 있는 나라라고 생각합니까?"

"그렇습니다. 이 나라는 제가 살고 싶은 유일한 나라입니다."

"이것이 여섯 번째입니다. '당신은 희망에 찬 나라에서 살고 있으며, 이곳에 사는 것이 기쁘다.' 신앙은 어떻습니까? 당신은 하나님을 믿습니까? 하나님이 당신을 도와주신다는 것을 믿습니까?"

"믿습니다. 하나님의 도우심이 없었다면 저는 오늘날까지 그 모든 난관을 물리칠 수 없었을 것입니다."

"그럼, 이제 됐습니다. 이제 정리한 당신의 자산목록을 보여드리겠습니다."

(1) 당신 부인은 지금도 당신과 함께 있으며, 어떠한 일이 일어날지라도 떠나지 않는다.

(2) 당신을 사랑하고 당신의 힘이 되어주는 세 자녀가 있다.

(3) 몇 명의 친구가 있는데, 그들은 당신을 돕고 싶어 하며 존경한다.

(4) 성실하다.

(5) 건강 상태 양호

(6) 당신은 희망에 찬 나라에서 살고 있으며, 이곳에 사는 것이 기쁘다.

(7) 믿음을 가지고 있다.

나는 이렇게 적힌 종이를 테이블 맞은편에 앉아 있는 그에게 내밀었다.

"거기 적혀 있는 것들을 보십시오. 조금 전 당신은 아무것도 남아 있지 않다고 말씀하셨지만, 당신만큼 모든 것을 완벽하게 소유한 사람도 드물 것입니다."

그는 내가 건네준 종이를 보고 부끄러운 듯 계면쩍게 웃으며 말했다.

"거기까지는 생각 못 했습니다. 그런 식으로 생각해본 적이 한 번도 없었거든요. 상황이 그렇게까지 나쁘지는 않은 것 같네요."

그는 생각에 잠겨 혼자 중얼거리듯이 말을 이었다.

"조금이라도 자신감을 가질 수 있다면, 마음속에서 자그마한 힘이라도 느낄 수만 있다면, 다시 한 번 시작할 수 있을 것 같습니다."

그렇다. 그는 자신에게 힘이 있다는 것을 느꼈고, 그래서 모든 것을 다시 한 번 새롭게 시작했다. 그렇게 할 수 있었던 것은 그가 자신의 관점과 마음가짐을 바꾸었기 때문이었다. 믿음이 모든 회의를 없앴다. 그리고 그가 직면한 고난을 극복하고도 남을 만큼 충분한 힘을 주었다.

'사실'보다는 사실을 보는 '태도'가 중요하다

앞에서 말한 이야기는 유명한 정신병리학자인 칼 메닝거 박사의 연설에 나타나 있는 의미심장한 진리를 실증한다. 그는 "사실에 대한 태도는 그 사실보다 훨씬 더 중요하다"라고 말했다. 이 말의 의미를 완전히 깨달을 때까지 몇 번이고 되새겨서 음미해보라. 우리가 직면한 어렵고 절망적인 상황도 그 상황에 맞서는 우리의 태도에 비하면 그다지 중요하지 않다. 어떤 사실에 대해 어떻게 생각하느냐 하는 사고방식은 당신이 어떤 조치를 취하기도 전에 당신을 패배시킬 수도 있다. 즉 어떤 사실에 직면해 실제로 그 일을 처리하기도 전에 심리적으로 압도될 수 있다는 것이다. 반대로 자신 있고 낙관적인 사고방식은 그 사건을 전면적으로 수정하거나 혹은 정복할 수 있게 한다.

나는 어떤 회사에서 보물과 같은 역할을 하는 사람을 알고 있다. 그는 비상한 재능을 가지고 태어난 것은 아니지만, 늘 적극적인 사고방식을 구사하여 회사에서 없어서는 안 될 귀중한 존재가 되었다. 어떤 제안에 대해 동료들이 비판적으로 생각하려는 기미가 보이면, 그는 언제나 자신이 이름 붙인 '진공청소기법'을 사용했다. 질문을 퍼부어서 동료들의 마음속에서 비관이라는 먼지를 빨아내는 것이다. 그는 동료들의 부정적이고 소극적인 태도를 완전히 뿌리 뽑고, 긍정적이고 적극적으로 생각할 수 있도록 조용한 암시를 주어, 결국 동료들이 그 제안을 새로운 관점에서 받아들이게 한다.

동료들은 종종 그가 암시를 주면 전에는 보이지 않았던 새로운 사실들이 떠올라 놀라게 된다고 말한다. 확신에 가득 찬 그의 태도가 사실에 대한 동료들의 관점을 바꾸어놓은 것이다. 이러한 변화를 만들어주는 것은 사실이 아니라 태도이므로, 태도가 바뀐다고 해서 사실을 평가하는 객관성이 배제되는 것은 아니다.

병적인 열등감을 가진 사람들은 항상 색안경을 끼고 있다. 이것을 교정하는 방법은 정상적인 시력을 회복하는 길밖에 없다. 병적인 열등감의 희생자들도 정상적인 시력을 회복하고 나면 언제나 긍정적이고 적극적인 쪽으로 기울어지게 된다.

그러므로 만약 당신이 어떤 일에 압도되어 극복할 자신감을 잃어버렸다고 느끼게 되거든, 조용히 앉아서 종이에 당신에게 주어진 조건의 목록을 만들어보라. 불리한 조건이 아닌 유리한 조건만을 열거하여 목록을 만들어보는 것이다. 누구든 자신에게 불리하다고 생각되는 힘에 대해 자주 생각하다 보면, 그것이 사실 이상으로 과장되어 보인다. 그러면 실제로 아무 힘도 가지지 못한 것이 무시무시한 힘을 가진 것처럼 행세하게 되는 것이다. 반대로 강점도 이와 같은 작용을 한다. 실제 지니고 있는 귀중한 자산을 당신의 마음속에 하나의 영상으로 그리고, 거듭해서 긍정적으로 단언하고, 그것에 당신의 생각을 집중시켜 최대한으로 강조하면, 힘은 점점 강해져서 어려움을 능히 극복할 수 있게 해준다. 당신의 내적 능력은 회복되어 제 몫을 다할 것이고, 그 능력이 하나님의 도우심에 힘입어 당신을 패배에서 승리로 끌어올릴 것이다.

열등감을 치유하는 강력한 방법

자신감의 결여를 확실하게 치료해주는 강력한 비법 가운데 하나는 실제로 하나님이 당신과 함께하시며 언제나 돕고 계신다는 생각이다. '전지전능하신 하나님은 항상 당신 곁에 계시고, 당신을 도우실 준비가 되어 있으시며, 실제로 돕고 계시고, 또 지켜보고 계신다'는 것은 종교의 가장 단순한 가르침 중 하나이다.

이 단순한 믿음이 실제로 행사되기만 한다면, 이것만큼 자신감을 키워나가는 데 강력한 힘을 발휘하는 것은 없다. 믿음을 행사하기 위해서는 단순히 '하나님이 나와 함께 계신다, 하나님이 나를 도와주신다, 하나님이 나를 인도해주신다'는 사실을 긍정하기만 하면 된다. 하루에 몇 분만이라도 하나님의 임재를 떠올려라. 그리고 그 믿음을 구사하라. 당신이 긍정적으로 단정하며 마음속에 생생하게 그리고 있는 것을 진실이라 여기는 확신의 바탕 위에서 당신의 일을 해나가라. 그러면 마침내 당신이 생각하는 그대로 이루어질 것이다. 이 과정을 통해 고무되는 능력이 당신을 놀라게 할 것이다.

얼마만큼의 자신감을 가지게 되느냐 하는 것은 당신의 마음을 습관적으로 점령하고 있는 사고방식에 의해 결정된다. 실패만을 생각한다면 당신은 실패에 대한 불안으로 떨게 될 것이다. 반대로 당신이 항상 긍정적인 생각을 하고, 그것이 당신의 지배적인 습관이 된다면, 당신은 어떤 문제에 부딪히더라도 그것을 극복할 수 있다는 자신감을 가지게 될 것이다. 실제로 자신감은 힘의 증가를 가져온다. 배질 킹은 "담대하라, 그러면 위대한 힘이 당신을 도와줄 것이다"라고 말한 바 있는데, 이는 그의 말이 진리임을 입증해준다. 나날이 자라는 믿음이 당신의 부정적이고 소극적인 태도에서 긍정적이고 적극적인 태도로 변화시킴에 따라 강력한 힘이 당신을 돕고 있다는 사실을 느낄 것이다.

에머슨은 놀라운 진리에 대해 "이길 수 있다고 믿는 사람이 이긴다"라고 말하며, "당신이 두려워하는 일을 실천하라. 분명히 그 두려움은 사라질 것이다"라고 덧붙였다.

자신감과 믿음을 구사하라. 그러면 이제까지 당신을 감싸고 있던 공포와 불안이 사실은 아무것도 아니었음을 깨닫게 될 것이다.

스톤월 잭슨 장군이 과감한 공격을 계획하자, 그의 부하 장수 가운데 한 사람이 몹시 두려워하며 반대했다.

"장군, 저는 두렵습니다. 실패할까 두렵습니다."

그러자 잭슨 장군은 마음이 약한 부하의 어깨에 손을 올리고 이렇게 말했다.

"이보게, 자네는 자네의 공포감과 상의하면 안 되네."

당신의 마음을 믿음과 자신감, 평안으로 가득 채우는 것이 비결이다. 그것이 모든 의심과 자신감의 결여를 없앨 것이다. 나는 오랫동안 불안과 두려움에 사로잡혀 살아온 어떤 사람에게 성경을 통독하면서 용기와 자신감에 관련된 말씀에 빨간 색연필로 밑줄을 그어보라고 제안한 적이 있다. 나아가 그는 그 말씀들을 외우기까지 했고, 실제로 자신의 마음을 세상에서 가장 건강하고 행복하며 강력한 생각으로 가득 채울 수 있게 되었다. 이런 역동적인 생각은 그를 위축시킨 절망적인 상태를 바꾸어놓았다. 불과 몇 주일 사이에 일어난 변화는 괄목할 만한 것이었다. 그는 절망적인 패배자에서 자신감이 넘치는 사람으로 바뀌었고, 용기와 매력을 발산하는 사람이 되었다. 사고방식을 바꾸는 것만으로 자신과 자신의 능력에 대해 자신감을 되찾은 것이다.

자신감을 키우기 위한 10가지 원칙

자신감을 키워나가기 위해 현재 당신이 할 수 있는 것은 무엇인가? 다음에 열거하는 것은 그릇된 태도를 극복하며 실천적 믿음을 배우기 위해 누구나 실행할 수 있는 10가지 원칙이다. 많은 사람이 이를 사용했고, 그 결과가 매우 성공적이었다. 이 원칙들을 실천에 옮겨보라. 당신도 그들과 마찬가지로 자신의 능력에 대한 자신감을 키울 수 있을 것이며, 새로운 능력을 자각하게 될 것이다.

1. **자신이 성공하는 모습을 그림으로 그리고, 지워지지 않도록 마음속에 확실하게 각인하라.** 끈질기게 그 그림을 붙들고 늘어져라. 절대로 그 그림이 흐려지도록 방치하지 마라. 당신의 마음은 그것이 실현되기만을 염원하게 될 것이다. 자신이 실패하는 모습을 생각하지 마라. 당신이 그린 그림의 실현성을 추호도 의심하지 말아야 한다. 인간은 항상 마음속에 그리고 있는 것을 완성시키려고 노력한다. 그렇기 때문에 당신의 마음속에 그려진 성공의 그림의 실현 가능성을 의심하는 것이 가장 위험한 일이다. 그러니 상황이 비관적일지라도 언제나 마음속에는 성공의 그림을 그려라.

2. **자신의 능력에 대해 부정적이고 소극적인 생각이 떠오를 때에는 언제든지 긍정적이고 적극적인 생각을 말하라.** 긍정적이고 적극적인 생각은 부정적이고 소극적인 생각을 완전히 몰아낼 것이다.

3. **당신의 상상 속에 장애물을 쌓아 올리지 마라.** 소위 장애물이라고 불리는 모든 것을 과소평가하라. 그리고 그것을 극소화시켜라. 난관은 세밀히 검토해서 신중히 처리해야 하지만 현재의 모습 그대로 보라. 난관을 공포로 키워서는 안 된다.

4. **다른 사람의 위세에 눌리거나 모방하려고 하지 마라.** 어떤 사람이라도 당신만큼 효과적으로 당신이 될 수는 없다. 많은 사람이 겉보기에는 자신감이 넘치는 것처럼 행동하지만, 실은 그들도 당신처럼 불안을 느끼고 자신의 능력을 의심하는 경우가 많다는 사실을 명심하라.

5. 하루에 열 번씩 역동적인 말씀을 되풀이하라. "만일 하나님이 우리를 위하시면 누가 우리를 대적하리요."(「로마서」 8장 31절) 잠깐 책 읽기를 멈추고, 지금 당장 자신 있게 이 말씀을 천천히 반복해서 말하라.

6. 당신이 지금 무엇을, 왜, 하고 있는지를 이해하는 데 도움이 될 만한 유능한 조언자를 찾아라. 그리고 당신의 열등감과 자신에 대한 불신감의 근원을 찾아라. 그런 감정은 대부분 어린 시절에 뿌리를 두고 있다. 자신을 정확히 알게 되면 치유는 그만큼 쉬워진다.

7. 이 말을 매일 열 번씩 큰소리로 읽어라. "내게 능력 주시는 자 안에서 내가 모든 것을 할 수 있느니라."(「빌립보서」 4장 13절) 지금 곧 이 말씀을 되풀이해서 말하라. 이 신비한 선언은 열등감을 없애주는 가장 강력한 해결책이다.

8. 자신이 실제로 가지고 있는 힘을 측정하라. 그리고 그 힘을 10퍼센트만 높여나가라. 자기 본위의 독단에 빠지지 말고 바람직한 자존심을 높여나가라. 하나님에 의해 해방된 당신 자신의 힘을 믿어라.

9. 당신 자신을 하나님의 손에 온전히 맡겨라. 그런 다음 '나는 하나님의 장중에 놓여 있다'고 철석같이 믿어라. 당신이 필요한 모든 능력을 하나님으로부터 부여받고 있다고 믿어라. 그 능력이 당신에게 흘러들어오는 것을 실감하라. 당신 삶의 온갖 필요를 채우기에 적절한 형태의 능력으로 "하나님의 나라는 너희 안에 있느니라."(「누가복음」 17장 21절)라는 말씀을 긍정적으로 자신 있게 주장하라.

10. 항상 당신 곁에는 하나님이 계시기 때문에 당신을 패배로 이끄는 것은 이 세상에 아무것도 없다는 사실을 상기하라. 이제야말로 당신은 하나님이 주시는 능력을 받고 있음을 굳게 믿어라.

02

힘은 평화로운 마음에서 생긴다

호텔 식당에서 동료들과 아침 식사를 하고 있을 때였다. 우리는 지난밤에 잠을 제대로 잤는지에 대해 이야기를 나누었다. 사실 수면은 중요한 화제이다. 그중 한 사람이 잠을 통 이루지 못했다고 불평을 늘어놓았다. 밤새 엎치락뒤치락하다가 새벽이 되어서야 겨우 잠이 들었는데, 그때는 이미 완전히 녹초가 되어버렸다고 했다.

"잠들기 전에 뉴스를 보지 말아야겠어요. 지난밤 늦게까지 뉴스를 봤는데, 밤새 그 골칫거리들이 귓전을 맴돌아 도무지 잠을 잘 수가 없었답니다."

'골칫거리들이 귓전을 맴돌았다'라는 것은 참 적절한 표현이다. 골칫거리들이 밤새 맴돌았으니 잠을 이루지 못하고 엎치락뒤치락했다는 것은 전혀 이상한 일이 아니었다. 그는 다시 생각에 잠기더니 자기 전에 마신 커피도 좋지 않은 영향을 준 것 같다고 말했다.

그러자 다른 한 사람이 아주 유쾌한 어조로 말했다.

"저는 지난밤 아주 편안히 잤습니다. 저 역시 석간신문도 읽었고, 초저녁엔 라디오 뉴스도 들었지만 잠들기 전에 뉴스를 소화할 시간이 충분했지요."

그는 말을 이어나갔다.

"게다가 저에게는 백발백중의 수면 계획이 있습니다."

내가 그것이 뭐냐고 묻자, 그는 이렇게 대답했다.

"어렸을 때 농부였던 아버지는 잠자리에 들 시간에 온 가족을 거실로 모이게 해서 직접 성경을 읽어주셨습니다. 그래서 그런지 저는 아직도 아버님의 음성을 듣는답니다. 사실 다른 사람이 성경을 읽는 소리도 아버지의 목소리로 착각하지요. 기도를 끝마치면 저는 방으로 올라가서 곤히 잠들곤 했습니다. 그러나 집을 떠난 뒤로는 성경을 읽고 기도하기를 멈추고 말았습니다.

그래서 요 몇 해 동안 기도한 적은, 솔직히 말씀드려서 심각한 곤경에 빠졌을 때뿐이었습니다. 그러나 몇 달 전에 아내와 저는 잡다한 난관들에 부딪혔고, 다시 기도하기로 결심했습니다. 그리고 기도가 우리에게 얼마나 큰 도움이 되는지를 새삼 깨달았습니다. 그래서 지금은 매일 밤 잠자리에 들기 전에 아내와 함께 성경을 읽고, 작은 기도회를 가집니다. 이것이 어떤 작용을 하는지 잘 모르지만, 아무튼 성경을 읽고 기도드리기 시작한 이후 편히 잠자리에 들 수 있었고, 해결해야 할 일도 순조롭게 처리할 수 있었습니다. 기도가 큰 도움이 된다는 것을 깨달았기 때문에 이렇게 집 밖에서 밤을 보내야 할 때에도 여전히 성경을 읽으며 기도합니다. 지난밤 잠자리에 들기 전에는 「시편」 23편을 읽었습니다. 소리 내어 읽었는데, 여러모로 참 좋았습니다."

그는 앞서 잠을 못 갔다는 이야기를 꺼낸 사람을 향해 이렇게 말했다.

"저는 골칫거리들이 귓전을 맴돌게끔 놓아둔 채로 잠자리에 들지 않습니다. 그 대신에 평화로 충만한 마음을 가지고 잠자리에 듭니다."

'골칫거리들이 귓전을 맴돌게 한 채로'와 '평화로 충만한 마음을 가지고' 중 당신은 어느 쪽을 선택하겠는가?

마음의 평화를 얻는 비결 · 하나

이 비결의 요점은 마음의 자세를 바꾸는 데 있다. 우리는 지금까지와는 전혀 다른 새로운 사고방식에 근거해서 세상을 살아가는 방식을 배워야 한다. 그 사고방식을 바꾸는 데에 적지 않은 노력이 든다고 할지라도 지금처럼 살아가는 것보다는 훨씬 쉬울 것이다. 늘 긴장한 상태로 사는 것은 쉽지 않다. 그러나 평온한 마음으로 산다는 것은 얼마나 수월한 일인가! 마음이 평온하면 삶의 여러 국면이 두루 조화를 이루게 되며 긴장이 누그러진다. 이를 얻기 위해 가장 힘써야 할 것은 당신의 사고방식을 평화라는 하나님의 선물을 받아들일 수 있도록 긴장이 이완된 상태로 고쳐나가는 일이다.

긴장을 풀고, 마음의 평화를 얻고 싶을 때마다 나는 한 마을에서 강연했을 때 겪었던 일을 떠올린다. 연단에 올라가기 전, 나는 강연 원고를 검토하면서 무대 뒤에 앉아 있었다. 그때 한 남자가 다가와서 자신의 개인적인 문제에 대해 상의하고 싶다고 말했다.

그러나 막 청중에게 소개되고 있어 바로 연단으로 나가야 했기 때문에 강연이 끝날 때까지 기다려달라고 부탁했다. 강연을 하면서 살펴보니, 그 사람은 초조해 못 견디겠다는 듯이 통로 주변을 서성거리더니 사라졌다.

그러나 내게 남긴 명함 덕분에 그가 마을의 유력인사라는 것을 알 수 있었다.

아주 늦은 시각에 숙소로 돌아왔지만, 아까의 일이 마음에 걸려서 그에게 전화를 걸었다. 그는 전화를 받고는 깜짝 놀라면서 내가 바쁜 것 같아 그냥 돌아갔다고 설명하면서 "저는 그저 당신하고 기도를 드리고 싶었습니다. 당신이 함께 기도해준다면 제 마음이 조금은 평안해질 것 같았거든요"라고 말했다.

내가 "지금 이 자리에서 전화로 함께 기도드려도 아무 문제는 없습니다"라고 말하자, 그는 다소 놀랐다는 듯 대꾸했다.

"전화로 기도드린다는 말을 저는 들어본 적이 없습니다."

"왜 안 된다는 거죠?"

나는 그에게 반문한 다음, 이렇게 말했다.

"전화는 의사소통을 위한 도구에 지나지 않습니다. 당신과 나는 꽤 떨어져 있지만, 전화를 통해 이어져 있는 것과 마찬가지지요. 게다가 하나님은 우리 모두와 함께 계십니다. 하나님은 이 전화선의 양끝에도 계시고, 또 그 중간에도 계십니다. 하나님은 당신과 함께 계시고 나와도 함께 계신 겁니다."

"그렇군요. 좋습니다."

그가 말을 이었다.

"그럼, 저를 위해 기도해주시기 바랍니다."

나는 눈을 감고 전화선 저편에 있는 그를 위해 기도드렸다. 마치 우리가 한방에 같이 있는 것처럼 기도했다. 그도 들을 수 있었고, 하나님도 들으실 수 있었다. 기도를 끝내고 그에게 "당신도 기도드리지 않겠습니까?" 하고 권했지만 아무 대답이 없었다. 얼마 후 전화선 저쪽에서 흐느껴 우는 소리가 들리더니, "저는 못 하겠습니다"라는 그의 음성이 들렸다.

"그렇다면 소리 내어 우세요. 그 후에 기도하세요"라고 다시 권하며 "어렵게 생각할 필요 없습니다. 그저 당신을 괴롭히는 일을 모두 하나님께 말하기만 하면 됩니다. 이 전화선은 우리만의 것이라고 생각하세요. 누군가 이 전화를 엿듣는다고 해도 아무런 문제가 되지 않습니다. 이는 두 사람의 목소리일 뿐, 그것이 당신과 나의 음성이라고 아무도 생각하지 못할 것입니다"라고 말했다.

마침내 용기를 얻은 그가 기도를 시작했다. 처음에는 망설였지만 아주 열심히 속마음을 털어놓았다. 미움, 좌절, 실패로 가득 찬 마음의 덩어리들을 거침없이 쏟아냈다. 마지막에 그는 애처롭게 속삭였다.

"사랑하는 예수님, 저는 당신께 감히 저를 위하여 무엇이든 해주십사 청할 용기가 없습니다. 당신을 위해 한 일이라고는 아무것도 없으니까요. 제가 아무리 큰 명성을 가졌다고 해도 보잘것없는 인간이라는 것을 당신은 잘 아실 것입니다. 사랑하는 예수님, 저는 이러한 모든 일로 심히 고민하고 있습니다. 제발 저를 도와주세요."

나는 다시 기도드리기 시작했다. 하나님께서 그의 기도에 응답해주시기를 바라면서 이렇게 기도했다.

"주여, 전화선 저편에 있는 제 친구에게 주님의 손을 얹어주시고 그에게 평화를 베풀어주소서. 그가 지금 자신을 온전히 비우고 당신이 주시는 평화로운 선물을 받아들이도록 그를 도와주소서."

그러고 나서 기도를 끝냈다. 그리 짧지 않은 시간이 지나고서 그의 말을 들었는데, 그때 그의 음성을 결코 잊을 수 없다.

"언제까지나 이 경험을 제 마음에 새겨둘 것입니다. 오랜만에 처음으로 제 마음이 깨끗해졌음을 느꼈고, 행복과 평안을 얻게 되었다는 것을 당신께도 말하고 싶군요."

그는 마음의 평화를 얻기 위해 간단한 방법을 사용했다. 자신의 마음을 텅 비워 하나님에게서 평화를 선물로 받은 것이다.

한 의사는 이렇게 말했다.

"제게 오는 많은 환자는 자신들의 생각 외에는 아무 문제도 없는 경우가 많습니다. 그런 그들에게 즐겨 쓰는 처방이 있습니다. 약국에서 구할 수 있는 것은 아닌데요, 바로 「로마서」 12장 2절의 한 구절입니다. 그것을 환자에게 직접 써주지 않고 그들 스스로 찾아서 읽어보게 하지요. '오직 마음을 새롭게 함으로 변화를 받아' 하나님의 뜻을 분별하라는 내용입니다. 환자들이 건강해지고 더욱 행복해지기 위해서는 그들의 마음을 새롭게 하는 것이 필요합니다. 즉 그들의 사고방식을 바꿔야 한다는 말입니다. 제가 내린 처방을 충실히 이행할 때 그들은 실제로 평화가 넘치는 마음을 가지게 될 것이고, 건강과 행복도 얻게 될 것입니다."

마음의 평화를 얻는 비결 · 둘

평화로 가득 찬 마음을 얻으려면 무엇보다도 마음을 텅 비워야 한다. 나중에 자세히 설명하겠지만, 자신의 마음을 자주 정화하는 것이 중요하다. 나는 마음을 텅 비우는 작업을 적어도 하루에 두 번, 필요하다면 더 자주 실행할 것을 권한다. 당신의 마음속에서 두려움과 미움, 불안, 후회, 미련, 죄의식 등을 깨끗이 비워내는 일을 어김없이 실행하라. 당신이 마음을 의식적으로 비우려 애쓰고 있다는 사실 자체만으로도 잠시나마 마음의 휴식을 얻게 될 것이다.

신뢰할 수 있는 누군가에게 당신의 마음을 무겁게 짓누르고 있는 온갖 걱정거리를 털어놓았을 때 날아오를 것 같은 해방감을 맛본 경험이 있지 않은가? 나는 목사로서 종종 사람들이 그들의 마음을 괴롭히는 온갖 걱정거리를 안심하고 털어놓을 수 있는 사람이 존재한다는 것이 그들에게 얼마나 중요한 의미를 갖는가를 깨닫곤 한다.

호놀룰루로 가기 위해 승선한 배의 갑판 위에서 예배를 인도한 일이 있었다. 그때 나는 고민거리를 품고 있는 사람들은 고물로 가서 자신을 괴롭히는 걱정스러운 생각들을 하나하나 끄집어내 상상으로나마 뱃전 밖으로 내던지고 소용돌이치는 물살과 함께 바닷속으로 깨끗이 사라져가는 것을 바라보라고 말했다. 유치한 발상 같지만 그렇지 않다.

그날 밤늦은 시간에 한 사람이 나를 찾아와 이렇게 말했다.

"당신이 말한 대로 해보니 이상하리만치 마음이 개운해져 놀랐습니다. 이 배에 타고 있는 동안, 매일 해질 무렵에는 의식 속에 쌓인 걱정거리들을 깨끗이 비워 완전히 없어질 때까지 뱃전 밖으로, 저 바닷속으로 내던져보려고 합니다. 매일 이 검푸른 대양 속으로 그 걱정거리들이 사라져가는 것을 지켜볼 것입니다. 성경에도 '뒤에 있는 것은 잊어버리고'(「빌립보서」3장 13절)라는 말씀이 있지 않습니까?"

내 제안에 매력을 느낀 이 사람은 비현실적인 감상주의자가 아니었다. 오히려 비상하게 뛰어난 사람이었다. 지적 성취를 이뤄 자신의 분야에서는 걸출한 리더로서 존경받는 인물이었다.

물론 마음을 비우는 것만으로는 충분하지 않다. 마음이 비면, 다른 무엇인가가 반드시 그 마음속으로 들어가려 한다. 마음은 오랫동안 진공 상태로 남아 있지 못하기 때문이다. 따라서 마음을 비워둔 채 돌아다니지 못한다. 혹시 몇몇 특별한 사람은 그렇게 할 수 있을지도 모르지만, 대개의 경우는 마음을 다른 무엇인가로 다시 채워주어야 한다. 그렇지 않으면 애써서 쫓아낸 불행한 생각들이 다시 슬그머니 기어들어오기 때문이다.

　이런 불행한 일이 일어나지 않기 위해서는 당신의 마음을 지체 없이 창조적이고 건강한 생각으로 가득 채워야 한다. 그렇게 하면 마음에 오랫동안 자리 잡았던 걱정이나 증오나 고민이 다시 되돌아오려고 해도 들어올 자리가 없을 것이다. 좋지 못한 생각은 오랫동안 당신의 마음속에 자리 잡고 있었기 때문에 어떻게든 들어오려 할지 모르지만, 이미 들어와 있는 새롭고 건강한 생각들이 당신의 마음속에서 더 강력해지면 좋지 못한 생각을 능히 물리칠 수 있을 것이다. 그리고 좋지 못한 생각들은 결국 마음속으로 들어가지 못하고 당신에게서 떠날 것이며, 당신은 마음에 넘쳐나는 평화를 길이길이 누리게 될 것이다.

마음의 평화를 얻는 비결 · 셋

틈틈이 평화로운 생각들을 마음속에 그려라. 당신이 언젠가 본 적이 있는 평화로운 정경이 담긴 추억의 그림, 석양이 기울어 황혼의 그림자가 점차 주위에 깔리는 정적인 아름다움이 가득 찬 골짜기의 그림이 마음속을 흐르게 하라. 혹은 잔잔하게 물결치는 물 위에 내리쏟아지는 은색의 달빛이라든가, 부드러운 모래펄에 파도가 찰싹찰싹 물결쳐오는 바닷가의 경치를 회상하라.

　이와 같이 평화롭고 아름다운 광경의 추억은 당신의 마음에 치료약으로 작용한다. 그러므로 날마다 평화로 넘쳐나는 영상들이 천천히 당신의 마음속에 흐르게 하라.

　평화를 연상하게 하는 것들을 자신이 들을 수 있도록 반복해서 소리 내어 말하라. 말은 강력한 암시 효과를 가지고 있으며, 그렇기 때문에 입 밖으로 말을 하는 것만으로도 치료의 효과를 볼 수 있다. 반대로 공포를 연상하게 하는 말들을 해보라. 그 즉시 당신의 마음은 일종의 가벼운 신경과민에 빠지게 될 것이고, 당신은 아마 명치끝이 내려앉는 듯한 느낌을 받게 될 것이다. 또한 이것은 당신의 모든 신체기관에도 영향을 미칠 것이다. 그러나 만약 당신이 평화와 고요함을 연상시키는 말을 한다면, 당신의 마음은 평온한 태도로 반응해올 것이다. '평온하다'와 같은 말을 해보라. 이런 말을 천천히 몇 번이고 되풀이해서 말하라. '평온'은 아름답고 선율이 느껴지는 단어인데, 단순히 소리 내어 말하기만 해도 평온한 상태로 돌아가는 효과를 볼 수 있다.

효과가 있는 또 다른 말은 '고요하다'라는 단어이다. 이 말을 하면서 그 의미를 당신의 마음속에 영상으로 그려보라. 이 말을 천천히, 그리고 이 말이 상징하는 그런 기분으로 되풀이해서 말하라. 이 말들은 혼란스러운 마음을 치유할 것이다.

유명한 시 한 구절이나 성경의 한 구절을 이용하는 것도 도움이 된다. 친구 중에 누구나 놀랄 정도로 늘 마음이 평화로운 사람이 있는데, 그는 평화를 연상케 하는 특별한 표현들을 발견하면 그것을 자신의 카드에 옮겨 적는 습관을 가지고 있었다. 언제나 지갑 속에 그 카드 가운데 하나를 넣어 다니며, 그 글귀를 완전히 기억하게 될 때까지 자주 꺼내보곤 한다. 그는 이런 습관은 윤활유를 붓는 것처럼 마음에 평화를 준다고 말했다. 평화를 연상케 하는 관념은 실제로도 거칠고 황폐한 마음에 윤활유가 되어준다. 그가 활용하는 글귀 중 하나는 16세기의 한 신비주의자의 말을 인용한 것이었다.

"어떠한 것도 너를 혼란케 하지 못하도록 하라. 어떠한 것도 너를 무섭게 하지 못하도록 하라. 하나님을 제외한 모든 것은 그저 지나가고 만다.

오직 하나님 한 분만이 언제나 동일하시다."

성경 말씀은 특별히 강력한 치유의 효과가 있다. 그 말씀을 당신의 마음에 심고, 당신의 의식 가운데 깊게 뿌리내릴 수 있게 하라. 그것이 당신의 정신을 치유할 것이다. 이것은 실천하기 가장 간단한 방법이며, 마음의 평화를 얻는 데 아주 효과적인 방법이기도 하다.

어떤 세일즈맨이 중서부의 한 호텔 객실에서 있었던 일을 이야기해준 적이 있다. 그는 그 호텔에서 열린 회의에 참석했다가 몹시 초조해 보이는 한 남자를 만났다. 그곳에 참석한 사람들은 모두 그를 잘 알았고, 최근 정신적 압박에 시달리는 것도 알고 있었다. 그가 신경질을 부리기 시작하자 사람들은 슬금슬금 그를 피했고, 그는 가방을 열어 가루약이 가득 찬 큰 병을 꺼내 약을 덜어냈다. 사람들이 무슨 약이냐고 물었다.

"신경질이 날 때 먹는 약입니다. 지금 머리가 깨질 것처럼 아프거든요. 스트레스가 너무 심해서 정신이 산산조각 날 것 같습니다. 드러내지 않으려고 애썼지만 당신들은 이미 내 신경이 아주 곤두서 있다는 것을 눈치챘을 것입니다. 의사가 약을 권해서 몇 병째 먹고 있는데, 별로 나아지는 것 같지는 않네요."

사람들은 소리 내어 웃었고, 그중 한 사람이 아주 친절하게 말했다.

"빌! 저는 당신이 먹는 약에 대해서는 아무것도 모릅니다. 아마 괜찮은 약이겠지요. 하지만 저는 더 좋은 약을 줄 수 있을 것 같군요. 아마 지금 먹는 약보다는 효과가 좋을 겁니다. 저도 그 약으로 나았는데, 저는 당신보다 훨씬 더 심했답니다."

"무슨 약인데요?"

난데없이 다른 사람이 끼어들었다.

그러자 그 사람이 가방을 열고는 책 한 권을 꺼내 손에 들고 이야기했다.

"이 책이 바로 그 약입니다. 제가 성경책을 들고 다니는 것을 이상한 눈으로 볼 수도 있지만, 저는 전혀 개의치 않습니다. 조금도 부끄럽지 않아요. 2년 동안 이 책을 가방에 넣고 다니며 읽었고, 제 마음을 편안하게 해주었던 구절에 밑줄을 그었습니다. 대단히 효과가 좋았어요. 아마 당신에게도 그럴 거라 생각합니다. 어때요? 한번 시도해보지 않겠습니까?"

예기치 못한 연설에 사람들은 이 호기심을 느끼며 귀를 기울였고, 그 신경질적인 사람은 의자에 깊숙이 몸을 파묻듯이 앉아 있었다. 사람들이 자신의 말에 귀를 기울이고 있음을 확인한 그는 다시 말을 이었다.

"저는 이곳에서 특이한 일을 경험한 후 성경을 읽는 습관을 가지게 되었습니다. 그때 저는 약간 긴장한 상태였습니다. 사업차 출장 중이었고, 그날따라 무척이나 성가신 일이 생겨 편지를 써야 하는데도 도무지 정신을 집중할 수 없었습니다. 방을 서성거리기도 했고, 마음을 진정시키기 위해 신문을 읽어보려고도 했습니다. 그런데도 여전히 신경은 곤두서 있었습니다. 견디다 못해 술집으로 내려가 술을 한잔 하기로 했습니다. 제게 달라붙은 그 찜찜한 기분들을 날려보내려고 말입니다.

술 진열장 옆에 서 있을 때, 우연히도 제 시선이 거기에 놓여 있던 성경책에 머물렀습니다. 호텔 객실에서도 성경책을 봤지만, 한 페이지도 읽지 않았습니다. 그런데 그때는 제 속에서 뭔가 성경책을 펴서 읽어야 한다고 강요했어요. 그래서 그 성경책을 펼쳤고, 우연히 「시편」을 읽게 되었습니다. 서서 한 구절을 읽다가 앉아서 다음 구절을 읽었습니다. 성경을 읽는 것은 재미있었으나 다른 한편으로는 그런 내 자신에게 놀랐습니다. 내가 성경을 읽다니! 정말이지 웃기는 일이었습니다. 하지만 저는 계속해서 읽어내려갔습니다.

곧 「시편」 23편을 읽게 되었습니다. 그 구절은 어린 시절 주일학교에서 배운 적이 있는 말씀이었습니다. 놀라운 것은 어려서 배웠던 말씀 대부분이 그 당시까지도 제 마음속에 살아 있었다는 점입니다. 저는 여러 번 소리 내어 읽고 또 읽었습니다. 특히 '그가 나를 푸른 풀밭에 누이시며 쉴 만한 물가로 인도하시는도다. 내 영혼을 소생시키시고'라는 구절에서는 더욱 그랬습니다. 그 구절이 좋았습니다. 뭔가 가슴에 와닿는 것이 있었습니다. 저는 거기에 주저앉아서 그 구절을 읽고 또 읽었습니다. 그리고 잠시 잠이 들었던 모양입니다.

아주 푹 잔 것 같았지만 실제로 15분에 불과했지요. 그러나 잠에서 깨어났을 때에는 하룻밤 푹 자고 일어난 것처럼 회복되었습니다. 그 놀랍도록 생생한 느낌을 지금도 기억하고 있습니다. 또 마음이 편안해졌음을 깨달았습니다. 그래서 혼잣말로 중얼거리기 시작했습니다. '뭔가 이상하지 않나? 이처럼 대단한 것을 내가 지금까지 놓치고 살았다니 내게 문제가 있었던 것 아닌가?'라고 말이지요.

그 이후에 저는 가방에 들어갈 만한 크기의 성경책 한 권을 사서 늘 가지고 다닌답니다. 저는 정말 성경 읽기를 좋아합니다. 그리고 분명히 예전처럼 신경질적인 사람은 아니지 않습니까? 그러니, 어때요? 한번 시험해보지 않겠습니까?"

빌은 그 방법을 시도했다. 그리고 지금도 계속하고 있다. 처음에는 좀 이상하기도 했고 어려웠다고 한다. 그는 사람들이 주변에 없는 틈을 타서 남몰래 성경을 읽었는데, 남들이 자신을 독실한 신자로 알기를 원치 않았기 때문이다. 그러나 지금은 성경책을 들고 기차와 비행기도 탄다. 그리고 어느 곳에서든지 성경을 읽는다. 그 성경 말씀이 그에게 '참으로 좋은 세계'를 열어주고 있다.

"더 이상 저는 신경안정제가 필요하지 않습니다."

그는 지금도 그렇게 자신 있게 말하고 다닌다.

성경을 읽는 데서 마음의 평안을 찾는 방식이 빌에게도 효과적이었음이 분명하다. 이것은 빌이 지금도 잘 지내고 있을 거라는 사실로 미루어 알 수 있다. 그의 감정은 이제 적절히 통제되고 있다.

위의 두 사람은 마음을 평안히 유지하는 것이 결코 복잡한 일이 아님을 알게 되었다. 따라서 당신도 마음을 평화롭게 이끈다는 생각을 당신의 마음에 넣기만 하면 된다. 평화로운 마음을 유지하기 위해서는 마음을 평화로운 생각으로 가득 채워라. 참 간단하지 않은가.

마음의 평화를 얻는 비결 · 넷

마음을 평온하고 고요하게 만들 수 있는 몇 가지 실제적인 방법이 더 있다. 그중 하나는 대화를 활용하는 방법이다. 우리는 사용하는 언어와 어조에 따라 자신을 신경질적으로 만들 수도 있고, 긴장하게 할 수도 있으며, 흥분시킬 수도 있다. 나아가 우리는 자신을 부정적이며 소극적인 결과에 빠뜨릴 수도 있고, 긍정적이며 적극적인 결과를 얻게 할 수도 있다. 우리는 말로써 평온한 반응을 얻어낼 수 있다. 그러니 평화롭고 싶다면 평화롭게 말하라.

대화 중에 분위기가 점점 고조되어 사람들이 흥분한다면, 평화를 연상하는 생각들을 그 대화 속에 끼워 넣도록 하라. 그런 생각들이 어떻게 긴장을 완화시키는지에 주목해보라. 아침 식사를 할 때 불길한 일을 연상하게 하는 대화를 한다면, 그날은 하루 종일 재수 없는 일들이 벌어질 수도 있다. 불길한 생각을 이야기하면 희한하게도 좋지 못한 일들이 현실로 드러난다. 부정적이며 소극적인 대화는 불길한 영향을 끼치고, 긴장되고 신경질적인 대화는 마음의 동요를 일으킨다.

이와 반대로 하루를 평화롭고, 만족스러우며, 행복을 낳는 태도로 시작해보라. 당신의 하루하루는 만족스럽고 성공적인 나날이 될 것이다. 평화로 충만한 마음을 길러나가고자 한다면, 평소의 말하는 태도를 주의하여 살펴보라.

대화에서 부정적이거나 소극적인 모든 생각을 제거하는 것은 아주 중요하다. 왜냐하면 그런 부정적이거나 소극적인 생각들이 마음속에 긴장과 근심거리를 만들어내기 때문이다. 친구들과 점심을 먹으면서 "공산주의자들이 곧 우리나라를 빼앗을지도 몰라" 같은 말을 해서는 안 된다. 그런 말은 다른 사람의 마음속에 우울하고 불안한 기분을 심어줄 것이며, 그 말을 들은 사람 중 누군가는 소화불량을 일으킬지도 모르기 때문이다. 침울한 말은 거기에 참석한 모든 사람에게 영향을 끼치게 되고, 모두들 어딘지 모르게 다소 근심스러운 빛으로 그 자리를 떠날 것이다. 또한 그런 말은 사람들에게 일이 뭔가 잘못되어가고 있다는 느낌을 줄 것이다.

우리는 이처럼 신경을 거스르는 거친 표현들과 맞닥뜨리게 되었을 때 그것들을 객관적으로 용기 있게 처리해야 한다. 마음의 평화를 유지하기 위해서는 개인적인 대화이든 집단에서의 대화이든 그것을 긍정적이고, 즐거우며, 낙관적이고, 사람들의 마음을 편하게 해주는 표현들로 가득 채우는 것이 중요하다.

우리가 일상적으로 쓰는 말들은 우리의 생각에 직접적이며 결정적인 영향을 준다. 생각은 말을 창조해낸다. 말은 관념을 전달하는 도구이기 때문이다. 그러나 거꾸로 말은 생각에 영향을 미치며, 설사 마음의 태도를 만들어내지는 않더라도 우리가 처한 상황이 그렇게 되도록 돕는다. 사실 머리에 흔히 떠오르는 생각은 우리의 입을 통하여 말과 함께 시작되는 것이다. 그러므로 일상적인 대화를 하더라도 평화로운 표현이 담기도록 애쓰고, 늘 그렇게 되도록 대화를 다듬어나가야 한다. 그렇다면 대화의 결과는 평화롭게 나타날 것이고, 궁극적으로 평화로운 마음을 갖게 된다.

평화로운 마음을 가질 수 있는 또 하나의 효과적인 방법은 매일 일과처럼 침묵하는 시간을 갖는 것이다. 누구든지 하루에 15분 이상은 침묵의 시간을 갖는 것이 반드시 필요하다. 가장 편안하고 조용한 장소에서 혼자 앉거나 누워서 15분 동안 침묵을 지키는 연습을 해보라. 아무하고도 이야기해서는 안 된다. 글을 쓰거나 읽어서도 안 된다. 될 수 있는 대로 아무 생각도 하지 않는 것이 좋다. 아무것도 판단하지 말고 마음을 완전한 중립 속에 가져다 놓아라. 당신의 마음을 움직이지 않고 활동하지 않는 것으로 생각하라. 사고가 당신 마음을 교란하는 동안은 쉽지 않겠지만, 연습을 통해 점차 효과적으로 침묵할 수 있을 것이다.

당신의 마음을 물의 표면이라고 생각해보라. 그리고 어떤 파문도 일지 않을 때까지 침묵 연습을 실행하라. 이렇게 해서 당신의 마음이 조용해지면, 침묵 속에서만 들을 수 있는 깊은 조화와 아름다움의 소리, 하나님의 세밀한 음성에 귀 기울이기 시작하라.

불행히도 대부분의 사람은 이러한 훈련이 제대로 되어 있지 않다. 이는 정말 불행한 일이다. 토머스 칼라일도 "침묵은 위대한 일이 스스로 형성되는 데 필요한 요소이다"라고 말한 적이 있다. 오늘날 젊은 세대들은 선조들이 알고 있었고 그들의 특성을 형성하는 데 도움이 되었던 위대한 것을 놓치고 있다. 그것은 바로 '침묵'이다.

우리 마음속에 평화가 결여되어 있는 것은 현대인의 신경조직에 심각한 영향을 미치는 각종 소음의 영향이 크다. 우리가 일을 하고 생활하며 잠자는 곳의 소음이 클수록 효율성은 현저하게 저하된다는 실험 결과가 있다. 우리 믿음과 달리, 우리는 갖가지 소음에 신체적으로 또 심리적으로 충분히 적응하지 못하는지도 모른다. 반복되는 소음이 귀에 익을 수 있을지는 몰라도, 그 소리를 듣지 않고 잠재의식으로 그냥 넘겨버릴 수는 없다. 우리의 귀에 거슬리는 자동차의 경적, 비행기의 굉음, 갖가지 다른 소음 등은 수면 중일 때에도 우리의 신체활동에 영향을 미친다. 이런 소음에 의해 신경에 전달되거나 신경을 통하여 전달된 충격은 진정한 휴식을 뒤틀어버리고, 심하면 쇼크까지 일으킬 수도 있다.

반대로 침묵은 우리의 마음을 치료하고 진정시키며 건강하게 유지하는 데 효과가 있다. 침묵과 영적인 치료를 면접하게 연결시킨 스타 데일리는 이렇게 말하고 있다.

"침묵을 연습하고, 침묵을 지킬 줄 아는 사람이 병에 걸려 앓는 모습을 본 적이 없다. 말하는 것과 침묵하는 것을 잘 조화시키지 못했을 때 병이 생긴다."

완전한 침묵의 실천으로 얻게 되는 완전한 휴식은 가장 효과적인 치료 방법이다.

마음의 평화를 얻는 비결 · 다섯

점차 속도가 빨라지고 있는 현대사회의 생활을 고려할 때, 현대인들이 침묵을 실천에 옮기기는 그렇게 간단하지 않을 것이다. 선조들이 몰랐던 수많은 소음을 낳게 한 도구가 사방에 산재해 있기 때문에 우리는 옛날에 비해 자신의 에너지를 일상에서 불필요하게 소모할 수밖에 없다.

깊은 숲 속을 거닌다든지, 바닷가에 조용히 앉아 있다든지, 산 정상이나 바다 한복판을 항해하는 배의 갑판 위에서 명상에 잠긴다든지 하는 일은 거의 불가능하다. 그러나 우리가 이러한 경험을 실제로 해본 일이 있다면, 그 조용한 장소의 그림이나 그때의 감정을 마음에 깊이 새겨줄 수 있고, 경치 속에 있었던 때와 마찬가지로 그 기억을 다시 되살릴 수 있다. 실제로 당신이 기억을 되살리게 되면, 당신의 마음은 유쾌하지 않은 요소를 모두 씻어버리게 된다. 이런 방법으로 회상 속에서 그때 그곳을 방문해보는 것은 종종 우리가 처한 현실의 상황도 개선시킬 수 있다. 이것은 우리의 마음이 회상의 경치 속에서는 아름다움만을 재생하기 때문이다.

이 글을 쓰고 있는 동안 나는 세계에서 가장 아름다운 호텔, 하와이 호놀룰루의 로맨틱한 와이키키 해변에 있는 로열 하와이안의 발코니에서 상쾌한 산들바람에 흔들리는 야자나무가 우거진 아름다운 정원을 내려다보고 있다. 산들바람은 꽃향기로 가득 차 있으며, 이 섬에는 2,000여 종이 넘는 히비스커스가 정원을 가득 메우고 있다. 창문 앞에는 잘 익은 열매를 주렁주렁 달고 있는 파파야 나무가 있고, 로열 포인시아나의 휘황찬란한 빛깔, 삼림수의 화염과도 같은 진홍빛이 경치의 매력을 더해준다. 그리고 아카시아 나무는 가지를 지탱하기 어려울 정도로 무성한 새하얀 꽃 속에 묻혀 있다.

섬을 둘러싼 믿기 어려울 정도로 검푸른 바다는 수평선 너머로 펼쳐져 있고, 파도는 흰 거품을 일으킨다. 하와이 원주민들과 유람객들은 수상스키와 카누를 타며 즐겁게 뛰놀고 있다. 정말 황홀하리만치 아름다운 광경이다. 나는 여기에 앉아 '힘은 평화로운 마음에서 생겨난다'는 주제의 글을 쓰고 있고, 이 광경이 내게 정신적 치유의 효과를 준다. 일상생활에서 짊어지고 있는 여러 가지 책임감은 저 멀리로 떠나간 것 같다. 내가 하와이에 있는 것은 강연을 하고, 책을 쓰기 위해서인데, 일에 파묻혀 있음에도 불구하고 지금은 이곳에 넘쳐흐르는 평화가 나를 감싸고 있다. 아마도 여기서 8,000킬로미터나 떨어진 뉴욕의 내 집으로 돌아가게 되면, 그때서야 비로소 지금 즐기고 있는 아름다움이 주는 기쁨을 맛볼 수 있을 것이다. 이 아름다움과 기쁨은 내 회상 속에 귀중한 휴양지로 고스란히 남을 것이기 때문이다. 앞으로 바빠질 생활에서도 마음은 이곳으로 돌아올 수 있을 것이며, 목가적인 이 고장을 떠난 뒤에도 가끔 회상 속에서 야자수가 우거지고 흰 파도가 일렁이는 이 와이키키 해변의 평화를 재발견하게 될 것이다.

가능한 한 평화로운 경험들로 당신의 마음을 가득 채워라. 그리고 그 평화롭고 아름다운 경험 속으로 여행을 떠나라. 편안한 마음에 이르는 가장 쉬운 지름길은 그것을 창조해내는 데 있음을 당신은 배웠을 것이다. 이 책에 나오는 간단한 원리들을 응용한 훈련으로도 이것을 얻을 수 있다. 마음은 가르침이나 훈련에 곧 순응하기 마련이므로, 당신이 원하는 것은 무엇이든지 되돌리도록 가르칠 것이다.

마음이 당신에게 되돌려줄 수 있는 것은 당신이 최초로 마음에 부여했던 것뿐임을 기억하라. 당신의 마음에 평화스러운 경험이나 말, 관념이 스며들게 하라. 그렇게 되면 당신은 '평화를 낳는 경험의 창고'를 갖게 될 것이다. 만약 당신이 영혼에 활력을 불어넣고 정신을 새롭게 하고자 할 때에는 언제든지 이 창고를 열기만 하면 된다. 그것은 거대한 능력의 원천이 될 것이다.

언젠가 나는 아주 단란한 가정을 꾸민 친구 집에서 하룻밤을 보낸 적이 있는데, 그 집의 식당은 아주 독특하고 흥미로웠다. 사방 벽이 아름다운 벽화로 장식되어 있었는데, 그 그림은 집주인이 어린 시절을 보냈던 농촌 풍경이었다.

높고 낮은 언덕, 조용한 골짜기, 졸졸 속삭이며 흐르는 시냇물의 파노

라마였다. 시냇물은 맑고 햇빛에 반짝거리면서 바위 사이로 졸졸 흐르고 있었다. 꼬불꼬불한 길은 목장을 돌아 얼기설기 뻗어 있으며, 조그마한 집들이 여기저기 박혀 있었고, 중앙에는 뾰족탑이 우뚝 선 교회가 있는 아주 목가적인 풍경이었다.

식사를 하면서 집주인은 벽화의 여기저기를 가리키면서 자신의 고향에 관해 이야기해주었다.

"때때로 저는 이 식당에 앉아 회상 속에서 이곳저곳을 거닐며 옛날로 돌아가곤 합니다. 어렸을 적에 맨발로 저 길을 걸어 동산에 오르던 일을 생각하면 지금도 그 당시 발가락 사이에 묻어나던 흙이 얼마나 고왔는지 기억해낼 수가 있습니다. 그리고 매년 여름 오후가 되면 송어가 많았던 시내에서 낚시하던 일을, 겨울이면 저 언덕을 썰매로 내려오던 일을 회상하곤 한답니다. 저기 보이는 교회가 어린 시절 다녔던 곳입니다."

그는 유쾌하게 웃으며 이야기를 계속했다.

"저 교회에서 여러 가지 길고 지루한 설교를 들었습니다만, 당시 그들이 저에게 친절했다는 것과 그들의 생활이 진실했다는 것도 기억납니다. 저는 여기에 앉아서 저 교회를 바라볼 수 있고, 그 안에서 부모님과 함께 듣던 찬송가를 떠올릴 수 있습니다. 부모님은 지금 교회 옆 묘지에 편안히 잠들어 계시는데, 저는 그림을 보며 그분들의 묘지를 찾고 그 곁에 서서 지난날처럼 부모님이 제게 하시던 말씀을 듣습니다. 종종 피로가 쌓여 신경질이 나고 초조해질 때마다 여기 앉아 저 그림을 보면, 티 없는 마음을 가지고 있던 옛날, 늘 선한 생활을 했던 때로 되돌아가는 것 같습니다. 그러고 보면 벽화가 제게 평화를 주는 것 같네요. 그래서 이 벽화는 제게 아주 소중합니다."

아마도 우리 모두가 다 그러한 벽화를 식당에 그려둘 수는 없을 것이다. 그러나 마음의 벽에 가장 아름다웠던 경험의 그림들을 걸어둘 수는 있다. 때로는 잠시 시간을 내어 그 그림이 주는 기억들 속에 잠겨보라. 아무리 바쁘거나 무거운 책임을 지고 있다 하더라도 이 간단하면서도 특이한 훈련은, 이미 수많은 실례에서 성공적인 결과가 입증되었듯이 유익한 결과를 가져다줄 것이다. 평화로운 마음에 이르기 위해 누구나 실천할 수 있는 쉽고 단순한 방법이다.

마음의 평화가 주는 힘

마음의 내적 평화에 대해서 말할 때 놓쳐서는 안 될 또 한 가지 중요한 요소가 있다. 그것은 바로 마음의 평화가 결여되어 있는 사람들은 자학이라는 심리적 기제의 희생자라는 사실이다. 그들은 과거에 어떤 잘못을 저질렀고, 그때 생긴 죄의식이 끈질기게 달라붙어 있는 것이다.

선하신 하나님은 용서를 구하면 누구나 다 용서해주신다. 진정으로 그렇게 할 생각만 있다면 말이다. 그러나 인간은 때때로 자기 자신을 스스로 용서하지 않으려 한다.

자신은 처벌받아 마땅하다고 생각하고, 그렇기 때문에 언젠가는 자신이 처벌받게 될 것이라고 믿는 경우도 있다. 그런 사람은 자신에게 좋지 못한 일이 생기리라는 끊임없는 우려 속에 살면서, 활동 강도를 점차 높여나가곤 한다. 고되게 일하는 것만이 죄의식으로부터 자신을 조금이나마 해방시켜주리라고 느끼기 때문이다.

어떤 의사의 말에 따르면, 신경쇠약에 걸린 환자의 대부분은 죄의식에서 병의 원인을 찾아볼 수 있다고 한다. 이런 환자들은 죄의식을 보상하기 위해 무의식적으로 노력하다가 결국 과로하게 된다. 그러나 이들은 신경쇠약의 원인을 죄의식이 아닌 과로 탓이라고 생각하는 경우가 많다.

"이들이 처음부터 죄의식에서 자유로웠다면, 지나친 과로로 병에 걸리는 일 따위는 없었을 것입니다."

그 의사는 이렇게 말했다. 이런 경우 마음의 평화는 죄의식과 그 죄의식으로 생긴 긴장을 그리스도의 치유법에 맡겨야 얻을 수 있다.

조용히 글을 쓰기 위해 며칠 동안 머물렀던 피서지의 호텔에서 한 뉴욕 사람을 만난 적이 있다. 그는 격무로 대단히 바빠 몹시 신경질적인 경영자였다. 나는 간이의자에 앉아 일광욕을 하는 중인 그와 이야기를 나누었다.

내가 "이렇게 아름다운 곳에서 편히 쉬고 있는 모습을 보니 기쁘군요"라고 말을 건네자, 그는 신경질적으로 이렇게 대답했다.

"여기서는 할 일이 아무것도 없습니다. 집에 가면 일이 태산 같은데도 말입니다. 너무 신경이 쓰입니다. 만사가 저를 피곤하게 만들어요. 그런데도 신경이 날카로워져서 통 잠을 잘 수가 없습니다. 아내가 저더러 1주일간 여기에서 쉬고 오라더군요. 의사도 제가 충분히 휴식을 취하기만 하면 아무런 문제가 없다고 하고요. 그런데 도대체 제가 어떻게 여기서 쉴 수 있겠습니까? 당신이라면 그렇게 하겠어요?"

그는 마치 내게 달려들 듯이 이렇게 말했다. 그러고 나서 애처롭게 나를 바라보면서 말을 이었다.

"선생님, 제가 마음의 안정과 평화를 찾을 수만 있다면 어떤 일이라도 하겠습니다. 그것이 이 세상에서 제일 바라는 일이니까요."

우리는 그 후에도 많은 이야기를 나누었는데, 그와의 대화를 통해 그가 언제나 불길한 일이 생길지도 모른다고 불안해한다는 것을 알아차렸다. 수년 동안이나 늘 무서운 사건을 예상하며, 아내나 자식들 또는 자신의 가정에 뭔가 좋지 않은 일이 생길 것이라는 끈질긴 불안 속에서 살아온 것이다.

그의 이런 증상을 분석하는 것은 어려운 일이 아니었다. 그의 불안에는 두 가지 원인이 있었다. 하나는 어린 시절부터 가지고 있던 불안감이었고, 또 다른 하나는 성장한 뒤에 저질렀던 일에 대한 죄의식이었다. 그의 어머니는 항상 '뭔가 좋지 못한 일이 벌어지고 있다'는 생각을 가지고 있었는데, 그는 이러한 어머니의 불안감을 고스란히 물려받았다. 게다가 성장해서는 몇 가지 비도덕적인 짓을 저질렀는데, 그로 말미암은 죄의식이 잠재의식에서 그를 늘 자학하도록 이끌었다. 즉 그는 자학이라는 심리적 기제의 희생자가 된 것이다. 이 불행한 조합으로 그의 신경은 극도로 예민해져 있었다.

이야기가 모두 끝난 다음, 나는 잠시 그의 의자 곁에 서 있었다. 근처에는 아무도 없었기 때문에 조금은 주저하면서 이렇게 제안했다.

"당신과 함께 기도를 드리고 싶은데 어떻습니까?"

의외로 그는 선선히 고개를 끄덕였다. 그래서 나는 그의 어깨에 손을 얹고 기도하기 시작했다.

"사랑하는 예수님, 당신이 옛사람의 병을 고치시고 그들에게 평화를 주셨듯이 이제 이 사람도 고쳐주소서. 이 사람에게 당신의 용서를 충만히 베풀어주시옵소서. 이 사람이 스스로를 용서하도록 도와주소서. 모든 죄들로부터 떠나게 하시고, 또한 당신이 그의 죄를 기억하지 않는다는 것을 깨닫게 하소서. 이 사람을 그 죄들로부터 해방시켜주옵소서. 그리고 당신의 평화가 이 사람의 마음속에, 영혼 속에, 그리고 몸속에 흘러넘치게 하시옵소서."

그는 기묘한 눈초리로 나를 올려다보더니 고개를 돌렸다. 자신의 눈에 가득 고인 눈물을 내게 보이고 싶지 않았기 때문이었다. 우리는 서로 약간씩 당황했고, 이내 나는 그를 혼자 두고 돌아왔다. 그로부터 몇 달이 지나서 다시 그를 만났을 때, 그는 내게 이렇게 말했다.

"당신이 저를 위해 기도해주신 바로 그날 그 자리에서 실로 대단한 일이 일어났답니다. 제 안에 고요와 평안이 밀려드는 이상한 느낌을 받았습니다." 그리고 그는 덧붙여 말했다.

"제 병이 나았다는 것도 느꼈습니다."

그는 지금 정기적으로 교회에 다니며 살아 있는 말씀을 매일 읽고 있다. 또한 하나님의 법칙을 따르고 난 후 엄청난 추진력도 얻었다. 그는 지금 건강하고 행복한 사람이다. 마음속에 평화가 깃들어 있기 때문이다.

03

어떻게 늘 에너지가 넘칠 수 있는가

메이저리그의 한 투수가 섭씨 37도에 육박하는 혹독한 무더위 속에서 경기를 한 적이 있었다. 그는 이 경기에서 체중이 몇 킬로그램이나 빠질 정도로 탈진해버렸다. 마운드로 올라서긴 했으나 체력이 달려 더 이상 공을 던질 수 있을 것 같지 않았다. 그런데 이렇게 소모된 체력을 회복하는 방법이 아주 독특했다. 구약성경의 다음 구절을 되풀이해서 읽는 것, 그것이 전부였다.

"오직 여호와를 앙망하는 자는 새 힘을 얻으리니 독수리가 날개 치며 올라감 같을 것이요 달음박질하여도 곤비하지 아니하겠고 걸어가도 피곤하지 아니하리로다."(「이사야」 40장 31절)

그는 바로 프랭크 힐러라는 투수인데, 마운드에 올라서서 이 구절을 복창하면 실제로 힘이 생겨 여유를 가지고 완투할 수 있었다고 한다. 그는 그것을 이렇게 설명했다.

"저는 항상 강력한 힘을 낳는 생각들이 마음속에 흐르도록 합니다."

우리가 어떻게 느낀다고 생각하느냐에 따라 몸의 느낌도 결정된다. 당신의 마음이 당신에게 '나는 지쳤다'고 한다면, 신체적 기제와 신경, 심지어 근육까지도 그것을 사실로 받아들인다. 또 당신의 마음이 어떤 것에 대해 강한 흥미를 느끼게 되면, 당신은 그 일을 활기차게 할 수 있다. 신앙심은 우리의 사고를 통해 기능하는데, 사실 그것은 사고를 훈련시키는 과정이다. 마음에 믿음의 태도를 더함으로써 육체적으로 힘이 솟을 수 있는 것이다. 또한 당신에게 충분한 후원과 능력의 원천이 있다는 것을 암시해줌으로써 막강한 힘을 갖도록 도와줄 것이다.

코네티컷에 사는 한 친구는 원기왕성한 사람이다. 늘 남에게 활력을 준다. 그는 늘 "자신의 전지들을 재충전하기 위해 규칙적으로 교회에 다닌다"라고 말했다. 이런 그의 생각은 흠잡을 데 없는 발상이다. 하나님은 모든 에너지, 곧 우주 에너지, 원자 에너지, 전기 에너지 그리고 영적 에너지의 근원이다. 실로 갖가지 형태의 에너지가 창조주로부터 흘러나온다. 성경에 "피곤한 자에게는 능력을 주시며 무능한 자에게는 힘을 더하시나니"(「이사야」 40장 29절)라고 쓰여 있는 것은 바로 그 점을 강조한 것이다.

성경은 또 다른 곳에서 힘을 충전하는 과정을 이렇게 그리고 있다.

"우리가 그를 힘입어 살며(생명력을 얻으며) 기동하며(역동적인 힘을 얻으며) 존재하느니라."(완성을 얻느니라)(「사도행전」 17장 28절)

하나님과의 접촉은 우리 안에 해마다 봄을 새롭게 하고 세상을 재창조하는 것과 똑같은 형태의 에너지 흐름을 만들어준다. 우리가 사고과정을 통해 영적으로 하나님과 접촉할 때, 하나님의 힘은 우리 개개인의 인격을 통해 흐르며, 자동적으로 본래의 창조 행위를 새롭게 한다. 하나님의 힘과의 접촉이 끊어지면, 점차적으로 신체적, 심리적, 영적인 힘 모두가 고갈된다. 전기의 힘으로 작동하는 시계는 전원에 연결되어 있기만 하면 언제나 정확한 시간을 알려주지만 전원을 끊으면 서고 만다. 우주에 흐르는 힘과의 접촉을 잃었기 때문이다. 일반적으로 이런 과정은 비록 시계처럼 기계적인 것은 아니지만, 인간의 경험에도 그대로 작용하고 있다.

벌써 오래전의 일이지만, 나는 한 강연회에 청중으로 참석한 일이 있다. 그때 연사는 수많은 청중 앞에서 자기는 30년 동안 자기 헌신을 통해 하나님의 능력과 접촉하는 영적 경험을 겪었다고 설명하며, 그 이후로 언제나 충분한 힘이 솟아 활동할 수 있었고 놀라운 결과를 낳았다고 말했다. 그는 그 일과 관련된 가르침을 누구나 다 알아들을 수 있을 정도로 쉽고 분명하게 설명했고, 입추의 여지 없이 들어선 청중들은 모두 깊은 감동을 받았다.

내게는 그것이 우리의 의식 속에서, 에너지의 고갈을 겪을 필요가 없게 해주는 무한한 힘, 그 저수지에 연결된 물꼬를 틀 수 있다는 사실을 보여준 하나의 계시였다. 상당한 세월에 걸쳐, 나는 그 연사가 설명했고, 그 외의 다른 사람들도 흔히 입에 올리며 실증해보기도 한 그 생각들을 면밀히 검토해보고 실험도 해보았다. 그 결과 내가 얻게 된 확신은 우리는 기독교 원리들의 과학적 활용을 통해 몸과 마음에 끊이지 않고 흐르는 에너지 흐름을 키워나갈 수 있다는 것이다.

이 사실은 유능한 한 의사의 경우를 보아도 확증할 수 있다. 나는 그와 함께 우리 두 사람이 모두 잘 알고 있는 어느 친구에 관해서 상의한 적이 있다. 중책을 맡아 꼭두새벽부터 밤늦게까지 쉬지 않고 일하는 사람이었는데, 언제나 새로운 일이 주어져도 능히 처리해낼 능력이 있는 친구였다. 그는 자신의 일을 효과적으로 손쉽게 처리하는 요령을 알고 있었다.

나는 의사에게 그 친구가 그런 식으로 일을 하다가는 머지않아 건강을 해치지 않겠느냐고 했다. 그러나 의사는 고개를 저으며 이렇게 말했다.

"그렇지 않습니다. 제가 그의 주치의인데 건강이 나빠질 염려가 전혀 없습니다. 심신이 아주 건강해 에너지가 새어나갈 구멍이라고는 하나도 없기 때문입니다. 그는 잘 정비된 기계처럼 활동하고 있습니다. 힘들이지 않고 일을 하며 별다른 긴장감 없이 임무를 수행하지요. 그는 눈곱만큼의 에너지도 낭비하지 않지만 어떤 활동이든지 최대의 힘을 쏟고 있습니다."

"그의 능률에 대해서는 어떻게 생각하십니까? 그는 마치 힘이 끝도 없이 솟는 것 같던데요?"

내가 다시 묻자, 의사는 잠시 생각에 잠기더니 이렇게 말했다.

"제 생각은 이렇습니다. 그는 지극히 정상적인 사람입니다. 감정적으로도 모난 데 없이 잘 융화하고, 자신의 감정도 잘 조절합니다. 그러나 무엇보다 더 중요한 사실은 그가 건전한 신앙을 가지고 있는 사람이라는 점입니다. 그는 신앙에서 에너지가 헛되이 소모되는 것을 방지하는 법을 배운 것입니다. 그의 신앙은 에너지가 헛되이 소모되는 것을 방지하는 유용한 장치입니다. 진정으로 에너지를 소모시키는 것은 고된 일보다는 격앙된 감정인데, 그는 감정이 격앙되는 일이 전혀 없습니다."

절대자의 리듬에 삶의 리듬을 맞춰라

많은 사람이 점차 건전한 영적 생활을 유지하는 것이 에너지와 인격적 동력을 유지하는 데 아주 중요하다는 사실을 깨닫고 있다.

인간의 신체는 자신의 삶에 필요한 모든 에너지를 오랜 기간에 걸쳐 만들어낼 수 있도록 조직되어 있다. 따라서 인간이 적당한 식사와 운동을 하고, 충분한 수면을 취하고, 자신의 신체를 심하게 혹사하지 않는 등의 원칙을 지켜 몸의 흐름에 합당한 주의를 기울인다면, 신체는 놀라울 정도의 힘을 솟아나게 하며, 그것을 유지한다. 인간이 자신의 균형 잡힌 감정 생활에도 주의를 기울인다면 에너지는 충분히 보존될 수 있다. 이에 반하여 에너지의 소모는 그것이 유전적 원인에 의한 것이든 후천적으로 신체를 쇠약하게 만드는 감정의 반동에 의한 것이든 생명력의 결핍을 초래한다. 인간이 신체적으로, 정신적으로, 그리고 영적으로 조화되어 있을 때의 자연적 상태가 바로 자신이 필요한 에너지를 언제까지나 끊임없이 보충해줄 수 있는 상태이다.

토머스 에디슨 부인과 나는 발명의 천재인 그녀의 남편 에디슨의 습관이나 성격에 대해 이야기를 나누곤 했는데, 에디슨은 몇 시간이나 연구실에서 연구에 몰두하다가 집에 돌아오면 으레 그의 오래된 긴 의자에 쓰러지듯 드러누워서는 어린아이처럼 자연스럽게 깊은 잠 속에 빠져들어 그야말로 완벽한 휴식을 취한다고 했다. 그는 이처럼 서너 시간, 때로는 다섯 시간 정도 곤하게 잠을 자고 나서는 완전히 원기를 회복하여, 이내 다시 연구에 몰두했다는 것이다.

에디슨 부인은 그처럼 완벽한 휴식을 취하는 남편의 능력이 도대체 무엇 때문이었느냐는 내 질문에 이렇게 답했다.

"그분은 자연인이었어요."

그녀가 말한 의미는 남편이 그 자신을 자연, 그리고 하나님과 자신을 완벽하게 조화시키고 있었다는 것이다. 아무런 망상도 없었고, 심신의 혼란도 없었으며, 정신적 갈등이나 기벽 또는 정서적 불안도 없었다. 그는 잠을 자야 할 필요가 있을 때까지 일을 했고 숙면을 취하고 나면 다시 일했다. 아주 오랫동안 이렇게 생활했다. 그리하여 가장 뛰어난 창조적인 두뇌의 소유자가 될 수 있었다. 그는 정서적 자기제어와 완벽하게 심신을 쉬게 하는 데서 자신의 힘과 에너지를 끌어냈다. 놀랄 만큼 우주와 잘 조화되어 있었기 때문에 자연은 그에게 불가사의한 비밀들을 드러내 보여주었다.

내가 지금까지 알고 있는 모든 위대한 인물이나 위대한 인물이 될 것으로 보이는 사람은 모두 그렇게 큰일을 할 만한 재능을 실제로 입증한 사람들로, 모두 절대자와 잘 조화된 사람이었다. 이들은 하나같이 자연과 놀라운 조화를 이루었으며, 하나님의 힘에 연결되어 있었다. 그들이 모두 다 경건한 것은 아니었지만, 감정적으로나 심리적으로 예외 없이 잘 통합되고 유기적으로 잘 조정된 사람들이었다. 훌륭하게 조화된 자연의 평형상태를 깨버리고, 본디부터 자연적으로 주어지는 힘을 부당하게 소모시키는 것은 걱정과 분노, 어릴 때 부모에게 받은 결점의 투영, 그리고 내적인 갈등과 망상 때문이다.

나는 나이를 먹으면 먹을수록 세월이나 환경이 우리에게서 힘이나 에너지, 생명력을 앗아갈 수 없다는 사실을 더욱 확신하게 되었다. 마침내 믿음과 건강 사이에 밀접한 관계가 있다는 사실에 눈뜨게 되었으며, 지금까지 무시해버렸던 기초적인 진리를 터득하기 시작한 것이다. 기초적인 진리란 무엇인가? 신체는 대체로 감정상태에 따라 결정되고, 감정생활은 사고에 의해 깊이 규제된다.

성경은 어디에서나 생명력과 유효한 힘, 그리고 생명에 대해 이야기한다. 성경에 나오는 최고의 말은 '생명'인데, 이는 에너지로 가득 찬 생명력을 의미한다. 예수는 다음과 같은 아주 중요한 말을 하고 있다.

"도둑이 오는 것은 도둑질하고 죽이고 멸망시키려는 것뿐이요 내가 온 것은 양으로 생명을 얻게 하고 더 풍성히 얻게 하려는 것이라."(「요한복음」 10장 10절)

이것은 고통이나 고난 또는 어려움을 부정하는 말이 아니다. 이 말씀의 분명한 의미는 누구라도 기독교의 창조적이며 재창조적인 원리를 실천한다면 넘치는 힘과 에너지를 얻어 살아갈 수 있다는 것이다.

위에서 말한 우리의 실천은 생활을 적당한 속도로 조정하는 데 도움이 된다. 우리의 에너지는 우리가 걷는 빠른 발걸음과 비정상적인 속도 때문에 흐트러진다. 에너지를 한결같이 유지하기 위해서는 생명의 본질적 속도를 하나님이 움직이는 속도에 맞추어야 한다. 하나님은 당신 안에 계신다. 하나님과 당신의 보조가 맞지 않으면 당신은 자신 안에서 문자 그대로 찢어지게 된다.

"하나님의 물레방아는 천천히 돌지만 빻아놓은 가루는 아주 곱다."

그러나 그에 반해 우리 대부분은 물레방아를 너무 빨리 돌리고, 그렇기 때문에 빻아놓은 가루는 아주 거칠다. 하나님이 움직이시는 리듬에 박자를 맞출 때 비로소 우리는 정상적인 속도를 유지하게 되고, 에너지를 자유로이 방출시킬 수 있게 된다.

현대의 소모적인 습관은 많은 비극을 낳고 있다. 내 친구가 연세가 많은 자기 아버지에게 들었다며 전해준 이야기가 떠오른다. 그녀의 아버지가 말하기를, 어느 날 밤 한 청년이 자신이 결혼하기를 원하는 젊은 여자의 집에 가서 그녀와 함께 거실에 앉아 있었다고 한다. 그곳에는 아주 긴 추가 달린, 할아버지 때부터 내려온 벽시계가 있었는데, 그 시계가 무언가를 말하고 있는 것 같았다고 한다.

"시간-은-많이-있다. 시간-은-많이-있다. 시간-은-많이-있다."

그러나 오늘날의 벽시계는 추도 짧아지고 소리의 울림도 빨라져 "빨리 해! 빨리해!" 하고 재촉하는 것처럼 느껴진다는 것이다.

모든 것의 속도가 지나칠 정도로 빨라졌고, 그렇기 때문에 사람들은 지쳐버렸다. 해결책은 전능하신 하나님의 속도에 시간을 맞추는 것이다. 이를 구체적으로 실천하는 방법 중 하나는 따뜻한 날을 택해서 야외로 나가 땅에 드러눕는 것이다. 그리고는 땅에 귀를 바싹 대고 그 소리를 들어보라. 온갖 소리를 듣게 될 것이다. 나무를 스치는 바람 소리, 벌레 우는 소리……. 그뿐만 아니라 당신은 그 모든 소리가 잘 조정된 박자를 따르고 있음을 발견하게 될 것이다. 그러나 도시의 거리를 질주하는 자동차 소리는 아무리 귀를 기울여보아도 박자를 찾아낼 수 없을 것이다. 소음과 함께 사라져버리기 때문이다. 당신이 도시에서 박자를 들을 수 있는 곳은 하나님의 말씀이나 웅장한 찬송가를 들을 수 있는 교회 안이다. 진리는 교회 안에서 하나님의 박자에 공명한다. 그러나 당신이 그렇게 하려고 마음만 먹는다면 공장 안에서도 이 박자를 발견할 수 있다.

오하이오 주에 큰 공장을 가지고 있는 실업가인 내 친구는 이런 말을 했다.

"공장에서 가장 유능한 직원은 그들이 다루는 기계의 리듬과 조화를 이루는 사람이라네."

그리고 직원들이 기계와 조화를 이룬다면 하루 종일 일하더라도 피로를 느끼지 않을 것이라고 자신 있게 말했다. 그는 기계란 하나님의 법칙에 따르고 있는 각각의 부품들의 집합체라는 사실을 지적한 것이다. 당신이 기계를 사랑하고 또 더 잘 알게 된다면, 기계에도 일정한 리듬이 있음을 느낄 것이다. 그것은 신체의 리듬, 신경의 리듬, 영혼의 리듬과 같으며 하나님의 리듬 안에 있다. 그러므로 당신이 기계와 조화만 이룬다면 당신은 결코 피곤하지 않을 것이다. 난방기의 리듬이 있고 컴퓨터의 리듬이 있으며, 사무실의 리듬이 있고 자동차의 리듬이 있으며, 당신이 하고 있는 사업의 리듬도 있다. 그러므로 당신이 피로를 피하고 에너지를 유지하기 위해서는 전능하신 하나님과 하나님이 하시는 모든 사업의 본지적인 리듬 속으로 들어가는 길을 알아야 한다.

그렇게 하기 위해서는 먼저 몸의 긴장을 풀고 푹 쉬어라. 그리고 당신의 마음도 긴장을 풀고 함께 푹 쉰다고 상상하라. 또 당신의 영혼이 움직임을 멈추고 정지해 있다고 상상하라. 그리고 이렇게 기도하라.

"주여, 당신은 모든 에너지의 근원입니다. 당신은 태양의 에너지, 원자에너지, 근육의 에너지, 혈액의 에너지, 마음의 에너지 등 이 모든 에너지의 근원입니다. 그러므로 내가 무한한 샘에서 물을 퍼내듯이 당신에게서 에너지를 퍼낼 수 있도록 하소서."

그러고는 당신이 그러한 에너지를 공급받고 있다는 믿음을 구사하라. 절대자와의 동조를 유지하라.

자신의 일에 대해 흥미와 확신을 가져라

대부분의 사람은 단지 그들이 어떠한 일에도 흥미를 느끼지 못한다는 이유만으로도 지쳐버리고 만다. 그들은 근본적으로 흥미가 없으며, 어떤 일이 일어나든 어떻게 일이 되어가든 무관심하다. 그들의 개인적인 이해관계가 인류 역사의 모든 위기보다 더 중요한 것이다. 자신의 작은 고민과 욕망과 증오를 제외한다면 어떤 것도 그들의 관심을 불러일으키지 못한다. 그들은 아무것도 아닌 일들에 매달려 헛되이 심신을 소모한다. 그렇기 때문에 쉽게 지치고 병에 걸리기까지 한다. 지치지 않는 가장 확실한 방법은 깊은 신념을 가지고 몸과 마음을 바쳐 일에 몰두하는 것이다.

하루에 몇 번이나 혼신을 다해 연설을 하고도 피로한 기색이 전혀 없던 유명 정치가에게 물었다.

"그렇게 많은 연설을 하고도 피로해 보이지 않으니, 비결이 뭡니까?"

"그것은 제가 연설의 모든 내용에 대한 확고한 믿음을 가지고 있기 때문입니다. 제 신념에 미쳐 있기 때문이지요."

이것이 비결이었다. 그는 어떤 일에 '미쳐 있는 것'이다. 그는 자기 자신을 끊임없이 쏟아냈다. 당신도 그렇게 하면 결코 에너지와 생명력을 잃지 않을 것이다. 생명이 당신의 마음속에서 흥미를 잃을 때, 다시 말해서 당신의 마음이 흥미를 잃게 되면 당신도 에너지와 생명력을 잃는다. 아무런 일을 하지 않았는데도 지쳐버리고 만다. 그러나 당신은 결코 지쳐서는 안 된다. 그러니 뭔가 의미 있는 일을 찾고 그 일에 흥미를 가져라. 그리고 철저히 몰두하라. 그 일에 자신을 남김없이 쏟아부어라. 당신 자신을 온전히 바쳐라. 위대한 인물이 되라. 위대한 일을 하라. 앉아서 불평만 하고 있어서는 안 된다. 어떤 일에 열중해 있는 사람은 결코 지치지 않는다. 열정적 동기를 찾지 못하면, 당신은 지친다. 망가져간다. 타락해간다. 아무 열매도 맺지 못한 채 죽어간다. 그러나 자신보다 훨씬 더 위대한 일에 자신을 온전히 바치면 바칠수록 더 많은 에너지를 얻게 될 것이다. 다시 한번 말하지만 자신의 감정적 수렁에 빠져 허우적거릴 시간이 없다.

에너지의 흐름을 막는 정서적 결함을 치유하라

일생을 에너지가 넘치게 살아가기 위해서는 정서적 결함을 바로잡는 것이 아주 중요하다. 그 과오를 바로잡을 때까지는 결코 충분한 에너지를 가지지 못한다.

지금은 세상을 떠났지만 미국이 낳은 위대한 미식축구 코치 크누트 로크니는 "선수는 자신의 감정을 자신의 영적 통제하에 놓아야 에너지가 생깁니다"라고 말한 적이 있다. 더 나아가 그는 자기 팀에는 선수간에 순수한 우정을 느끼지 못하는 사람은 단 한 사람도 없다고까지 말하기도 했다.

"나는 한 사람 한 사람에게서 최고의 컨디션을 만들어내야 합니다. 한 선수가 다른 선수를 미워하면, 그 선수에게선 충분한 에너지를 기대할 수 없다는 사실을 깨달았습니다. 증오는 에너지의 활발한 움직임을 가로막기 때문에, 증오를 씻어버리고 거꾸로 우호적인 감정을 갖기 전까지 그가 발휘하는 힘은 평균 수준에도 미치지 못합니다."

에너지가 부족한 사람들은 정서와 심리상의 뭔가 뿌리 깊은 근본적 갈등에 의해 심하게 뒤틀려 있다. 때로는 이런 불화의 결과가 절정에 달할 때도 있지만, 치료가 불가능한 것은 아니다.

한 번은 중서부 지방의 어느 도시에서 상담 요청을 받은 적이 있다. 상담을 할 사람은 이전에는 대단히 열심히 일하는 활동가였으나 심한 활력의 감퇴로 인해 고생하고 있다고 했다. 그의 친구들은 그가 심한 타격을 받았다고 생각했다. 그는 발을 질질 끌며 걸었고, 무기력해 보였으며, 이전에는 열심히 임하며 대부분의 시간을 할애했던 일에서 손을 떼고 있었다. 그는 아주 의기소침해서 몇 시간이고 멍하니 의자에 앉아 있기도 했고, 때로는 눈물을 흘리기까지 했다. 신경쇠약의 온갖 증세를 다 가지고 있었다.

나는 시간을 정해 내가 머무르고 있는 호텔에서 그를 만나기로 했다. 마침 그때 방문을 열어놓았는데, 그 열린 문을 통해서 엘리베이터를 볼 수 있어서 우연찮게 그쪽을 바라보게 되었다. 엘리베이터의 문이 열리고, 나와 만나기로 한 사람이 복도를 비틀비틀 걸어오는 것이 보였다. 그는 금세 쓰러질 것만 같았고, 호텔 방까지 겨우겨우 찾아온 것처럼 보였다.

나는 그에게 자리를 권하고 대화 속으로 끌어들이려고 애썼지만, 결과는 만족스럽지 못했다. 그는 자신의 사정만을 불평할 뿐, 내 질문을 사려 깊게 헤아릴 능력이 없어 보였다. 그가 그런 처지에 놓이게 된 것은 무서운 자기 연민에 빠진 결과였다.

"다시 건강을 회복하고 싶지 않은가요?"라고 묻자, 그는 그야말로 애처로운 표정으로 잔뜩 긴장해서 나를 쳐다보았다. 그는 자신이 누렸던 생활에 대한 흥미를 다시 찾을 수만 있다면 그 대가로 무엇이라도 감수하겠다는 듯한 표정이었는데, 너무나 절망적인 모습이었다.

나는 그가 자신의 생활과 경험에 관련된 모든 사실들을 털어놓을 수 있도록 분위기를 만들어갔고, 그는 서서히 이야기하기 시작했다. 내게 털어놓은 사실들은 모두 그가 줄곧 고민해왔던 문제들이었고, 대부분은 의식 속에 너무나 깊이 박혀 있어 벗어나기 어려운, 참으로 해결하기 쉽지 않은 것들이었다. 그것들은 오래된 유아적 태도와 대부분 모자관계에 그 연원을 두고 있는, 어린 시절에 발생했던 두려움과 관련된 것들이었다. 죄와 관련된 요소들도 적지 않았다. 이런 갖가지 요소가 여러 해를 두고 강바닥에 흐르는 모래처럼 축적되었고, 그로 말미암아 에너지의 흐름이 서서히 감소되었으며, 결국 충분한 에너지를 쓸 수 없게 된 것이다. 마음이 움츠러들었기 때문에 그는 정상적인 논리적 추론과 계발이 불가능해 보였다.

나는 하나님의 인도하심을 구했고, 그의 머리 위에 손을 얹은 뒤 하나님께 그를 치료해달라고 기도드렸다. 그 순간 나는 어떤 강력한 힘이 그의 머리 위에 놓인 내 손을 통해 흐르고 있음을 알아차렸다. 내 손에서는 어떤 능력도 나올 수가 없으며, 때때로 인간은 단지 도구로만 사용될 뿐이라는 것과, 바로 그 순간이 그러한 경우에 해당한다는 것을 되새겨야 했다. 그가 지극히 평안하고 행복한 표정으로 나를 올려다보면서 "그분이 여기 계십니다. 그분이 나를 어루만지십니다. 뭔가 전혀 다르다는 것이 느껴집니다"라고 말했기 때문이다.

그 이후로 그의 상태는 현저히 좋아졌고, 최근에는 예전의 모습을 회복하게 되었다. 단, 요즘의 그는 예전과는 달리 더 조용하고 침착해졌다. 막혀버렸던 에너지의 통로가 믿음의 행위를 통해 다시 열리게 되었으며, 에너지의 흐름이 새로워졌다는 것은 너무도 분명한 사실이다.

이상의 실제 사례는 그와 같은 치료가 가능하다는 것과, 좋지 못한 심리적인 요소들은 아무리 사소할지라도 쌓이고 쌓이면 에너지의 흐름을 가로막는다는 것을 보여준다. 더 중요한 것은 그런 요소들이 믿음의 능력에 의해 분쇄될 수 있으며, 그렇게 하면 개인 안에서 하나님과 인간 사이에 에너지의 통로가 다시 열릴 수 있다.

죄의식과 정면으로 맞서라

죄의식과 걱정이 에너지에 영향을 미친다는 것은 인간 본성과 관련된 문제들을 연구하고 있는 모든 권위자도 널리 인정하는 점이다. 죄의식이나 걱정 또는 이 두 가지가 결합되어 작용하는 힘으로부터 벗어나는 데는 대단히 많은 양의 에너지가 소모되기 때문에, 그러한 경우 일상적인 생활을 유지하는 데 쓸 수 있는 에너지는 아주 조금밖에 남아 있지 않게 된다. 다시 말해서 죄의식과 걱정으로 인해 소모되는 에너지의 양을 뺀다면, 인생에서 우리가 쓸 수 있는 에너지가 현격히 줄어들고 만다는 것이다. 그 결과는 피로로 나타난다. 자신의 책임을 완수하지 못하게 될 뿐만 아니라, 무감각하고 우둔하며 맥 풀린 상태에 빠져 급기야는 자포자기의 쇠약 상태를 벗어나지 못하고 철저히 무기력하게 생활하는 지경에까지 이른다.

한 정신과 의사가 어느 사업가에 대한 의견을 물어온 적이 있었다. 그의 환자이기도 한 이 사업가는 지금까지 줄곧 정신과 상담을 받고 있었다. 그는 도덕적으로 아주 꼼꼼하고 정직한 인물로 존경을 받았는데, 우연한 기회에 어느 부인과 깊은 관계를 맺고 말았다. 그는 몇 번이나 관계를 끊으려 했지만, 언제나 그 부인의 반대에 부딪혀 뜻을 이루지 못했다. 그 부인에게 관계를 청산하고 자신이 예전의 남부끄럽지 않은 생활로 돌아갈 수 있게 해달라고 간절히 부탁했음에도 불구하고 그런 노력은 모두 허사로 돌아갔다.

그녀는 그가 자신과의 관계를 끝내려고 한다면, 남편에게 폭로하겠다고 위협했다. 그 환자는 그녀의 남편에게 이 사실이 알려진다면 자신의 명예가 풍비박산날 것이라는 사실을 잘 인식하고 있었다. 그는 명망 높은 사람이었고, 그때까지는 훌륭한 시민으로서의 지위에 부끄럽지 않은 사람으로 알려져 있었다.

따라서 그는 그 부인과의 관계가 폭로되지 않을까 하는 걱정과 죄의식 때문에 잠을 잘 수도, 편히 쉴 수도 없었다. 그리고 이런 상태가 두서너 달 지속되자 완전히 활력을 잃고 일상적으로 하던 일조차 제대로 추진할 수 없게 되었다. 게다가 연일 사업상 중요한 안건을 결재하지 않은 채 방치해두었기 때문에 사태는 더 심각해졌다.

그러던 어느 날, 의사가 그에게 불면증을 치료하기 위해 목사인 나를 만나보라고 제의했다. 그러자 그는 목사가 자신의 불면증을 치료할 방법을 알겠냐며 항의했다고 한다. 그는 의사만이 자신에게 효과가 있는 약을 제공해주리라 생각했던 것이다.

그가 자신의 불편한 심경을 내게 말했을 때, 나는 담담히 그에게 어떻게 두 명의 불쾌한 동침자를 데리고 편안히 잠자기를 기대할 수 있겠느냐고 말했다.

"동침자라니요?"

그가 놀라며 물었다.

"제겐 그런 동침자가 없습니다."

"아니, 있습니다. 있고말고요."

내가 말했다.

"이 세상의 누구라도 그런 자들을 양옆에 두고서는 잠을 잘 수 없을 겁니다."

"도대체 무슨 말씀을 하시는지 이해할 수가 없습니다."

그가 반문했다.

"당신은 한쪽에는 걱정을 놓고 또 다른 쪽에는 죄를 놓고 그 틈바구니에서 잠들려고 애쓰고 있습니다. 사실 당신은 불가능한 재주를 부리려고 했던 것입니다. 당신은 잠을 이루기 위해 별의별 방법을 다 써보고, 여러 종류의 수면제도 시도해보았다고 하는데, 별 도움이 되지는 않았을 것입니다. 그 이유는 그 약이 당신의 마음속 깊은 곳에 도사리고 있는 불면증의 진짜 원인을 해결해주지 못했기 때문입니다. 그 불면증은 마음속에서 생겨난 것입니다. 그리고 그것이 당신의 에너지를 빨아들여 소모시킨 겁니다. 따라서 편히 잠들고 에너지를 회복하기 위해서는 그 걱정과 죄의식을 근절시켜야 합니다."

나는 발각되지나 않을까 하는 그의 걱정을 해결하기 위해서는 바른 일을 행하고(그것은 물론, 뒷일을 생각 말고 그 불륜관계를 끝맺는 것이다), 그 결과 어떤 일이 생길지라도 두려워 말고 정면으로 맞서는 마음가짐을 가져야 한다고 말해주며, 그에게 올바른 행동을 하면 결과가 그릇될 수 없다는 것을 납득시켰다. 올바른 일을 했는데도 그릇된 결과가 나타나는 일은 절대로 없다. 또한 그 일을 하나님 손에 맡기고, 단지 자신이 할 수 있는 올바른 일을 할 뿐이라고 생각할 것을 권했다.

그는 내가 말해준 대로 실행했다. 마음의 동요가 없지는 않았겠지만 대단한 결심을 하고 실행한 것이다. 그 부인은 영리했던 탓인지, 아니면 선량한 성품 탓인지, 그것도 아니면 애정을 돌릴 상대가 있었던 까닭인지 모르지만, 아무튼 그를 놓아주었다.

그의 죄의식은 하나님께 용서를 구함으로써 치유되었다. 하나님의 용서는 참되게 구하기만 하면 반드시 얻을 수 있다. 그 환자는 거기서 종지부를 찍고 구원을 얻었다. 그 이중의 짐이 제거되자, 참으로 놀랍게도 그의 인격은 다시 정상적으로 돌아왔다.

편히 잠들었고 평화와 활력을 회복했다. 그는 이전보다 훨씬 현명하고 하나님에게 감사할 줄 아는 사람으로 정상적인 활동을 하게 되었다.

적극적으로 슬럼프에서 벗어나라

에너지의 감소는 슬럼프에서 발생되는 경우가 적지 않다. 정신적 부담과 권태, 끊임없이 부과되는 과중한 업무는 일을 성공적으로 완수하는 데 절대적으로 필요한 요소인 생생한 마음을 감소시킨다.

어떤 일을 하든지 더없이 튼튼하고 힘이 넘치던 사람일지라도 한번 슬럼프에서 빠지면 무미건조한 시기를 맞게 된다.

마음이 이런 상태에 빠져 있는 동안에는 다른 때보다 에너지가 훨씬 많이 소모되기 때문에 전에는 비교적 쉽사리 해치우던 일도 처리하기가 매우 버거워진다. 그 결과 생생한 에너지를 제때 보충해주지 못하게 되며,

그래서 대부분 자제력과 능력을 상실하고 만다.

이런 심리 상태를 타개하는 해결책을 한 대학교의 이사장이자 저명한 실업계 인사였던 사람이 사용한 적이 있다.

굉장히 뛰어나고 학생들 사이에서도 대단한 인기를 끌던 어느 교수가 무슨 까닭인지 어느 때부터인가 차츰차츰 능력이 떨어지고, 학생들의 흥미도 이끌어내지 못하게 되었다고 한다. 대학교의 이사들과 학생들도 그 교수가 열정과 흥미를 가지고 학생들을 가르쳤던 예전의 능력을 회복해야 한다고, 그렇지 못하면 그를 사임시키는 것은 불가피하다는 견해를 보였다. 그러나 그의 사직은 일단 유보할 수밖에 없었다. 그 교수가 정년퇴직할 나이가 되기까지는 아직도 상당한 시간이 남아 있었기 때문이다.

이사장은 자신의 사무실로 그 교수를 불러들였다. 그리고 그에게 6개월간 휴가를 줄 것이며, 그 휴가 기간 중의 모든 경비는 물론이고 평상시와 똑같은 월급을 지급할 것이라고 말했다. 다만 그 교수가 충분히 휴식할 수 있는 휴양지를 찾아가 그의 힘과 에너지를 완전히 회복할 때까지 푹 쉬어야 한다는 조건이 전제되었다.

이사장은 그에게 외딴 숲 속에 있는 자신의 오두막 별장을 권했다. 그리고 흥미로운 제안을 했다.

별장에 성경 이외의 다른 어떤 책도 가져가지 말라는 것이었다. 그리고 하루 일과를 산책이나 낚시 같은 땀을 흘리며 할 수 있는 일들로 꾸미라고 제안했다. 아울러 6개월의 휴가 기간에 세 번에 걸쳐 통독할 수 있도록 매일 규칙적으로 성경을 읽는 일도 포함시켰다. 이사장은 성경에 실려 있는 위대한 말씀과 생각이 그의 마음에 흘러넘치도록 가능한 한 많은 성구들을 외우라고 했다.

"만약 당신이 6개월 동안 장작을 패고, 땅을 파며, 성경을 읽고, 호수에서 낚시를 한다면, 아마도 그 후 당신은 완전히 새로운 사람이 될 것입니다."

교수는 이사장의 특이한 제안에 따르기로 했다. 이내 그는 갑자기 달라진 새로운 생활방식에 사람들이 우려했던 것보다 훨씬 쉽게 적응해나갔다. 그는 자신이 그런 일을 아주 좋아한다는 사실에 크게 놀랐다. 야외 생활에 어느 정도 익숙해지고 나서야 굉장히 큰 매력을 느꼈다. 지적 활동을 같이할 동료들을 만날 수도 없었고, 읽을거리도 없었다. 결국 좋건 싫건 간에 성경을 읽는 데 몰두해야 했던 그는 놀라운 사실을 깨닫게 되었다. 성경은 그것 자체가 하나의 도서관이었다. 성경의 모든 페이지에서 그는 믿음과 평화, 그리고 능력을 발견했다. 그리고 그는 6개월 만에 완전히 새로운 사람이 되었다.

이사장은 교수에 대해 "아주 에너지 넘치는 사람이 되었다"라고 말했다. 그의 슬럼프는 사라졌으며, 예전의 에너지가 완전히 회복되었다. 능력이 끓어오르듯 솟구쳤으며, 새로운 삶의 열정을 가지게 되었다.

04
_____

기도는 능력이다

도시의 거리 위로 높이 솟아 있는 한 빌딩 사무실에서 두 사람이 아주 진지한 대화를 나누고 있었다. 그중 한 사람은 사업과 건강상의 위기로 인해 심각한 고민에 빠져서 마음의 안정을 잃고 초조한 심정으로 마루 위를 오가며 서성댔다. 그러더니 이내 두 손으로 머리를 감싸 안고는 그만 맥이 풀린 듯 주저앉아버렸다. 그야말로 한 폭의 절망적인 그림 같은 장면이었다. 그는 조언을 얻기 위해 친구를 찾아왔다. 친구가 사리에 매우 밝은 사람이라고 생각했기 때문이었다. 그들은 함께 문제를 모든 각도에서 파헤쳐보았지만 아무런 희망적인 결과도 얻지 못했다. 그것이 이 고민에 빠진 친구를 더욱 실망스럽게 했다. 그는 한숨을 내쉬며 말했다.

"이 세상에 나를 구할 수 있는 힘은 전혀 없는 것 같네."

한동안 곰곰이 생각에 잠겨 있던 친구가 이내 나지막한 목소리로 말했다.

"나는 그렇게 생각하지 않아. 이 세상에 자네를 구할 수 있는 힘이 전혀 없다는 말은 틀린 것 같네. 내가 볼 때 이 세상에 해답 없는 문제란 없어. 자네를 도울 힘이 분명히 있을 걸세."

그는 실의에 잠긴 친구를 책망하듯이 반문했다.

"어째서 자네는 기도의 능력을 써보지 않는가?"

이 말에 실의에 잠겨 있던 친구는 다소 놀라는 기색을 보이며 대답했다.

"물론 나도 기도의 힘을 믿지. 하지만 어떻게 기도해야 할지 모르겠어. 자네는 기도가 사업 문제를 해결해주기라도 할 것처럼 말하는데, 정말 그런 기도가 있단 말인가? 지금까지 그렇다고 생각해본 적은 한 번도 없지만, 자네가 기도하는 방법을 알려준다면 기꺼이 기도드리겠네."

이렇게 해서 그는 기도하게 되었고, 그에 따라 당연히 문제의 해답을 얻었다. 상황은 만족스럽게 개선되었다. 물론 그렇게 되기까지 아무런 어려움도 없었던 것은 아니다. 사실 그는 상당히 어려운 순간들도 마주쳤다. 그러나 그는 문제를 해결해냈고, 지금도 기도의 능력을 열렬히 믿고 있다. 최근에 그는 이렇게까지 말했다.

"어떤 문제라도 기도하면 해결할 수 있고, 올바르게 해결될 수 있다."

문제를 해결하는 가장 강력한 도구

신체의 건강과 행복을 다루는 전문가는 그들의 치료법으로 종종 기도를 사용한다. 무력감과 긴장감, 그리고 그와 유사한 문제들은 내적 조화의 결핍으로 인해 발생한다. 몸과 마음의 조화로운 정상 기능을 회복시켜주는 기도의 효과는 괄목할 만하다. 물리치료사인 내 친구는 신경과민 환자를 안마해주면서 이렇게 말한다고 한다.

"제가 영혼이 머물고 있는 신전인 당신의 몸을 편안하게 해드리려고 애쓸 때, 하나님께서도 제 손가락을 통해 일하신답니다. 당신의 몸을 편안하게 해드리고 있는 동안, 당신은 당신의 마음을 하나님께서 편안하게 해주십사 기도해보세요."

이것은 환자들에게는 생소한 일이었지만, 왠지 그럴듯하다는 생각이 들어 그의 말대로 했던 환자들은 몸과 마음이 놀랍도록 편안해졌다고 말했다고 한다.

수많은 유명 인사가 단골로 다니는 헬스클럽의 운영자 잭 스미스는 기도의 치료법을 믿고 활용하고 있다. 그는 직업 권투 선수, 트럭 운전사, 택시 기사 일을 하다가 이 헬스클럽을 운영하게 되었는데, 고객들의 신체를 다루다보니 그들의 영적 문제까지 다루게 되었다고 한다. 그리고 이렇게 단언한다.

"고객이 영적으로 건강해지기 전에는 결코 신체적인 건강도 회복될 수 없다."

어느 날 배우인 월터 휴스턴이 잭 스미스의 사무실에 들렀다가 벽에 걸려 있는 표어를 보고 물었다.

"저건 무슨 뜻입니까?"

스미스는 웃으며 말했다.

"네, 저건, '긍정적이고 적극적인 기도는 긍정적 결과를 가져오는 힘을 낳는다'는 뜻입니다."

휴스턴은 놀라 입을 다물지 못했다.

"그래요? 나는 헬스클럽 같은 데서 이런 말을 들으리라고는 상상도 못했습니다."

스미스는 이렇게 말했다.

"사람들은 저 글귀에 호기심을 갖습니다. 사실 그것을 염두에 두고 붙인 것이지요. 저 글귀에 호기심을 느낀 사람들은 내게 무슨 뜻이냐고 묻습니다. 그럼 나는 그들에게 내가 믿고 있는 '긍정적이고 적극적인 기도가 긍정적 결과를 가져오는 힘을 낳는다'는 말을 설명할 기회를 갖게 되는 셈이지요."

다른 사람들의 건강에 조언을 해주는 스미스는 기도가 얼마나 중요한지 잘 알고 있었다. 설사 기도가 운동이나 사우나 또는 마사지보다 더 중요한 것이 아닐지라도 신체적인 건강을 유지하는 것만큼은 중요하다고 믿고 있다. 기도는 능력을 낳는 중요한 요소이다.

사람들은 오늘날 예전보다 더 많이 기도한다. 기도가 그들의 능력을 크게 증대시킨다는 것을 발견했기 때문이다. 기도는 능력의 원천에 물꼬를 트고, 그렇지 않았더라면 사장되었을 능력을 활용할 수 있도록 돕는다.

한 유명 심리학자는 이렇게 말했다.

"기도는 개인적인 문제를 해결하는 데 이용할 수 있는 가장 강력한 능력이다. 그 능력은 언제나 나를 놀라게 한다."

기도의 과학적 이용

기도의 능력은 에너지의 실현이다. 원자력을 끌어내는 데 과학적인 기술이 필요하듯이, 기도라는 방법을 통해 영적 에너지를 끌어내는 데도 과학적인 일정한 절차가 필요하다. 기도를 통한 이 역동적인 힘의 놀라운 실현은 근거가 명백하다.

기도의 능력은 나이가 들어감에 따라 발생하는 질병과 기능의 감퇴를 미연에 방지하거나 제한함으로써 노화의 진행속도까지도 정상화시키거나 완화시킬 수 있는 것 같다. 단지 나이들어간다는 이유만으로 당신의 기본적인 힘이나 활력을 잃어버리거나 무기력해지거나 또는 허약해질 필요가 없으며, 영혼이 무기력하게 무너져내리거나 둔감해질 때까지 그냥 놓아둘 필요도 전혀 없다. 기도는 저녁마다 생기 넘치도록 할 수 있고 아침마다 새로워진 당신을 만들어낼 수 있다. 당신이 자신의 잠재의식에까지 영향을 미치도록 기도한다면, 모든 문제에 대한 하나님의 인도를 받을 수 있을 것이다. 당신의 잠재의식은 바른 행동이나 그릇된 행동을 하도록 결정하는 동인이 머무르는 자리이기 때문이다. 기도는 당신의 행동 반응을 교정하고 정상화한다. 당신의 잠재의식에 이르는 깊은 기도가 당신을 새롭게 만들어줄 수 있다. 기도는 능력을 낳고 그 능력이 자유로이 흐를 수 있게 해준다.

만약 아직까지 이 능력을 경험해보지 못했다면, 당신은 새로운 기도 방법을 배워야 할 필요가 있다. 효율성의 관점에서 기도를 공부하는 것도 좋다. 일반적으로 기도는 효율성보다는 종교적 의미로만 강조되곤 한다. 사실 기도에서의 효율성과 종교적인 의미, 그 둘 사이에는 어떤 차이도 없는데 말이다. 기도의 과학적이며 영적인 실천은 일반 학문에서 그러한 것과 마찬가지로 진부하고 상투적인 과정을 무시해버린다. 어떤 방식으로든 기도하면 의심할 바 없이 확실한 하나님의 은총을 가져다준다고 할지라도, 지금의 기도 방식을 바꾸고 새로운 기도의 법칙들을 실험해봄으로써 더 적절한 방식으로 기도할 수 있을 것이다. 기도 방식에 대한 새로운 통찰력을 얻어라. 그리고 최고의 결과를 얻을 수 있는 새로운 기술을 실험해보라.

기도할 때에는 무엇보다 당신이 이 세상에서 가장 위대한 힘과 맞붙어 있다는 사실을 실감하는 것이 중요하다. 불을 밝히기 위해 구식 석유등잔을 쓰려고 하는 사람은 없을 것이다. 당연히 더 나은 최신식 조명기구를 원한다. 새롭고 신선한 영적 기술들이 영적인 재능을 부여받은 수많은 사람에 의해 끊임없이 발견되고 있다. 건전하고 효과적인 것으로 입증된 그와 같은 새로운 기술들로 기도의 능력을 실험해보는 것이 좋다. 이런 기술들이 당신에게 생소하고, 그것이 과학적이라는 말이 다소 이상하게 들린다면, 기도의 비결은 가장 효과적으로 당신의 마음을 하나님 앞에 겸손하게 열어놓는 길을 발견하는 것임을 명심하라. 하나님의 능력이 당신의 마음에 흘러들어가도록 당신을 고무할 수 있는 방법이라면 어떤 것이든 사용해도 무방하다.

기도를 과학적으로 이용한 실례로, 유명한 기업가 두 사람이 겪었던 일을 이야기하고자 한다. 허락되기만 한다면 나는 그들의 이름을 언젠가는 독자들에게 밝히고 싶다.

그들은 사업과 기술상의 문제를 논의하는 회합을 가지고 있었다. 당신은 그들이 당연히 전적으로 기술적인 관점에서 접근하리라고 생각할 것이다. 물론 기술적 접근도 했지만 그들은 그 이상이었다. 그 문제에 관해 기도를 한 것이다. 그럼에도 불구하고 만족할 만한 결론에는 이르지 못했다. 그래서 그들은 그 지역의 한 목사에게 만나기를 청했다. 그 목사는 그들 중 한 사람과 오랜 친구였다. 그들이 그 목사를 초청한 것은, 그들의 설명에 따르자면, 성경이 가르치는 기도의 원리가 "두세 사람이 내 이름으로 모인 곳에는 나도 그들 중에 있느니라"(「마태복음」 18장 20절)라는 것이기 때문이었다. 그들은 또 다른 원리에도 주목했다. "진실로 다시 너희에게 이르노니 너희 중에 두 사람이 땅에서 합심하여 무엇이든지 구하면 하늘에 계신 내 아버지께서 그들을 위하여 이루게 하시리라."(「마태복음」 18장 19절)

과학적 실천의 훈련을 받은 그들은 기도를 하나의 신비한 사건으로 다루면서 성경의 방법을 주도면밀하게 따라야 한다고 믿었다. 그들이 말하듯이, 성경은 영적 과학의 교과서였기 때문이다. 하나의 기술을 새롭게 사용하는 가장 합리적인 방법은 그 분야의 교과서에 나온 방법을 꼼꼼하게 따르는 것이다. 그들은 성경이 두세 사람을 말하고 있기 때문에 두세 사람이 모여야만 한다고 생각했고, 그러기에 그들은 세 번째 사람을 청한 것이다.

그래서 그들은 세 사람이 되었고, 함께 기도했다. 또한 기도하는 과정에서 발생할 수 있는 실책을 예방하기 위해 성경의 다른 부분이 가르치고 있는 또 다른 기도의 기술들도 염두에 두었다. 그것은 "너희 믿음대로 되라 하시니"(「마태복음」 9장 29절)와 "무엇이든지 기도하고 구하는 것은 받은 줄로 믿으라 그리하면 너희에게 그대로 되리라"(「마가복음」 11장 24절)와 같은 것들이었다.

몇 차례의 진지한 기도 끝에 세 사람은 그들이 응답받았다고 확신하게 되었고, 결과는 아주 만족스러웠다. 그다음에 그들에게 일어난 일들이 실제로 하나님의 인도하심을 받았다는 사실을 여실히 증거해주고 있다.

그들은 모두 위대한 과학자라 불리기에 충분한 사람들이다. 물론 그들이 자연법칙들을 설명할 수 있는 만큼 이 영적 법칙들이 구체적으로 어떻게 작용하는지는 자세히 설명하지 못한다. 그러나 그들은 올바른 기술이 쓰일 때 그 법칙이 정확하게 작용한다는 것만큼은 확신하고 있었다.

그들은 이렇게 말했다.

"우리는 그것을 설명하지는 못합니다. 하지만 분명한 것은 우리를 곤란하게 하는 문제가 있었고, 그래서 우리는 신약성경에 나와 있는 방법대로 기도했으며, 그것이 적중해 만족할 만한 결과를 얻었다는 것입니다."

그들은 그들의 기도에 있어서 믿음과 화합이 중요한 요소였던 것 같다고 덧붙였다.

창조적인 기도방식

꽤 오랜 전에 어떤 사람이 뉴욕에서 작은 구멍가게를 열었다. 처음에는 '벽에 뚫린 작은 구멍'에 지나지 않았다. 직원도 한 사람뿐이었다. 그러나 몇 년이 되지 않아 그들은 더 넓은 곳으로 가게를 옮겼고, 또 얼마 지나지 않아서는 엄청나게 넓은 평수로 다시 옮겼다. 이는 실로 대단한 성공이었다.

이 사람의 사업 방법은 '벽에 뚫린 작은 구멍을 낙관적인 기도와 생각으로 가득 채우는 것'이었다. 그는 자신의 근면성과 긍정적이고 적극적인 사고, 공정한 거래, 올바른 접대, 올바른 기도가 좋은 실적의 비결이라고 자신 있게 주장했다. 그는 창조적이며 뛰어난 두뇌의 소유자였는데, 기도의 능력으로 자신의 문제를 해결하고 난관을 극복하기 위해 나름대로의 간단한 방식을 고안해냈다. 좀 특이한 방식이었으나, 내가 실제로 사용해본 적이 있기 때문에 그 효과는 잘 알고 있다. 나는 이 방식을 많은 사람에게 권했고, 이 방식을 써본 사람들도 그 가치를 실증해주었다. 이제 나는 당신에게도 이 방식을 권하려 한다.

첫째, 기도화한다.

둘째, 영상화한다.

셋째, 현실화한다.

'기도화한다'는 것은 창조적 기도를 매일의 일과로 삼는다는 뜻이다. 문제가 생기면, 그는 기도를 통해 하나님께 문제를 아주 솔직하게 있는 그대로 털어놓고 상의했다. 하나님을 아득히 멀리 떨어져 있는 어떤 거대한 그림자와 같은 존재로 생각하고 상의한 것이 아니라 사무실, 가정, 거리, 자동차 등 어느 곳에서나 자신의 곁에 있는 동반자요, 가장 친한 친구로 생각하고 상의했다. 그는 성경의 '쉬지 말고 기도하라'는 명령을 성실하게 따랐다. 매일 자신이 결단하고 처리해야 하는 문제들을 지극히 자연스럽고 평범한 태도로 하나님과 상의하며 처리한다는 의미로 그 명령을 해석하고 있었다. 그렇게 매일을 살아나감에 따라, 마침내 하나님은 그의 의식뿐만 아니라 잠재의식에서도 지배하게 되었다. 그는 자신의 일상생활을 기도화했다. 걸으면서, 차를 운전하면서, 다른 활동을 하면서도 언제나 기도했으며 자신의 일상생활을 기도로 가득 채웠다. 다시 말하자면, 기도로 살았다. 그는 기도를 드리기 위해 무릎을 꿇거나 하지는 않았다. 그러나 친한 친구에게 하듯이 하나님께 "주여, 이 문제를 어떻게 처리하는 것이 좋을까요?"라거나 "하나님, 이 문제에 대해 저에게 새로운 통찰력을 주세요"라고 말하곤 했다. 그는 자신의 마음을 기도화했고, 그런 식으로 모든 활동들도 기도화했다.

창조적인 기도 방식의 두 번째 단계는 '영상화한다'는 것이다. 물리학의 기본적 요소는 힘이고, 심리학의 기본적 요소는 실현하겠다는 욕구이다. 성공을 예상하는 사람은 그런 예상만으로 이미 성공을 향해 나아가고 있으며, 실패를 예상하는 사람은 그런 예상만으로 이미 실패를 향해 나아가고 있다. 실패든 성공이든 그것이 마음에 그려질 때는 그려진 영상대로 현실화되는 경향이 있다.

그것이 무엇이든 가치 있는 일이 이루어질 것임을 확신하기 위해서는 먼저 기도로써 하나님의 뜻에 적합한 것인지 시험해보라. 그런 다음 실현될 것이라는 영상을 당신의 마음속에 각인시켜 의식 가운데 확고하게 붙들어두라. 영상을 계속 하나님의 뜻에 맡기고(즉 모든 일의 진행을 하나님의 뜻에 맡기고), 하나님의 인도하심을 따르라. 성공을 얻기 위해 당신이 할 수 있는 모든 일을 하며 열심히 일하라. 끝까지 믿음을 구사하고 당신의 모든 생각 가운데 그 영상을 확고히 붙잡아두라. 이렇게 하면 당신의 영상이 실현되어가는 불가사의한 방식에 놀라게 될 것이다. 이런 방식으로 그 영상은 '현실화'되는 것이다. 당신이 '기도화'하고 '영상화'한 것은 그 위에 하나님의 힘이 더해지고, 또 그 실현에 전력을 기울이면, 바라는 형태의 소망 그대로 '현실화'될 수 있다.

나는 스스로 이 3가지 단계로 이루어진 기도 방식을 그대로 실행하여 위력을 실증한 바 있다. 다른 사람에게도 이 기도 방식을 권했는데, 그들도 나와 마찬가지로 창조적 기도의 능력을 경험했다고 한다.

한 부인이 어느 날 남편이 자신에게서 멀어지고 있다는 사실을 발견했다. 그들도 결혼생활 초기에는 행복했다. 그러나 그녀는 사회생활에 몰두해 있었고, 남편도 사업 때문에 몹시 바빴다. 그리하여 미처 깨닫기도 전에 두 사람의 친밀했던 관계는 사라져버렸다. 어느 날 그녀는 남편이 다른 여자에게 관심을 가지고 있다는 사실을 알게 되었다. 당황해서 어쩔 줄 몰라 하던 그녀는 점점 신경질적으로 변했다. 나중에야 그녀는 이 문제를 목사와 상의했다. 목사는 기민하게 화제를 그녀의 문제로 유도해나갔다. 그녀는 자신이 무책임한 주부였고, 또 자기 중심적이며, 말도 독하게 하며, 잔소리가 많은 여자라는 사실을 인정하게 되었다.

이어 그녀는 남편과 자신이 동등하다는 생각을 한 번도 가져본 일이 없다고 고백했다. 자신이 사회적으로나 지적으로 남편과 동등하게 어울릴 수 없다는 열등감을 느끼고 있었기 때문에 의식하지 못하는 사이에 남편에게 적대적인 태도로 대했고 심술 맞게 굴고 남편을 헐뜯은 것이다.

목사는 그녀에게 드러나 있는 것보다는 훨씬 더 많은 재능과 능력, 매력이 잠재해 있다는 것을 간파했다. 따라서 그 부인에게 재능이 넘치고 아주 매력적인 자신의 모습을 마음속으로 그려보라고 제안했다. 목사는 익살스럽게도 그녀에게 "하나님은 미용실을 경영하고 있습니다"라고 말했다. 또한 믿음의 기술이 사람의 얼굴에 아름다움을 더해주고 행동에는 매력과 우아함을 더해줄 수 있다고 말했다. 그는 어떻게 기도를 하고 영적으로 '영상화'하는지를 가르쳐주었다. 또 그녀에게 남편과 다정했던 관계로 회복되는 영상을 확실하게 붙들고, 남편의 장점과 그들 두 사람 사이의 화합과 조화도 늘 그리고 있으라고 충고했다. 그녀는 이 그림을 믿음으로 붙들어야만 했다. 이렇게 해서 목사는 그 부인에게 흥미로운 인간 승리의 길을 열어주었다.

그 무렵 남편은 그녀에게 이혼을 제안했다. 그러나 이미 그녀는 남편의 요구를 침착하게 받아들일 만한 자제력이 있었다. 그녀는 별다른 말 없이 이혼을 원한다면 자신도 기꺼이 따르겠지만, 이혼은 최후의 선택이므로 한 번 결정되면 돌이킬 수 없으니 결정을 90일 동안만 연기하자고 제안했다.

"90일이 지난 후에도 여전히 당신이 이혼을 원한다면, 그때는 당신의 뜻에 따르겠어요."

그녀는 조용히 이렇게 말했다. 남편은 이상하다는 눈초리로 그녀를 바라보았다. 그는 자신이 이 제안을 하면 그녀의 감정이 폭발할 것이라고 예상했던 것이다.

그 이후, 남편은 밤마다 외출했지만 그녀는 집에 남아 있었다. 그리고 그녀는 남편이 그의 낡은 의자에 앉아 있는 모습을 상상했다. 실제로는 의자에 앉아 있지 않았으나, 남편이 거기에 편안하게 앉아서 책 읽는 모습을 마음속에 그린 것이다. 그녀는 남편이 예전에 그랬던 것처럼 집 주위를 어슬렁거리며 돌아다니는 모습이나, 페인트칠 하는 모습, 또는 가구를 손보는 모습 등을 마음속에 그렸다. 신혼 초에 남편이 접시를 씻고 있던 모습까지도 그렸고, 예전에 딱 한 번 그랬던 것처럼 함께 골프를 치거나 하이킹을 했던 모습도 생생하게 마음에 떠올렸다.

그녀는 굳센 믿음으로 이 그림을 마음속에 붙들어두었다. 그러던 어느 날 밤 남편이 실제로 그 의자에 앉아 있는 것을 발견했다. 그녀는 이것이 상상이 아닌 현실임을 확인하기 위해 두 번이나 눈을 비볐다. 그러나 실제로 남편은 거기 앉아 있었다. 때때로 외출하기도 했지만 의자에 앉아 있는 밤이 점점 더 많아졌다. 그리고 옛날처럼 그녀에게 책을 읽어주기 시작했다. 그리고 어느 쾌청한 토요일 오후에는 그녀에게 골프라도 치러 가자고 청하기까지 했다.

그들은 매일을 즐겁게 보냈다. 그리고 드디어 90일째가 되었다. 그날 밤, 그녀는 남편에게 조용히 말했다.

"빌, 오늘이 90일째예요."

"그게 무슨 말이지?"

그는 난처한 듯이 말했다.

"90일째라니?"

"기억 안 나요? 이혼 문제를 결론짓기 위해 90일 동안 기다리기로 약속했잖아요? 오늘이 바로 그날이에요."

그는 잠시 그녀를 바라보더니, 들고 있던 신문으로 자신의 얼굴을 가리고는 신문을 넘기며 말했다.

"바보 같은 소리 그만해. 당신 없이 내가 어떻게 살아? 내가 당신과 헤어진다고? 누가 그래?"

이렇게 기도의 방식이 강력한 작용을 한다는 것이 증명되었다. 그녀는 자신의 문제를 기도화했고, 영상화했고, 그녀 자신이 원하는 것을 현실화했다. 기도의 능력은 그녀뿐만 아니라 남편의 문제까지도 해결한 것이다.

나는 이 방식을 개인적인 문제뿐만 아니라 사업상의 문제에도 적용해서 성공한 많은 예들을 알고 있다. 진지하고 합리적인 태도로 상황에 접근했을 때, 그 결과는 실로 놀라웠다. 그만큼 이 기도 방식은 효과적인 것으로 존중되어야 한다. 이 방식을 진지하게 받아들여 실제로 활용한 사람들은 실로 놀라운 성과를 얻었다.

개인의 삶에 미치는 기도의 힘

한 기업가들의 연회에서 나는 연사 자리에 앉아 있었고, 옆에는 오랜 세월의 온갖 풍상을 겪어 다소 찌들어 있기는 했으나 인간적으로 호감이 가는 사람이 앉아 있었다. 그는 평소에 익숙하지 않은 목사 옆에 앉게 되어 조금은 거북한 것 같았다. 식사 중에 그는 몇 번 신학적인 용어를 사용했는데, 대체로 신학에서 사용하는 어법들과는 동떨어진 것이었다. 그 사실이 드러날 때마다 그는 해명했고, 나는 그렇게 말해도 아무 문제가 되지 않는다고 말했다.

그는 내게 자신이 어린 시절에는 교회에 다녔으나 그 이후로는 교회와는 영이별을 하고 말았다고 했다. 그리고 자신의 옛날이야기를 해주었다. 그가 해준 이야기는 늘 듣던 이야기였으며, 다른 이에게도 전혀 새로울 것이 없는 이야기였다. 그가 털어놓은 옛날 이야기는 이런 것이었다.

"제가 어렸을 때, 아버지는 주일학교와 교회에 나갈 것을 강요했습니다. 그래서 집을 떠나게 된 이후로는 더 이상 교회에 가고 싶지 않았고,

그래서 한 번도 교회에 나가지 않았습니다."

그리고 그는 말했다.

"나이를 좀 더 먹은 다음에야 교회에 갈까 합니다."

그래서 나는 그때 가서 교회에 나가 앉을 자리를 찾을 수 있다면 대단한 행운일 것이라고 말했다. 내 말이 그에게는 의외였던 것 같았다. 그는 더 이상 사람들은 교회에 나가지 않을 것이라고 생각했던 것이다. 사람들은 이 나라에 있는 그 어떤 기관보다 자주 교회를 방문한다고 말하자 그는 다소 놀라워했다.

그는 한 중소기업체의 사장이었는데, 이어 작년에 자신의 회사가 얼마나 많은 수익을 올렸는지 말하기 시작했다. 나는 그에게 재정이 그 정도를 능가하는 교회들도 적지 않다고 말했다. 실제로 이 말이 그의 콧대를 꺾은 것 같았다. 나는 그가 교회의 성장에 놀라워하고 있음을 간파했다. 그래서 나는 엄청난 수의 종교 서적이 팔리고 있으며, 그것은 다른 어떤 분야의 책보다 많은 양이라는 것도 말했다. 그러자 그는 "그래요? 아마 당신들 교회 사람들은 잘나가는 모양이지요?"라고 약간은 빈정대는 투로 말했다.

바로 이때 또 다른 한 사람이 우리 식탁으로 걸어와서 아주 진지하게 그에게 일어났던 '아주 놀랍고 대단한 일'을 내게 말해주었다.

"제게는 아주 절망적이었던 때가 있었습니다. 그 당시 나의 모든 일은 엉망으로 뒤틀려가고 있었기 때문입니다. 그래서 저는 한 1주일쯤 만사를 잊고 쉬기로 했습니다. 그런데 그렇게 쉬는 동안에 우연찮게 선생님이 쓰신 책, 실제적인 믿음의 기술을 다루고 있는 『생각대로 된다(A Guide to Confident Living)』란 책을 읽게 되었습니다. 그 책을 읽으면서 저는 난생처음으로 만족과 평화를 느꼈습니다. 그리고 아마도 그것이 제 안에 숨겨져 있는 가능성에 주목하도록 용기를 주었던 것 같습니다. 저는 제 문제에 대한 해답은 실제적인 믿음에서 찾을 수 있다는 것을 믿기 시작했습니다."

그의 말은 계속되었다.

"그래서 저는 선생님의 책에 소개된 영적 원리들을 하나씩 실천하기 시작했습니다. 제가 그토록 열망하던 목표를 하나님의 도움으로 능히 달성할 수 있다는 것을 믿고 확신하기 시작했지요. 그러자 만사가 순조롭게 풀려나가기 시작했다는 느낌이 저를 사로잡았습니다. 그때 이후로는 어떤 일에도 당황하지 않습니다. 저는 만사가 순조롭다는 것을 확실히 알았습니다. 그래서 그런지 잠도 푹 잤고, 기분도 늘 좋습니다. 마치 강장제를 듬뿍 복용한 것 같은 느낌이에요. 영적 기술에 대한 새로운 이해와 실천이 그 결정적 계기였습니다."

그가 우리 곁을 떠나자, 나와 같은 식탁에 앉아 그 사람의 긴 이야기를 곰곰이 듣고 있던 친구가 이렇게 말했다.

"전에는 이런 이야기를 들어본 일이 없습니다. 그런데 저 친구는 신앙을 마치 즐겁고 뭔가를 성취하게 해주는 유익한 것인양 말하네요. 지금까지 그런 식의 이야기는 한 번도 듣지 못했습니다. 신앙이 하나의 과학이라는 인상까지 받게 되네요. 정말 그의 말대로 신앙으로 몸을 더욱 건강하게 하고, 사업이 더 잘 되게 할 수 있는 것입니까? 저는 그럴 수 있다고는 전혀 생각해 본 일이 없거든요."

그리고 이렇게 덧붙였다.

"그런데 선생님, 저 친구한테 가장 인상적이었던 것이 무엇인지 아세요? 그건 저 친구의 표정입니다."

그러나 그가 말한 그 친구의 표정과 똑같은 얼굴이 바로 내 앞에 앉아 있었다. 희한한 일이었다. 난생 처음으로 그는 종교적 믿음이 진부한 것이 아니라 성공적인 삶을 가져다주는 하나의 과학적인, 다시 말해 근거가 확실한 것일 수도 있다고 생각하기 시작했다. 그는 기도의 능력이 한 개인의 삶에 있어서 어떻게 역사하는지를 직접 목격하게 되었다.

타인을 위한 기도의 힘

개인적으로 나는 기도가 한 사람에게서 다른 사람에게로, 또 하나님에게로 정신적 진동을 보내는 것이라고 믿는다. 우주의 모든 것이 진동 가운데에 놓여 있다. 식탁의 분자에도 진동이 있고, 공기도 진동으로 가득 차 있다. 사람들 사이의 상호작용도 마찬가지이다. 누군가를 위해 기도할 때, 당신은 이 우주에 내재한 강력한 힘을 부리고 있는 셈이다. 당신에게서 다른 사람에게로 사랑과 유익, 도움의 감각, 강력한 동정적 이해를 보내는 것이며, 그 과정에서 하나님이 우리가 기도로 간구한 것들을 우리에게 보내주실 때 이용하는 도구인 우주의 진동을 깨우는 것이다. 이 원리를 실험해보라. 그러면 당신은 놀라운 결과를 얻게 될 것이다.

내가 종종 이용하는 방법인데, 내 곁을 스치고 지나간 사람들을 위해 기도하는 습관이 있다. 내가 이런 특이한 습관을 가지게 된 것은 웨스트버지니아를 통해 기차로 여행하던 때라고 기억한다. 그때 나는 기차역 승강장에 서 있는 한 사람을 보았다. 곧 기차는 떠났고 그 사람은 내 시야에서 사라졌다. 나는 그를 처음이자 마지막으로 보는 것이라는 생각을 했다. 그의 삶과 내 삶은 가볍게 스쳤다가 곧 떨어졌다. 그렇게 그는 그의 길을 갔고, 나는 나의 길을 갔다. 나는 그의 삶이 어떻게 전개될 것인지 궁금해졌다.

나는 그의 인생이 하나님의 은총으로 가득 찬 삶이 되기를 바라는 긍정적인 마음으로 그를 위해 기도했다. 그리고 기차가 지나감에 따라 내 눈에 들어오는 다른 사람들을 위해 기도하기 시작했다. 들에서 땅을 갈고 있는 사람을 위해 기도했다. 하나님께 그를 도와주시고 그에게 좋은 수확을 주시기를 기도했다. 빨래를 널고 있는 한 아주머니를 보았다. 새로 한 빨래가 빨랫줄에 길게 널려 있는 것으로 보아 그녀의 가족은 대가족인듯 했다. 언뜻 스치고 지나친 그녀의 표정과 아이들의 옷을 다루는 손길로 미루어보아, 그녀는 행복한 어머니인 것 같았다. 나는 그녀를 위해 기도했다. 그녀의 삶이 더 행복해지고, 그녀의 남편이 그녀에게 늘 진실하며, 그녀 또한 그녀의 남편에게 진실하기를 기도했다. 그들이 모두 경건한 가족들이 되고, 자녀들이 건강하게 자라서 훌륭한 젊은이들로 성장하기를 간구했다. 또 다른 정거장에서는 벽에 기대어 꾸벅꾸벅 졸고 있는 남자를 보았다. 나는 그가 깨어났을 때 모든 고통에서 벗어나 멋진 사람이 되기를 기도했다.

그리고 기차는 한 정거장에서 멈췄다. 나는 거기서 앙증맞은 꼬마를 보았다. 그 아이는 바지 한쪽이 다른 한쪽보다 길었고, 셔츠는 목을 다 드러내고 있었으며, 걸치고 있는 스웨터는 지나치게 컸고, 머리는 헝클어져 있었으며, 얼굴을 지저분했다. 사탕을 빨아먹고 있었는데, 거기에 아주 열중해 있었다. 나는 그 아이를 위해 기도했다. 기차가 서서히 움직이기 시작했을 때, 그 아이는 나를 올려다보더니 맑은 미소를 지어 보였다. 나는 내 기도가 그에게 미쳤다는 것을 알았다. 나는 그 아이에게 손을 흔들었고, 그 아이도 돌아서서 내게 손을 흔들었다. 아마도 그 아이를 다시는 보지 못할 것이다. 그러나 그 아이와 나의 생명은 서로 접촉했다. 그때까지는 날씨가 흐렸었다. 그런데 갑자기 태양이 얼굴을 내밀었다. 나는 그 아이의 가슴에도 빛이 있다고 느꼈다. 얼굴에 그 빛이 드러나고 있었기 때문이었다. 내 마음도 행복했다. 나는 그것이 하나님의 능력이 나를 통해 그 아이에게, 그리고 다시 하나님에게 순환하며 움직이고 있기 때문이라는 것을 확신한다. 그 순간 우리는 기도의 능력에 사로잡혀 있었던 것이다.

기도는 창조적 아이디어와 능률의 원천

기도가 갖는 중요한 기능 중 하나는 그것이 창조적인 아이디어를 불러일으키는 자극이 된다는 것이다. 우리의 마음속에는 성공적인 삶에 필요한 모든 아이디어의 원천이 들어 있다. 이 아이디어는 제대로 풀려나오고 적당한 활동의 기회를 얻기만 하면, 성공적인 어떤 계획이나 사업으로 구체화될 수 있다. 신약성경은 "하나님의 나라는 너희 안에 있느니라"(「누가복음」 17장 21절)라고 말하고 있는데, 우리에게 창조주인 하나님이 우리의 마음과 인격 속에 건설적 생활에 필요한 모든 힘과 재능을 갖추어놓았다는 것을 가르쳐주기 위한 것이다. 우리가 해야 할 일로 남아 있는 것은 이들 힘의 물꼬를 트고 키워나가는 것이다.

내 친구는 네 명으로 구성된 기업 이사회의 대표이사인데, 이들은 정기적으로 아이디어 회의를 열고 있었다. 이 회의의 목적은 잠재해 있는 창조적인 아이디어를 남김없이 끌어내자는 데 있었다. 이 회의를 위해 그들은 전화나 인터폰, 그 밖의 사무실에 필요한 설비라고는 전혀 갖춰지지 않은 방을 사용한다. 창까지도 이중창으로 되어 있어 창 밖에서 들려오는 소음이 차단된다.

회의를 시작하기 전, 그들은 10분가량을 묵상 기도와 명상으로 보내는

데, 그 시간에 하나님이 자신들의 마음속에서 창조적으로 활동하고 계시는 모습을 상상한다. 그리고 하나님이 사업에 필요한 적당한 아이디어들을 그들 머릿속에 떠오르게 하시리라는 것을 확신하며, 각각 제 나름대로의 방식으로 고요히 기도를 한다.

이 묵상 시간이 끝나면, 비로소 마음속에 떠오른 아이디어들을 이야기하기 시작한다. 각각의 아이디어는 한 장 한 장의 카드에 기록되고 그것들 모두가 책상 위에 쌓인다. 이 시간에는 어느 누구도 다른 사람의 아이디어를 비판하지 않는다. 창조적인 사고의 흐름을 가로막을지도 모르기 때문이다. 아이디어를 기록한 카드는 모두 모았다가 그다음 회의에서 평가한다. 그러나 그것은 다음 회의의 일이요, 이 회의는 순전히 기도에 의해 고무되는 아이디어를 이야기하기 위한 회의이다.

회의가 처음 시작되었을 때 나왔던 대부분의 아이디어는 별 가치가 없는 것들이었다. 그러나 회의가 거듭됨에 따라 훌륭한 아이디어의 비율이 점차로 높아져갔다. 그리하여 얼마 후에는 실용적인 가치가 입증된 우수한 아이디어들이 쏟아져나왔다.

내 친구는 이렇게 설명했다.

"그 회의에서 정말 좋은 아이디어들을 얻을 수 있었지요. 이미 회사의 대차대조표에 나타나 있지만, 우리는 새로운 자신감을 갖게 되었답니다. 이사들 사이의 연대감 역시 더욱 강화되었으며, 이러한 분위기는 사내의 다른 사원들에게까지 퍼져나가게 되었지요."

물론 종교는 신학적인 것이고 사업에는 장애가 될 뿐이라고 생각하는 사업가들이 지금도 있을지 모른다. 그러나 오늘날 사업에 성공한 유능한 경영인들은 생산, 판매, 관리면에서 엄밀히 실증된 최신의 기법들을 도입하고 있고, 그중 많은 사람이 능률을 올리는 데 효과가 탁월한 기도의 힘에 주목하고 있다.

어떤 분야에서나 남보다 앞서가는 기민한 사람들은 기도의 능력에 힘입어 더 잘 느끼고, 더 잘 일하며, 더 잘 행동하고, 더 잘 자며, 더 잘 된다는 것을 깨닫고 있다.

친구인 그로브 페터슨은 「톨레도 블레이드(*Toledo Blade*)」의 편집인인데, 아주 열심히 활동하는 사람이다. 그는 자신의 힘이 기도에서 나온다고 말한다. 그는 기도하다가 잠드는 것을 좋아하는데, 자신의 잠재의식의 긴장감이 그 시간대에 가잘 잘 풀린다고 믿기 때문이다. 삶의 대부분을 지배하고 있는 것은 바로 이 잠재의식이다. 그렇기 때문에 잠재의식의 긴장이 가장 느슨해져 있을 바로 그때, 기도를 그 잠재의식 속에 떨어뜨리면 강력한 효과를 낸다. 페터슨은 껄껄거리며 이렇게 말하기도 했다.

"한때는 내가 기도하다가 잠드는 게 걱정스러웠습니다. 그러나 지금은 그렇게 되기를 간절히 바라고 있답니다."

나와 남을 변화시키는 강력한 힘

수많은 독특한 기도 방법이 내 주의를 끌었지만, 그중에서도 가장 효과적인 것은 프랭크 로바크가 그의 명저 『기도, 세상에서 가장 강력한 능력(*Prayer, the Mightiest Power in the World*)』에서 주장하고 있는 방법이다. 효과적이고 참신한 기도 방법이 실려 있는, 기도에 관한 가장 실용적인 책이다. 로바크 박사는 실제로 작용하는 모든 힘이 기도에 의해 생긴다고 믿고 있다.

그의 기도 기법 중의 하나는 길을 걸어가면서 사람들에게 기도를 '발사'하는 것이다. 이런 형태의 기도를 그는 '섬광 기도(flash prayers)'라고 부른다. 그는 선의와 사랑의 마음을 기도로 내보내면서 통행인을 폭격한다. 길거리에서 그를 스치고 지나가는 사람들에게 기도를 발사하면, 그들은 두리번거리다가 로바크 박사를 쳐다보고는 미소를 짓는다고 한다. 그들은 마치 전기 에너지에 감전되기라도 한 듯이 기도로 방출된 어떤 능력이 자신과 접촉되었음을 느낀다.

버스 안의 승객들에게도 기도를 발사한다. 어느 날 그는 아주 우울해 보이는 사람의 뒷자리에 앉게 되었다. 그 사람은 버스를 탈 때부터 얼굴을 찌푸리고 있었다. 그는 그 사람을 향해 선의와 믿음의 기도를 보내기 시작했다. 그러면서 기도가 그 사람을 둘러싸고 마음속으로 들어가고 있다고 상상했다. 그러자 갑자기 그 사람이 자신의 뒤통수를 치기 시작했으며, 버스에서 내릴 때쯤에는 찌푸림 대신 미소만이 감돌고 있었다. 로바크 박사는 자신이 종종 사람들로 가득 찬 버스나 기차의 분위기를 '사랑과 기도를 주변에 두루 휘둘러 보냄으로써' 완전히 바꾸어버렸다고 믿고 있다.

나 역시도 그런 경험이 있다. 기차 안에서 있었던 일이다. 얼큰히 취한 남자가 아무에게나 시비를 걸며, 거칠고 상스러운 소리를 마구 지껄이고 있었다. 나는 기차 안의 모든 사람이 그를 혐오하고 있음을 느꼈다. 그와는 객실의 절반 거리만큼 떨어져 있었는데, 거기서 프랭크 로바크 박사의 방법을 시도해보기로 하고, 그를 위해 기도하기 시작했다. 그러면서 그의 더 좋은 모습을 상상하며 선의의 마음을 보냈다. 그러자 다른 이유가 없었는데도 그가 갑자기 내 쪽으로 몸을 돌리더니 적의 없는 미소를 보내며 경례하듯이 손을 흔들었다. 그러고는 갑자기 태도를 바꿔 얌전히 자리에 앉았다. 내가 그를 위해 한 기도가 효과적으로 그에게까지 미쳤다는 사실은 믿을 만했다.

나는 청중을 향해 연설할 때에나 연설하기 전에 먼저 참석한 모든 청중을 위해 기도하고, 그들을 향해 사랑과 선의의 마음을 내보내려고 애쓴다. 가끔은 청중 속에서 침울해 보이거나 적의마저 품고 있는 것처럼 보이는 한두 사람을 골라 특별히 그들을 향해 기도와 선의의 태도를 보이기도 한다.

최근에 남서부에 있는 상공회의소 만찬회에서 연설한 적이 있다. 그때 청중 속에서 언짢은 표정을 짓고 있는 사람이 보였다. 그의 언짢음은 어쩌면 나로 인한 것이 아닐 수도 있으나 나를 향한 적의일 수도 있었다. 따라서 연설을 시작하기 전에 그를 위해 기도하며, 선의의 마음을 그를 향해 '발사'했다. 연설을 하면서도 내내 그렇게 했다.

회합이 끝나고 내가 사람들과 악수를 나누고 있을 때, 별안간 내 손을 억세게 쥐는 사람이 있었다. 나는 그를 바라보았다. 그는 언짢은 표정으로 나를 바라보던 바로 그 사람이었다. 그가 가볍게 웃으며 말했다.

"솔직히 말해서 이 회합에 왔을 때 당신이 싫었습니다. 저는 목사가 싫었고, 그래서 목사인 당신을 우리 상공회의소 만찬회 연사로 초청할 이유가 없다고 생각했지요. 저는 당신의 연설이 실패로 끝나기를 바라고 있었습니다. 그런데 당신이 연설하는 동안, 어떤 힘이 저를 어루만지는 것처럼 느껴졌습니다. 저란 인간이 왠지 달라진 것 같았고, 이상하리만치 마음이 편안해졌습니다. 좀 쑥스러운 이야기이지만, 저는 당신이 좋아졌습니다."

이러한 효과는 나의 연설 때문이 아니었다. 그것은 기도의 능력이 방출되었기 때문이었다. 우리의 두뇌에는 약 20억 개에 달하는 작은 축전지가 있다. 인간의 신체에 있는 자력은 실험을 통해서도 입증되었다. 이 축전지들은 오직 사랑과 기도를 통해서만 힘을 내보낼 수 있다. 우리에게는 수천 개가 넘는 작은 방송국이 있고, 기도에 의해 조정되면 놀라운 힘이 흘러나와 다른 인간에게 미치는 것이다. 그렇기 때문에 사람과 사람의 교류가 가능해지는 것이며, 수신과 발신을 겸하는 기도를 통해 힘을 내보낼 수 있는 것이다.

내가 치료했던 알코올 중독자가 있다. 그는 6개월째 술을 한 방울도 입에 대지 않았는데, 그 당시 사업차 출장 중이었다. 그러던 어느 수요일 오후 4시, 나는 그가 곤경에 처해 있다는 강한 느낌을 받았다. 그 생각이 머릿속을 지배했다. 나는 나를 재촉하는 강한 힘에 이끌려 다른 일을 모두 제쳐놓고 그를 위해 기도하기 시작했다. 30분 정도 기도한 것 같다. 그런 느낌이 상당히 수그러들었기에 기도를 끝냈다.

며칠 뒤, 그의 전화를 받았다.

"저는 이번 주 내내 보스턴에 있었습니다. 아직도 술을 한 방울도 입에 대지 않았다는 것을 목사님이 알아주셨으면 합니다. 하지만 지난주 초엔 정말 견디기 힘들었습니다."

"수요일 오후 4시경에 말입니까?"

내가 묻자 그가 소스라치게 놀라서 되물었다.

"아니, 그걸 어떻게 아시죠? 누가 그걸 목사님께 말했나요?"

"아무도 말해주지 않았습니다. 그 누구도 내게 말하지 않았지요."

나는 대답했다. 그러고는 수요일 오후 4시경에 받았던 느낌을 설명하고, 내가 30분 정도 그를 위해 기도했다는 이야기를 해주었다. 다시 한 번 그가 놀라며, 이내 그때의 상황을 설명했다.

"그때 제가 묵고 있던 호텔의 술집에 들렀습니다. 저는 제 자신과 싸워야 했죠. 그때 목사님을 생각했습니다. 제게 결정적인 도움이 필요한 때였기 때문입니다. 목사님을 생각하며 기도하기 시작했지요."

그의 기도가 내게 미쳤고, 그를 위해 한 내 기도가 다시 그에게 닿았던 것이다. 우리 두 사람은 함께 기도함으로써 기도의 순환 고리를 이루었다. 결국 기도는 하나님께 상달되었으며, 그는 위기를 극복할 수 있는 힘의 형태로 응답을 받았던 것이다. 그럼, 그다음에 그는 어떻게 했을까? 그는 곧장 슈퍼마켓으로 가서 사탕 한 봉지를 샀고, 그것을 하나씩 먹어 치웠다. 그렇게 해서 그는 위기를 벗어났다. 무엇이 그를 위기에서 벗어나게 한 것인가? 그는 이렇게 말했다.

"기도와 사탕."

한 젊은 부인이 나를 찾아왔다. 그녀는 자신이 이웃과 친구에 대한 증오, 질투, 원한으로 가득 차 있다고 했다. 또 매우 소심해서 자신의 아이들이 병에 걸리지 않을까, 사고를 당하지는 않을까, 또는 낙제하지 않을까 하는 등의 소소한 걱정을 하고 있었다. 그녀의 삶은 불만과 두려움, 증오, 비애로 뒤범벅되어 애처로운 지경이었다. 나는 그녀에게 기도해본 적이 있느냐고 물었다. 그러자 그녀는 "절망적이었을 때에는 어쩔 도리가 없어서 기도한 적은 있었습니다만, 그 기도는 아무런 도움도 되지 못했습니다. 그래서 지금도 거의 기도를 하지 않습니다"라고 대답했다.

나는 참된 기도가 생활을 변화시킬 수 있으며, 증오 대신 사랑을, 걱정 대신 확신을 가지게 해줄 것이라고 말했다. 또한 아이들이 학교에서 돌아올 때쯤 되면 아이들을 위해 기도하고, 그 기도를 통해 하나님의 보호하시는 은총이 주어진다는 것을 굳게 믿으라고 말해주었다. 그녀는 처음에 이 말을 의심하는 눈치였으나 얼마 지나지 않아 열정적으로 기도를 옹호하며 실제로도 열심히 기도하는 사람이 되었다. 기도로 인해 생활이 어떻게 변화했는지는 그녀의 편지에 잘 나타나 있다.

남편과 저, 두 사람 다 지난 몇 주 만에 놀랍도록 좋아졌습니다. 이 엄청난 변화는 목사님께서 "기도를 하면 하루하루가 좋은 날이 된다"라고 말씀해주셨던 그날부터 시작되었습니다. 저는 그다음 날 아침, 눈을 뜨는 순간부터 "오늘은 즐거운 날이 될 것이다"라고 확언하기 시작했습니다. 그리고 그날 이후로 저에게 나쁜 날이나 혼란스러운 날이 단 하루도 없었다는 것을 자신 있게 말할 수 있습니다. 더 놀라운 것은 그날 이후 제 생활 형편이 실제로 더 원활해지거나 늘 있던 성가신 일들이 없어진 것은 아니지만, 그런 것이 더 이상 저를 혼란스럽게 하지 못한다는 점입니다.

매일 밤, 저는 감사해야 할 여러 가지 일과 하루의 행복에 조금이라도 도움을 준 온갖 자질구레한 일을 열거하는 것으로 기도를 시작합니다. 이 습관이 좋은 일은 떠오르게 하고 불쾌한 일은 잊어버리게 한다는 사실을 잘 알고 있습니다. 지난 6주 동안 제게는 단 하루도 불쾌한 날이 없었으며, 그간의 어떤 일도 결코 제 마음에 상처를 주지 못했다는 사실이 저에게는 그저 경이롭기만 할 뿐입니다.

그녀는 결국 기도의 놀라운 능력을 발견한 것이다. 당신도 이와 똑같은 기적을 경험할 수 있다.

효과적인 기도의 결과를 얻기 위한 10가지 원칙

---

1. **매일 일정한 시간을 따로 떼어놓아라.** 그 시간에는 아무 말도 하지 말고 오직 하나님만을 생각하라. 이렇게 하면 당신은 마음을 열고 하나님을 받아들이게 될 것이다.

2. **간단하고 자연스러운 말로 소리 내어 기도하라.** 당신의 마음에 떠오르는 것이 무엇이든 하나님께 말하라. 틀에 박힌 종교적 언어를 쓰지 않아도 된다. 당신이 일상적으로 쓰는 말로 하나님께 말하라. 하나님은 그 말을 이해하신다.

3. **하루를 시작하기에 앞서 먼저 기도하라.** 눈을 감고 당신 자신을 외부로부터 차단하고, 오직 하나님의 임재에 정신을 집중시키는 짤막한 기도를 활용하라. 매일 이렇게 기도하면 할수록 하나님의 임재를 더욱 가까이에서 느끼게 될 것이다.

4. **기도할 때는 구하기만 하지 말고 하나님의 축복이 당신에게 주어지고 있다는 사실을 확신하라.** 그렇게 해서 당신이 하나님께 드리는 기도의 대부분이 하나님에 대한 감사를 나타내는 기도가 되도록 하라.

5. **진실한 기도는 멀리까지 영향을 미쳐 당신이 사랑하는 모든 사람을 하나님의 사랑과 보호로 감싸줄 수 있다는 믿음으로 기도하라.**

6. **기도할 때에는 결코 부정적이거나 소극적인 생각을 하지 마라.** 긍정적이고 적극적인 생각만이 좋은 결과를 낳을 수 있다.

7. **당신이 원하는 것을 하나님께 구하라. 다만 하나님이 주시는 것은 무엇이든 기꺼이 받아들여라.** 하나님이 주시는 것이 무엇이든 당신이 구하는 것보다 더 좋은 것이다.

8. **모든 것을 하나님의 손에 맡겨라.** 항상 모든 일에 최선을 다할 수 있는 능력, 그 결과를 의심 없이 하나님께 맡길 수 있는 능력을 구하라.

9. **당신이 좋아하지 않는 사람 또는 당신에게 냉랭한 사람을 위해 기도하라.** 미움은 영적 능력을 봉쇄해버리는 것 가운데 가장 강력하다.

10. **당신이 기도해주어야 할 사람의 명단을 작성하라.** 남을 위해, 특히 당신과 아무런 관계가 없는 사람들을 위해 기도하라. 그렇게 할수록 기도의 성과는 더욱 풍성하게 당신에게로 돌아올 것이다.

05

어떻게 자신의 행복을 창조하는가

앞으로 당신은 행복해질 것인가, 아니면 불행해질 것인가? 그것을 결정하는 사람은 과연 누구인가? 당신, 바로 당신 자신이다! TV 속의 유명한 사회자가 프로그램의 초대 손님으로 한 노인을 초대한 적이 있었다. 그는 참으로 보기 드물게도 유쾌한 노인이었다. 사전에 계획해두거나 사회자와 각본을 짜놓고 말하는 게 아니었다. 모두 그 자리에서 즉흥적으로 하는 말이었으며, 명랑하고 행복한 그의 인격에서 저절로 우러나오는 말이었다. 그가 하는 말들은 모두 꾸밈이 없었고 상황에 꼭 들어맞는 적절한 것이었기에 청중은 그가 말할 때마다 큰소리로 환호하며 즐거워했다. 사회자 역시 깊은 감동을 받아 청중과 함께 그 노인의 말에 웃으며 즐거워하고 있었다.

마지막으로 사회자가 노인에게 어쩌면 그렇게 행복할 수 있느냐고 물었다.

"어르신께서는 틀림없이 남다른 행복의 비결을 갖고 계시는 것 같습니다."

"전혀 그렇지 않습니다."

노인이 대답했다.

"남다른 행복의 비결 같은 것은 없어요. 그러나 만약 그런 것이 있다면, 사람 얼굴에 달려 있는 코만큼이나 아주 평범한 것이지요. 나는 아침에 일어나면 두 가지 중에 하나를 선택합니다. '행복해질 것이냐, 불행해질 것이냐?' 그 둘 중의 하나를 말입니다. 당신은 내가 어느 것을 선택하리라고 생각합니까? 물론 나는 행복을 선택합니다. 내가 하는 일이란 그것이 전부입니다."

상황을 지나치게 단순화한 말이거나 노인이 꾸며낸 피상적인 말장난일 뿐이라고 여길 수도 있다. 그러나 나는 여기에서 에이브러햄 링컨의 말을 떠올리게 되었다.

"인간은 자신이 행복하려고 스스로 결심하는 만큼만 행복할 수 있다"

당신은 원하기만 한다면 불행해질 수 있다. 세상에서 이처럼 쉬운 일은 없을 것이다. 그저 불행을 선택하고, 하는 일마다 다 엉망으로 꼬여간다고, 마음에 드는 구석이라고는 눈을 씻고 찾아봐도 없다고 자신에게 말해보라. 당신은 어김없이 자신이 불행하다는 사실을 확신하게 될 것이다. 그러나 이런 말을 자신에게 말해보라.

"만사 오케이다. 산다는 것은 즐거운 것, 나는 행복해지련다."

당신은 분명 자신이 선택한 것, 즉 행복을 얻게 될 것이다.

행복해지려면 어린아이의 마음을 회복하라

어린아이는 행복을 다루는 데 있어서 어른보다 뛰어나다. 어린 시절의 마음을 인생의 중년과 노년까지 이어갈 수 있는 사람은 천재이다. 왜냐하면 하나님이 어린아이에게 내려주는 참된 행복의 정신을 계속해서 유지할 수 있기 때문이다. 이와 관련된 예수 그리스도의 빈틈없는 지적은 주목할 만하다. 그는 우리에게 세상을 성공적으로 살아가는 비결은 어린아이의 마음과 가슴으로 사는 것이라 말한다. 다시 말해서 나이를 먹더라도 정신만큼은 결코 늙거나 둔감해지거나 지쳐서는 안 된다는 것이다. 나이를 먹을지라도 어린아이의 천진난만한 순진성을 결코 잃어버리지 마라.

아홉 살 된 내 귀여운 딸 엘리자베스는 행복이 무엇인지 잘 알고 있다.

어느 날, 나는 그 아이에게 물었다.

"애야, 넌 행복하니?"

"네. 전 행복해요, 아빠."

"언제나 그렇게 행복하니?"

"물론이지요. 전 언제나 행복해요."

"무엇이 너를 그렇게 행복하게 만드니?"

"무엇이 저를 행복하게 하느냐고요? 글쎄요, 그건 잘 모르겠어요. 하지만 저는 정말 행복해요."

"그래도 너를 행복하게 만드는 그 무엇인가가 분명히 있지 않겠니?"

나는 계속해서 집요하게 물었다.

"글쎄요. 제 친구들이 저를 행복하게 해줘요. 저는 친구들이 좋아요. 또 학교가 저를 행복하게 만들어줘요. 학교에 가는 것이 즐겁거든요. (나는 그 아이에게 이와 관련된 어떤 말도 해준 일이 없었다. 따라서 그 아이가 이런 이야기를 하면서 내 눈치를 살핀다거나 내게서 들었던 말을 앵무새처럼 되풀이하는 것은 분명 아니었다.) 선생님이 좋아요. 교회에 가는 것도 즐거워요. 주일학교와 그 선생님도 좋아요. 또 마거릿 언니와 존 오빠도 사랑해요. 그리고 아버지와 어머니도 사랑해요. 아버지와 어머니는 제가 아팠을 때 저를 돌봐주시고, 사랑해주시고, 제게 늘 자상하시거든요. 이런 게 절 행복하게 해요."

이것이 엘리자베스가 행복을 얻는 방식이다. 나는 그 아이의 말에 행복을 이루는 모든 요소―그 아이의 친구들(그 아이의 동료들), 학교(일하는 장소), 교회와 주일학교(예배하는 장소), 그 아이의 언니와 동생, 그리고 아버지와 어머니(사랑의 중심인 가정을 뜻한다)―가 빠짐없이 갖춰져 있다고 생각한다.

당신의 행복도 그곳에 집약되어 있다. 그리고 삶의 가장 행복한 시간도 그런 요소에 달려 있다.

언젠가 청소년들에게 자신을 가장 행복하게 해주는 것의 목록을 작성하게 한 적이 있었다. 그들의 대답은 참으로 감동적이었다. 다음은 그때 소년들이 적어낸 목록이다.

"창공을 하는 제비, 밑을 내려다보았을 때 흐르고 있는 맑고 깊은 물, 달리는 보트에 부딪혀 하얗게 부서지는 물결, 빠른 열차의 돌진, 무거운 물건을 들어올리는 공사장의 크레인, 내 강아지의 눈."

그리고 다음의 글은 소녀들이 써낸 목록이다.

"강물 위로 떨어지는 가로등 불빛, 숲을 헤치고 솟아 있는 빨간 지붕, 굴뚝에서 뭉게뭉게 피어오르는 하얀 연기, 빨간 우단, 구름 사이로 살짝 얼굴 내미는 달."

그렇게 완벽한 표현은 아니었지만, 그들이 적어낸 목록에는 하나님이 통치하시는 우주의 아름다움, 그 아름다움의 정수를 보여주는 그 무엇인가가 표현되어 있다. 행복한 사람이 되기 위해서는 정결한 영혼과 일상의 평범한 것들 속에서 아름다운 정경을 볼 수 있는 순수한 눈, 어린아이의 때 묻지 않은 가슴, 영적 순수함을 가질 필요가 있다.

행복과 불행을 만드는 마음의 습관

우리 대부분은 스스로 자신의 불행을 만들어내고 있다. 물론 모든 불행을 우리 자신이 만들어내는 것은 아니다. 사회적 여건도 우리 불행에 대해서 적잖은 부분 책임이 있다. 그러나 대체로 우리 자신의 생각과 태도에 의해 스스로를 행복하게 할 수도 있고 불행하게 할 수도 있는 삶의 온갖 인자를 추출해내고 있다는 것은 분명한 사실이다.

이 방면의 한 유능한 권위자는 "다섯 사람 가운데 네 명은 당연히 누릴 수 있는 행복을 누리지 못하고 있다"라고 말하며 "불행은 가장 보편적인 마음의 상태이다"라고 덧붙였다.

행복을 누리고 있는 인간의 비율이 이렇게도 낮은 것인가? 나는 말하고 싶지 않지만, 내가 생각하는 것보다 훨씬 더 많은 수의 사람이 불행한 생활을 하고 있다는 것은 분명한 사실이다.

인간이 갖는 가장 근본적인 욕구의 하나는 행복한 상태에 도달하고자 하는 것이다. 그러나 그 목표에 이르기 위해서는 뭔가 의미 있는 조치가 취해져야 한다. 행복은 성취할 수 있다. 그것을 얻기 위한 절차도 결코 복잡하지 않다. 행복을 성취하기 원하는 자, 그렇게 되기를 바라는 자, 거기 도달할 수 있는 올바른 방법을 배워 실제로 활용하는 자라면 그 누구라도 행복한 사람이 될 수 있다.

언젠가 나는 기차 식당 칸에서 한 부부와 마주 앉게 되었다. 그 부인은 언뜻 보기에는 상당히 비싸 보이는 의상과 모피 코트, 옷깃에 꽂힌 다이아몬드 핀 등으로 아주 사치스럽게 차려입고 있었다. 그러나 어딘지 모르게 불편해 보였다. 그녀는 차 안은 너무 더럽고, 창틈으로는 바람이 들어오며, 서비스도 엉망이고, 음식도 입에 맞지 않는다는 등의 이야기를 큰 소리로 떠들어댔다. 그녀는 모든 것이 다 마땅치 않다며 불평을 늘어놓고 짜증을 냈다.

반면에 그녀의 남편은 온화하고 붙임성 있으며 태평한 사람이었다. 그는 분명 주어진 상황을 있는 그대로 받아들이는 능력을 갖춘 사람이었다. 나는 그가 그녀의 태도에 당혹스러운 한편으로 즐거워야 할 여행에 그녀를 데려온 것을 후회하고 있으리라고 생각했다.

화제를 다른 데로 돌리기 위해서 그는 나에게 무슨 일을 하는지를 물었고, 이어 자신을 법률가라고 소개했다. 그러고는 다소 엉뚱한 말을 했다. 그는 싱글싱글 웃으면서 이렇게 말했다.

"그리고 제 아내는 제조업을 하고 있습니다."

의외였다. 그의 부인은 제조업을 하는 기업가나 경영자로는 보이지 않았기 때문이다. 그래서 나는 "그래요? 무엇을 제조하시나요?"라고 물었다.

"불행입니다."

그는 너무나 태연한 얼굴로 대답했다.

"아내는 자신의 불행을 제조하고 있답니다."

다소 어이없는 그의 발언 때문에 한동안 좌석에는 냉랭한 기운이 감돌았지만, 나는 그의 지적을 마음속으로 감사했다. 대부분의 사람이 불행해지는 이유를 아주 적절하게 표현해주었기 때문이다.

"사람들은 자신의 불행을 제조하고 있다."

이는 참으로 유감천만한 일이다. 세상살이 자체가 만들어내는 수많은 문제가 우리의 행복을 망가뜨리고 있는 판국인데, 그것도 모자라 자기 스스로 마음속에서 불행을 만들어내고 있다는 것이 얼마나 어리석은 일인가? 어떻게 손을 써볼 도리가 거의 없는 문제들이 산적해 있는데, 거기서 한 걸음 더 나아가 자신의 불행을 스스로 만들어내고 있다니.

그러나 지금 여기에서는 사람들이 자신의 불행을 어떻게 제조하고 있는가를 역설하기보다는 이 불행을 생산하는 과정에 종지부를 찍는 방법을 생각해보는 것이 더 나을 것이다.

자, 어떻게 우리는 스스로 자신의 불행을 생산하는 과정에 종지부를 찍을 수 있을까? 방법은 간단하다. 우선은 습관적으로 만사가 뒤틀려가고 있다거나, 그럴 자격도 없는 놈들은 떵떵거리며 잘살고 있는데 그에 비해 훨씬 뛰어난 나만 공연히 고생하고 있다고 생각하는 등 부정적이고 소극적인 자세로 자신의 불행을 스스로 제조하고 있다는 사실을 명확히 이해하는 것만으로도 충분하다.

불행이 원한과 악의, 증오의 감정을 의식에 가득 채우게 되면 확실하게 굳어버린다. 불행을 생산하는 과정은 언제나 두려움과 걱정이라는 요소를 최대한 활용한다. 그 요소들은 각각 이 책의 다른 부분에서 다루어질 것이므로 여기서는 일반적으로 사람들이 겪게 되는 대부분의 불행이 그들 스스로 만들어낸 것이라는 사실에 주목하고 그것을 설득력 있게 강조할 것이다.

자, 이제 다음 단계로 넘어가자. 어떻게 우리는 불행 대신 행복을 생산하는 과정을 밟아갈 수 있을까? 그 해답이 될 만한 이야기를 소개하겠다. 이것도 내가 기차로 여행을 하던 중에 일어났던 일이다.

어느 날 아침 대여섯 명의 남자가 구식 침대차의 남자 화장실에서 면도를 하고 있었다. 열차에서 하룻밤을 시달린 뒤, 그렇게 좁고 붐비는 곳에서는 흔히 그렇지만, 여기에서도 서로 잘 모르는 사람들끼리의 분위기가 그리 부드러울 수는 없었다. 그들은 서로 이야기하는 법도 없었고, 어쩌다가 말하는 사람도 겨우 입속말로 중얼거리듯 할 뿐이었다.

그때 한 사람이 얼굴에 가득한 웃음을 띠고 들어왔다. 그는 상냥하게 우리 모두에게 아침 인사를 했다. 그러나 그는 불평과 무관심의 냉랭한 답례만을 받았다. 그는 면도를 하면서—아마도 분명 무의식중에 그러는 것 같았는데—노래를 흥얼거리기까지 했다. 하지만 이것이 몇몇 사람의 신경을 건드렸다. 드디어 그중 한 사람이 비꼬는 투로 말했다.

"뭐 좋은 일이라도 있는 모양입니다? 그렇게 행복한 비결이라도 있으시오?"

"네, 아주 행복합니다. 저는 행복한 것이 습관이거든요"라고 대답했다.

그가 말한 것은 이것이 전부였지만, 나는 그 화장실에 있던 사람들은 누구나 "저는 행복한 것이 습관이거든요"라는 흥미로운 말에 담긴 깊은 의미를 마음속에 되새기며 차에서 내렸을 것이라고 믿는다.

그의 말은 참 의미심장하다. 그것은 행복이나 불행에 대체로 우리가 만들어나가는 마음의 습관에 달려 있기 때문이다. 지혜의 말들을 모아 놓은 성경의 잠언은 우리에게 "마음이 즐거운 자는 항상 잔치하느니라"(「잠언」15장 15절)라고 말하고 있다. "마음이 즐거운 자"란 '즐거운 마음을 길러나가는 자'를 의미한다. 즉 행복의 습관을 길러나가면 삶은 '잔치의 연속'이라는 것이다. 다시 말해서 당신은 매일매일 삶을 즐길 수 있게 된다. 행복의 습관에서만 행복한 생활이 나온다. 그리고 우리는 습관을 길러나갈 수 있다. 바로 그렇기 때문에 우리는 우리의 행복을 창조하는 능력을 가지고 있는 셈이다.

행복의 습관 기르기

행복의 습관은 단순히 행복을 떠올릴 만한 생각을 하는 것만으로도 기를 수 있다. 우선 행복을 연상케 하는 생각의 목록을 머릿속에 만들어두고, 하루에도 몇 번씩 떠올려라. 만약 불행을 연상케 하는 생각이 마음속에 자리를 잡으려 한다면, 그 즉시 생각을 멈추고, 그것을 추방하려고 의식적으로 노력하며, 행복을 연상케 하는 생각으로 대체하라.

매일 아침 일어나기 전에 이부자리에 편하게 누운 채로 행복을 연상케 하는 생각을 그려라. 그리고 당신이 하루 동안에 누릴 것으로 기대하는 행복한 일들을 마음속에 그림으로 그려라. 그 상상의 기쁨을 맛보라. 이런 생각들은 실제로 하루에 일어나는 일들이 당신이 마음속에 그렸던 방향으로 전개되도록 도울 것이다. 오늘 일이 잘 되지 않을 것이라고 부정적으로 생각하지 마라. 단순히 그렇게 말하는 것만으로도 당신은 실제로 그 일이 잘 되지 않도록 도울 수 있다. 그렇게 되면 당신은 불행한 상황을 낳는 데 공헌하는 갖가지의 모든 요소를—그것이 크든 작든 간에—당신 자신에게로 끌어들이게 된다. 그 결과 당신은 이렇게 투덜거리게 될 것이다.

"왜 모든 일이 꼬이는 거야? 도대체 왜 나만 이런 거야?"

이는 바로 그날 하루를 나쁜 생각으로 시작했기 때문이다. 그러니 내일은 오늘과는 다른 방식으로 시작해보라. 아침에 눈을 뜨면 다음의 말을 세 번 크게 외쳐라.

"이 날은 여호와께서 정하신 것이라 이 날에 우리가 즐거워하고 기뻐하

리로다."(「시편」118편 24절)

이 말을 당신만의 말로 고쳐서 해도 좋다.

"나는 즐거워하고 기뻐하리로다."

강하고 똑똑하게 그리고 긍정적이며 적극적인 태도로 강조해서 반복하라. 이 말은 물론 성경에서 인용한 것으로서 불행을 치유하는 좋은 약이다. 만약 당신이 아침 식사를 하기 전에 이 말을 세 번 이상 반복해서 말하고 그 의미를 숙고한다면, 행복이 마음에 담길 것이고, 그날은 하루 종일 행복할 것이다.

옷을 갈아입을 때나 면도를 할 때, 또는 아침을 먹을 때, 이렇게 큰소리로 외쳐라.

"오늘 하루 멋진 날이 펼쳐질 것이다. 나는 오늘 일어나는 모든 일을 훌륭하게 처리할 수 있다. 지금의 나는 몸도, 마음도, 감정도 모두 양호한 상태이다. 살아 있다는 것은 멋진 것이다. 나는 과거에 있었던 모든 일과 현재의 모든 일, 그리고 미래에 생겨날 모든 일에 감사한다. 일이 잘못될 리는 없다. 하나님은 지금 여기에 계신다. 그분은 나와 함께 계신다. 그분은 나를 철저하게 지켜주실 것이다. 나는 모든 좋은 일에 대해 하나님께 감사한다."

우연히 알게 된 불행한 한 친구는 아침 식사 때마다 아내에게 "왠지, 오늘은 예감이 좋지 않아"라고 말하곤 한다. 사실 그가 진심으로 그렇게 느끼고 있는 것은 아니었다. 그러나 자신이 "왠지, 오늘은 예감이 좋지 않아"라고 말하면, 그 말과는 반대로 좋은 일이 생겨날지도 모른다고 생각하는 좀 꼬인 정신적 기벽을 가지고 있었다. 하지만 신기하게도 그의 일은 잘 되는 것이 하나도 없었다. 물론, 이것은 결코 놀랄 일이 아니다. 당신이 불행한 결과를 마음속으로 그리고 단언하면, 불행을 낳는 실제적 상황이 만들어지는 것은 너무나 당연한 일이다. 그러므로 당신은 매일 아침마다 행복한 결과를 마음속으로 그리고 단언하라. 모든 일이 원하는 방향으로 잘 풀려나가는 데 놀랄 것이다.

일상에서 행복을 표현하는 습관

그러나 내가 지금까지 당신에게 제안해온 긍정적 선언 요법을 마음에 적용하는 것만으로는 행복해질 수 없다. 한 걸음 더 나아가 당신은 하루 종일 당신의 행동과 마음가짐을 행복한 삶의 근본 원칙에 입각해서 조정해나가야 한다.

이 중에 가장 단순하고 기본적인 원칙은 사랑과 선의의 원칙이다. 거짓 없는 사랑과 애정의 표현이 가져다주는 행복은 놀랍다.

새뮤얼 슈메이커 박사는 뉴욕 그랜드센트럴 역의 42번 포터로 유명한 랠스턴 영에 대한 감동적인 이야기를 쓴 일이 있다. 랠스턴 영은 생계를 위해 남의 짐을 운반해주는 일을 하고 있었지만, 그에게 더 중요한 일은 이 세상에서 가장 큰 기차역에서 일하는 포터로서 기독교의 정신을 실천하는 것이었다. 그는 한 사람 한 사람의 짐을 운반할 때마다 그리스도인의 사랑을 조금이라도 나누려고 애썼다. 한 사람 한 사람의 손님들에게 용기와 희망을 줄 수 있는 길을 찾기 위해 그는 손님들의 태도를 눈여겨 관찰했다. 그는 그런 일을 해내는 것에 아주 능숙했다.

어느 날 몸집이 작은 할머니를 기차의 지정된 좌석까지 모셔다달라는 요청을 받았다. 그 할머니는 휠체어 신세를 지고 있었기 때문에 승강기를 이용해서 모시고 내려가기로 했다. 그가 할머니의 휠체어를 밀고 승강기 안으로 들어갈 때, 그녀의 눈에 눈물이 괴어 있는 것을 발견했다. 승강기가 내려가는 동안 랠스턴 영은 눈을 감고 하나님께 구했다.

"제가 어떻게 하면 이 할머니를 도울 수 있을까요?"

하나님은 그에게 한 가지 생각이 떠오르게 하셨다. 그는 휠체어를 승강기에서 내리며 미소를 띠고 그녀에게 말했다.

"할머니, 괜찮으시다면, 한말씀 드리고 싶습니다. 쓰고 계신 모자가 참 잘 어울립니다."

그러자 그녀는 랠스턴 영을 올려다보면서 "고마워요"라고 답했다.

그가 다시 이렇게 말했다.

"드릴 말씀이 더 있는데요! 입고 계신 옷도 참 잘 어울립니다. 저는 이런 옷을 참 좋아하거든요."

그 할머니도 여성이었기에 그의 말에 호감을 가졌다. 그녀는 그리 썩 유쾌한 상태는 아니었지만, 밝게 웃으며 그에게 물었다.

"왜 내게 친절하신 거죠? 참 자상하시네요."

그가 말했다.

"제 눈에는 할머니가 너무 슬퍼 보였습니다. 저는 할머니가 울고 계시다는 것을 알아차렸습니다. 그래서 하나님께 어떻게 하면 할머니를 도울 수 있을지 물었습니다. 그러자 하나님은 '그녀의 모자에 관해 말하라'고 말씀하셨습니다. 하지만 옷에 대해 말씀드린 것은 제 진심이었습니다."

랠스턴 영과 하나님은 모두 어떻게 하면 할머니의 마음을 괴로움에서 벗어나게 할 수 있는지 알고 있었던 것이다.

그리고 그는 다시 물었다.

"할머니, 어디가 편찮으신가요?"

"네. 저는 몸이 편치 않답니다. 늘 고통을 느끼지요. 잠시도 벗어나질 못합니다. 너무도 고통스러워서 더 이상 참아낼 수 없을 것 같은 때도 있지요. 시도 때도 없이 아픈 게 어떤 것인지 당신은 알고 있나요?"

랠스턴 영은 대답할 말을 준비하고 있었다.

"네, 할머니! 잘 알고 있습니다. 한쪽 눈을 잃은 뒤 그 눈에 뜨거운 쇠를 대고 있는 것 같은 고통이 밤낮으로 찾아왔습니다."

"그래요? 그렇지만 지금 당신은 매우 행복해 보이네요. 그 고통을 어떻게 극복하신 거죠?"

그녀가 물었다.

그 사이 이미 그들은 할머니의 좌석에까지 와 있었다. 그는 그녀가 자리에 앉을 수 있도록 거들어주면서 대답했다.

"기도 덕분이죠. 할머니, 단지 기도 덕분입니다."

그녀가 나지막한 목소리로 혼자 중얼거리듯 물었다.

"기도? 정말 기도가 당신의 고통을 없애주었단 말인가요?"

랠스턴이 대답했다.

"네, 그렇습니다. 하지만 기도가 언제나 고통을 없애주지는 않을 거예요. 기도가 언제나 고통을 없애준다고 장담할 수는 없지만 기도는 고통을 극복하는 데 큰 도움이 됩니다. 기도를 하면 그렇지 않았을 때보다는 고통이 훨씬 줄어들지요. 할머니, 기도하세요. 꾸준히 기도하시길 바랍니다. 저도 할머니를 위해 기도하겠습니다."

그녀의 눈에 이미 눈물은 사라지고 없었다. 할머니는 환한 미소를 지으며 그를 쳐다보았다. 그리고 그의 손을 잡고 말했다.

"큰 도움이 되었습니다. 정말 고마워요."

그로부터 1년이 지났다. 랠스턴 영은 어느 날 밤, 역의 안내소로 급히 오라는 연락을 받았다. 안내소로 가자 한 젊은 여인이 그를 기다리고 있었다. 그녀가 그에게 이렇게 말했다.

"제 어머니가 당신에게 전해달라는 말씀이 있습니다. 어머니가 돌아가시기 전에 저에게 당신을 찾아가서 지난해 휠체어에 탄 어머니를 기차에 모셔다주신 일에 대해 감사의 말씀을 전해달라고 하셨습니다. 어머니는 저 세상에 가셔서도 늘 당신을 기억하실 겁니다. 아니 영원히 기억하실 거예요. 당신은 그처럼 깊은 친절과 이해를 어머니에게 베풀어주셨으니까요."

그녀는 더 이상 말을 잇지 못하고 그만 울음을 터뜨리고 말았다. 그것은 깊은 슬픔의 표현이었다.

랠스턴 영은 묵묵히 그녀를 바라보았다. 그러고는 이렇게 말했다.

"부인, 눈물을 닦으십시오. 울어서는 안 됩니다. 감사의 기도를 드려야 합니다."

깜짝 놀라서 부인이 물었다.

"왜 제가 감사의 기도를 드려야 하나요?"

그가 말했다.

"왜냐하면 많은 사람이 부인보다 더 어린 나이에 부모를 잃기 때문입니다. 당신은 오랫동안, 아주 오랫동안 어머니와 함께 사셨습니다. 게다가 당신에게는 지금도 어머님이 계십니다. 당신은 어머니를 다시 만나게 될 것입니다. 어머님은 지금 가까이 계시고, 언제나 당신과 함께 계실 것입니다."

그리고 말을 덧붙였다.

"아마도 당신의 어머니는 지금 우리가 같이 이야기를 나누고 있는 동안에도 우리와 함께 계실 것입니다."

그녀는 울음을 그치고 눈물을 거두었다. 랠스턴 영의 친절은 그녀의 어머니에게 준 것과 같은 효과를 주었다. 두 사람은 몇만 명이라는 엄청난 수의 사람이 왕래하고 있는 거대한 기차역에서 친절과 사랑으로 사람들의 괴로움을 덜어주도록 그 포터를 격려해주신 하나님의 임재하심을 느꼈던 것이다.

행복의 원리 실천하기

톨스토이는 "사랑이 있는 곳에 하나님이 있다"라고 말했다. 나는 그 말에 "하나님과 사랑이 있는 곳에 행복이 있다"라는 말을 덧붙이고 싶다. 하나님과 사랑이 있는 곳에 행복이 있기에 행복을 창조하는 실천적 원리는 사랑을 실천하는 것, 바로 그것이다.

매턴이란 친구는 참으로 행복한 사람이다. 그는 아내 메리—그녀도 마찬가지로 행복한 사람이다—와 함께 사업차 전국을 누비고 다닌다. 매턴은 독특한 명함을 가지고 다니는데, 그 뒷면에는 그와 아내, 그리고 다른 수많은 사람에게 행복을 가져다준 철학이 쓰여 있다.

> 행복에 이르는 길: 그대의 머리를 증오로부터, 그대의 마음을 걱정으로부터 해방시켜라. 간소하게 생활하라. 조금만 기대하고 많이 베풀라. 그대의 삶을 사랑으로 가득 채워라. 빛을 발하라. 그대 자신을 잊고 남을 생각하라. 남에게 대접받고자 하는 그대로 남을 대접하라. 이 일들을 1주일 동안 계속한다면, 그대는 놀랄 것이다.

당신은 이 글을 읽고 "별로 새로운 것은 없는데?"라고 말할지도 모른다. 그러나 당신이 한 번도 이를 실천해보지 않았다면, 그것들은 당신에게 전적으로 새로운 것이다. 이제 실천하기 시작하라. 그러면 곧 이것들이 당신이 지금까지 시험해본 행복하고 성공적인 삶의 방법 가운데서 가장 새롭고, 가장 신선하며, 가장 놀랍도록 뛰어난 방식임을 발견할 것이다. 어쩌면 당신은 이 행복의 원리들을 오래전부터 알고 있었을지도 모른다. 그러나 당신이 그것을 활용하지 않는다면, 당신이 알고 있다는 사실이 도대체 무슨 의미가 있겠는가? 우리의 인생에서 아무런 실효도 없는 탁상공론은 비극일 뿐이다. 문 앞에 금덩어리가 굴러다니는데도 살아가는 동안 거지처럼 생활하는 것은 삶에 대한 무지의 증거이다. 이 간단한 철학이 바로 행복에 이르는 길이다. 매턴이 말하고 있듯이, 딱 1주일만 이 철학을 실천해보라. 그래도 그것이 당신에게 참된 행복을 가져다주지 않는다면, 그것은 당신의 불행이 심각할 정도로 깊이 뿌리를 내리고 있기 때문이다.

물론 이런 행복의 원리들에 힘을 실어주고, 그것들을 효과적으로 작용하게 하기 위해서는 강한 정신력으로 지탱해주어야만 한다. 당신이 이러한 영적 원리들을 잘 알고 있더라도 그것들을 지탱하는 영적 능력 없이는 결코 효과적인 결과를 얻어내지 못할 것이다. 그러나 당신이 내적으로 역동적인 영적 변화를 체험한다면, 행복을 낳는 원리들의 성공적인 실현은 의외로 수월할 것이다. 당신이 비록 어설프더라도 이런 원리들을 이용하기 시작한다면, 점차 내적으로 영적인 능력을 경험하게 될 것이다. 이로써 당신은 지금까지 경험해보지 못한 엄청난 행복을 경험하게 될 것이며, 하나님을 중심으로 모시는 삶을 살아간다면 행복은 결코 당신을 떠나지 않을 것이다.

나는 국내를 두루 여행하는 동안 진실로 행복한 사람의 수가 증가하고 있다는 사실을 발견했다. 그런 사람 중에는 이 책의 테크닉을 실행한 사람도 있었고, 내가 다른 책이나 강연에서 설명한 것, 또는 다른 저자나 강연자가 나와 같은 생각을 설명한 방법을 실행한 사람도 있었다. 어떻게 사람들이 영적 변화의 내적 체험을 통해 행복에 접목할 수 있게 되었는지 실로 놀라울 뿐이다. 오늘날 도처에서 각양각색의 사람들이 이런 일을 경험하며, 보편적인 현상으로 자리 잡고 있다. 만약 이런 경험이 계속적으로 발전되고 확대된다면, 영적 경험을 해보지 못한 사람은 곧 시대에 뒤떨어진 사람으로 간주될 것이다. 오늘날 도처에서 사람들이 누리고 있는 행복을 낳는 영적 변화에 대해 무지하다는 것은 진정으로 시대에서 뒤떨어지는 일이다.

최근 한 도시에서 강연을 끝냈을 때, 건장한 미남 청년이 나를 찾아왔다. 그는 내 어깨를 툭 치며 말을 건넸는데, 얼마나 세게 쳤던지 하마터면 넘어질 뻔했다. 그는 목소리까지 우렁찼다.

"선생님, 우리 패거리와 한 번 어울려 보시는 게 어떻겠습니까? 큰 파티를 하려고 하는데, 선생님이 참석해주셨으면 해서요. 그래 주신다면 틀림없이 아주 멋진 파티가 될 겁니다. 어때요? 참석하실 수 있으시겠죠?"

그는 아주 도발적으로 나를 초대했다.

그러나 분명 목사인 내가 참석할 만한 파티는 못 되는 것 같았다. 나는 잠시 망설인 후, 내가 그 파티의 흥을 깨버리지는 않을까 염려스럽다며 참석하기 어렵다고 양해를 구했다.

그러자 그가 내게 이렇게 말했다.

"그런 염려는 하지 마세요. 조금도 걱정할 필요 없습니다. 우리 파티는 선생님이 알고 계시는 파티와 별반 다를 게 없습니다. 그렇지만 아마 놀라실 겁니다. 자, 같이 가주십시오. 아주 흥미로우실 거예요."

나는 어쩔 수 없이 승낙했고, 이 낙천적이고 도전적인 청년과 함께 가기로 했다. 내가 지금까지 만나본 사람 가운데, 그토록 짧은 시간에 그만 한 설득력을 가진 사람은 아마도 그 친구 한 사람뿐일 것이다. 이윽고 우리는 자동차가 현관까지 들어갈 수 있는, 정원수가 울창한 넓고 커다란 저택에 도착했다. 열린 창문에서 흘러나오는 소음으로 미루어보니 파티는 이미 절정에 달한 듯했다. 나는 내가 그들과 쉽사리 어울릴 수 없을 것이라 생각했기 때문에 들어가기가 조금은 걱정스러웠다. 그러나 나를 안내해온 청년은 안을 향해 크게 소리치더니 나를 방으로 끌어들였다. 그리고 나는 거기에 있는 사람들과 악수를 나누었다. 청년은 나를 그들 또래의 쾌활해 보이는 청년들과 당당해 보이는 많은 사람에게 소개했다. 모두 저마다 행복하고 즐거워 보였다.

나는 주방을 샅샅이 살펴보았지만, 술은 어디에도 없었다. 보이는 것은 커피와 과일주스, 진저에일, 샌드위치와 아이스크림뿐이었다.

나는 그 청년에게 말했다.

"다들 이곳에 오기 전에 다른 곳에 들렸다 왔나 봅니다?"

그는 어리둥절한 표정으로 물었다.

"무슨 말씀입니까? 왜 그렇게 생각하시죠? 선생님, 이해를 못하시는군요. 이 사람들은 올바른 스피릿(spirit, 정신)을 갖고 있지만, 그것은 선생님이 우려하시는 스피릿(spirit, 주정, 술)은 아닙니다."

그가 계속 말을 이었다.

"저는 선생님께 놀랐습니다. 여기 있는 친구들이 행복해 보이는 이유를 모르시겠습니까? 저들은 영적으로 새로워진 사람들입니다. 뭔가 대단한 것을 얻은 사람들이지요. 그들은 자신으로부터 해방된 것입니다. 저들은 생생히 살아 계시며 정직하고 선하신 실체로서의 하나님을 발견하게 된 것이지요. 그렇습니다. 저들은 분명히 스피릿을 얻었습니다. 그렇지만 그것은 술병에서 나온 그런 스피릿은 아닙니다. 저들은 그들의 가슴에 스피릿을 얻은 것입니다."

그제야 나는 그의 말을 알아들었다. 그들은 슬픔에 젖어 있는 멋없는 사람들이 아니었다. 사업가, 변호사, 의사, 교사 등의 지도층도 있었지만 대부분 평범한 사람들이었다. 그들은 이 파티에서 하나님에 관해 이야기를 나누면서, 참으로 멋진 시간을 보내고 있었다. 그들은 또한 새로운 활력을 주는 영적 능력을 통해 그들의 삶에 일어난 놀라운 변화에 대해서도 이야기를 나누고 있었다.

신앙 문제에 관해 말하면서 껄껄대고 웃거나 명랑하게 말할 수 없다는 견해를 가진 사람들을 반드시 이 파티에 와봐야 한다는 생각이 들었다. 잠시 후, 나는 성경 한 구절을 마음에 떠올리면서 그 장소에서 나왔다.

"그 안에 생명이 있었으니 이 생명은 사람들의 빛이라."(『요한복음』 1장 4절)

이 빛은 내가 그 행복한 사람들의 얼굴에서 발견한 바로 그 빛이었다. 그들의 마음속에 있는 빛이 외부로 드러나 얼굴에 반영되었던 것이며, 그 빛은 그들이 마음에 받아들인 영적인 무언가 대단한 힘에서 나온 것이었다.

생명은 생명력을 의미한다. 그들은 하나님에게서 생명력을 얻고 있었던 것이 분명하다. 다시 말해서 그들은 행복을 창조하는 능력을 발견했던 것이다.

이것은 반드시 그들에게만 국한된 이야기가 아니다. 당신이 찾아내려고만 한다면, 그런 젊은이들과 같은 사람들을 주위에서도 많이 발견할 수 있을 것이다. 그러나 당신이 살고 있는 지역에서 이런 사람들을 발견할 수 없다면, 뉴욕에 있는 우리 마블 협동교회로 와보라. 그러면 당신은 그런 사람들을 무더기로 볼 수 있을 것이다. 그러나 이 책을 읽고 설명되어 있는 원리를 실천하기만 한다면, 당신도 그들과 똑같은 행복을 얻을 수 있다.

당신은 이 책에서 읽은 것들을 믿어야 한다. 그것은 진실이기 때문이다. 그리고 이 책에 실려 있는 실제적인 제안들을 끈기있게 실천해나가기 시작하라. 당신 역시 행복을 낳는 영적 경험을 하게 될 것이다. 내가 이 책에서 이미 언급했고 앞으로 언급하게 될 수많은 사람이 그와 똑같은 방식으로 활력이 넘치는 새 삶을 얻었다는 사실만 보아도 알 수 있다. 이렇게 해서 당신이 내적으로 변화한다면, 그때부터 당신은 자신에게서 불행 대신 행복—만약 당신이 같은 세상에서 살아가고 있다면 그야말로 깜짝 놀랄 수밖에 없는 행복—을 만들어낼 것이다. 사실 그 세상이 지난날과 똑같을 수는 없다. 당신 자신이 이미 지난날의 당신이 아니기 때문이다. 당신이 어떤 방향으로 인생을 전개하느냐에 따라 당신이 살고 있는 세상도 달라진다. 당신 자신이 변하는 것에 따라 세상에 달라진다는 것은 너무나도 당연한 일이다.

불행에서 행복으로 옮겨가는 방법

행복이 우리의 생각에 따라 결정된다면, 우선 우리를 의기소침하게 하고 낙담케 하는 생각들을 제거할 필요가 있다. 그것은 그렇게 하겠다고 결심하는 것만으로도 가능하다. 다음으로는 어느 기업가에게 제안한 바 있는, 쉽게 활용할 수 있는 간단한 방법이다. 한 만찬회에서 그를 만났는데, 그는 내가 상상도 못할 정도로 깊은 우울에 빠져 있었다. 내가 그의 이야기를 받아들였다면 나 자신도 영향을 받을 만큼 그와의 대화는 지독하게도 침울한 것이었다. 염세주의라는 느낌마저 들었다. 그가 말하는 것을 듣고 있자면 모든 것이 파멸을 향해 치닫고 있는 것처럼 느껴진다. 물론 그는 피로에 지쳐 있었다. 쌓이고 쌓인 문제가 에너지를 극도로 고갈시키는 세상으로부터 도피할 은신처를 찾고 있는 그의 마음을 궁지로 몰아넣고 있었다. 주된 문제는 의기소침한 그의 사고방식에 있었다. 그에게 빛과 믿음을 불어넣는 것이 필요했다. 그래서 나는 다소 대담하게 말했다.

"만약 당신이 불행해지는 것을 포기하고, 행복하게 살고 싶으시다면, 나는 당신의 문제를 해결할 수 있는 무언가를 당신께 드릴 수 있습니다."

"당신이 무엇을 할 수 있겠습니까?"

그가 코웃음을 치면서 말했다.

"당신이 기적을 만드는 사람이라도 된단 말입니까?"

"아니, 그런 것은 아닙니다. 그러나 나는 당신을 기적을 만드시는 분과 만나게 해드릴 수 있습니다. 그분은 당신의 불행을 씻어주고, 당신에게 새로운 삶의 기회를 주실 것입니다. 내가 한 말은 그런 뜻입니다."

우리가 헤어질 때, 나는 그렇게 결론지었다.

분명히 그는 호기심이 일고 있었다. 그 후로 나는 그와 만남을 지속했고, 그에게 내가 쓴 책 『사고를 조정하는 법(*Thought Conditioners*)』을 선물했다. 그 책에는 건강과 행복을 낳는 40가지의 사고방식이 담겨 있다. 나는 그에게 그 책을 항상 가지고 다니면서—그 책은 주머니에 들어갈 정도의 작은 크기였다—40일 동안 매일 거기에 소개된 사고방식 하나씩을 마음속에 담으라고 말해주었다. 그리고 그 생각 하나하나를 마음에 기억해두어 의식 속에서 용해시키며, 이 건강한 생각이 마음을 안정시키고 치료하는 힘을 내보내는 모습을 마음속에 영상으로 그려보라고 제안했다. 나는 만약 그가 이 제안을 따른다면, 그 건강한 생각들은 이제까지 그의 기쁨과 에너지와 창조적 능력을 해치고 있던 병적인 생각들을 쫓아낼 것이라고 확언했다.

그는 이 제안을 미심쩍어했으나 결국에는 내 제안에 따랐다. 그날로부터 꼭 3주일이 되는 날, 그가 내게 전화를 걸어 큰소리로 외쳤다.

"확실히 효과가 있습니다. 참으로 놀랍군요! 생각을 완전히 바꿨습니다. 이런 일이 가능하리라고는 꿈에도 생각지 못했습니다."

그는 지금도 자기 자신을 바꾸어나가고 있다. 그리고 이제는 진정으로 행복한 사람이 되어 있다. 이러한 바람직한 행복의 상태는 그가 행복을 창조하는 능력을 능숙하게 구사할 수 있게 되었기에 주어진 것이다. 그는 나중에 와서야 이전에 가지고 있었던 정신적 장애는 자신의 불행이 자신을 비참하게 만들고 있다는 사실을 깨닫지 못하고, 다만 자신을 가련히 여기고 오로지 자신을 벌할 생각밖에 가지지 않았던 점에 있었다고 정직하게 말했다. 이 병적인 생각이 곤경의 원인임을 알고 있었으나, 실제적인 변화를 일으키는 의식을 전환하려는 노력을 게을리하고 있었던 것이다. 그러나 지시받은 대로 건강한 영적 생각들을 자신의 마음에 심으려는 체계적인 노력을 시작하면서부터는 새로운 인생을 원하게 되었고, 그 새로운 인생을 자신이 실현할 수 있다는 감격적인 사실을 깨닫게 되었으며, 그 새로운 인생을 실제로 얻고 있다는 놀라운 사실을 실감하게 되었다. 그 결과, 자기 개선의 노력을 시작한 지 3주일이 지난 무렵에 새로운 행복이 갑자기 눈앞에 마치 꽃봉오리가 피어나듯 피어난 것이다.

행복으로 가는 길을 발견한 사람들

오늘날에는 방방곡곡에 행복으로 가는 길을 발견한 사람들의 모임이 있다. 우리가 이런 모임들을 모든 도시와 모든 촌락에서 발견할 수 있다면,

단시일 내에 이 나라 모든 사람의 삶을 완전히 바꿔놓을 수 있을 것이다. 자, 우리가 말하는 모임이란 어떤 모임인가? 이제 설명을 들어보라.

나는 서부 지역의 한 도시에서 연설을 마치고 나서 좀 늦은 시각에 호텔로 돌아왔다. 비행기 시간에 맞추기 위해서는 아침 5시 30분에 일어나야 했기 때문에 나는 잠시만 눈을 붙일 생각이었다. 그러나 내가 막 잠에 들려는 순간 전화벨이 울렸다. 한 부인이 이렇게 말했다.

"제 집에서 50여 명의 사람이 당신이 오기를 기다리고 있습니다."

나는 내일 아침 일찍 출발해야 하기 때문에 유감스럽지만 갈 수 없다고 사정을 설명했다. 그러자 그녀는 이렇게 말했다.

"그렇습니까? 하지만 이미 두 사람이 당신을 모시러 묵고 계신 호텔로 향했습니다. 우리는 당신을 보기 위해 기도해왔으며, 당신이 이 도시를 떠나기 전에 이곳에서 우리와 함께 기도하기를 바라고 있습니다."

결국 나는 그날 비록 잠은 거의 자지 못하더라도 그들의 초청에 응하기로 했다.

나를 데리러 온 두 사람은 믿음의 힘으로 알코올 중독에서 벗어난 사람들이었다. 그들은 아마도 가장 행복하고 사랑스러운 사람들일 것이다.

그들이 나를 데리고 간 집은 그야말로 초만원이었다. 사람들이 복도에도 앉아 있었고 테이블과 마루에도 앉아 있었다. 한 남자는 그랜드 피아노 앞에 자리를 잡고 있었다. 그런데 그들은 거기서 무엇을 하고 있었던 것인가? 기도회를 열고 있었다. 그 당시 그 지방에는 그와 같은 기도 모임이 60여 개나 있었다고 한다.

나는 그때까지 그와 같은 모임에는 한 번도 참석해 본 일이 없었다. 그런 모임들은 결코 지루하고 맥빠진 사람들의 모임이 아니었다. 모두 진정으로 마음이 열리고 진정으로 행복한 사람들의 모임이었다. 나는 큰 감동을 받았다. 그 방의 분위기를 고조되어 있었다. 내가 도착하자 그들은 찬송을 하기 시작했다. 나는 결코 그와 같이 찬송 부르는 것을 들어본 일이 없었다. 그 방은 그야말로 놀라운 기쁨으로 가득 차 있었다.

이윽고 한 여자가 일어섰다. 그녀는 발목에 부목을 대고 있었다.

"사람들은 내가 다시는 걷지 못할 것이라고 말했었답니다. 어떻습니까? 당신은 내가 걷는 모습을 보고 싶지 않습니까?"

그리고 그녀는 그 방을 이리저리 걸어다녀 보았다.

"도대체 어떻게 된 일이지요?"

내가 물었다.

"예수께서 그렇게 하신 것이지요."

그녀의 대답은 간단했다.

그러자 또 다른 아주 멋진 아가씨가 말했다.

"당신은 약물 중독 환자를 보신 일이 있나요? 자, 보세요. 제가 바로 약물 중독 환자였습니다. 그러나 지금은 거기서 벗어나 있습니다."

그리고 그녀는 앉았다. 그때 또 다른 한 사람의 참으로 아름답고 매력적인 부인이 마치 합창이라도 하듯이 말했다.

"예수께서 그렇게 하셨답니다."

한 쌍의 남녀가 사람들 틈에서 떨어져 나와 그들은 이곳에 같이 오게 되었는데 그 이전의 어느 때보다 가장 행복하다고 말했다.

"어떻게 이런 일이 일어나게 된 것이지요?"라고 물었다.

알코올 중독에서 벗어나게 되었다고 말했던 사람은 자신이 너무도 혹독한 가난에 시달리게 되어 그의 가족을 이끌고 이 도시에 오게 되었는데, 거의 폐인이었다고 한다. 그러나 내 앞에 서 있는 남자는 건강하고 자신감이 넘치는 튼튼한 인간이었다. 나는 어떻게 그런 변화가 있게 되었느냐고 물으려 했다. 그러나 그는 내 질문을 기다리지도 않고 머리를 끄덕이며 "예수께서 그렇게 하셨답니다"라고 말했다.

다시 그들은 다른 찬송을 부르고 있었다. 그리고 누군가가 조명을 낮추자 방안은 어두워졌고, 우리 모두는 손에 손을 잡고 둥그런 원을 그리며 둘러앉았다. 마치 전기에 감전되기라도 한 것과 같은 느낌이 들었다. 능력이 그 방에 넘쳐흐르고 있었다. 나는 그 모임에 참여한 사람들 가운데서 영적인 의미에서 가장 늦게 마음이 열린 사람이었다. 나는 그 순간 예수 그리스도께서 바로 그 집 안에 계셨으며, 그들 모두가 그의 임재를 확실히 느끼고 있다는 것을 알았다. 그들은 바로 예수 그리스도의 능력에 맞닿아 있었던 것이다. 예수 그리스도는 그들에게 새로운 생명을 주셨다. 이 생명은 억제할 수 없는 힘으로 그들을 고양시켰던 것이다.

이것이 행복의 비결이다. 그 밖의 모든 것은 부차적인 것이다. 이러한 경험을 얻도록 노력하라. 그렇게 하면 우리는 혼탁이 없는 참된 행복, 즉 세계가 제공하는 최상의 행복을 얻게 될 것이다. 당신의 인생에서 당신이 하는 일이 무엇이건 간에, 결코 이것만큼은 놓치지 마라. 그것이 인생에서 가장 중요한 것이기 때문이다.

06

쉽게 흥분하거나 화내지 마라

많은 사람들이 아무것도 아닌 일에 쉽게 흥분하고 조급하게 화를 내며 안달하면서 힘과 에너지를 소모해버리고, 삶을 쓸데없이 어렵게 만든다.

당신도 그렇게 쉽게 흥분해서 조급하게 화를 내고 안달하는가(fume and fret)? 만일 그렇다면, 그것은 어떤 모습일까? 그 모습을 여기 묘사해볼 수 있다. '쉽게 흥분해서 조급하게 화를 낸다(fume)'는 말은 '끓어오르다', '울분을 풀다', '증기를 발산하다', '소용돌이치다', '정신이 혼미해지다', '들끓다'라는 뜻을 가지고 있다. 이와 마찬가지로 '안달하다(fret)'라는 말은 '한밤중에 몸이 좋지 않아서 끈질기게 울고 칭얼대며 보채는 어린아이'의 모습을 떠오르게 한다. 그 아이가 잠시 울거나 칭얼대기를 멈추는 것은 오로지 다시 울고 칭얼대기를 시작하기 위해서일 때뿐이다. 안달은 사람들을 신경질나게 하고 성가시게 하며 날카롭게 찔러대는 성질이 있다. '안달하다'라는 말은 어린아이들에게나 어울리는 말이지만, 수많은 어른들의 정서적 반응을 설명해주기도 한다.

성경은 우리에게 "불평하지 말며(쉽게 흥분해서 조급하게 화를 내지 마라)"(「시편」 37편 1절)라고 충고한다. 이 구절은 오늘을 살아가는 사람들에게도 유효하다.

인생을 효과적으로 살아갈 능력을 갖고 싶다면 쉽게 흥분해서 조급하게 화를 내거나 안달하지 말아야 하고 늘 평화로운 마음을 가져야만 한다. 그러면 이렇게 평화로운 마음을 갖기 위해서 우리는 어떻게 해야 하는가?

발걸음의 박자를 늦춰라

가장 먼저 할 일은 당신의 걷는 발걸음의 속도를 늦추는 일, 즉 최소한 발걸음의 박자를 늦추는 일이다. 우리는 생활 속도가 얼마나 빨라지고 있는지, 우리 자신을 얼마나 다급하게 몰아가고 있는지 거의 의식하지 못하고 있다. 그렇지만 의식하지 못하고 있는 사이 수많은 사람들이 이 빠른 속도에 발걸음을 맞추지 못해 자신의 몸을 망가뜨리고 있다. 더 비극적인 것은 몸만이 아니라 마음과 영혼까지도 찢기고 있다는 사실이다.

신체적으로는 조용하고 안정된 생활을 하면서도 감정적으로는 크게 고양되어 있는 일은 흔하다. 병원에 입원해 침대에 누워 있는 환자들조차 지나치게 빠른 속도의 흐름에서 예외일 수는 없다. 사고의 성격이 속도를 결정한다. 흥분 상태에서 또 다른 흥분 상태로 무분별하게 급속도로 움직여나갈 때는, 그야말로 열띤 흥분 상태가 되어 금방이라도 감정이 폭발할 것 같은 고도의 흥분 상태에 빠지게 된다.

이런 몸과 마음을 쇠약하게 하는 지나친 자극과 흥분으로 타격을 받지 않으려면 삶의 속도를 늦춰야 한다. 지나친 자극은 우리 몸속에 해로운 독소를 낳고 정서적인 질병을 야기할 뿐만 아니라 지나친 자극은 심신의 피로와 좌절감을 낳아 개인의 문제로부터 나라나 세계 정세에 이르기까지 무슨 문제에 대해서나 쉽게 흥분해서 조급하게 화를 내며 안달하게 만든다.

이런 정서적 불안이 우리 몸에 끼치는 영향이 그 정도로 심각하다면, 영혼이라 일컬어지는 인간의 더 깊은 내적 본질에 끼치는 영향은 얼마나 더 심각할 것인가?

생활의 속도가 그처럼 미친 듯이 빨라지고 있는 한 영혼의 평화를 갖는 것은 불가능하다. 하나님은 우리가 그렇게 빨리 나가기를 원치 않으신다. 그렇지만 하나님은 당신과 보조를 맞추려 하지도 않으신다. 요컨대 하나님은 이렇게 말씀하고 계신다.

"너희가 만일 너희의 그 어리석은 속도로 나아가지 않으면 안 된다고 생각한다면 너희는 그 어리석은 속도로 나보다 앞서 나아가라. 그럴 경우, 나는 너희가 지쳐 완전히 녹초가 될 때까지 기다릴 것이요, 너희가 그렇게 될 때에야 비로소 너희를 치유하리라. 그러나 너희가 이제 너희의 속도를 늦추고 내 안에서 살아나가고, 내 안에 거하며, 내 안에서 자리 잡으려 하다면, 나는 너희의 생명을 더 풍성하게 하리라."

하나님은 서두르지 않으시며, 천천히 완벽한 질서 가운데 움직이신다. 오직 지혜로운 자만이 하나님의 속도에 보조를 맞추어 살아나간다. 하나님은 세상일들을 그대로 놓아두시지만 언제나 그것들은 정확히 되어갈 바대로 되어가며, 그런 가운데 하나님은 전혀 서두르심이 없으시다.

하나님은 쉽게 흥분해서 조급하게 화를 내거나 안달하시지 않으신다. 하나님은 늘 평화롭게 안정되신 분이시며, 그렇기 때문에 그 어떤 일에도 유능하시다. 하나님의 속도에 보조를 맞춘다면, 그와 똑같은 평화가 우리에게 주어진다. "평안을 너희에게 끼치노니 곧 나의 평안을 너희에게 주노라……."(『요한복음』 14장 27절)

나는 이 문제에 관련해서 어느 나이든 숙녀의 말을 퍽 재미있게 들었다. 그녀는 "그것이 우리의 일상적인 생활이지요"라고 말했다. 그녀는 우리의 일상생활이 과중한 부담, 책임져야 하는 수많은 일들, 그리고 잠시의 휴식도 허용하지 않는 긴장의 연속이라는 것을 말하고 있었던 것이다. 그것들의 끈질기고도 집요한 요구는 우리를 늘 성가시게 하는 압력으로 작용한다.

오늘날 미국인들이 그런 긴장에 익숙해 있기 때문에 역설적으로 수많은 사람들이 그와 같은 긴장이 없을 때는 오히려 더욱 불편해한다. 선조들에게 그렇게 친숙했던 숲과 계곡의 깊은 정적이 그들에게는 불편한 것이다. 그들의 삶의 박자가 그와 같기 때문에, 대부분의 경우 물리적인 자연이 그들에게 제공하는 평화와 고요한 정적의 근원을 자신에게로 끌어들일 능력이 없다.

어느 여름날 오후, 아내와 나는 어느 숲에서 꽤 오랫동안 산책을 한 적이 있었다. 우리는 아름다운 모홍크 호수 곁에 있는 한 산장에서 걸음을 멈추고 잠깐 쉬고 있었다. 그 산장은 미국에서도 가장 아름답다고 하는 자연 공원에 위치하고 있었고, 그 중앙에는 호수가 보석처럼 가로놓여 있었다.

모홍크(Mohonk)라는 말은 '하늘의 호수'라는 뜻이다. 몇만 년 전에 있었던 지각의 거대한 융기가 이 깎아지른 듯한 웅대한 낭떠러지를 만들었던 것이다. 깊은 숲 속에서 이 거대하게 솟아오른 절벽 앞으로 나오면 눈앞에는 태양만큼이나 오래된 것으로 보이는 온갖 바위들로 이랑진 구릉들 가운데 놓여 있는 거대한 골짜기가 나타난다. 그 숲과 산과 계곡은 이 세상의 갖가지 모든 혼란으로부터 확실한 피난처를 제공해줄 수 있는 모든 것들을 다 갖추고 있다.

우리가 거닐고 있던 그날 오후는 여름의 소나기와 강렬한 햇빛이 간간이 뒤섞이고 있었다. 우리는 비에 흠뻑 젖었다. 잘 다려입은 옷의 풀이 죽었기 때문에 다소 안달복달했다.

그렇지만 우리는 빗물에 젖었기 때문에 몸에 해롭지는 않을 것이고, 얼굴에 떨어지는 빗방울이 신선하고 청량한 느낌을 주고 강렬한 햇빛도 있기 때문에 그 가운데 앉아 있을 수 있으며, 그렇게 되면 비에 젖은 옷이나 몸은 금방 마를 것이라는 등의 이야기를 나누었다. 이처럼 우리는 거대한 나무 아래 숲 속을 거닐면서 이야기를 나누었지만, 나중에는 잠잠해졌다.

우리는 자연의 고요함에 깊이, 참으로 깊이 귀를 기울였다. 엄밀한 의미에서 숲은 결코 조용하지 않다. 숲에서는 언제나 엄청난 움직임들이 일어나고 있다. 그러나 자연은 그 어마어마하게 광범위한 운행에도 불구하고 우리의 신경을 거스르는 시끄러운 소음은 결코 만들어내지 않는다. 자연의 소리는 늘 고요하고 아름다운 화음을 이룬다.

그 아름다운 오후, 자연은 우리를 치료해주는 고요함이라는 손을 누리의 머리에 얹고 있었다. 우리는 실제로 긴장이 풀리는 것을 느낄 수 있었다.

우리가 마치 넋을 잃기라도 한 듯이 자연의 고요함 속에 잠겨 있을 때, 돌연 음악소리 같은 희미한 소리가 저 멀리서 들려왔다. 그것은 신경을 거스르는 극도로 소란스러운 음악이었다. 이윽고 숲을 헤치고 세 명의 젊은이들이 나타났다. 여자 두 사람, 남자 한 사람이었는데, 바로 그 남자가 휴대용 라디오를 들고 있었다.

그들은 모두 도시에 사는 젊은이들이었는데 숲으로 소풍을 나왔다고 했다. 그러나 안타깝게도 그들은 이 고요한 숲 속에까지 도시의 소음을 가지고 들어왔다. 그들은 우리 곁에서 잠시 머물러 우리와 함께 휴식을 취하면서 즐거운 대화를 나누기까지 했다. 나는 그들에게 시끄러운 라디오 소리를 끄고 숲의 음악에 귀를 기울이는 것이 어떻겠느냐고 말하고 싶은 충동이 일었으나, 그들에게 그런 요구를 하는 것이 무리라는 생각이 들어 그만두었다. 우리 곁에서 쉬던 그들은 곧 일어나 자신들의 길을 찾아 떠나갔다.

그들이 떠난 후 우리는 그들이 자초하고 있는 손실에 관해 이야기를 주고받았다. 그들은 이처럼 평화가 넘쳐흐르는 길을 걸어가면서도 이 세상만큼이나 오래된 자연의 음악, 인간의 능력으로는 도저히 따를 수 없는 그 아름다운 화음과 선율, 숲을 통해 들려오는 바람의 노랫소리, 가슴으로 노래하는 산새들의 감미로운 음색, 그 모든 것의 밑바탕에 깔려 은은히 흐르는 자연의 고요하고 웅장한 음악에는 전혀 귀를 기울이지 못하고 있었다.

이런 대자연의 고요한 정적은 숲이나 거대한 평원 속에도, 깊은 계곡과 웅장한 산악에도, 대양이 하얀 거품을 일으키며 부드럽게 감싸고 도는 해변의 모래턱에도 언제나 존재하고 있다. 우리는 이 자연을 자신을 치료하는 데 이용해야 한다. 이와 관련된 예수의 말씀을 기억하라.

"너희는 따로 한적한 곳에 가서 잠깐 쉬어라."(「마가복음」6장 31절)

당신에게 이런 충고를 하고 있지만, 나 자신도 반드시 상기해야 할 일이 있다. 우리네 삶에 기대하는 소기의 효과를 얻기 위해서는 우리 자신을 고요한 정적에 끊임없이 훈련시켜야 한다는 것이다.

어느 가을날, 아내와 나는 디어필드 아카데미에 다니고 있는 아들 존을 만나기 위해 매사추세츠를 향해 출발했다. 우리는 아들에게 오전 11시에 도착한다고 말했고, 시간 약속을 정확히 지키는 것을 자랑스러워했기에 늦지 않으려고 그 낭만적인 가을의 풍경 속을 위험천만한 속도로 달렸다. 그때 아내가 말했다.

"노먼, 저 눈부신 산허리를 좀 보세요."

"어디 말이야?"

내가 물었다.

"벌써 지나치고 말았어요."

잠시 후, 아내는 또 말했다.

"저 아름다운 나무 좀 보세요."

"어느 나무 말이지?"

내가 물었을 때는 아내가 말하는 곳에서 한참은 지나친 뒤였다.

"오늘은 내가 이제까지 맞이한 날 중에서 가장 멋진 날이에요. 10월의 뉴잉글랜드의 단풍에 물든 아름다운 산을 상상해보세요. 마음속까지 아름답게 해주는 것 같은데요."

아내의 이 말이 내 마음을 움직였다. 그래서 나는 차를 멈추고 단풍색으로 곱게 성장한 산들을 배경으로 한 호수까지 되돌아갔다. 우리는 그곳에 앉아 주위의 경관을 바라보며 명상에 잠겼다. 하나님은 그 천재적인 재능과 솜씨로 오직 그만이 조합할 수 있는 갖가지 색깔로 아름다운 경치를 그려놓고 있었다. 호수의 잔잔한 수면에 하나님의 영광을 반영시킨 아름다운 경치가 수놓아져 있었다. 거울같이 투명한 수면에는 그 아름다운 산의 모습이 영원히 잊을 수 없을 만큼 선명하게 투영되어 있었다.

한동안 우리는 아무 말 없이 마냥 앉아 있었다. 이윽고 아내가 가장 적절한 표현으로 침묵을 깨뜨렸다.

"그가 나를 푸른 풀밭에 누이시며 쉴 만한 물가로 인도하시는도다."(「시편」23장 2절)

우리는 예정된 오전 11시에 디어필드 아카데미에 도착했는데, 조금도 지쳐 있지 않았다. 오히려 왕성한 원기를 회복하고 있었다.

도처에서 우리를 지배하고 있는 것으로 보이는 이 긴장을 완화시키기 위해서 우리는 우선 걷는 속도를 늦춰나가야 한다.

쉽게 흥분해서 조급하게 화를 내거나 안달하지 마라. 평안한 마음을 가지도록 애써라. 마음속에 "모든 지각에 뛰어난 하나님의 평강"(「빌립보서」4장 7절)을 지켜라. 그런 다음 마음에 솟아오르는 고요한 정적의 감각에 유의하라.

빨리 가려면 더 천천히 가라

의사의 강압으로 하는 수 없이 억지 휴식을 취하게 된 친구가 있다. 그는 "이 억지 휴식을 취하면서 많은 교훈을 얻고 있네. 이 휴식의 고요함 속에서 하나님의 임재를 더 잘 느끼고 있어. 우리의 삶은 진흙투성이가 될 수 있지만 노자의 '탁한 물일지라도 그대로 놔두면 깨끗해진다'는 말을 실감하고 있네"라는 편지를 보내왔다.

어떤 의사가 자신이 맡고 있는 실업가 환자에게 약간은 별난 충고를 했다. 그 환자는 언제나 흥분해서 즉시 해야 할 일이 밀려 있다고 이야기했다.

"매일 밤, 서류 가방을 집으로 가져갑니다. 일거리가 넘쳐요."

그는 신경질적으로 말했다.

"어째서 당신은 집에까지 일거리를 가지고 갑니까?"

의사가 조용히 말했다.

"급히 해야 하는 일이니까요."

그는 성가시다는 듯이 대답했다.

"당신을 대신할 사람이 없습니까? 아니면 당신을 도와줄 사람은 없습니까?"

의사가 물었다.

"없습니다."

그가 지체하지 않고 대답했다.

"그 일을 할 수 있는 사람은 저밖에 없습니다. 게다가 그 일은 신속하게 처리하지 않으면 안 됩니다. 모든 것이 제 손에 달려 있어요."

"제가 처방을 해드리면 당신은 그 처방대로 따르시겠습니까?"

의사가 물었다.

믿거나 말거나지만, 그 처방이란 것은 이러했다. 매일 두 시간씩을 할애하여 산책을 해야 하며, 주중에 반나절을 할애해서 어느 묘지가 되었든 묘지에서 두 시간을 보내야만 한다는 것이었다.

놀란 그 환자는 되물었다.

"아니, 어째서 묘지에서 반나절을 보내야 한단 말입니까?"

"그 까닭은 묘지를 두루두루 돌아보면서 거기에 영원히 잠들어 있는 사람들의 묘비를 살펴보게 하기 위해서입니다. 그들 대부분은 당신이 지금 그런 것과 마찬가지로 전세계를 자신의 두 어깨에 짊어지고 있다고 생각했기 때문에 지금 그곳에 잠들어 있다는 사실을 곰곰이 생각해보길 바랍니다. 그리고 당신이 거기에 영원히 잠들어 있을 때도 세계는 지금과 마찬가지로 변함없이 돌아갈 것이며, 남들도 당신이 지금 하는 일을 그대로 해나갈 수 있다는 사실도 곰곰이 생각해보길 바랍니다. 나는 당신이 어느 묘석 위엔가 앉아서 '주의 목전에는 천 년이 지나간 어제 같으며 밤의 한 순간 같을 뿐임이니이다'(「시편」 90편 4절)라는 말을 되풀이해보시기를 권합니다."

이 말을 듣고 그 환자는 뭔자를 깨달았다. 그는 걷는 속도를 늦추었으며, 자신의 권한을 남에게 넘기는 법을 배우기 시작했다. 자신에게서 무엇이 중요한지를 정확하게 알게 되었다. 쉽게 흥분해서 조급하게 화를 내거나 안달하지 않게 되었다. 그는 평화를 얻었다. 그리고 그 외에 한 가지를 덧붙인다면, 전보다 일을 더 잘하게 되었다. 더 유능한 경영자가 되었고 사업은 그전보다 더 나아졌다.

어느 유능한 공장주가 과도한 긴장 때문에 괴로움을 겪고 있었다. 사실 그는 늘 신경이 곤두서 있었다.

"저는 아침 일찍 잠자리에서 빠져나오자마자 곧바로 자신에게 고속 기어를 넣습니다. 언제나 허둥지둥 급하게 서두르기에 아침 식사까지도 계란 반숙으로 간단하게 떼우는데, 그건 계란 반숙이 가장 빨리 먹을 수 있는 아침 식사이기 때문입니다."

이런 급한 성질 때문에 그는 점심때만 되어도 녹초가 되었고, 매일 밤 거의 기진맥진하여 잠자리에 들었다.

공교롭게도 그의 집은 작은 숲 속에 있었다. 그러던 어느 날 이른 아침, 잠자리에서 일어난 그는 창가에 앉아 있었다. 우연히 새 한 마리가 잠에서 깨어나는 모습을 보게 되었는데 그 새의 모습이 그에게는 무척 흥미로웠다. 그는 그날 아침에 처음으로 새가 날갯죽지에 머리를 집어넣고 잠을 잔다는 사실을 알게 되었다. 새는 잠에서 깨어나면 주둥이를 날갯죽지 사이에서 빼어들고 졸린 눈으로 사방을 한 번 살펴보고는 한쪽 다리를 길게 뻗고, 이어서 그쪽 날개를 부채처럼 쭉 펴서 그 다리를 감쌌다. 다음에는 그 한쪽 날개와 다리를 제자리로 모으고, 이어 다른쪽 다리와 날개를 전처럼 펴보는 것이었다. 그 뒤 머리를 다시 한 번 날개 속에 집어넣어 그야 말로 달콤한 잠을 잔다. 그리고 잠시 뒤 머리를 빼 들고는 전보다 더 열심히 주위를 둘러보고 나서 머리를 뒤로 젖히고, 이번에는 먼저와 같이 날개와 다리를 쭉 펴보는 동작을 두세 차례 더하고, 그날 아침의 아름다운 노랫가락을 지저귄다. 그 뒤에는 나뭇가지에서 뛰어내려 차가운 물을 한 모금 마시고는 이내 먹이를 찾으러나간다.

새의 모습을 숨죽이며 살펴본 그는 뭔가를 깨우친 듯 혼자 중얼거렸다.

"저것이 새가 일어나는 방법이라면, 새까지도 저렇게 여유 있고 한가롭게 하루를 시작한다면, 나라고 해서 저런 식으로 하루를 시작해서 나쁠 것은 없지 않겠는가?"

그는 하루의 시작을 실제로 새와 똑같이 해나갔다. 심지어 새처럼 노래까지 불렀다. 그리고 노래하면서 노래가 얼마나 긴장을 풀어주는지 알게 되었다.

"저는 노래를 부를 줄 모릅니다."

그는 껄껄 웃으며 말했다.

"하지만 저는 조용히 의자에서 앉아서 노래를 불러보았지요. 대부분 찬송가나 유쾌한 노래들을 부릅니다. 제가 노래하는 모습을 상상해보세요. 우습겠지만, 그래도 저는 노래를 한답니다. 아내는 제가 미치지 않았나 걱정하기도 했지요.

제가 그 새보다 한 가지 더한 것은 짧은 기도를 했다는 것입니다. 그러자 저도 그 새처럼 무엇인가 먹고 싶다는 생각이 들었지요. 그것도 훌륭한 아침 식사를 원했습니다. 베이컨과 계란을 먹었어요. 저는 천천히 여유있게 먹었습니다. 그리고 나서 해방된 기분으로 일을 시작했지요. 이런 작은 습관이 제가 그날 하루를 확실히 긴장하지 않고 평화롭고 여유 있는 태도로 일을 할 수 있게끔 해주었습니다."

　대학교 조정 경기에서 우승한 팀의 일원이었던 친구는 그들의 코치가 종종 "어떤 경기에서든 이기고 싶다면, 노를 천천히 저어라"라고 충고했다고 한다. 그 코치는 빨리 노를 젓게 되면 조법을 깨뜨릴 염려가 크고, 일단 조법이 깨져버리면 이기기 위해서 반드시 유지해야 하는 리듬을 회복하기가 대단히 어렵다는 사실을 지적한 것이다. 그들이 잃어버린 리듬을 찾으려고 애를 쓰는 동안 다른 팀이 그들을 앞서가 버리는 것이다. 그렇기 때문에 '빨리 가려면 천천히 저어라'는 충고는 현명한 것이다.

　빠른 박자에 의해 리듬이 깨진 그들이 천천히 노를 저어나가거나 천천히 일하고 승리를 가져다주는 안정된 속도를 끝까지 유지하기 위해서는 그들의 마음과 영혼에 하나님께서 조정하시는 평화를 받아들여야 한다. 그뿐만 아니라 그 평화를 신경과 근육에까지도 받아들여야 한다.

하나님이 인도하시는 속도를 찾아라

당신은 하나님의 평화가 당신의 근육과 관절에 스며들어 그것들을 지배하게 하는 일이 얼마나 중요한 일인지 생각해본 일이 있는가?

　아마도 하나님의 평화가 당신의 근육과 관절을 지배한다면, 그것들은 그렇지 않았을 때보다는 고통을 훨씬 덜 느끼게 될 것이다. 당신의 근육과 관절은 그것들을 창조하신 하나님의 평화가 그것들의 동작을 지배할 때 상호 협력해서 움직여나갈 것이다. 매일 당신의 근육에게 말하고 당신의 신경과 당신의 관절에게 말하라.

　"불평하지 말며(쉽게 흥분해서 조급하게 화를 내지 마라)."(「시편」 37편 1절)

　소파나 침대에 누워 긴장을 풀고 휴식을 취하면서 머리에서 발끝에 이르기까지 모든 중요한 근육을 느껴보라. 그리고 각 근육에게 말하라.

"하나님의 평화가 너를 어루만지고 있다."

그런 다음 그 평화가 당신의 온몸을 관통한다고 생각해보라. 그와 같은 방식을 통해 당신의 근육들과 관절들은 당신의 생각과 느낌에 주의를 기울이게 될 것이다.

속도를 늦춰라. 진정으로 원하는 일이 무엇이든 간에 정신적 부담과 압박을 느끼거나 서두르는 일없이 그 일을 해나간다면 능히 이룰 수 있다.

성실히 일을 했는데도 그 일을 이루지 못했다면, 하나님의 인도하심과 자연스럽고 서두르지 않는 속도를 따라 일하지 않았기 때문이다. 그 일에 실패했다면, 당신이 지금 여기서 이야기하는 일의 방식을 따르는 데 실패했기 때문이다.

그러니 어떻게 해서든 일의 정상적이며 자연스러운 속도, 하나님이 인도하시는 속도를 찾아라. 마음에 고요한 정적을 지켜나가라. 신경을 흥분시키는 것들은 축출해버리는 기술을 배워 익혀라. 그렇게 하기 위해서 일을 해나가는 틈틈이 멈춰 서서 이렇게 긍정적으로 선언하라.

"나는 지금 내 신경의 흥분을 잠재우고 있다. 나를 흥분시킨 요소들이 내게서 떠나가고 있다. 나는 지극히 평안하다."

흥분해서 조급하게 화를 내거나 안달하지 마라. 마음의 평안을 지켜라.

나는 이런 효과적인 삶의 방식을 체득하기 위한 방법으로 평화를 연상시키는 일련의 생각들로 당신의 마음을 가득 채우는 방법을 권한다. 우리는 매일 몸의 건강을 유지하기 위해 일련의 계획된 행위를 해나가고 있다. 목욕을 하고 이를 닦으며 운동을 한다. 이와 마찬가지로 마음의 건강을 유지하기 위해서도 일정한 시간을 할애하여 계획적인 노력을 기울여야 한다. 그 하나의 방법은 조용히 앉아서 평화로운 생각들이 마음을 관통해 흐르게 하는 것이다. 하늘 높이 솟아 있는 산, 안개가 자욱한 계곡, 햇빛이 비치는 강물에서 번쩍이는 비늘을 드러내는 송어떼, 수면에 비치는 은빛 달과 같은 기억들을 마음속에 회상해보라.

적어도 하루 중에 한 번, 특히 하루 중 가장 바쁜 때를 택하여, 자신이 하고 있는 일이 무엇이든 간에 그 일을 멈추고 10분이나 15분 동안 고요한 정적의 시간을 가져라.

지나치게 서둘러 일하려는 태도를 우리 스스로가 단호하게 저지하는 것이 다른 무엇보다 중요한 때가 있다. 그렇기 때문에 성급한 걸음을 멈출 수 있는 유일한 방법은 그냥 걸음을 멈추는 것이다.

언젠가 나는 꽉 짜여진 강연 일정에 따라 한 도시를 향하고 있었다. 일정이 빡빡했다. 그곳으로 가는 기차 안에서조차 회의가 있었다. 나는 그 도시에 도착하자마자 또 바쁘게 뛰어다녀야 했다. 두 개의 다른 서점에서 하는 내 책의 출판 기념회에도 가야 했고, 초대된 점심 식사에도 참석해야 했다. 나는 서둘러 그들과의 식사를 마치고 또 다른 회합에 참석했다. 그리고 그 회합이 끝나기가 무섭게 호텔로 돌아가 옷을 갈아입고 다시 다른 회합에 참석하기 위해 달려갔다. 거기서 나는 수백 명의 사람들을 만나 과일주스를 연달아 마셔야 했다. 그러고는 다시 부지런히 호텔로 돌아왔다. 그다음 일정인 만찬회에 참석하기 위해 옷을 갈아입을 시간적 여유가 20분밖에 없었다. 서둘러 옷을 갈아입고 있을 때 전화벨이 요란하게 울렸다. 전화기를 들자, 누군가가 소리쳤다.

"빨리 오세요. 서둘러서요. 지금 바로 내려오세요."

"지금 바로 내려가겠습니다."

나는 서둘러서 그 방을 나왔다. 하지만 정신없이 서두르다보니 출입문을 잠그는 것조차 잊을 뻔했다. 허둥지둥 나 자신을 살펴보았다. 옷은 제대로 갈아입은 것 같았다. 나는 급히 엘리베이터를 향해 종종걸음을 쳤다. 그러다가 갑자기 걸음을 멈췄다. 숨을 크게 내쉬었다. 그리고 나 자신에게 물어보았다.

"도대체 뭐 하는 짓이냐? 이렇게까지 쉴 새 없이 허둥대다니? 정말 어처구니가 없군!"

그래서 그 순간 나는 독자적으로 행동하기로 마음먹고 중얼거렸다.

"만찬회에 참석하는 일에는 신경쓰지 말자. 그리고 내 연설에 대해서도 신경쓰지 말자. 내가 꼭 그 만찬회에 참석해야 하는 것도 아니고, 꼭 연설해야 하는 것도 아니잖아?"

나는 유유히 돌아서서 내 방으로 천천히 걸어갔다. 그리고 천천히 열쇠를 집어넣어 방문을 열었다. 방으로 들어가 나는 아래층에서 나를 기다리고 있는 사람들에게 전화를 걸었다.

"미안하지만, 저녁 식사를 하실 생각이라면 먼저 가십시오. 제 자리를 잡아주신다면, 잠시 후에 가겠습니다. 하지만 저는 더 이상 허둥지둥 서두르지는 않겠습니다."

나는 코트를 벗고 의자에 앉아 구두도 벗었다. 그러고는 발을 탁자에 올려놓고 편안하게 의자에 앉았다. 그리고 성경을 꺼내 아주 천천히 소리 내어 읽었다.

"내가 산을 향하여 눈을 들리라 나의 도움이 어디서 올까."(「시편」121편 1절)

나는 성경을 덮고 스스로에게 몇 마디 다짐했다.

"좋다. 이제부터는 긴장을 풀고, 천천히, 여유 있게 인생을 살아가자."

그리고 또 나 자신에게 이렇게 선언했다.

"하나님은 여기 계신다. 그분의 평화가 나를 어루만지고 있다."

그런 다음, 나는 곰곰이 따져보았다.

"나는 더 이상 아무것도 먹을 필요가 없다. 이곳저곳에서 이미 먹을 만큼 먹었다. 게다가 오늘 저녁까지 먹는다면 몸에 해로울 것이다. 이곳에 앉아 조용히 마음을 진정시키면서 좀 쉬고 나면, 오늘 밤의 연설도 더 잘할 수 있을 것이다."

그래서 나는 그곳에 앉아 편히 휴식을 취하면서 기도했다. 한 15분 정도 했을 것이다. 그런 다음, 방을 나섰다. 나는 결코 잊지 못할 것이다. 방을 나섰을 때 느꼈던 마음의 평화와 자제에 성공했다는 데서 얻은 그 기쁨을 말이다. 부담스러웠던 그 무엇인가를 스스로 극복해내고 나 자신의 감정을 다스리는 경험을 가졌던 것이다. 내가 만찬식장에 도착했을 때 사람들은 막 식사를 시작하고 있었다. 따라서 내가 먹지 못한 것은 수프뿐이었다. 결코 큰 손실이 아니었다.

이 일로 나는 모든 것을 치유해주시는 하나님의 임재하심을 깨달았다. 나는 단지 잠깐 동안 걸음을 멈추고, 조용히 앉아 성경을 읽고, 마음에서 우러나온 기도를 드리고, 잠시 동안 평화로운 생각을 가지면서 귀중한 경험을 얻게 된 것이다.

흥분과 조급함을 다스리는 방법

일반적으로 의사들은 상당수의 신체적 고통은 쉽게 흥분해서 조급하게 화를 내거나 안달하는 마음만 없애면 피하거나 또는 극복할 수 있다고 생각하는 것 같다.

뉴욕의 한 저명인사가 교회의 진료소로 찾아온 일이 있었다. 의사가 그에게 "당신은 좀 고요하고 안온하게 사는 방식을 배워야 합니다. 당신의 힘은 고갈돼가고 있습니다"라고 충고했기 때문이었다.

"의사는 제가 제 몸을 혹사하고 있다고 말합니다. 그리고 고도로 긴장해 있으며, 지나치게 신경이 곤두서 있다고도 말했습니다. 그래서 제가 늘 쉽게 흥분하며 조급하게 화를 내고 안달한다고 합니다."

그리고 그는 이렇게 말을 맺었다.

"의사는 저에게 병을 고치려면 '고요하고 안온하게 사는 방식'을 익혀야 한다고 하더군요."

이 방문객은 자리에서 일어나 마루 위를 왔다갔다 했다. 그러다가 내게 힐문하듯 말했다.

"하지만, 원 세상에, 제가 어떻게 그걸 배울 수 있겠습니까? 그렇게 살아간다는 것이 말하기는 쉽지만 실천하기는 어려운 것 아닙니까?"

그 환자가 다소 흥분하자 의사가 그에게 고요하고 안온하게 사는 방식을 익히기 위한 몇 가지 제안들을 말해주었다고 한다. 그 의사의 제안은 참으로 지혜로운 것들이었다. 그는 설명을 계속했다.

"의사는 이 교회에서 당신과 같은 방법을 배운다면 마음의 평화를 얻게 되고 제 혈압도 떨어뜨릴 수 있을 것이라고 말했어요. 물론 제 건강도 나아질 것이고요. 한편으로는 의사의 처방이 일리가 있는 것 같기도 하지만, 그러나 나이가 쉰이나 되고 신경이 늘 곤두서 있는 저 같은 사람이 어떻게 한평생 키워온 생활방식을 갑자기 고요하고 안온하게 사는 방식으로 바꿀 수가 있겠습니까?"

그것은 실로 문제일 수 있었다. 그는 흥분하기 쉽고 언제라도 폭발해버릴 것만 같은 예민한 신경을 갖고 있었기 때문이다.

그는 잠시도 가만히 있지를 못했다. 일어서서 서성거리는가 하면, 탁자를 툭툭 치기도 하고, 목소릴 톤도 높았다. 그는 거의 안정을 잃고 극도로 신경이 예민해져 있다는 인상을 주었다. 분명 최악의 상태였다. 그의 불안정한 모습은 바로 현재 그 내적 상태였다. 그러나 바로 지금 그가 보여주는 행동을 잘 파악한다면 그를 낫게 할 방법도 찾을 수 있을 것 같았다.

나는 그의 말을 귀담아 듣고 그의 태도를 자세히 관찰함으로써 어떻게 예수께서 그토록 놀랍도록 사람들을 자기 자신에게로 이끌어들이는 강력한 흡인력을 가지고 계셨는가를 다시 한 번 더 분명하게 이해하게 되었다. 그것은 예수께서 그와 같은 사람들의 문제를 해결하는 해답을 가지고 계셨기 때문이다.

나는 그렇다는 사실을 그 자리에서 증명할 수 있었다. 나는 그와의 대화 도중에 갑자기 대화를 멈추었다. 그리고 아무런 사전 설명도 하지 않고 다음의 성경 구절들을 암송하기 시작했다.

"수고하고 무거운 짐진 자들아 다 내게로 오라 내가 너희를 쉬게 하리라."(「마태복음」 11장 28절)

"평안을 너희에게 끼치노니 곧 나의 평안을 너희에게 주노라 내가 너희에게 주는 것은 세상이 주는 것 같지 아니하니라 너희는 마음에 근심하지도 말고 두려워하지도 말라."(「요한복음」 14장 27절)

"주께서 심지가 견고한 자를 평강하고 평강하도록 지키시리니 이는 그가 주를 의뢰함이니이다."(「이사야」 26장 3절)

나는 이 성경 말씀을 내 마음속에 깊이 새기면서 천천히 신중하게 암송했다. 그렇게 성경을 암송하고 있는 동안, 나는 그의 마음이 차츰 안정되어가는 것을 알 수 있었다. 평안이 그를 감쌌다. 그리고 우리 두 사람은 한동안 아무말 없이 앉아 있었다. 아마 그렇게 몇 분 동안 앉아 있었던 것 같다. 그리 긴 시간은 아니었을 것이다. 오래지 않아 그는 길게 한숨을 내쉬며 이렇게 말했다.

"참 이상한 일입니다. 제 마음이 한결 편안해졌습니다. 이상하지 않습니까? 아마도 목사님이 암송하신 그 말씀 때문인 것 같습니다."

나는 이렇게 대답했다.

"물론이지요. 그러나 그것은 그 말씀만의 효력은 분명 아닙니다. 그 말씀이 당신의 마음에 커다란 영향을 준 것은 사실입니다만, 그 말씀이 당신에게 영향을 끼친 그때, 당신에게는 그보다 훨씬 더 중요한 일이 내면에서 일어날 것입니다. 치유하시는 손길을 가지신 대의사이기도 하신 하나님이 조금 전에 당신의 마음을 어루만져주신 것입니다. 하나님은 이 방에 계셨습니다."

그는 나의 이런 단언에도 전혀 놀라는 기색이 없었다. 오히려 동의와 확신이 그의 얼굴에 분명하게 떠올라 있었다.

"맞습니다. 분명히 하나님은 이곳에 계셨습니다. 저는 그분을 느꼈습니다. 목사님의 말씀을 이해할 수 있습니다. 이제 저는 예수 그리스도께서 제가 고요하고 안온하게 살아가는 삶의 방식을 키워나가도록 도우신다는 것을 깨달았습니다."

그는 오늘날 수많은 사람들이 점차 발견하고 있는 진리를 깨달았던 것이다. 그것은 기독교의 원리들과 기술들에 대한 단순한 믿음과 실천이 마음의 평화와 안정을 가져다주며, 우리의 몸과 마음, 영혼에 새로운 능력을 가져다준다는 진리이다. 그것이야말로 쉽게 흥분해서 조급하게 화를 내며 안달하는 심리적 경향을 말끔히 제거해주는 해독제인 것이다. 그것은 우리로 하여금 마음의 평화를 얻게 하고, 그럼으로써 새로운 힘의 원천에 물꼬를 틀 수 있게 한다.

물론 그에게는 그 이상의 치유가 필요했다. 그는 새로운 사고와 행동양식을 배워야만 했다. 이것은, 영적 성장 분야의 전문가들이 쓴 책들을 읽는 것으로 해결될 것이다. 그리고 그를 우리와 함께 교회에 출석하게 했다. 어떻게 예배를 드리는지 가르쳐주었고, 바르게 기도하고 긴장을 푸는 법도 가르쳐주었다. 그 결과, 그는 아주 건강한 사람이 되었다. 이런 과정을 기꺼이 따르고 이런 원리들을 매일 성실하게 실천한다면, 그 어느 누구라도 내적 평화와 능력을 키워나갈 수 있다. 이런 기술들의 대부분이 이 책에 설명되어 있다.

감정을 다스릴 수 있게 되는 데는 이제까지 말한 치유 방법을 매일 실천하는 것이 중요하다. 감정의 제어는 어떤 마술적인 방법이나 안이한 방법으로는 결코 이룰 수 없다. 어느 정도의 도움은 되겠지만 단순히 그런 문제를 다루는 책들을 읽는 것만으로도 이룰 수 없다. 단 하나의 확실한 방법은 그 치유 방법을 규칙적으로 정확하고 끈기 있게 실천하고 창조적인 믿음을 키워나가는 것이다.

우선 단정하게 행동하는 것과 같은 지극히 초보적인 것부터 실천해보라. 마루 위를 일없이 서성거려서는 안 된다. 화가 날 때 주먹을 움켜쥐어서도 안 된다. 무엇을 두드리거나 큰소리를 지르거나 논쟁을 해서도 안 된다. 온몸이 덜덜 떨리도록 흥분해서도 안 된다. 사람이 흥분하면 몸의 움직임이 눈에 띄게 빨라진다.

그러니 가장 간단한 것부터 시작하라. 즉 몸을 움직이지 않는 일부터 시작하라. 조용히 서 있거나 앉거나 눕거나 하라. 언제든 목소리를 낮춰 차분하게 말하라.

마음의 평온을 유지하기 위해서는 고요하고 안온히 생각하는 습관을 길러야 한다. 몸은 마음을 통해서 이루어지는 사고의 유형에 민감하게 반응하기 때문이다. 다시 말해서 몸의 자세가 우리가 원하는 마음의 태도를 유도해낼 수 있다.

평온함을 유지하는 방법

한 연설에서 나는 내가 참석했던 회의에서 일어났던 일을 이야기한 적이 있다. 이 이야기를 들은 한 신사는 아주 감명 깊었다며 뭔가 자신의 가슴에 와닿는 게 있었노라고 했다. 그는 그 기술을 시험해보았고, 그 결과 쉽게 흥분해서 조급하게 화를 내며 안달하는 자신의 심리적 경향을 제어하는 데 대단한 효과가 있었다고 했다.

언젠가 나는 어떤 토론이 이루어지고 있는 회합에 참석한 일이 있었다. 그 토론은 급기야 격렬한 논쟁으로 변했다. 사람들의 인내심이 무너지고 신경을 찔러대는 날카로운 말들이 오가자 몇몇 참석자들은 폭발하기 직전까지 이르렀다. 갑자기 한 사람이 자리에서 일어났다. 그는 유유히 상의를 벗고, 셔츠를 풀어 젖히더니 긴 의자에 드러누웠다. 모두 놀랐고, 어떤 사람은 그에게 어디 몸이 불편하냐고 묻기까지 했다.

하지만 그는 "아니오"라고 너무나 태평하게 대답했다.

"무척 건강합니다. 그렇지만 지금 너무 흥분한 것 같아서요. 이럴 때는 가만히 드러누우면 흥분도 가만히 드러눕는다고 배웠거든요."

사람들은 웃음을 터뜨렸고 긴장은 곧 풀렸다. 그 뒤 이 친구는 "잠시 저 자신에게 재주를 피워본 겁니다"라고 설명했다. 그는 원래 성질이 급했다. 그리고 자신이 흥분하면 자신도 모르는 사이 주먹을 쥐게 되고 목소리를 높이게 된다는 것을 알게 되었다. 그래서 그는 흥분하면 주먹이 쥐어지지 않도록 열 손가락을 펴고, 긴장이나 노기가 고조될수록 애써 목소리를 낮추어 이야기한다고 했다.

"속삭임으로는 말다툼을 할 수는 없을 테니까요."

그는 싱글싱글 웃으며 말했다.

이것은 많은 사람이 실제로 경험해서 알고 있듯이, 감정적 흥분이나 초조감, 긴장을 다스리는 데 효과를 볼 수 있는 방법이다. 여기서도 알 수 있듯이, 평온을 얻기 위한 첫걸음은 신체적 반응을 훈련하는 일이다. 이 방법이 얼마나 빠르게 우리의 고조된 감정의 열을 식히는가는 그야말로 놀라울 정도이다.

일단 감정의 열이 식으면 쉽게 흥분해서 조급하게 화를 내고 안달하는 심리적 경향은 저절로 물러가게 마련이다. 힘과 에너지의 소모도 그만큼 줄어들고, 그에 따라 피로감도 줄어들게 될 것이다.

더 나아가 어느 정도 흥분이 진정되고 난 다음에는 그 일에 대해 냉담하거나 무감각하거나 무관심한 것도 좋은 방법이다. 어느 정도는 게으름을 피워라. 이와 같은 방법을 익힌 사람은 감정적 파탄에 빠질 염려는 거의 없다. 제대로 성장한 사람이라면, 적어도 어느 정도까지는 이렇게 반응하는 방식에 익숙한 사람일 것이다. 그렇다고 해서 뛰어난 인간의 특성인 예리하고 민감한 감수성을 모조리 버려야 한다는 것은 아니다. 이 말은 그렇게 함으로써 쉽게 흥분할 정도로 예민한 당신의 개성을 균형 잡힌 상태로 유지하라는 뜻이다.

당신이 지금까지 이 장에서 제안된 기술을 실행한다면 쉽게 흥분해서 조급하게 화를 내며 안달하는 경향은 차차 없어질 것이다. 또한 이런 진보와 더불어 이제까지의 그 불행한 습관으로 인해 헛되이 소모되었던 힘이 점차로 되살아나 맡은 바 책임을 능히 완수할 수 있을 것이다.

흥분을 진정시키는 6가지 방법

1. **편안한 마음으로 의자에 깊숙이 앉아라.** 당신의 몸을 완전히 의자에 맡겨라. 머리끝에서 발끝까지 신체의 모든 부분이 완벽하게 휴식을 취하고 있다고 상상하라. "내 발끝은 완전히 휴식 상태에 있어. 내 손가락도 내 얼굴의 근육도"라고 말함으로써 완벽한 휴식을 긍정적으로 선언하라.

2. **자신의 마음을 심한 폭풍우로 인해 요동치는 호수의 수면과 같다고 생각하라.** 그리고는 다시 바람이 자고, 호수의 수면은 거울과 같이 잔잔해졌다고 생각하라.

3. **2~3분 동안 과거에 보았던 것들 중에서 가장 아름답고 평화로운 경치를 떠올려보라.** 해질 무렵의 서산, 정적으로 가득 찬 이른 아침의 깊은 계곡, 한낮의 고요한 숲 속, 잔물결이 이는 강물 위에 떨어지는 달빛 등을 떠올려라. 당신의 기억 속에 이러한 경치를 되살려라.

4. **고요와 평화를 나타내는 문구를 조용히, 그리고 천천히 하나하나 가락을 붙여 읊어보라.** '고요함', '정적', '여유' 등과 같은 말을 읊어보라. 그 문구의 뜻을 진지하게 떠올리면서 조용히 말해야 한다. 이와 유사한 다른 문구도 생각하여 여러 번 되풀이해 읊어보라.

5. **당신이 지금까지 살면서 하나님의 깊은 보호를 의식했을 때의 일을 목록에 적어두고 기억 속에 떠올려보라.** 당신이 괴로움이나 근심에 빠져 하나님에게 도움을 청해 도움받았던 일들을 생각하면 된다. 그리고 "내 마음속에 참된 평화가 있네. 주 예수가 주신 평화"라는 찬송가의 가사를 소리 내어 읊어보라.

6. **마음의 긴장을 풀어주고 진정시켜주는 놀라운 힘을 가지고 있는 다음 성경 구절을 반복해서 읊조려보라.** "주께서 심지가 견고한 자를 평강하고 평강하도록 지키시리니."(「이사야」 26장 3절) 하루에도 몇 번이고 되풀이해서 가능한 한 큰소리로 읊조려보라. 이 말을 강력하고 살아 있는 것으로 받아들여 마음속에 깊이 골고루 스며들게 하고, 당신의 생각 깊숙한 곳까지 이 치유하는 향기가 닿게 하라. 이것이야말로 마음의 긴장을 제거하는 가장 좋은 약이다.

07

최선의 것을 기대하고
그것을 붙잡아라

"우리 아이는 하는 일마다 실패만 하니, 도대체 이유가 뭘까요?"

어느 날 나를 찾아온 노신사가 30대 중반에 이른 아들에 관해 걱정스런 표정으로 한 말이다.

이 청년의 실패를 이해하기란 실로 어려운 일이었다. 겉보기에 멀쩡했고, 가정환경도 좋았으며 교육도 받을 만큼 받았을 뿐 아니라, 기회도 많았다. 그럼에도 그는 언제나 실패할 것이라는 예감에 시달렸다. 그리고 그 예감처럼 손대는 일마다 잘 되지 않았다. 열심히 노력했지만 언제나 성공을 놓쳤다.

그러던 어느 날, 드디어 해결책을 찾아냈다. 기묘하리만치 단순했지만 아주 효과적인 해결책이었다. 그는 한동안 새로 발견한 이 비결에 따라 일했고, 그 뒤로는 실패하리란 예감 대신 성공하리란 암시를 얻게 되었다. 그의 개성이 집중력을 발휘하기 시작했고, 그의 감추어져 있던 능력이 흘러나왔다.

그리 오래되지 않아 나는 그와 식사를 할 기회가 있었다. 나는 자신의 능력을 최대한 발휘하고 있는 이 젊은이에게 칭찬의 말을 아끼지 않았다.

"몇 년 전만 하더라도 자네는 하는 일마다 실패를 했네. 그런데 지금은 기발한 생각으로 멋진 사업을 하고 있지. 이미 자네는 업계의 선두주자야. 자, 자네의 이 놀라운 변신이 어떻게 된 일인지 말 좀 해주게."

"그건 아주 간단합니다. 저는 다만 믿음의 기술을 배워 익힌 것뿐입니다. 최악을 기대하면 최악을 얻고 최선을 기대하면 최선을 얻는다는 사실을 깨달았을 뿐입니다. 이것은 성경 한 구절을 그대로 실천함으로써 얻어진 결론이었습니다."

"그래? 어느 성경 구절인가?"

"'할 수 있거든이 무슨 말이냐 믿는 자에게는 능히 하지 못할 일이 없느니라'(「마가복음」9장 23절)입니다."

그리고 그는 이렇게 설명했다.

"저는 종교적인 가정에서 자랐습니다. 그리고 그 성경 말씀을 수없이 들었지요. 하지만 그 말씀은 제게 아무런 영향도 끼치지 못했습니다. 그러던 어느 날 저는 목사님이 설교 중에 이 말씀을 강조하시는 것을 들었습니다. 그때 제 머릿속에 번쩍 하고 떠오른 생각이 있었습니다. 그때까지만 해도 저 자신의 문제가 무엇인지 모르고 있었습니다.

그런데 그 순간 제 문제가 무엇인지 알게 된 것입니다. 그것은 제가 제 자신을 믿고, 긍정적이며 적극적으로 생각하고, 하나님과 나 자신을 신뢰하는 데 전혀 훈련이 되어 있지 않다는 것이었습니다. 저는 자신을 하나님의 손에 맡기라는 목사님의 말씀에 따라 목사님이 설명하시는 믿음의 기술을 구사하기 시작했습니다. 저는 저 자신이 모든 일에 대해서 긍정적이고 적극적으로 사고하도록 훈련시켰습니다. 그렇게 하면서 올바르게 살려고 노력했지요."

그는 빙그레 웃으면서 말을 이었다.

"저는 하나님과 협력하기로 계약을 맺었습니다. 그런 방침을 정하자 모든 것이 순식간에 변했습니다. 최악이 아니라 최선을 기대하는 습관을 가지게 되었습니다. 이것이 저의 상황을 변화시킨 방법입니다. 일종의 기적이지요. 그렇지 않은가요?"

그러나 전혀 기적이 아니다. 실로 세상에서 가장 강력한 힘의 하나인 불신앙의 사고방식에서 믿음의 사고방식으로 변화시키는 법칙의 활용법을 배워 익힌 결과에 불과하다. 의심이 아니라 기대하는 법을 배워 익혀라. 이렇게 함으로써 당신은 어떤 것이나 그것을 가능성의 영역으로 끌어들일 수 있다.

그러나 당신이 그렇게 믿기만 하면 당신이 원하거나 또는 당신이 원한다고 생각하는 모든 것을 반드시 얻게 된다는 것은 아니다. 그렇게 된다면, 그것은 아마 당신을 위해 좋은 것이 되지 못할 것이다. 당신이 하나님을 신뢰할 때, 하나님은 당신의 마음을 올바른 방향으로 이끌어주신다. 다시 말해, 하나님은 당신에게 해가 되는 것이나 하나님의 뜻에 부합되지 않는 것을 원하지 않도록 당신의 마음을 인도해주시는 것이다. 이 법칙이 가르쳐주는 확실한 의미는 당신이 믿기를 배워 익히면, 불가능해 보이던 일도 가능성의 영역 안으로 들어온다는 것이다. 위대한 모든 일들이 마침내 가능해진다.

뛰어난 심리학자인 윌리엄 제임스는 이렇게 말했다.

"당신의 사업의 성공을 보장해주는 것은 미심쩍은 일을 시작할 때 가지는 신념 하나뿐이다. 지금 바로 그 신념을 붙잡아라."

할 수 있다는 믿음이 성공의 기초

믿기를 배우고 익히는 것이 제일 중요하다. 그것이 어떤 사업에서든 성공하게 하는 기본적인 요소다. 당신이 최선의 결과를 기대하면 당신 마음속에는 마치 자석과도 같은 힘이 충만하게 되는데, 그 힘은 자력의 법칙에 따라 당신에게 좋은 결과를 가져다준다.

그러나 만일 당신이 최악의 결과를 기대한다면, 당신에게 주어지는 최선의 결과를 강제로 추방해버리는 당신 속에 있는 부정적인 힘이 충만하게 된다.

최선의 결과에 대한 부단한 기대가 최선의 결과를 실현시키는 힘을 작동시킨다는 것은 참으로 경이로운 일이다.

이 사실을 보여주는 한 흥미로운 사례를 유명한 스포츠 기자였던 휴 플러턴이 쓴 한 편의 이야기에서 찾을 수 있다. 이 이야기는 텍사스 마이너리그에 속한 샌안토니오 클럽에서 한때 감독이었던 조쉬 오라일리에 관한 것이다. 오라일리는 많은 우수 선수를 확보하고 있었고, 그중 일곱 명의 선수는 300개 이상의 안타를 친 선수들이었다. 누구나 그의 팀이 쉽게 우승하리라 예상하고 있었다. 그러나 이 팀은 누구도 예상치 못한 슬럼프에 빠졌고, 20게임 중 17게임을 패하고 말았다. 선수들은 상대편의 어떤 공도 쳐내지 못했고, 자신들의 패배를 동료 선수 탓으로 돌리거나 운이 나쁜 탓으로 돌렸다.

그 해의 약체로 알려진 댈러스 팀과의 경기에서도 한 개의 안타만을 날렸을 뿐이다. 그 안타를 친 선수는 희한하게도 투수였다. 오라일리의 팀은 그날도 대패했다. 시합 후에 탈의실 안에 앉아 있는 선수들의 사기는 어떤 방법으로도 살아날 것 같지 않았다. 오라일리는 자기 팀의 선수들이

쟁쟁한 스타들이라는 것을 알고 있었다. 그러니 선수들의 타격이 부진한 원인은 그들의 정신 상태가 풀어진 데서 찾을 수밖에 없었다. 그들은 안타를 기대하지 않았고, 승리도 기대하지 않았다. 그들은 승리가 아니라 패배를 생각하고 있었다.

기대의 확신이 아니라 회의의 불안이 그들의 사고를 지배하고 있었다. 이런 부정적이고 소극적인 사고가 그들을 방해하고 있었으며, 그들의 근육을 굳게 하고, 타격의 타이밍을 놓치게 했다. 그렇기 때문에 그 팀에는 여유 있고 편안한 구석을 찾아보려야 찾아볼 수 없는 형편이었다.

때마침 슐래터라는 선교사가 그 근처에서 인기를 얻고 있었다. 그는 신앙의 치료사로 자처하고 있었는데, 실제로 병을 치료한 경우도 적지 않았다. 사람들은 그의 설교를 듣고자 몰려들었고, 이 선교사를 믿고 따랐다.

오라일리는 선수 한 사람마다 갖고 있는 야구방망이 중 좋은 것 두 개씩을 가져오게 했다. 그리고 그는 선수들 전원에게 자신이 돌아올 때까지 숙소에 있으라고 한 뒤 그 방망이를 손수레에 싣고 나갔다. 한 시간쯤 뒤에 그는 기쁨에 넘쳐 돌아왔다. 그리고 선수들에게 선교사인 슐래터가 그들의 방망이에 축복을 내려주었다고, 이제 그들은 지려야 질 수 없는 힘을 가졌다고 말했다. 그 말을 들은 선수들은 놀라고 기뻐했다.

다음 날 그들은 댈러스 팀을 압도했다. 안타 37개에 득점 21점이라는 대승리를 거두었다. 그 후부터 그들은 우승가도를 달렸다. 휴 플러턴은 그 후 오랫동안 남서부에서는 선수들이 그 '슐래터 방망이'를 구하기 위해 많은 돈을 지불했다고 기술했다.

이 사실은 슐래터 개인의 힘과는 별개로 놀라운 일들이 선수들의 마음 속에서 일어났다는 것만큼은 주목해야 한다. 선수들의 사고방식이 바뀌었던 것이다. 그들은 의혹이 아니라 기대를 가지게 되었으며, 최악이 아니라 최선을 기대했다. 안타와 득점과 승리를 기대했고, 그들은 자신들이 기대하는 것을 획득했다. 그들은 그들이 원하는 것을 획득할 힘을 갖게 된 것이다. 도구 자체가 변한 것이 아니라 그 도구를 쓰는 사람의 마음속에 변화가 일어났다. 그리고 그들은 자신들이 안타를 칠 수 있다는 것과 득점할 수 있다는 것, 그리고 승리할 수 있다는 것을 알게 되었다. 새로운 사고방식이 그들의 마음을 변화시켜 창조적인 믿음의 능력을 작동시킬 수 있게 되었던 것이다.

성공적인 인생의 비결

아마도 당신은 인생이란 게임에서 그렇게 승률이 좋지 않았을 것이다. 일어서서 방망이를 휘두르지만 안타를 치지 못한다. 몇 번이나 삼진 당하고, 타율도 애처로울 정도로 저조하다. 여기서 나는 당신에게 하나의 비결을 말해주고자 한다. 그 비결이 효과가 있다는 것을 장담한다. 내가 이렇게 자신 있게 말할 수 있는 것은 수많은 사람들이 지금까지 그 비결을 사용하면 큰 성과를 거두었기 때문이다. 당신도 이 비결을 사용한다면 분명 놀라운 결과를 얻게 될 것이다.

　성경을, 우선 신약부터 읽기 시작하라. 그리고 믿음에 대해 언급하고 있는 구절들에 유의하라. 그 수많은 구절들 가운데 의미가 가장 분명하고 마음에 가장 절실하게 와닿는 구절들로 열두 구절을 고른 뒤 그 구절 하나하나를 암기하라. 이런 믿음의 관념들을 당신의 의식 속에 스며들게 하라. 몇 번이고 거듭해서 소리 내어 읽어라. 특히 잠자리에 들기 직전에 그렇게 하라. 그것들은 영적 삼투압 작용을 통해 당신의 의식에서 잠재의식으로 스며들어가게 될 것이고, 그럼으로써 그것들은 차츰 당신의 기본적 사고방식을 수정하고 그 방향을 틀어놓게 될 것이다. 이 과정이 당신을 인생의 성공을 믿는 사람, 기대하는 사람으로 변화시킬 것이며, 그렇게 변화되면 당신은 오래지 않아 승리자가 될 것이다. 다시 말해 당신은 당신의 삶에서 하나님과 당신이 실제로 이루기 원하는 것을 성취할 수 있는 새로운 능력을 얻게 될 것이다.

인간의 본성 가운데 가장 강력한 힘은 성경이 그 기술을 가르치고 있는 영적 능력이다. 성경은 영적 능력을 끌어다 쓰는 기술을 가르쳐준다. 성경은 사람이 자기 자신을 대단한 인물로 만들어갈 수 있는 온갖 방법들을 빈틈없이 강조해주고 있다. 믿음, 신앙, 긍정적이고 적극적인 사고, 하나님에 대한 믿음, 남에 대한 믿음, 당신 자신에 대한 믿음, 삶에 대한 믿음 등이 바로 그런 것들이다. 다음 구절들이 바로 성경이 가르치고 있는 기술의 핵심이다.

"믿는 자에게는 능히 하지 못할 일이 없느니라."(「마가복음」 9장 23절)

"너희에게 믿음이 겨자씨 한 알만큼만 있어도 (……) 너희가 못할 것이 없으리라."(「마태복음」 17장 20절)

"너희 믿음대로 되라."(「마태복음」 9장 29절)

믿어라, 믿어라. 그러면 믿음이 산을 옮긴다는 말씀이 사실로 실현될 것이다.

회의적인 사람들, 다시 말해, 올바른 사고가 가져오는 강력한 효과에 관한 이 법칙을 배우지 못한 사람들은 이 기술을 사용할 때 일어나는 경이로운 성과에 대한 나의 주장을 의심할지도 모른다.

당신이 최악의 것 대신 최선의 것을 기대할 때 상황은 호전된다. 최악의 것 대신 최선의 것을 기대하면 당신은 자신에 대한 의심에서 해방되어 전력을 기울여 노력하게 될 것이다. 그 어떤 것도 하나의 문제에 전력을 집중하는 사람을 방해할 수가 없다.

당신이 온전히 통합된 인격으로 곤경에 맞서면, 원래 서로간에 어울리지 않는 잡다한 것들의 복합체인 곤경은 당신의 통일된 힘 앞에서 자취를 감추고 말 것이다.

당신의 모든 힘—신체의 힘, 감정의 힘, 영적 힘—이 하나로 집중될 때, 이러한 힘들의 결합은 그 어떤 것도 저항할 수 없는 공고한 힘이 되어 줄 것이다.

원하는 것을 위해 당신을 온전히 던져라

최선의 것을 기대한다는 것은 당신의 전심(즉 당신 인격의 본질적 핵심)을 성취하려는 그것에 던짐을 뜻한다. 사람들이 인생에서 패배하는 것은 재능이 부족해서라기보다는 전심을 기울이지 못하기 때문이다. 그들은 온 마음을 다해 자신이 성공할 것을 기대하지 않는다. 그들의 마음은 거기 있지 않다. 다시 말해서, 그들은 마음을 다하지 않는 것이다. 자신이 바라는 결과를 위해 자신을 온전히 던지지 않는 자는 바라는 결과 역시 얻을 수 없다.

인생에서 성공으로 나아가게 하는 중요한 열쇠, 당신이 간절히 바라는 것을 획득하는 열쇠는 당신이 당신의 모든 것을 당신의 사업이나 계획에 조금도 남김없이 온전히 던져버리는 것이다. 갖고 있는 모든 것을 얻고자 하는 것에 다 쏟아부어라. 그 어떤 것도 남겨두거나 아끼지 마라. 인생은 그 인생에 자신의 모든 것을 쏟아붓는 자를 거부하지 못한다. 그러나 불행하게도 사람들은 대부분 그렇게 하지 않는다. 아니, 사실 그렇게 하는 사람은 거의 없다. 이것이 대부분의 사람들이 실패하거나, 목표한 바의 반까지밖에 도달하지 못하는 진정한 이유이다.

유명한 캐나다의 육상 코치 에이스 퍼시벌은 경기를 하는 사람이든 아니든 대부분 '마땅히 내놓을 것을 내놓지 않고 끝까지 버틴다'고 말한다. 사람들이 항상 무엇인가를 남겨두려 한다는 것이다. 그런 사람들은 어떤 시합에서건 자신의 100퍼센트를 쏟아붓지 않기 때문에 자신이 가진 능력을 최대한으로 발휘하질 못한다는 것이 그의 말의 요지이다.

유명한 야구 해설가인 레드 바버 역시 내게 운동 선수 중에서 시합에 임해 완전히 자기 자신을 쏟아붓는 사람은 거의 만나보지 못했다고 말한 바 있다.

당신은 절대로 '마땅히 내놓을 것을 내놓지 않고 끝까지 버티는 사람'이 되지 마라. 인생에서 이루고자 하는 것이 있다면 모든 것을 남김없이 다 내놓아라. 그렇게 하면 인생도 당신에게 아끼는 것 없이 모든 것을 다 내놓을 것이다.

유명한 곡예사가 그의 제자들에게 고공에서 수평봉에 매달려 재주를 부리는 곡예를 가르치고 있었다. 이 곡예를 부리는 데 필요한 모든 설명과 지시를 마친 후, 제자들에게 각자의 능력을 실연해보라고 지시했다.

그중 한 소년이 높이 걸려 지극히 위태로워 보이는 수평봉을 올려다보고는 그만 겁에 질려 옴짝달싹 못할 지경으로 완전히 얼어버렸다. 소년은 그 높은 공중에서 자신이 사정없이 땅으로 떨어지는 무서운 광경을 자신의 마음에 그리고 있었고, 그 극심한 공포로 인해 전신의 근육들이 온통 빳빳하게 굳어버렸다.

"못 하겠어요. 도저히 못 하겠어요."

소년은 숨도 제대로 쉬지 못할 정도로 떨며 그렇게 말했다.

곡예사가 그 소년의 어깨에 자신의 손을 얹으면서 이렇게 말했다.

"너는 충분히 할 수 있다. 내가 어떻게 하면 되는지 가르쳐주마."

그리고 그는 소년에게 귀중한 한마디를 던졌다. 그것은 내가 이제까지 들어본 말 중 가장 지혜로운 말이었다. 그는 이렇게 말했다.

"저 수평봉 너머로 네 온 마음을 던져라. 그러면 네 몸이 그 마음을 뒤따를 것이다."

이 명언 한마디를 적어두라. 그리고 그것을 카드에 써서 호주머니에 넣어두고 다녀라. 그 카드를 책상 앞에 붙여놓아라. 벽에도 붙여놓고, 아침마다 대하는 화장실 거울에도 한 장 붙여놓아라. 그러나 어떤 것들보다 더 좋은 방법은 그것을 자신의 인생에서 진실로 뭔가 위대한 것을 성취하기 원하는 당신 자신의 마음에 새겨놓는 것이다. 그 한마디 속에는 힘이 담겨 있다.

마음은 창조적 활동의 상징이다. 당신이 가닿기를 원하는 곳, 당신이 그렇게 되었으면 하고 바라는 것, 그것들을 향해 당신의 마음에 불을 당겨라. '아니요'라는 대답이 나오지 못하도록 그것들을 당신의 잠재의식 속에 확고하게 고정시켜라. 그러면 당신의 전 인격은 당신의 마음이 이끄는 대로 따라가게 된다.

"저 수평봉 너머로 네 온 마음을 던져라"라는 말이 뜻하는 것은 당신이 겪고 있는 어려움 너머로 당신의 믿음을 내던지라는 것이며, 갖가지의 모든 장벽들 너머로 긍정적인 선언을 내던지라는 것이며, 당신의 길을 방해하는 장애물들 너머로 그것을 넘어서는 당신의 모습을 상상 속에 뿌리내리게 하라는 말이다. 저 너머로 당신의 영적 본질을 내던지면, 당신의 신체적 자아는 당신의 믿음에 의해 고무된 마음이 터놓은 승리의 길을 따라가게 된다는 말이다. 최선을 기대하라. 최악이 아니라 최선을 기대하라. 그러면 당신은 당신의 마음이 원하는 바를 이루게 된다. 결국 당신에게 실현되는 것은, 그것이 좋은 것이든 나쁜 것이든, 강한 것이든 약한 것이든, 당신의 마음속에 들어 있었던 것이다.

하나님이 경영하시는 미용실

에머슨이 말했다.

"희망하는 것은 결국 얻을 수 있다는 것을 명심하라."

이 원리의 가치는 내가 몇 년 전에 만난 젊은 여성의 경험으로도 충분히 설명할 수 있다. 그녀는 어느 날 오후 2시 정각에 내 상담실에서 만나기로 약속이 되어 있었다. 그런데 그날따라 나는 눈코 뜰 새 없이 바빴고, 그 와중에 그만 약속을 지키지 못했다. 결국 내가 상담실에 들어간 것은 약속한 2시 정각에서 5분 정도 늦은 시각이었다. 이유야 어쨌든 약속에 늦었으니, 무슨 할 말이 있었겠는가? 입을 앙다물고 심히 불쾌하다는 표정으로 앉아 있는 그녀를 대하기가 상당히 민망했다.

"지금 시각이 정확히 2시 5분이네요. 우리가 약속한 시각은 2시 정각이지 않았나요? 나는 언제나 약속을 정확히 지킵니다만⋯⋯."

그녀는 약속에 늦은 나를 힐난했다.

"저 역시 그렇습니다. 저도 약속을 정확히 지키는 걸 좋아합니다. 하지만 오늘은 불가피한 일이 있어 늦은 것이니, 제발 용서하시기 바랍니다."

나는 웃는 낯으로 말을 받았다.

그러나 그녀는 시원스럽게 웃을 만큼 마음이 풀리지 않는 모양이었다. 바로 내 말을 되받았다.

"저는 당신과 상의할 아주 중요한 문제가 있습니다. 그리고 간절히 그 해답을 원합니다."

그런 다음, 그녀는 내게 선언하듯이 말을 토해냈다.

"솔직하게 말하자면 저는 결혼을 하고 싶습니다."

"네, 지극히 정상적인 바람입니다. 나는 어떻게든 당신에게 도움이 되었으면 합니다."

그녀의 솔직한 말에 약간 안도하며 나는 이렇게 대답했다.

"제가 왜 지금까지 결혼을 못 하고 있는지 그 이유를 알고 싶습니다. 제가 한 남자와 사귀게 되어, 속으로 이번에는 제법 그럴듯한 사람을 만났다고 생각하면 어느새 그 남자는 제 곁을 떠나가버리고 맙니다. 매번 그런 식이었지요. 그래서 저는 때를 놓쳤고, 이렇게 나이가 찰 만큼 찼단 말입니다. 솔직히 말해서 나이 먹는 게 두렵습니다. 더 젊어질 수 없다는 걸 저도 잘 압니다. 당신은 인생 문제를 다루는 상담소를 운영하고 계시니 인생에 대해서는 뭔가 일가견이 있을 것입니다. 그래서 저는 당신과 이 문제를 상의해보려고 온 것입니다. 좀 말씀해주세요. 왜 제가 지금까지 결혼을 못 했는지."

나는 그녀가 정말 내가 그녀에게 말하고 싶은 대로 솔직히 말했을 때, 그것을 무리없이 받아들일 만한 사람인지부터 알아야만 했다. 만일 그녀가 내게 의례적인 것이 아니라 진심으로 묻고 있는 것이라면, 그녀에게 다소 심각하게 들릴 수 있는 문제까지 말하지 않으면 안 되었기 때문이었다. 나는 그녀가 자신의 인간적인 문제를 해결하는 데 필요하다면 그 어떤 처방이라도 달게 받아들일 수 있는 상당히 통이 큰 사람이라고 판단했다. 그래서 나는 이렇게 말했다.

"자, 그렇다면 우리 한번 어떻게 된 일인지 이 상황을 분석해봅시다. 분명히 당신은 마음도 좋고 성격도 좋습니다. 제가 이렇게 말해도 괜찮을지 모르겠습니다만, 당신은 참 멋진 아가씨입니다."

그녀에게 말한 것은 모두 사실이었다. 나는 솔직히 내가 할 수 있는 최선을 다해서 그녀를 칭찬했다. 그러나 나는 곧 이렇게 말했다.

"저는 당신의 문제가 무엇인지 알 것 같습니다. 말하자면, 이렇습니다. 당신은 제가 약속 시간에 5분 늦었다고 야단을 쳤습니다. 그런데 분명히 그것은 너무 심하게 군 것입니다. 정도가 지나쳤어요. 당신은 그런 태도가 좀 심각한 문제라고 생각해본 일이 없습니까? 약속에 좀 늦었다고 해서 그렇게 몰아세운다면, 어떤 남자든 견뎌내지 못할 것입니다. 사실 당신과 같은 그런 태도라면 결혼해서라도 능히 남편을 그렇게 지배하려 들 것이고, 그럴 경우 당신의 결혼 생활은 실패로 끝나고 말 것입니다. 사랑은 지배 밑에서는 살아남지 못하거든요."

그리고 나는 또 이렇게 말했다.

"또 당신은 입을 지나치게 꽉 다무는 습관이 있네요. 그런데 그것은 남에게 거만하다는 인상을 줍니다. 제가 솔직하게 이야기하는 게 좋겠지요? 보통의 남자들은 그러니까 대부분의 남자들은 여자한테 지배당하는 걸 좋아하지 않지요. 그들은 '이 여자가 나를 지배하려 한다'는 느낌이 들기만 해도 그 여자를 피하고 싶어 해요. 당신은 좀 더 부드러워지고, 좀 더 친절해져야 합니다. 그런데 당신은 입을 지나치게 앙다물어 도무지 부드러워 보이질 않는단 말입니다."

그러고는 나는 그녀가 입고 있는 옷차림을 살펴보았다. 퍽 값비싸 보이는 옷이었으나, 옷매무새만큼은 그리 훌륭하다고 할 수 없었다.

"이건 제 취향이니 마음 상하지 않기를 바랍니다. 당신은 옷을 좀 더 맵시 있게 입어야 할 것 같습니다."

나는 내 충고가 그녀에게 다소 거북한 충고라는 것을 잘 알고 있었다. 그러나 그녀는 화를 내기는커녕 오히려 재미있어하는 눈치였으며, 웃음을 터뜨리기까지 했다.

"듣기에 좀 거북하긴 하지만, 괜찮아요. 무슨 말인지 잘 알겠습니다."

그녀는 그렇게 대답을 했다.

나는 또 말을 이었다.

"그리고 머리를 좀 흩날리지 않게 단정히 묶는 것도 좋을 것 같습니다. 너무 흐트러져 있거든요. 음, 거기다가 약간 감미로운 향수를 한 번 써보는 것은 어떨까요? 살짝 뿌려만 주면 되는데요. 그리고 그 무엇보다도 중요한 것은 마음을 좀 부드럽게 가지는 것입니다. 그래야만, 이미 말씀드렸지만, 조금은 오만하게 보이는 얼굴 표정이 바뀔 것입니다. 마음을 좀 부드럽게 가지기만 하면, 당신의 얼굴은 환한 기쁨으로 넘칠 것이고, 그러면, 제가 확신하건대, 당신은 매력과 애교가 넘쳐나게 될 것입니다."

그러자 그녀는 갑자기 의외였다는 듯이 말했다.

"참, 그렇네요. 저는 목사님 사무실에서 이런 식의 충고를 받으리라고는 상상조차 하지 않았습니다."

"아니에요, 아니에요. 꼭 그런 건 아니지만, 우리는 인간사 모든 문제를 다 다루지 않으면 안 된답니다."

그리고 나는 내가 오하이오 웨슬리언 대학교에 다니고 있었을 때 나를 지도해주신 워커 교수에 관한 이야기를 해주었다. 그는 '하나님은 미용실을 경영하신다'고 말한 바 있다. 그는 우리에게 이런 이야기를 들려주었다.

"학창 시절에는 아주 예쁘던 소녀들이 30여 년이 지난 어느 날 다시 학교를 방문했을 때는 그 옛날의 매력들을 완전히 잃어버린다네. 그들의 달빛과도 같고 장미와도 같은 아름다움과 사랑스러움이 30여 년의 세월을 견뎌내지 못했던 것이지. 그와는 정반대로, 학창 시절에는 그다지 사람들의 눈을 끌지 못하던 소녀들이었는데도 30여 년이 지난 후에는 더없이 아름다운 모습으로 변화되어 나타나는 경우들도 있어. 무엇이 이런 차이를 만들어내는지 아는가? 후자는 그들 내면에 있는 영적 생활의 아름다움이 그들의 얼굴에 나타난 것이라네."

그리고 하나님은 미용실을 경영하신다는 말을 덧붙였다고 말했다.

그러자 그녀는 말없이 한동안 내가 던진 이야기를 곰곰이 생각하고 있는 듯했다. 이윽고 그녀는 이렇게 말했다.

"목사님의 말씀을 듣고 뭔가 느껴지는 게 있습니다. 한 번 그 말씀대로 해보겠습니다."

바로 여기서 그녀의 강한 성격이 효과적으로 작용했다. 실제로 그녀는 내가 그녀에게 한 말을 실천에 옮겼던 것이다.

그 후 여러 해가 흘렀고, 나는 그 젊은 여자의 일을 까마득히 잊고 있었다. 그러던 어느 날, 나는 한 도시에서 연설을 마치고 숙소로 돌아가는 길이었다. 아름다운 여인이 위풍당당한 남자와 함께 열 살쯤 되어 보이는 귀여운 사내아이를 데리고 나를 찾아왔다. 그녀는 얼굴에 환한 미소를 띠며 난데없이 이렇게 말했다.

"어떤가요? 제가 제대로 맵시 있게 입은 건가요?"

"무슨 말씀이십니까? 뭘 어떻게 입었다고요?"

어리둥절한 나는 그렇게 반문할 수밖에 없었다.

"제 옷 말이에요. 제대로 맵시 있게 입었다고 생각하시나요?"

나는 당황할 수밖에 없었다.

"네, 그렇습니다. 참 맵시 있게 입으셨네요. 그런데 왜 그걸 제게 물으십니까?"

"저를 모르시겠어요?"

그녀가 물었다.

"전 워낙 많은 사람들을 대하니까요. 솔직히 말해서 저는 전에 당신을 본 일이 없는 것 같습니다."

그러자 그녀는, 오래전의 이야기를 나에게 상기시켜 주었다.

"제 남편과 아들이에요. 목사님이 그때 제게 해주신 말씀이 맞았어요."

그녀는 열심히 말을 이었다.

"그러니까, 목사님을 뵈러 갔을 때, 저는 상상할 수 없을 정도로 위축되고 불행했습니다. 그러나 저는 목사님이 제게 말씀해주신 방법대로 실천해보았습니다. 정말 그렇게 했습니다. 그리고 그 말씀대로 저는 놀랍게 바뀌었습니다."

이번에는 그녀의 남편이 나서서 말을 이었다.

"이 세상에 메리처럼 멋진 사람은 아마 없을 것입니다."

나도 그녀를 바라보았다. 참 아름다웠다. 그녀는 분명 '하나님이 경영하시는 미용실'에 다녀왔음이 확실했다.

그녀는 자신의 내적 영혼을 부드럽고 원숙하게 다듬어나갔을 뿐만 아니라, 자신이 가지고 있는 위대한 특성, 즉 그녀 자신이 원하는 것을 성취하게 하는 추진력을 적절하게 활용했다. 그녀가 자신을 기꺼이 바꾸려고 노력한 결과 꿈이 실현되었다. 그녀는 자신을 능동적으로 다룰 수 있는 정신적 자질을 가지고 있었고, 영적 기술들을 활용했으며, 그녀 자신이 마음으로부터 진실로 원하는 것들을 어떤 창조적이며 긍정적인 일련의 과정을 거쳐 얻을 수 있다는 심원하나 단순한 믿음을 가지고 있었던 것이다.

공식은 이렇다. 당신 자신이 진정으로 원하는 것이 무엇인지 확실하게 알고, 당신이 원하는 것이 올바른 일인가를 시험해보며, 그것이 자연스럽게 당신에게 이루어질 수 있도록 당신 자신을 바꾸고, 언제나 흔들림 없는 믿음을 행사한다는 것, 바로 그것이다. 당신은 믿음이 지닌 창조적인 능력을 활용하여 하나로 통합하면 그것들이 당신이 원하는 것을 실현할 수 있는 상황을 낳도록 고무할 수 있다.

당신의 목표를 분명히 하라

역동적인 사고방식을 갖고 있는 오늘날의 젊은이들은 예수의 사상과 가르침들, 특히 "너희 믿음대로 되라"(「마태복음」 9장 29절)와 같은 진리의 가르침이 지니고 있는 실용적 가치를 더더욱 절실하게 깨닫고 있다. 자신에 대한 당신의 믿음대로, 사업에 대한 당신의 믿음대로, 하나님에 대한 당신의 믿음대로, 바로 그 믿음대로 이룰 수 있으며, 믿음대로 이루지 못할 일이란 있을 수 없다. 당신이 당신의 사업과 당신 자신, 그리고 이 나라가 당신에게 제공하는 기회를 믿는다면, 또한 하나님을 믿고, 열심히 일하고 공부하며, 당신 자신을 거기에 바친다면, 다시 말해서 '저 수평봉 너머로 당신의 온 마음을 다 던져버린다'면 당신은 당신의 인생과 당신의 사업과 당신의 업적을 올려놓기 원하는 제아무리 높은 곳까지라도 능히 뛰어오를 수 있다.

당신 앞에 가로놓인 수평봉, 다시 말해서 장애물을 만나게 되면, 어느 때고 멈춰 서서 조용히 눈을 감고 모든 것들이 다 저 장애물 위쪽에 있으며 그 아래쪽에 있는 것은 하나도 없다고 마음속에 생생하게 그리고, 상상 속에서 온 마음을 저 장애물 너머로 집어던지며, 자신이 저 장애물을 능히 뛰어넘을 수 있는 능력을 가지고 있다고 확신하라. 그 용솟음치는 힘을 체험하고 있다고 믿어라. 당신은 당신 자신이 그런 힘을 부여받고 있다는 데 놀랄 것이다. 당신의 마음속 깊고 깊은 곳에서 최선의 것을 영상으로 그리고, 당신의 에너지와 믿음의 능력을 활용한다면 당신은 최선의 것을 얻게 될 것이다.

당연히 이 최선의 것을 성취하는 과정에 있어서 당신은 당신 자신이 어디로 가기를 원하는지 분명하게 알아야 한다. 당신의 목표가 무엇인지를 확실히 알고 있어야만 비로소 그 목표에 도달할 수 있으며, 바라는 최선의 꿈이 실현될 수 있고, 가닿기 원하는 그곳에 가닿을 수 있다. 기대는 확실히 정해진 대상이 있어야 한다. 대부분의 사람들은 단지 그들 자신이 어디로 가고 싶은지 몰라 어느 곳에도 도달하지 못한다. 명쾌하고 확실하게 규정된 목표를 가지고 있지 않고, 막연한 기대만을 가지고서는 절대로 최선의 결과를 얻을 수 없다.

어느 날 자신이 하고 있는 일에 도무지 만족하지 못하는 스물여섯 살된 청년이 내게 상의하러 온 일이 있었다. 그는 자신의 인생에서 자기 자신의 능력을 최대한으로 발휘할 수 있는 더 큰 사업을 하고 싶다는 야심에 불타 있었고, 또 자신이 처한 주변 상황을 어떻게 하면 개선할 수 있는지 알고 싶어 했다. 그의 그런 동기는 이기적인 것이 아니라 흠잡을 데 없이 훌륭한 것으로 보였다.

"좋습니다. 당신은 어디로 가고 싶습니까?" 하고 내가 물었다.

"그걸 확실히 모르겠어요."

그는 주저하면서 말했다.

"저는 아직 그런 것을 깊이 생각해본 적이 없습니다. 다만 제가 알고 있는 것은 지금 제가 있는 곳과는 다른 어느 곳으로 가고 싶다는 것뿐입니다."

"당신이 제일 잘할 수 있는 것은 무엇입니까?"

그리고 나는 또 물었다.

"당신의 장점은 무엇입니까?"

"글쎄요. 모르겠어요. 한 번도 곰곰이 생각해보지 않았습니다."

그의 대답이었다.

"하지만 당신에게 선택할 수 있는 기회가 주어진다면, 뭔가 해보고 싶은 것이 있을 게 아닙니까? 진정으로 하고 싶은 것은 무엇입니까?"

나는 집요하게 물고 늘어졌다.

"정말, 전 모르겠어요."

그의 대답은 답답하기까지 했다.

"저는 제가 무엇을 하고 싶은지 정말 모릅니다. 저는 그것을 생각해본 일이 한 번도 없습니다. 그걸 미리 계산에 넣어야 한다고 생각하고는 있었지만⋯⋯."

"그것 보세요" 하고 내가 말했다.

"당신은 지금 당신이 있는 곳과는 다른 그 어느 곳으론가 가고 싶어 합니다. 그런데 당신은 자신이 어디로 가고 싶은지를 모릅니다. 당신은 자신이 무엇을 할 수 있는지, 그리고 무엇을 하고 싶은지도 모릅니다. 어느 곳으론가 가기 위해서는 자신이 어느 곳으로 가고 싶은지부터 확실하게 정해야 합니다."

바로 이것이 수많은 사람들이 실패하는 원인이다. 그들은 자신이 어디로 가고 싶은지, 무엇을 하고 싶은지에 대해 막연한 생각밖에는 가지고 있지 못하기 때문에 결코 어디로도 갈 수 없는 것이다. 목표가 없는데 어떻게 그 목표에 도달할 수 있겠는가!

나는 상황을 면밀히 분석했다. 우선 그 청년의 재능을 테스트해보았다. 그 결과 그에게는 자신도 알지 못하는 훌륭한 자질들이 있다는 것이 발견되었다. 그러나 그에게는 그를 전진시켜 줄 동력을 공급해주는 것이 필요했고, 그래서 나는 그에게 실제적인 믿음의 기술을 가르쳤다. 그리고 그는 지금 성공을 향해 나아가고 있다.

지금 그는 자신이 어디로 가려 하는지, 어떻게 하면 거기에 도달할 수 있는지 알고 있다. 그는 자신에게 무엇이 최선의 것인가를 알고 있으며, 자신이 성취하기를 기대하고 있다는 것도 알고 있고, 마침내는 자기 자신이 성취할 것이라는 것도 알고 있다. 무엇이 그를 가로막을 수 있겠는가?

나는 이름 있는 신문사에서 편집장으로 일하고 있는, 아주 고무적인 성격을 가진 어떤 사람에게 "당신은 어떻게 이런 유력지의 편집장이 될 수 있었습니까?"라는 질문을 던진 적이 있다.

"그렇게 되려고 했기 때문입니다."

그는 간단하게 대답했다.

"그것이 전부입니까? '당신은 되려고 했다. 그리고 그래서 그렇게 되었다' 그것뿐이란 말입니까?"라고 물었다.

"글쎄요. 아마도 그것이 전부는 아닐지도 모르겠습니다. 하지만 중요한 이유지요."

그의 설명은 계속되었다.

"좀 더 나은 어느 곳으론가 가고 싶다면, 먼저 자신이 가 있고 싶은 곳이 어딘지, 달성하기 원하는 것이 무엇인지를 확실히 정해야 한다고 생각합니다. 물론 그 목표는 분명 올바른 것이어야 하겠지요. 그런 다음, 이 목표를 당신의 마음에 확실하게 새겨 두고 늘 그 목표를 마음속에 품고 있어야 합니다. 또한 열심히 일하고 믿으세요. 그러면 그 생각은 강력해질 것이고, 생각의 힘이 당신의 성공을 보장해줄 것입니다."

그리고 그는 이렇게 단언했다.

"마음속에 그리고 있는 목표가 올바른 것이고 당신이 그것을 충분할 정도로 강하게 붙들고 있기만 하면 반드시 성취됩니다."

이렇게 말한 그 편집장은 지갑에서 다 닳고닳은 낡은 카드 한 장을 꺼내들고 다시 말을 이었다.

"저는 일생을 두고 이 카드의 글을 매일 되풀이해서 읽었습니다. 그 결과, 이 글은 저의 든든한 신념으로 확고하게 자리를 잡았습니다."

나는 그때 그 카드에 쓰여 있던 글귀를 기록해두었기 때문에 당신을 위해 그것을 여기에 적어줄 수 있다.

"적극적이고 낙천적인 사람이 반드시 성공한다는 확신을 가지고 일을 해나가면 자신이 처한 상황을 자신에게 유리하도록 끌어들인다. 그는 우주의 창조적인 능력을 자신에게로 끌어들인다."

적극적인 자립의 의지와 낙관적 시각을 가진 사람은 자신이 처한 환경을 자신이 원하는 방향으로 끌어들이고 자신의 목표에 도달할 수 있는 힘을 풀어낸다는 것은 분명한 사실이다.

그러니 언제나 최선의 것을 생각하라. 절대로 최악의 것은 생각조차 하지 마라. 그것을 당신의 생각 속에서 추방해버려라. 최악의 상황이 발생하리라고 생각할 수 있는 여지를 조금도 남겨두지 마라. 최악의 것에 대한 생각은 받아들이지 마라. 그것이 무엇이든, 당신이 마음 가운데 받아들이는 그것은 마음속에서 성장해나가게 되기 때문이다. 그러니 마음에 최선의 것만을 받아들여라. 오직 그것만을 받아들여라. 그것에 영양분을 공급해라. 그것에 모든 것을 집중시켜라. 그것을 강조하라. 상상하라. 그것을 위해 기도하라. 그것을 믿음으로 감싸라. 그것에 열중하라. 최선의 것을 기대하라. 그러면 하나님의 능력이 뒷받침하는 당신 마음의 창조적이며 영적인 능력이 최선의 것을 낳을 것이다.

확고한 믿음으로 나아가라

이 책을 읽고 있는 당신은 지금 빠져 있는 상태가 최악의 상태이며, 아무리 생각에 생각을 거듭해도 결코 지금의 상태가 호전될 수 없다고 생각할지 모른다. 그러나 이 난점에 대한 답은 '절대로 그렇지 않다'는 것이다. 설사 당신이 최악의 상태에 빠져 있을지라도, 최선의 것은 당신 속에 언제나 가능한 것으로 늘 잠재해 있기 때문이다. 당신은 그 최선의 것을 발견해내고, 그 힘을 풀어내며, 그 힘으로 솟아오르기만 하면 된다. 물론 그렇게 하는 데는 용기와 인내가 필요하지만, 분명히 말하건대, 더욱더 절실히 필요한 것은 믿음이다. 확고한 믿음을 길러라. 그러면 당신은 필요한 용기와 인내도 가지게 될 것이다.

한 부인이 피치 못할 사정으로 경험도 전혀 없는 판매원으로 일하게 되었다. 그녀는 매일 진공청소기를 가지고 집집마다 돌아다니며, 직접 그 청소기의 기능을 설명하면서 팔아야 했다. 그러나 그녀는 자신과 자신의 일에 대해 부정적이며 소극적인 태도를 지니고 있었다. 그녀는 자신이 그 일을 제대로 해낼 수 있을 것이라고 도무지 믿지 않았다. 자신이 실패하리라는 것을 '잘 알고' 있었다. 그녀는 기능을 테스트해달라는 부탁을 받고 어느 집을 방문할 때에도 그 집이 가까워지면 우선 두려움부터 느꼈다. 그 집에서조차 청소기를 팔지 못할 것이라고 믿었다. 그녀의 방문판매 성적이 형편없는 것은 어쩌면 지극히 당연한 일이었다.

그러던 어느 날 그녀는 한 사려 깊은 부인의 집을 방문하게 되었다. 그녀는 우연찮게 그 부인에게 자신의 좌절과 무력감에 관해 호소하게 되었다. 부인은 그녀의 이야기를 참을성 있게 듣고 난 뒤, 조용히 말했다.

"당신이 실패할 것을 기대한다면 당신은 틀림없이 실패합니다. 하지만 성공할 것을 기대한다면, 당신은 분명히 성공합니다."

그런 다음, 그 부인은 이렇게 덧붙였다.

"저는 당신에게 제가 믿고 있는 한 가지 방식, 즉 당신에게 도움이 될만한 한 가지 방식을 가르쳐드리려고 합니다. 그 방식은 당신의 사고방식을 고쳐주고, 당신에게 새로운 자신감을 갖게 해주며, 당신의 목표를 달성하도록 도와줄 것입니다. 고객의 집을 방문할 때마다 그 집을 방문하기 전에 다음의 말을 되풀이해보세요. 당신이 그 말을 믿으면, 그 말이 당신에게 얼마나 유익한지에 대해 당신은 놀라게 될 것입니다. 제가 가르쳐드리려고 하는 말은 바로 이것입니다. '만일 하나님이 우리를 위하시면 누가 우리를 대적하리요.'(「로마서」 8장 31절) 이 말을 당신 처지에 맞게 고쳐 쓸 수도 있습니다. '만일 하나님이 나를 위하시면 누가 나를 대적하리요'라고 말입니다. 하나님이 나를 위하시면, 나는 하나님의 도우심으로 그 진공청소기를 팔 수 있는 것이지요. 하나님은 당신이 지금 생활의 안정을 원하며 어린 자녀와 당신 자신을 부양해야 한다는 것도 이미 알고 계십니다. 만약 제가 가르쳐드린 이 방법을 실제로 활용한다면, 당신은 당신이 원하는 것을 이룰 수 있는 능력을 얻게 될 것입니다."

그녀는 그 부인에게서 배운 방법을 익히고 활용했다. 그녀는 남의 집을 방문할 때마다 청소기를 팔게 될 것이라고 기대했고, 부정적인 결과가 아니라 긍정적인 결과를 자신에게 다짐하며, 그것을 자신의 마음속에 생생한 그림으로 그렸다. 이 원리를 사용함으로써 그 판매원은 얼마 지나지 않아 새로운 용기와 새로운 믿음, 자기 자신의 능력에 대한 더욱 확고한 자신감을 갖게 되었다. 이제 그녀는 자신 있게 말한다.

"하나님이 제가 진공청소기 파는 것을 도와주고 계십니다."

누가 감히 이 말에 이의를 제기할 수 있겠는가?

'간절히 기대하는 것은 이루어진다.'

이것은 의미가 명확하며 근거가 확실한 원리이다. 당신이 기대하는 것이 이루어지는 것은 아마도 바로 당신이 절실히 필요로 하는 것이기 때문일 것이다. 당신이 참으로 무엇인가를 원하되 절실한 욕구로 이루어지는 긍정적인 요소를 창조해내지 못한다면, 당신이 기대하는 그것은 다른 곳으로 달아날 것이다.

"당신의 온 마음을 다 바쳐라."

바로 이것이 비결이다.

당신의 인격을 구성하는 모든 요소들을 다 바치면, 당신은 절실히 그것을 기대하게 될 것이고, 그 결과는 결코 헛되지 않을 것이다.

이 위대한 법칙을 나는 간명히 정리해보고자 한다.

"당신의 온 마음을 다 바치면, 믿음의 능력은 기적을 낳는다."

이 말에는 역동적이고 창조적인 힘이 들어 있다. 이 말을 당신의 의식 속에 확고히 심어놓아라. 그것이 당신의 잠재의식 속에까지 스며들게 하라. 그러면 그것은 그 어떤 어려움이라도 능히 극복해내도록 당신을 도와줄 것이다. 이 말을 항상 당신의 생각 속에 간직하고, 매일 반복해서 말하라. 당신의 마음이 그것을 온전히 받아들일 때까지, 당신이 그것을 믿을 때까지 "믿음의 능력은 기적을 낳는다!"라고 반복해서 말하라.

나는 이 말의 효력을 결코 의심하지 않는다. 이제까지 이 말의 효력을 수없이 보아왔기 때문에 그 '믿음의 능력'에 대해서는 절대적인 확신을 가지고 있다.

구할 만한 것을 구하라

당신은 어떤 장애라도 극복할 수 있다. 당신은 믿음의 능력으로 당신이 미처 생각하지 못했던 어마어마한 일까지도 성취할 수 있다. 그런데 그 믿음의 능력을 어떻게 하면 키워나갈 수 있는가? 방법은 간단하다. 성경의 위대한 말씀들로 당신의 마음을 가득 채워라. 만일 당신이 하루에 한 시간씩을 할애하여 성경을 읽고 그 위대한 말씀들을 기억하며, 그 말씀들이 당신의 인격을 재조정하도록 이끈다면, 당신 자신과 당신이 하는 일에 나타나는 변화는 기적이라 부를 만할 것이다.

성경의 어느 한 부분의 말씀들만으로도 당신은 믿음의 능력을 키워나갈 수 있다. 「마가복음」 11장만으로도 능히 그럴 수 있다. 당신은 이 말씀 속에서 그 비결을 발견할 수 있다. 그 비결은 성경이 가지고 있는 가장 위대한 가르침들 가운데 하나이다.

"하나님을 믿으라(이것은 아주 적극적인 태도이다) 내가 진실로 너희에게 이르노니 누구든지 이 산더러(대상이 막연한 것이 아니라 아주 구체적이다) 들리어(한쪽으로 쫓겨나) 바다에 던져지라(우리의 시야에서 사라짐을 뜻한다. 그 유명한 타이타닉호는 지금 바닷속에 있다. 바다 밑바닥은 배들로 덮여 있다. 여기서 '산'이라고 불리는 당신의 장애들을 바닷속으로 던져버려라) 하며 그 말하는 것이 이루어질 줄 믿고 마음에 의심하지 아니하면(왜 여기서 마음이라는 말을 사용했는가? 그것은 당신의 내적 본질의 핵심인 '잠재의식 속에서 의심하지 않으면'이라는 뜻이다. 잠재의식 속에서의 의심은 의식 속에서의 의심처럼 피상적인 것이 아니다. 잠재의식 속에서의 의심은 정상적이고 지적인 의문이다. 그것은 뿌리가 깊은 근본적인 의문으로써 피하지 않으면 안 된다) 그대로 되리라."(「마가복음」 11장 22~23절)

이것은 내가 고안해낸 이론이 아니다. 인간이 알고 있는 가장 신뢰할 만한 책이 가르치고 있는 이론이다. 오랜 세월에 걸쳐 인간의 지식과 과학이 크게 발전해왔지만, 성경은 오늘날에도 그 어느 책보다 많은 사람들에게 애독되고 있다. 인류는 지금까지 저술된 그 어느 책보다도 성경을 신뢰한다. 그 성경이 지금 우리에게 '믿음의 힘은 기적을 낳는다'고 가르치고 있다.

그러나 그럼에도 불구하고 그런 위대한 일들이 사람들과 아무런 관계가 없는 것처럼, 일어나지 않는 것은 무엇 때문인가? 그것은 그들이 믿음의 능력을 적용할 대상을 구체화하지 않기 때문이다. 성경은 무엇이라 말하고 있는가? "이 산더러 들리어"라고 말하고 있다. 다시 말해서, 당신의 모든 난관으로 이루어진 거대한 산맥, 그것 전체를 대상으로 당신의 노력을 쏟아붓지 마라는 이야기다. 그 순간에 당신을 좌절케 하는 하나하나의 대상을 공략해야 한다. 당신이 당신의 믿음의 능력으로 거꾸러뜨릴 대상을 구체화하라. 하나씩하나씩 처리하라.

원하는 것이 있다면 당신은 그것을 얻기 위해 어떻게 할 것인가? 우선 자신에게 "내가 과연 마땅히 그것을 원해야 하는가?" 물어보아야 한다. 당신이 마땅히 그것을 원해야 하는가? 그리고 그것을 가져야 하는가? 이것을 확실하게 가늠하기 위해서는 정직하게 기도하는 가운데 그 문제를 시험해보라. 만약 이 질문에 긍정적인 대답을 할 수 있다면, 그것을 하나님께 구하고, 그렇게 구하기를 주저하지 마라. 그러나 만일 모든 것을 꿰뚫어 보시는 하나님이 보시기에 가져서는 안 되는 것이라면, 그때는 어떻게 할 것인가? 그럴지라도 당신은 걱정할 필요가 없다. 그럴 경우, 하나님은 그것을 당신에게 주지 않으실 것이기 때문이다. 그러나 그것이 정당한 것이라면 하나님께 그것을 구하고, 당신이 그것을 구할 때 마음으로 의심하지 마라. 구체적으로 구하라.

나는 이 법칙의 타당성을 중서부 지역에 사는 한 실업가가 내게 해준 말을 듣고 더욱 확신하게 되었다. 이 사람은 훤칠한 키와 시원시원한 성격, 그리고 사교성이 풍부한 매력적인 신사로 진정 위대한 크리스천이다. 그는 자신이 사는 주에서 가장 큰 주일학교 학급을 가르치고 있는 주일학교 교사이며, 또한 4만여 명을 고용한 공장의 공장장이기도 하다.

그의 사무실 책상에는 신앙 서적이 가득하다. 그중에는 내 설교집과 소책자들도 있다. 규모가 큰 공장에서 냉장고를 생산하고 있는 그는 매사에 전심전력을 다하며 믿음을 구사하는 불굴의 사나이도, 언제나 하나님이 그의 사무실에 그와 함께 계신다고 믿는다. 그는 내게 이렇게 말했다.

"큰 믿음을 설교하십시오. 그 옛날의 닳고닳은 시시콜콜한 믿음 말고 큰 믿음을 말입니다. 믿음이 과학적이 아니라고 걱정할 필요는 없습니다. 나는 한 사람의 과학자입니다. 그러기에 나는 내 사업에 매일 과학을 이용하고 있습니다. 또한 나는 매일 성경을 이용하고 있습니다. 성경은 살아 역사합니다. 당신이 성경 안에 있는 갖가지 것들을 믿기만 하면, 그것들은 살아 역사합니다."

그는 자신이 공장장이 되었을 때의 이야기를 했다.

"금세 마을에 제 소문이 퍼졌습니다. '이제 일을 할 때든 언제든 성경책을 끼고 있어야 할 것'이라고 수군거렸지요. 며칠 후에 저는 이 소문을 퍼뜨리고 다닌다는 사람 몇 명을 사무실로 불렀습니다. 그리고 '내가 공장장이 되었으니 성경책을 끼고 출근해야 할 거라는 소문을 퍼뜨리고 다녔다던데 사실인가?'라고 물었지요. 그들은 무척 당황하며 그런 뜻이 아니었다고 부정하더군요. 그래서 제가 말했습니다. '괜찮네, 괜찮아. 성경을 가지고 출근한다는 건 참 좋은 생각이네만, 그 정도까지는 바라지 않네. 다만 그 성경을 자네들의 마음속에 넣어가지고 와야 하네. 만일 자네들이 성경에서 말하고 있는 선의의 정신과 믿음을 마음속에 넣어온다면 우리 회사는 크게 번창할 거야라고 말이지요. 우리가 가져야 할 믿음은 아주 특별한 종류의 믿음입니다. 이 산을 옮기는 것 같은 종류 말입니다."

갑자기 그는 내게 말했다.

"그런데 목사님, 목사님은 발가락이 아파본 일이 있으십니까?"

나는 그의 이 엉뚱한 질문에 조금은 멍해졌다. 그러나 내가 대답하기도 전에 그가 먼저 말을 이었다.

"저는 발가락 하나가 심하게 아팠던 일이 있습니다. 그래서 이 동네에 있는 병원들을 모두 찾았습니다. 그들은 모두 훌륭한 의사들이었지만 제 발가락에서 아무 이상도 찾을 수가 없다고 말하더군요. 정말 그들의 말대로 아무런 이상이 없었으면 좋으련만, 웬걸요. 제 발가락은 계속 아프고, 그러니 분명 뭔가 이상이 있는 것은 확실한데 참 답답했습니다. 그래서 저는 인근 서점에 나가 해부학 책을 한 권 구입했습니다. 그리고 발가락에 관련된 부분을 찾아 샅샅이 살펴보았습니다. 그건 참 간단한 구조였습니다. 몇 안 되는 근육과 인대들, 그리고 달랑 뼈 한 조각으로 되어 있으니까요. 사실 누구라도 발가락에 관해 조금만 알면 발가락을 제대로 조립할 수 있을 것 같았어요. 그런데 유감스럽게도 저는 그 발가락을 제대로 조립할 수 있는 어떤 사람도 만날 수가 없었습니다. 발가락은 계속 아팠고요. 그러던 어느 날 저는 자리에 앉아서 아픈 발가락을 살펴보고 있었습니다. 그리고 말했지요. '하나님, 저는 이 발가락을 당신의 공장으로 돌려보냅니다. 당신께서 발가락을 만드셨습니다. 저는 냉장고를 만듭니다. 그래서 냉장고에 관한 것이라면 무엇이든 다 압니다. 우리는 냉장고를 팔 때, 사후 서비스를 보장합니다. 그래서 팔려나간 냉장고가 제대로 작동을 하지 못하면, 저희는 일단 서비스팀을 보냅니다. 서비스팀이 그 문제를 해결하지 못하면 그 냉장고를 저희 공장으로 도로 가지고 와서 다시 손을 봅니다. 우리는 그걸 어떻게 손보아야 하는지를 알기 때문입니다. 그러니 주여, 당신께서 이 발가락을 만드셨습니다. 당신께서 이 발가락을 제조하셨습니다. 그러나 당신의 서비스팀인 의사들은 제 고장난 발가락을 어떻게 손보아야 하는지 모르는 것 같습니다. 그러니 특별한 다른 문제가 없다면, 주여, 저는 제 발가락이 한시라도 빨리 제대로 된 수리를 받았으면 합니다. 그게 저를 고통스럽게 하거든요'라고 말입니다."

"지금 발가락은 어떻습니까?"

내가 물었다.

"아무 문제 없습니다."

그가 대답했다.

어쩌면 시시한 이야기일 수도 있다. 그리고 그가 이런 이야기를 했을 때, 나는 소리 내어 웃었다. 아니다. 나는 웃으면서도 거의 엉엉 울 뻔했다. 그가 이처럼 구체적으로 구하는 기도에 관해 이야기할 때 그의 얼굴에 떠오르는 경탄할 만한 표정을 볼 수 있었기 때문이다.

의심을 추방하라

구체적으로 구하라. 하나님께 올바른 것을 구하라. 구하되, 어린아이와 같이 의심하지 마라. 의심은 능력의 흐름을 막아버린다. 그러나 믿음은 그 흐름을 열어준다. 믿음의 힘은 더없이 강력한 것이어서, 만약 하나님이 그분의 능력을 우리의 마음을 통해 흐르게 하시는 것을 우리 스스로 가로막지만 않는다면, 전능하신 하나님이 우리를 위해, 우리와 함께, 우리를 통해 하시지 못할 일은 전혀 없다.

그러니 당신의 혀를 다음의 말들에 익숙하게 하라. 거듭거듭 말하라. 그것들이 당신의 마음속에 둥지를 틀 때까지, 당신의 가슴속에 깊이깊이 스며들 때까지, 당신의 잠재의식을 지배할 때까지 그렇게 하라.

"누구든지 이 산더러 들리어 바다에 던져지라 하며 그 말하는 것이 이루어질 줄 믿고 마음에 의심하지 아니하면 그대로 되리라."(「마가복음」11장 23절)

몇 달 전에 나는 이런 원리를 나의 오랜 친구에게 권한 일이 있다. 그는 언제나 최악의 것만을 기대하고 사는 사람이었다. 내가 그와 이런 이야기를 나눌 때까지, 나는 그에게서 어떤 일이 제대로 되지 않을 것이라는 이야기 외에는 들어본 일이 없었다. 그는 어떤 문제나 계획에 대해서도 늘 부정적이고 소극적인 태도를 취했다. 그는 내가 이 장에서 설명한 원리들에 대해서 노골적으로 불신한다는 태도를 드러내며, 자신이 내 주장이 잘못되었다는 것을 증명하는 시험대가 되겠다고까지 말했을 정도이다. 그는 약속을 지키는 사람이었고, 그래서 몇 가지 문제들과 관련해서 이 원리들을 시험해보고, 그들 각각의 사례들에 대해 평가까지 했다. 그는 6개월 간 이것을 시험했다. 그리고 이 시험 기간이 끝나자, 그는 자진해서 그 결과를 내게 알려왔다. 그가 조사한 사례들 가운데 85퍼센트가 만족스러운 결과를 나타냈다고 했다.

그는 이렇게 말했다.

"나는 이제 확신하네. 처음에는 그것이 가능하리라고 믿지 못했지. 그러나 최선의 것을 기대하면, 기대하는 결과를 낳는 데 유리한 상황을 창조해낼 수 있는 어떤 특별한 능력이 주어지게 된다는 것은 분명한 사실이야. 이제부터 나는 정신적 자세를 바꿔나갈 생각이네. 최악의 것이 아니라 최선의 것을 기대하도록 말일세. 내가 한 시험은 그것이 공허한 이론이 아니라 삶의 상황을 실제로 개선할 수 있는 과학적 방법이라는 것을 가르쳐주었어."

내가 여기서 덧붙이고 싶은 것은 그가 달성한 성공률도 훈련에 의해서 더 높아질 수 있으며, 최선의 것을 기대하는 기술의 훈련은 악기를 다루는 훈련이나 골프채의 스윙 훈련처럼 중요하다는 것이다. 누구든지 집중적이고 연속적이며 합리적인 훈련을 거치지 않고는 그 어떤 기술도 터득하지 못한다. 그 외에 여기서 또 하나 주목해야 할 것은 내 친구가 처음에는 의심을 품으면서 시험을 했고, 그 의심이 결과에 좋지 못한 영향을 주었을 것이라는 사실이다.

당신은 매일 해결해야 할 삶의 문제에 직면하게 된다. 나는 그럴 때마다 다음과 같이 자신 있게 선언할 것을 권하고 싶다.

"하나님이 간절히 원하는 것을 달성할 능력을 주신다고 믿습니다."

결단코 부정적이거나 소극적인 사례를 들먹이지 마라. 결단코 부정적이거나 소극적인 것을 말하지 마라. 그것을 당신의 의식으로부터 추방하라. 매일 적어도 열 번은 다음과 같은 말을 긍정적으로 선언하라.

"나는 최선의 것을 기대하며, 하나님의 도우심으로 최선의 것을 달성한다."

이렇게 하는 동안 당신의 생각은 최선을 향해 돌아서고 그것을 실현할 수 있는 상황을 창조해내게 된다. 이것을 실행함으로써 당신의 모든 힘은 최선의 것을 달성하는 데 집중된다. 그것이 당신에게 최선의 것을 가져다줄 것이다.

08

나는 패배를 믿지 않는다

당신이 만일 패배할 것을 생각하는 사람이라면, 그런 생각을 뿌리째 뽑아 버려라. 패배를 생각하는 사람은 실제로 패배할 가능성이 크기 때문이다. '나는 패배를 믿지 않는다'는 태도를 가져라.

나는 당신에게 이 철학을 실제로 활용하여 훌륭한 성과를 거둔 사람들에 관해 이야기하고, 그들이 사용하여 성공한 기술과 방법들을 설명할 생각이다. 당신이 이제부터 내가 이야기할 사례들을 진지하게 귀기울여 듣고, 그들이 믿는 마음으로 긍정적이고 적극적으로 생각한 것처럼 당신도 믿는 마음으로 그런 기술들을 실제에 적용한다면, 당신도 그들과 마찬가지로 당장은 피할 수 없을 것처럼 보이는 패배라도 능히 극복할 수 있다.

당신이 내가 말하는 '방해꾼'과 같은 사람이 아니기를 바란다. 누가 어떤 제안을 해와도 그 즉시로 그 제안과 관련한 갖가지 난관들을 생각해 반대를 일삼곤하는 방해꾼으로 불리는 사람이 있었다. 그러나 그런 그가 어느 날 그야말로 임자를 만났다. 어떤 사람을 만나 부정적이고 소극적인 태도를 바꾸는 데 도움이 되는 큰 교훈을 얻었던 것이다.

마침 그 회사의 경영진이 모험적인 계획을 고려하고 있었다. 적지 않은 비용이 들고 성공할 가능성만큼이나 치명적인 위험도 안고 있는 계획이었다. 그 모험적인 계획에 관한 토의에서도 그 방해꾼은 역시나 한결같은 태도를 보였다. 그는 언제나 그랬던 것처럼 짐짓 학자연한 자세로(이 방해꾼과 같은 사람들은 거의 예외없이 이런 자세를 취하는데, 아마도 자신의 내적인 불안을 은폐하기 위해서인 것 같다) 말했다.

"잠깐만요, 그와 관련해서 어떤 난관들이 있는지 살펴봅시다."

하지만 그곳엔 방해꾼과 정반대인 사람이 하나 있었다. 거의 발언을 하지 않았지만, 능력과 업적, 그리고 그의 특징이라고도 할 수 있는 불굴의 정신으로 동료들의 존경을 받는 사람이었다. 바로 그때 그 사람이 입을 열었다. 그는 이렇게 물었다.

"어째서 당신은 이 제안의 가능성 대신 난관들만을 끈질기게 강조하시는 거요?"

"왜냐하면 상황에 현명하게 대처하려면 언제나 현실적이지 않으면 안 되기 때문이죠. 그리고 사실 이 제안에는 분명 치명적인 난관들이 있지 않습니까? 반문합니다만, 이런 예상되는 난관들에 대해 당신은 어떤 태도로 대처하실 것인지, 물어봐도 괜찮겠습니까?"

그러자 그는 주저없이 대답했다.

"이 난관들에 대해서 내가 어떤 태도로 임하겠느냐고 묻는 거요? 나는 그것들을 제거해버린다오. 그걸로 끝이지. 그리고 그다음에는 그것들을 잊어버리오."

그 방해꾼이 말을 받았다.

"말이야 참 쉽지요. 하지만 실제로 그렇게 처리하는 것이 말처럼 쉬울까요? 당신은 그것들을 제거해버리고, 그런 다음 그것들을 잊어버린다고 했습니다. 그럼, 당신은 무슨 특별한 방법이라도 가지고 있습니까?"

이에 대해 그는 미소지으며 이렇게 말했다.

"이보시오, 나는 평생 그런 난관들을 제거하면서 살아왔소. 그리고 충분한 믿음과 용기를 가지고 기꺼이 노력했는데도 제거되지 않는 난관을 아직까지 본 적 없소. 어떻게 그런 일이 있을 수 있는가 궁금하다면, 가르쳐드릴 수도 있소."

그러고는 호주머니에 손을 넣어 지갑을 꺼내 펼쳤는데, 거기에는 몇 마디의 글이 쓰인 한 장의 카드가 끼워져 있었다. 그는 그 지갑을 탁자 건너편에 있는 방해꾼에게 내밀며 이렇게 말했다.

"자, 거기 있으니 읽어보시오. 그것이 내 방법이오. 나는 재미는 있지만 실속 없는 이론은 별로 좋아하지 않소. 나는 이론보다는 경험에서 더 많은 것을 배운다오."

방해꾼은 그 지갑을 집어들고 조금은 이상하다는 표정으로 나지막하게 읽기 시작했다.

"그러지 말고 좀 큰소리로 읽어주시오."

지갑의 주인이 다그치며 말했다.

방해꾼은 천천히, 그리고 반신반의하는 음성으로 읽어내려갔다.

"내게 능력 주시는 자 안에서 내가 모든 것을 할 수 있느니라."(「빌립보서」 4장 13절)

지갑의 주인은 지갑을 다시 주머니에 집어넣으면서 이렇게 말했다.

"나는 그런대로 꽤 오래 살아왔고, 그런 가운데 참 많은 난관들을 겪어왔소만, 이 말씀에는 힘, 실제적인 힘이 있소. 그 힘을 이용하면 그 어떤 난관이라도 제거할 수 있소."

그의 말에는 자신감이 있었다. 그리고 거기 있던 사람들은 그의 말뜻을 알아들었다. 그가 많은 핸디캡을 극복한 인물이라는 것과(그의 경력이 이를 입증해준다), 결코 독선적인 인물이 아니라는 사실을 모든 사람들이 수긍했다. 어쨌든 그 자리에서 더 이상의 부정적인 이야기는 나오지 않았다. 그 모험적인 계획은 추진되었고, 많은 난관들과 위험들이 있었음에도 불구하고 결국 성공을 거두었다.

난관과 정면으로 맞서라

그 사람이 사용한 기술은 '난관을 두려워해서는 안 된다'는 난관 극복의 초보적인 진리에 기초하고 있다. 하나님이 당신과 함께 있다는 사실을 믿어라. 또 하나님과 협력하면 난관을 처리할 힘을 얻을 수 있다는 사실을 믿어라.

그러므로 난관에 직면하면 복잡하게 생각할 것 없이 단순히 대항하여 버티는 것이 가장 먼저 할 일이다. 난관에 짓눌려 불평하거나 낑낑거릴 것이 아니라 곧장 그것을 치고 들어가라. 평생의 반을 좌절당한 것처럼 네 발로 비참하게 기어다니지 마라. 당신을 가로막는 난관에 대항해 의연히 일어서서 압도해버려라. 그러면 그 난관이라는 것의 힘이 당신이 생각했던 것의 절반에도 미치지 못한다는 것을 알게 될 것이다.

영국에 있는 친구가 윈스턴 처칠의 저서 『격언과 반성(*Maxims and Reflections*)』을 내게 보내준 일이 있다. 처칠은 이 책에서 1918년 3월 독일군의 대공세에 직면해 있던 영국 제5군단 사령관 튜더 장군의 이야기를 쓰고 있다. 그때 승패의 확률은 튜더 장군에게 결정적으로 불리했다. 그러

192

나 튜더 장군은 분명히 요지부동의 난관에 어떻게 대처해야 하는지를 잘 알고 있는 사람이었다. 장군의 기술은 지극히 단순한 것이었다. 장군은 분연히 일어서서 난관에 정면으로 맞섰고 그 난관을 깨뜨렸다.

처칠이 튜더 장군에 관해 무엇이라 말하고 있는지 소개하겠다. 이 말은 능력 있는 위대한 격언이 되었다.

"내가 튜더 장군에게서 받은 인상은 그가 철모를 쓴 머리로 난공불락의 얼어붙은 땅바닥을 들이받을 만한 사람이라는 것이었다."

튜더 장군은 난관에 어떻게 맞서야 하는지를 알고 있었다. 난관에 굴하지 마라. 정면으로 맞서라. 그것이 전부다. 그러면 결국 그 난관은 깨진다. 당신이 그것을 깨뜨릴 것이다. 깨져야 하는 게 있다면, 그것은 당신의 난관이지 당신이 아니다.

당신은 그렇게 할 수 있다. 당신이 믿음, 즉 하나님에 대한 믿음, 당신 자신에 대한 믿음을 가지면 그렇게 할 수 있다는 말이다. 믿음이야말로 당신에게 가장 필요한 것이다. 그것이면 충분하다. 아니, 충분한 것 그 이상이다.

앞에서 말한 그 실업가가 가르쳐준 방식을 활용해보라. 그러면 당신은 하나님과 자신에 대한 강력한 믿음의 횃불을 살려나갈 수 있을 것이다. 당신 자신과 자신의 타고난 재능, 일 처리 능력을 익히 알게 될 것이다. 당신의 태도가 부정적이며 소극적인 것에서 긍정적이며 적극적인 것으로 바뀌는 정도에 따라 승리도 당신을 찾아올 것이다. 그렇게 되면 당신은 그 어떤 상황에서도 스스로에게 자신 있게 말할 수 있다.

"나는 패배를 믿지 않는다."

몇 해 전, 치열한 대접전 끝에 전국 테니스 선수권 대회에서 우승한 곤잘레스의 예를 들어보자. 그는 그 당시 그다지 유명한 선수는 아니었다.

그날따라 비가 왔기 때문에 토너먼트에 앞서 벌어진 경기에서 많은 허점들을 노출시키기도 했다. 『메트로폴리탄(Metropolitan)』지의 기자는 곤잘레스를 분석했다. 곤잘레스의 기술에는 상당한 결함이 있고, 그보다 뛰어난 선수들도 있었다고 했다. 하지만 이 기자는 곤잘레스의 놀라운 서브와 교묘한 발리에 후한 점수를 주었다. 그러나 곤잘레스가 선수권을 따낸 결정적인 요인은 지구력에 의한 것이기도 했지만 '절망적인 상황에서도 결코 좌절하지 않는다'는 사실에 힘입은 바가 크다고 그 기자는 평했다.

이 글은 내가 지금까지 읽은 운동 관련 기사 중 가장 예리한 것 중의 하나이다. 아마도 시합이 그에게 불리하게 기울어졌을 때도 그는 스스로 실망하거나 자신이 패배할 것이라는 부정적이고 소극적인 생각이 자신을 지배하지 못하게 함으로써 승리에 필요한 힘을 잃지 않았다는 뜻일 것이다. 이런 정신적, 영적 특성이 선수권을 획득하게 한 것이다. 그는 난관에 직면하여 정면으로 맞섰고, 난관을 극복할 수 있었다.

믿음은 지구력을 공급한다. 믿음은 인간의 활동이 어려워질 때 그 활동을 지속할 수 있는 동력을 준다. 누구나 활동의 여건이 좋을 때는 그 활동을 손쉽게 지속할 수 있지만, 모든 것이 불리하게 돌아갈 때에 그 싸움을 계속해나가기 위해서는 어떤 특별한 요소가 필요하다. 이런 관점에서 볼 때 '절망적인 상황에서도 결코 좌절하지 않는다'는 태도는 승리를 가져다주는 커다란 비결이다.

그러나 당신은 이렇게 반박할 수도 있다.

"내 처지를 모르고 하는 말이야. 내 상황은 보통 사람들이 겪는 것과는 달라. 나는 지금 사람이 당할 수 있는 최악의 처지에 놓여 있다고."

이런 경우는 오히려 다행이다. 당신이 가장 나쁜 처지에 있다면 더 이상은 나빠질 수 없기 때문이다. 이런 처지에서 당신이 나아갈 수 있는 방향은 단 하나뿐이다. 바로 위로 올라가는 것이다. 그렇기 때문에 당신의 처지는 분명 고무적이다. 그러나 당신에게 지금까지 그 어느 누구도 겪어보지 못한 곤경에 빠져 있다는 식의 태도는 절대로 갖지 마라고 경고해두고 싶다. 그런 곤경이란 절대로 있을 수 없다.

솔직히 말해서, 지독한 곤경과 관련된 감동적인 이야기는 얼마 되지 않으며, 모두 과거지사일 뿐이다. 당신이 절대로 잊어서는 안 되는 사실이 있다. 지금 당신이 처해 있거나, 또는 전혀 희망이 없을 것만 같은, 당신이 상상할 수 있는 최악의 온갖 심각한 곤경을 너끈히 극복한 사람들이 적지 않다는 사실이다. 다시 말해 난관은 우리에게뿐만 아니라 남에게도 있었고, 그 난관을 뚫거나 넘어서거나 혹은 극복한 사람들이 적지 않다는 것이다.

아모스 패리시의 이야기를 살펴보자. 그는 해마다 두 번씩 저명한 백화점 지배인들과 스타일 전문가 수백 명을 뉴욕 시의 월도프-아스토리아 호텔에 초청해서 광고, 실업계의 동향, 판매 기법, 그리고 기타 그들의 사업 운영에 관한 강의를 하곤 했다. 그러나 내가 몇 차례에 걸쳐 그의 강의를 들어보고 확신하게 된 것은 패리시는 그런 사업상의 기술을 강의한다라기보다는 거기 참석한 사람들에게 용기와 적극적 사고방식, 자기 자신에 대한 흔들리지 않는 믿음, 그 어떤 난관이라도 능히 극복할 수 있다는 자신감을 심어주고 있었다는 사실이다.

패리시야말로 자신이 가르치는 철학을 몸소 실천한, 살아 있는 본보기다. 어렸을 적에 그는 몸이 꽤 허약했고 게다가 심한 말더듬이였다. 사소한 일에도 쉽게 마음의 상처를 받았고 늘 열등감에 시달렸다. 허약해서 오래 살지 못할 것으로 여겨졌다. 그러던 어느 날 그는 어떤 영적 체험을 하게 되었다. 그 일을 계기로 믿음이 그의 마음속에서 싹텄다. 그때부터 오늘날에 이르기까지 그는 하나님의 도우심과 그 자신의 능력을 이용하여 성공을 이루어냈다.

그의 강의는 실업가들의 마음을 사로잡았다. 그래서 실업가들은 그의 강의를 매우 높이 평가했고, 1년에 두 차례씩 이틀간의 일정으로 열리는 이 강의에 상당히 비싼 수강료를 지불하고도 기꺼이 참석하여 그의 사업상의 지혜와 영감을 듣고 싶어 했다. 널따란 호텔 홀에 모여 북적대는 군중들 틈에 서서 그의 강의에 귀기울인다는 것이 내게는 아주 감동적인 일이었다. 그는 저명한 남녀 실업가들에게 언제나 적극적 사고방식을 말하고 있었다.

한동안 그는 자신의 말더듬이 때문에 많은 어려움을 겪었다고 한다. 그러나 그는 결코 낙심하지 않았다. 청중들에게 자신의 말더듬이를 조금도 감추려 하지 않았고, 솔직하고 또 유머러스하게 자신의 처지를 털어놓곤 했다. 어느 날 그는 '캐딜락(Cadillac)'이라는 말을 하고자 애를 썼다. 몇 번이고 애를 써보았으나 도무지 제대로 발음할 수가 없었다. 그러나 드디어 기를 쓰고 그 말을 발음했다. 그리고 그는 "나는 캐-캐-캐-캐딜락이라는 말조차 제대로 발음할 수 없습니다"라고 솔직하게 고백했다. 청중은 큰소리로 웃어댔다. 그렇지만 청중들은 대단한 호의를 가지고 그를 주목하고 있었다. 강연회가 끝나고 사람들은 제각기 돌아갔다. 그러나 그들의 마음속에는 그가 확신을 가지고 그들에게 한 말들의 의미가 생생하게 살아남아 있었다. 그는 자신을 가로막고 있는 난관들을, 귀중한 자산으로 바꾸어놓을 수 있다고 말했던 것이다.

나는 극복할 수 없는 난관은 이 세상에 없다는 것을 다시 한 번 강조한다. 지혜롭고 철학적인 한 남자는 내가 어떻게 난관을 극복했느냐고 묻자, 이렇게 대답했다.

"어떻게 해서 난관을 극복했느냐는 말씀이죠? 처음에 저는 먼저 난관의 주위를 돌아서 가봅니다. 만일 돌아갈 수 없다면 그 밑으로 가봅니다. 밑으로도 지나갈 수 없으면 뛰어넘어봅니다. 뛰어넘을 수도 없으면 들이받고 헤쳐나갑니다."

그리고 그는 이렇게 덧붙였다.

"저는 하나님과 함께 난관을 헤치고 빠져나갑니다."

이 장 첫머리에 설명한 한 실업가의 방식을 다시 진지하게 생각해보라. 잠시 읽기를 멈추고, 그 구절을 다섯 번 이상 되풀이해서 당신 자신에게 다짐해보라. 한 번 읽을 때마다 "나는 그것을 믿는다!"라는 긍정적인 선언으로 결론을 내려라.

여기 다시 그의 방식의 핵심을 적는다. "내게 능력 주시는 자 안에서 내가 모든 것을 할 수 있느니라."(「빌립보서」 4장 13절)

이 구절을 매일 다섯 번씩 되풀이해서 말하라. 그러면 그 구절은 우리의 마음속에 어떤 난관에도 굴하지 않는 불굴의 힘을 불어넣어줄 것이다.

잠재의식을 긍정적인 생각으로 바꿔라

잠재의식은 언제나 그 스스로가 변화되는 것을 싫어한다. 그렇기 때문에 당신의 잠재의식은 당신을 향해 '그런 것은 믿지 마라'고 할지도 모른다. 그러나 잠재의식은 어떤 의미에선 이 세상에서 가장 큰 거짓말쟁이라는 것을 기억하라. 그것은 당신의 재능에 대한 그릇된 인식을 불러일으키고, 이내 그 그릇된 인식을 당신에게 되돌려준다. 당신이 잠재의식 속에 부정적이고 소극적인 태도를 불러일으키면, 잠재의식은 그 부정적이고 소극적인 태도를 당신에게 되돌려준다. 그러므로 우선 당신은 잠재의식을 향해 돌아서서 그 잠재의식에서 이렇게 말하라.

"자, 잘 봐라. 나는 그 구절을 믿는다. 누가 뭐라 해도 나는 이 말을 끝까지 믿는다."

당신이 이런 적극성을 가지고 잠재의식에게 확고하게 선언하면, 자연히 당신의 잠재의식도 그것을 납득하게 된다. 지금 당신이 당신의 잠재의식에 긍정적이고 적극적인 생각을 공급하고 있기 때문이다. 다시 말해서 당신이 잠재의식에게 거짓이 아니라 진실을 말하고 있기 때문이다. 그러면 얼마 후, 잠재의식도 당신에게 거짓이 아니라 진실을 되돌려주기 시작할 것이다. 그 진실이란 예수 그리스도의 도우심이 있는 한 당신이 극복할 수 없는 난관이란 있을 수 없다는 것이다.

당신의 잠재의식을 긍정적이고 적극적인 성격의 잠재의식으로 만들어가는 효과적인 방법은 아무리 사소한 것일지라도 일상생활에서 부정적인 생각의 표현이나 말을 추방하는 것이다. 이런 사소해 보이지만 부정적인 생각의 표현이나 말들은 대화를 혼란스럽게 하고, 아무리 사소한 것이라 해도 그것들이 쌓이고 쌓이면 결국 당신의 마음을 부정적이고 소극적인 것으로 만들고 만다. 이 부정적인 생각의 표현이나 말들에 생각이 미친 나는 나 자신의 습관적인 대화를 분석해보았다. 그리고 충격을 받았다. 나는 습관적으로 이런 말들을 하고 있었다.

"늦지나 않았는지 모르겠네."

"타이어의 바람이 빠지지 않았을까?"

"할 수 있을 것 같지 않아."

"아무래도 그 일은 무리일 것 같아. 난 다른 할 일이 너무 많단 말이야."

어쩌면 나는 무슨 일이든지 결과가 좋지 못한 것으로 드러나면 "그래, 내 그럴 줄 알았지"라고 말할 것이다.

또 하늘이 생각과는 달리 쾌청하게 맑은 것을 보고도 그만 의기소침해져서 "난 비가 올 줄 알았는데……"라고 말할지도 모른다.

이 모든 것이 사소하지만 분명한 부정적인 생각의 표현이며 부정적인 말이다. 물론 커다란 생각은 작은 생각보다 강력한 것이다. 하지만 '거대한 떡갈나무도 하나의 작은 씨앗이 자란 것'이라는 사실을 결코 잊어서는 안 된다. 우리의 대화가 그런 사소한 부정적인 생각의 표현과 부정적인 말들로 뒤죽박죽되면 그것들은 당신의 마음속에 서서히 스며들어가게 되어 있다. 그 사소한 것들이 쌓이고 쌓이면 얼마나 엄청난 힘을 가지게 되는지는 놀라울 정도이다. 그것들은 당신이 알아차리기도 전에 엄청나게 강력한 '부정적이고 소극적인 경향'이란 괴물로 성장할 것이다.

그래서 나는 이 사소하지만 부정적인 생각의 표현과 부정적인 말들을 내 대화에서 완전히 근절시키기로 결심했다. 그리고 이것들을 제거하는 최선의 길은 무슨 일에 대해서나 신중하고, 긍정적이며 적극적인 말을 하는 데 있다는 사실을 알게 되었다. 만사가 순조로우며, 능히 그 일을 할 수 있고, 타이어에 바람이 빠지지 않았으며, 시간 내에 도착할 수 있다는 등을 자신 있게 주장할 때, 비로소 그와 같이 긍정적인 결과들을 말함으로써 긍정적인 효과를 불러일으키게 될 것이요, 좋은 결과를 얻게 될 것이며, 많은 일들이 잘 풀려나가게 될 것이다.

나는 도로 옆에 서 있는 광고판에서 자동차 엔진 오일 광고를 본 일이 있다. 거기에는 "깨끗한 엔진은 언제나 힘을 낳는다"는 문구가 적혀 있었다. 그와 마찬가지로 부정적이고 소극적인 사고로부터 자유로워진 마음은 긍정적이고 적극적인 사고를 낳는다. 다시 말해서, 깨끗한 마음은 힘을 낳는다. 그러나 당신의 사고를 깨끗이 청소하라. 당신 자신의 마음을 깨끗한 엔진으로 만들어라. 깨끗한 마음은 깨끗한 엔진과 같이 언제나 힘을 낳는다는 것을 명심하라.

난관은 오직 심리적인 것일 뿐이다

당신을 가로막는 온갖 난관들을 극복하고 "나는 패배를 믿지 않는다"라는 철학으로 살아가기 위해서는 긍정적이고 적극적인 사고방식을 당신의 의식 속에 깊이 뿌리내리도록 키워나가라. 난관을 어떻게 할 것인가는 당신의 심리적 태도에 의해 직접적으로 결정된다. 사실 당신을 가로막는 난관들은 대부분 심리적인 것이다.

그러나 당신은 이렇게 반박할 수도 있다.

"아니야, 그렇지 않아. 나를 가로막고 있는 난관은 심리적인 것이 아니라 현실적인 것이란 말이야."

그렇다. 난관은 심리적인 것이 아니라 현실적인 것이다. 그러나 그 난관에 대한 당신의 태도는 분명 심리적인 것이다. 당신은 반드시 어떤 사고의 과정을 거쳐서 어떤 심리적 태도를 가지게 된다. 또한 당신이 난관을 어떻게 생각하고 있는가, 하는 것이 당신이 실제로 그 난관을 어느 정도 극복할 수 있는지를 결정한다. '나는 그 난관을 극복할 수 없다'는 심리적인 태도를 가져보라. 그러면 당신은 그 난관을 극복할 수 없게 된다. 그러니 난관이라는 것이 우리가 언뜻 생각하는 것만큼 그렇게 대단한 것은 아니라는 확고한 신념을 가져라. 난관은 제거될 수 있다는 신념을 굳게 붙들어라. 당신이 간직하는 긍정적이고 적극적인 사고가 아무리 보잘것 없는 것일지라도, 당신이 그렇게 사고하기 시작하는 순간부터 그 난관의 궁극적인 제거를 향한 일련의 과정이 시작되는 것이다.

만일 오랫동안 어떤 어려움으로 좌절되어 지내고 있다면, 당신이 몇 주일, 몇 달, 또는 몇 년 동안, 그 일에 대해서 "나는 아무런 일도 할 수 없다"라고 자신에게 늘 말해왔기 때문일 것이다. 스스로 자신의 무능력을 그토록 강조해왔다면 당신의 마음도 점차 결론을 받아들이고 말 것이다. 우리의 마음이 어떤 사실을 확신하게 되면, 우리 자신도 그것을 확신하게 된다. 당신은 당신이 당신 자신에 대해 생각하는 그대로의 당신이기 때문이다.

그러나 이와는 반대로 "내게 능력 주시는 자 안에서 내가 모든 것을 할 수 있느니라"라는 새롭고 창조적인 관념을 받아들일 때, 당신은 새로운 심리적 경향을 키워나가게 된다. 긍정적이며 적극적인 태도를 강조하고, 강조하고, 또 강조하라.

그러면 마침내 당신은 당신 자신의 의식에게 당신이 그 어떤 난관이라도 능히 극복할 수 있다는 사실을 확신시키게 된다. 아무튼 일단 당신의 마음이 그렇다는 사실을 확신하게 되면, 그때부터 당신에게는 놀라운 결과가 주어지기 시작한다. 갑자기 당신은 전에는 결코 알지도 못하던 힘을 당신 자신이 가지게 되었음을 발견하게 될 것이다.

언젠가 나는 어떤 사람과 골프를 친 적이 있었다. 그 사람은 아주 뛰어난 골프 선수였을 뿐만 아니라 철학가이기도 했다. 골프 코스를 돌며 경기를 하는 동안, 나는 그 친구에게 영원히 잊지 못할 보석 같은 지혜를 배웠다.

공을 치는 내 솜씨가 상당히 어설퍼서 풀이 높이 자란 곳까지 공이 날아가버렸다. 그 공이 있는 곳으로 다가갔을 때, 나는 실망한 나머지 이렇게 말했다.

"아무래도 너무 세게 쳤나봅니다. 공의 위치가 영 엉망인데요. 여기서 공을 쳐내기란 힘들지 않겠어요?"

그는 빙그레 웃으며 말했다.

"제가 당신 책에서 '긍정적인 사고방식'에 대해 읽지 않은 줄 아십니까?"

나는 우물쭈물하면서, 이런 경우에 나올 수 있는 그럴듯한 말이라고 인정했다.

"저 같으면 당신이 칠 공의 위치에 대해 부정적으로 생각하지 않겠습니다. 당신은 이 공이 풀이 짧은 잔디밭 위의 더 좋은 위치에 놓여 있다면, 이 공을 더 잘 쳐낼 수 있을 것이라고 생각하십니까?"

나는 그렇게 생각한다고 말했다.

"그럼, 당신이 이곳보다 그런 곳에서 더 잘 칠 수 있다고 생각하는 까닭은 무엇이죠?"

"왜냐고요?"

나는 이렇게 말을 받았다.

"잔디밭 위에 있는 풀들은 짤막하게 깎여져 있으니까 그런 거 아닙니까?"

그러자 그 친구는 의외의 말을 했다.

"자, 우리 여기 손을 짚고 꿇어앉아 상황을 살펴봅시다. 공의 위치가 도대체 어떤지 한번 봅시다."

그래서 우리는 손을 짚고 꿇어앉았다. 그가 말했다.

"여기에서의 공의 높이를 잘 보십시오. 잔디 위에서의 높이와 똑같을 것입니다. 다만 다른 것은 공 위에 풀이 15센티미터 정도 솟아 있는 것뿐입니다."

그리고는 그는 더 재미있는 말을 이어나갔다.

"이 풀의 성질과 특성을 한번 살펴보세요."

그는 풀잎 하나를 뜯어 나에게 주며 이렇게 덧붙였다.

"힌번 씹어보세요."

그 친구가 시키는 대로 그 풀잎을 씹어보자 그가 물었다.

"어때요? 연하지 않아요?"

나는 "네, 무척 연하군요"라고 대답했다.

"자, 생각해봅시다. 당신이 5번 아이언으로 스윙을 한다면, 그게 날카로운 칼처럼 이 풀잎들을 쉽게 잘라낼 것입니다."

그리고 그 친구는 내 평생을 두고 잊지 못할 교훈을 주었다. 나는 독자들도 그 교훈을 기억해두었으면 한다.

"곤란한 것은 단지 심리적인 것일 뿐입니다. 다시 말하면 당신이 곤란하다고 생각하기 때문에 곤란한 것입니다. 당신의 마음에서 난관이 있다고 생각하면, 그것이 당신에게 곤란을 일으키게 하는 것이지요. 그 난관을 극복할 수 있는 힘은 당신의 마음속에 있습니다. 당신이 스스로 저 공을 저 험한 곳에서 거뜬히 쳐올리는 모습을 머릿속에 그리고, 실제로 그렇게 할 수 있다고 믿으면, 당신의 마음은 당신의 근육을 부드럽게 하고, 근육에 그 공을 능히 쳐낼 수 있는 리드미컬한 힘을 공급할 것입니다. 그래서 그렇게 그립을 다룰 수 있게 될 것이며, 결국 그 공을 성공적으로 쳐낼 수 있게 될 것입니다. 당신이 해야 할 일은 저 공을 주목하고 멋지게 쳐올리려 한다고 스스로에게 말하는 것뿐입니다. 긴장을 푸세요. 힘을 빼고 마음 푹 놓고 치세요. 곤란한 것은 심리적인 것일 뿐이라는 사실을 꼭 기억하십시오."

나는 그날 내가 그 공을 그린의 가장자리에 사뿐히 올려놓았을 때의 감격과 기쁨, 성취감을 지금까지도 생생히 기억하고 있다.

이것이 바로 곤란한 문제에 부딪혔을 때마다 생각해야 할 위대한 교훈이다.

"곤란한 것은 심리적인 것일 뿐이다."

난관은 언제나 당면한 현실적인 문제이다. 결코 상상으로 꾸며대는 것이 아니다. 그러나 그것은 언뜻 보이는 것처럼 실제로 그렇게 극복하기 어려운 것은 아니다. 우리의 심리적 태도가 가장 중요한 요소이다. 전능하신 하나님이 당신의 눈을 능력의 원천이신 하나님에게 확실하게 고정시키게 하심으로써 당신에게 그 곤경에서 벗어날 수 있는 능력을 주신다는 것을 믿어라. 이 능력에 의해서, 당신은 당신이 해야 할 모든 일을 다 할 수 있다는 것을 당신 자신에게 긍정적으로 선언하라. 이 능력이 당신의 긴장을 풀어준다는 것, 그리고 이 능력이 당신을 통해 흐르고 있다는 것을 믿어라. 그러면 승리의 감각이 당신에게 주어질 것이다.

할 수 있다는 믿음으로 극복되는 난관들

자, 우리를 괴롭혀온 이 난관이 지닌 또 다른 면을 살펴보자. 당신은 그 난관이 당신이 생각하는 것만큼 그리 무서운 것이 아니라는 것을 알게 될 것이다. 당신 자신에게 말하라.

"곤란한 것은 심리적인 것일 뿐이다. 나는 승리를 생각한다. 고로 나는 승리를 얻는다."

이 공식을 기억해두라. 종이에 써서 지갑에 넣어 다니고, 아침에 세수를 할 때 보는 거울에 붙여두고, 주방의 싱크대 위에, 화장대 위에, 책상 위에 붙여두어라. 그래서 이 진리가 당신 의식의 저 깊은 곳에까지 스며들 때까지, 당신의 모든 정신 자세에 두루 가득하게 될 때까지, 이 말이 당신의 변하지 않는 성격의 특성이 될 때까지 늘 이 구절을 바라보라.

"내게 능력 주시는 자 안에서 내가 모든 것을 할 수 있느니라."(「빌립보서」 4장 13절)

내 제안이 꽤 까다로운 것처럼 보일 수도 있다. 그러나 우리가 이 제안에 관해 어떻게 생각하느냐에 따라 어려운 것일 수도 있고 쉬운 것일 수도 있다. 미국인의 마음에 지대한 영향을 끼친 사람으로 보통 에머슨, 소로, 윌리엄 제임스를 꼽는다. 최근에 이르기까지 미국인의 심리를 분석해 보면, 이 세 사람의 가르침이 미국인의 특별한 정신, 난관에 굴복하지 않고 불가능을 훌륭히 극복해내는 정신을 낳게 하는 데 여러 가지로 기여했음을 확인할 수 있다.

에머슨의 기본적인 주장은, 인간은 하나님의 능력을 받아들일 수 있고, 바로 그런 점에서 위대성이 발휘된다는 것이다. 윌리엄 제임스는 어떤 일에 있어서나 가장 중요한 것은 그 일에 대한 믿음이라고 지적했다. 소로는 일을 성취시키는 비결은 성공의 결과를 마음속에 영상으로 그리는 것이라고 말했다.

토머스 제퍼슨도 그들처럼 뛰어난 인물이다. 그도 프랭클린처럼 자기수양을 위한 일련의 규칙을 정했다. 프랭클린은 13가지 규칙을 정했지만 제퍼슨은 10가지 규칙을 정했다. 제퍼슨이 정한 규칙들 가운데 하나는 '항상 부드러운 손으로 물건을 만진다'는 것이었는데, 이것은 대단히 중요하다. 가능한 한 저항을 최소화하는 방법을 사용하여 일이나 곤란에 대처하라는 뜻이다. 기계학의 견지에서 보면, 저항은 마찰을 일으킨다. 그러므로 마찰을 없애버리거나 감소시키는 일이 대단히 중요한 관건이 된다. 상황에 대한 부정적이고 소극적인 태도는 그 상황에 마찰을 불러일으키는 방향으로 접근하는 것을 의미한다. 그러므로 부정적이고 소극적인 견해나 태도는 큰 저항으로까지 발전한다. 상황에 대한 긍정적이고 적극적인 접근은 '부드럽게 만지는' 기술과 통하고, 우주의 흐름과 조화를 이룬다. 그것은 저항을 감소시킬 뿐만 아니라 실제로 어떤 조력을 끌어들이기까지 한다. 우리가 인생의 출발부터 죽음에 이르기까지 언제나 이 철학을 이용한다면, 패배할 수밖에 없는 일에서도 반드시 성공적인 결과를 낳을 수 있다.

한 부인이 열다섯 살 된 아들을 내게 보내온 일이 있었다. 그 부인은 내가 자신의 아들을 '바로잡아주기'를 희망한다고 말했다. 그녀는 아들이 70점 이상을 받아본 일이 한 번도 없는 것이 걱정이라고 했다. 그러면서도 그 부인은 "우리 아이는 머리가 참 좋습니다"라고 자랑스럽다는 듯이 말했다.

"그 아이의 머리가 좋은 것을 어떻게 아셨습니까?"

나는 그녀에게 물었다.

"제 아들이기 때문이죠. 저는 우수한 성적으로 대학교를 졸업했답니다."

그녀가 대답했다.

그 소년이 무뚝뚝한 표정으로 들어왔다. 내가 그에게 물었다.

"무슨 문제가 있지?"

"몰라요. 어머니가 찾아가보라고 해서 왔을 뿐이에요."

"그래? 그런데 넌 공부를 열심히 하지 않는 모양이구나. 70점 이상은 받아본 적이 없다며?"

"네, 그만하기 다행이죠. 전 그보다 나쁜 점수를 받아본 적도 많아요."

"넌, 네 머리가 좋다고 생각하니?"

"어머니가 그렇다고 말씀하시지요. 전들 알겠어요? 전 제가 아주 멍청하다고 생각해요, 필 박사님."

그리고 그의 말은 줄줄 이어졌다.

"전 학교에서 집에 돌아오면 그날 학교에서 공부한 것을 다시 한 번 읽고, 책을 덮은 다음 외워봅니다. 그렇게 세 번을 되풀이합니다. 그런 다음, 세 번이나 애를 써서 외웠으니 모두 기억되었을 거라고 생각합니다. 학교에 갈 때는 집에서 외운 것을 제가 제대로 기억하고 있을 거라 기대합니다. 그러나 수업 시간에 질문을 받으면 일어서서 대답하려고 해도 안타깝게 아무것도 기억이 나질 않아요. 게다가 시험 때가 되면, 열심히 공부는 하는데, 막상 시험지를 받아들면 아무리 애를 써도 답을 쓸 수가 없어요. 도대체 왜 그런지 모르겠습니다. 우리 어머니의 머리가 아주 좋다는 것은 잘 알고 있습니다. 아마도 저는 어머니를 닮지 않은 것 같아요."

그 소년의 이런 소극적인 사고방식은 두말할 것도 없이 어머니의 압도적인 태도 때문에 생긴 열등감에 기인한 것이었다. 소년의 마음은 얼음처럼 얼어붙어 있었다. 그의 어머니는 소년에게 지식의 즐거움과 앎의 기쁨을 누리기 위해 학교에 간다는 것에 대해서는 말해준 적이 없었다. 또 그에게 다른 사람들과 경쟁하기에 앞서 자기 자신과 경쟁하라고 격려해줄 만큼 현명하지도 못했다. 게다가 그녀 자신이 공부를 잘했던 만큼 아들도 마찬가지로 공부를 잘해야 한다고 한결같이 고집하고 있었다. 이런 압박 아래서 소년의 마음이 얼어붙은 것은 당연하다.

나는 그 소년에게 도움이 될 만한 몇 가지 지침을 주었다.

"공부를 시작하기 전에 잠깐 멈추고 '주여, 저는 제가 좋은 머리를 가지고 있으며 공부를 잘할 수 있다는 것도 알고 있습니다'라고 기도해보렴. 그런 다음, 편안한 마음으로 책을 읽어라. 네가 재미있는 이야기를 읽고 있다고 상상해보는 것도 좋겠지. 마음이 내키지 않거든 절대로 다시 읽을 필요는 없단다. 그냥 한번 읽었으니 다 외웠다고 믿는 거야. 그것들이 스펀지에 물이 빨려들어가듯이 네 머릿속에 빨려들어가고, 네 속에서 싹이 트듯 되살아난다고 상상하려무나. 그리고 다음 날 아침 학교에 갈 때 이렇게 혼잣말을 해봐. '내게는 훌륭한 어머니가 있다. 어머니는 퍽 아름답고 내게 잘해주신다. 그러나 지난날 어머니는 높은 점수만 따려는 공부벌레였을 것이다. 나는 절대로 높은 점수만을 생각하는 그런 공부벌레가 되지는 않겠다. 난 단지 학교 생활을 성실하게 해나가길 바랄 뿐이다'라고 말이야. 그리고 교실에서 선생님이 너를 지명하면 대답하기 전에 먼저 재빨리 기도해. 그리고 하나님은 그럴 때마다 네가 대답하는 것을 도와주신다고 믿어보렴. 또한 시험지를 받으면 하나님이 네 마음에서 정답이 생각나게 해주신다는 것을 긍정적으로 확신하는 기도를 하려무나."

그 소년은 내가 준 지침을 충실히 이행했다. 그리고 그다음 학기에 그는 어떤 점수를 얻었을까? 놀랍게도 90점이었다. 나는 '패배를 믿지 않는다'는 철학의 놀라운 실행 가능성을 발견한 그 소년이 자신의 생애의 모든 일에서 적극적 사고방식의 놀라운 힘을 이용할 것이라고 확신한다.

이와 같은 방법에 의해서 인생의 구원을 받은 젊은이들의 예를 든다면, 이 책은 아마도 펴낼 수 없을 정도로 두꺼운 책이 될 것이다. 게다가 그런 예들은 평범한 일상생활에서 일어난 평범한 사건들과 경험이고, 이론적인 것이 아니라 전적으로 실제적인 것이다. 내게 오는 편지들은 이런 사실에 대한 증언들로 가득 차 있다. 그 편지들은 빛나는 인생 승리에 관해 내가 말한 것을 듣거나 읽은 사람들이 그들 자신의 삶 가운데서 일어난 마찬가지의 사실을 감동적으로 써서 보내준 것이다.

이와 같은 편지가 어느 날 한 젊은이로부터 왔다. 그는 그의 아버지에 관해 이렇게 말하고 있다. 나는 그의 아버지뿐만이 아니라 다른 많은 사람들도 그의 편지에 쓰여진 것과 같은 방법에 의해 놀라운 성과들을 올렸음을 알고 있다.

저희 아버지는 지방을 순회하는 세일즈맨이었습니다. 아버지는 어떤 때는 가구를 팔러 다녔고, 어떤 때는 철물을, 때로는 가죽 제품을 팔러 다녔습니다. 아버지는 해마다 취급 품목을 바꾸었습니다.

저는 아버지가 어머니에게 이것이 문구를 파는 마지막 기회라거나 침대용 램프, 또는 그 당시 아버지가 어떤 물건을 취급하든, 이번이 마지막이라고 말하는 것을 항상 들어왔습니다. 아버지는 입버릇처럼 내년만 되면 만사가 달라질 것이요, 형편이 더 나아질 것이라고 말하곤 했습니다. 아버지는 가만히 있어도 잘 팔리는 제품을 가진 상점과 동업할 기회도 있었지요. 그러나 아버지는 언제나 그런 형편에서 벗어나질 못했습니다. 아버지는 장담처럼 매진될 정도로 물건을 팔아본 적이 없습니다. 그러했기 때문에 늘 긴장해 있었고, 자신감이 없었으며, 언제나 우울했습니다.

그러던 어느 날 아버지의 친구인 세일즈맨 한 분이 아버지에게 짧은 기도문 세 가지를 써주셨습니다. 고객을 방문하기 직전에 그 기도문을 외워보라는 것이었습니다. 아버지는 그대로 실행했습니다. 그런데 기적이 일어났습니다. 처음 1주일 동안 방문한 고객들의 85퍼센트에게 물건을 팔았습니다. 그 후에도 굉장한 성과를 올렸습니다. 어느 주에는 판매실적이 방문한 고객들의 95퍼센트에 육박한 적도 있었습니다. 아버지는 16주 동안, 방문한 거의 모든 집에서 물건을 팔았던 것입니다. 아버지는 이 기도문을 다른 세일즈맨에게도 가르쳐주었는데, 어느 경우에나 놀라운 성과를 가져왔습니다. 아버지의 기도문은 이런 것이었습니다.

나는 항상 하나님의 인도를 받고 있다는 것을 믿습니다.

나는 항상 올바른 길을 걷고 있다는 것을 믿습니다.

나는 길이 없는 곳에서도 하나님이 길을 만들어주신다는 것을 믿습니다.

숱한 어려움 끝에 창업에 성공한 어느 작은 회사의 사장이 자신이 고안한 기술을 이용하여 큰 도움을 받았다고 내게 말한 일이 있다. 그는 조그만 곤란에 부딪혀도 그 문제를 도저히 극복해낼 수 없을 정도의 큰 난관으로 키워버리고 마는 버릇이 있었다고 한다. 그러나 결국 자신이 패배주의적인 태도로 문제에 접근하고 있다는 것을 깨달았다. 또 그는 그 난관이 자신이 생각했던 것만큼 그렇게 어려운 것이 아니라는 것을 알 정도의 상식을 가지고 있었다. 그의 이야기를 들었을 때, 나는 그가 패배하고자 하는 독특한 심리적 문제를 가지고 있었을 것이라 여겼다.

그는 자기 마음의 태도를 바꾸기 위한 방법을 고안해냈고, 얼마 되지 않아 그 방법은 사업을 번창시켰다.

그가 고안한 방법이란 것은 그의 책상 위에 철망으로 된 커다란 상자 하나를 놓아두는 것이었다. 그 상자에는 이런 말을 인쇄한 카드가 단단히 고정되어 있었다.

"하나님과 함께라면 불가능한 일이 없다."

어떤 문제가 일어나고, 예전의 그 패배주의적 경향이 작용하여 큰 어려움으로 커나가기 시작하면, 그는 언제나 이 문제와 관계되는 서류들을 "하나님과 함께라면 불가능한 일이 없다"고 써붙인 상자 안에 넣어두고 하루나 이틀 동안 방치해둔다.

"그런 다음 상자에서 그 서류를 꺼내 볼 때면 어떤 문제라도 어렵지 않게 생각되는 것입니다. 참 신기한 일입니다"라고 말했다.

이 경우는 문제를 하나님의 손에 맡긴다는 마음 자세를 하나의 소품을 이용해서 실천한 것이다. 그 결과, 그는 그 문제를 정상적으로 보고 성공적으로 처리할 수 있는 힘을 얻었던 것이다.

이제 이 장을 마무리하게 되는데, 여기서 다시 한 번 다음의 말을 크게 소리 내어 읽어보길 바란다.

"나는 패배를 믿지 않는다."

이 생각이 당신의 잠재의식의 태도를 지배할 때까지 이 말을 긍정적으로 되풀이해서 선언하라.

09

어떻게 걱정하는 습관에서 벗어나는가

당신은 쓸데없이 걱정의 희생자가 될 필요가 없다. 걱정이란 도대체 무엇인가? 간단하게 말해서 건강하지 못하며 파괴적인 심리적 습관에 지나지 않는다. 걱정하는 습관은 선천적으로 타고난 것이 아니라 후천적으로 갖게 되는 것이다. 후천적으로 갖게 된 습관이나 태도는 고칠 수 있는 것이고, 그렇기 때문에 당신은 당신의 마음에서 후천적으로 갖게 된 걱정이라는 습관을 씻어버릴 수 있다. 걱정하는 습관을 없애는 과정에서 가장 중요한 요소는 적극적이고 직접적인 행동이며, 걱정을 효과적으로 공략할 수 있는 가장 적절한 시기는 바로 지금이다. 그러므로 지금 당장 당신의 걱정하는 습관을 모두 깨뜨려버려라.

우리는 왜 걱정이라는 문제를 이처럼 심각하게 생각하는 것인가? 그 이유는 유명한 정신과 의사인 스마일리 블랜턴 박사가 명쾌하게 지적해 주고 있다.

"걱정은 오늘날의 가장 심각한 전염병이다."

한 유명한 심리학자는 '걱정은 인간의 인격을 파괴하는 가장 무서운 적'이라고 주장하고 있으며, '걱정은 인류의 온갖 질병 가운데 가장 간교하며 파괴적인 질병'이라고 주장한 의사도 있고, 이 밖에도 여러 의사들은 수많은 사람들이 쌓이고 쌓인 걱정으로 마침내는 병에 걸리고 만다고 주장한다.

이런 병에 걸린 사람들은 결국 몸과 마음을 허약하게 만드는 자신의 걱정을 스스로 잘라낼 힘을 잃고 만다. 걱정의 파괴적 특성은 이 말이 '질식시키다'는 옛날 앵글로색슨어에서 생겨났다는 것을 보아도 알 수 있다. 두 손으로 목을 꼭 감아쥐어 생명력의 흐름인 호흡을 막아보라. 그러면 오랫동안 가져온 걱정하는 습관이 자신에게 어떤 영향을 미치는지를 극적으로 시험해볼 수 있다.

걱정은 실제로 관절염의 원인이 되는 경우가 결코 적지 않다. 의사들은 재정적인 파탄, 좌절, 긴장, 염려, 외로움, 상심, 장기간의 병고, 잔걱정거리들이 관절염의 중요한 원인이 되고 있다고 주장하고 있다.

한 의학 연구소에서 평균 44세의 미국인 실업가 167명을 대상으로 조사해보니, 그 절반이 혈압이 높거나 폐가 나쁘거나 궤양을 앓고 있었는데 이들의 공통점이 바로 유난히 걱정이 많은 성격이었다고 한다. 이 사실은 주목할 만하다.

바로 이 예와 같이 걱정이 많은 사람들은 그 걱정을 극복할 줄 아는 사람들보다 오래 살지 못한다. 『로타리언(Rotarian)』이란 잡지에 실린 "당신은 얼마나 오래 살 수 있는가?"라는 기사에서는 장수하고 싶다면 "평정을 지키고, 교회에 다니며, 걱정을 없애라"라고 주장하고 있다.

조사에 의하면, 교회에 다니는 사람들은 그렇지 않은 사람들보다 오래

산다고 한다. 그러니 일찍 죽고 싶지 않으면 교회에 가는 것이 좋을 것이다. 또한 결혼한 사람들은 독신자들보다 오래 산다고 하는데, 아마도 결혼한 사람들이 배우자와 걱정을 나누며 살기 때문일 것이다.

인간의 장수를 연구하는 한 전문가는 100살이 넘도록 살았던 450여 명의 사람들에 관한 연구를 했는데 남들보다 긴 수명을 누렸던 이 사람들은 (1) 분주하게 일했다 (2) 만사에 중용을 지켰다 (3) 식사를 가볍게 했다 (4) 즐겁게 살았다 (5) 일찍 자고 일찍 일어났다 (6) 걱정과 두려움, 특히 죽음에 두려움이 없었다 (7) 마음의 평온과 하나님에 대한 믿음을 지니고 있었다라고 결론지었다.

흔히 우리는 사람들이 "난 걱정이 돼서 병이 날 지경이야"라고 말하는 것을 듣는다. 그러면서도 "하지만 설마 걱정 때문에 병이 나기야 하려고"라고 말하며 웃어댄다. 그러나 확실히 잘못 생각하고 있는 것이다. 걱정은 당신을 병들게 할 수 있다.

유명한 외과의사인 조지 W. 크라일 박사는 "우리는 마음으로만이 아니라 심장과 폐와 내장으로도 걱정을 한다. 그러므로 그 걱정과 두려움의 원인이 무엇이든지 간에 걱정의 영향은 신체의 각 세포들과 조직들, 그리고 각 기관에 나타나게 마련이다"라고 말하고 있다.

신경과 의사인 스탠리 콥 박사는 걱정은 관절염 증세와 밀접한 관련이 있다고 말하고 있다. 그런가 가면 한 의사는 최근 걱정과 두려움이 전염병처럼 되어간다고 말한다.

"모든 의사들이 두려움이 원인이 되어 발생하는 걱정과 불안감으로 더욱 악화되어가는 환자들을 치료하고 있다."

그러나 낙심하지 마라. 당신은 당신의 걱정을 극복할 수 있다. 당신에게 확실한 구원을 가져다줄 치료법이 있다. 그 치료법은 당신의 걱정하는 습관을 깨뜨리도록 당신을 도와줄 수 있다.

걱정하는 습관을 깨뜨리는 첫걸음은 단순히 당신이 그렇게 할 수 있다고 믿는 것이다. 할 수 있다고 믿는 것은 그 무엇이든지, 당신은 하나님의 도우심으로 할 수 있다.

그러면 이제 당신이 겪어온 비정상적인 걱정을 제거하는 데 도움이 되는, 일련의 실제적인 과정을 들어보기로 하자.

마음에서 걱정을 제거하라

매일 자신의 마음을 텅 비게 하는 연습을 하라. 이것은 특히 잠자리에 들기 직전에 하는 것이 좋다. 그렇게 해야만 당신이 잠들어 있는 동안에 당신의 의식이 걱정을 계속하는 것을 피할 수 있기 때문이다. 잠들어 있는 동안에도 당신의 생각은 잠재의식 속으로 더 깊이 잠겨 들어가는 경향이 있다. 잠들기 전의 5분간이 특히 중요하다. 바로 그 짧은 시간에 당신의 마음이 암시에 가장 민감하게 반응하기 때문이요, 잠재의식은 생생한 의식의 맨 마지막 생각을 흡수하는 경향을 갖고 있기 때문이다.

당신의 마음에서 걱정과 두려움을 빼내는 마음의 배수 작업 과정은 걱정을 극복하는 데 특히 중요하다. 걱정과 두려움을 깨끗이 씻어버리지 않으면, 당신의 마음을 봉쇄하여 정신적, 영적 힘의 흐름을 가로막아버리기 때문이다.

당신은 이런 생각들, 다시 말해 걱정과 두려움의 생각들을 당신의 마음에서 내쫓을 수 있고, 매일매일 그렇게 축출해내기만 하면 당신의 마음속에 걱정과 두려움은 축적되지 못한다.

걱정과 두려움을 당신의 마음에서 빼내기 위해 일련의 창조적 상상의

216

과정을 활용하라. 실제로 자신의 마음을 모든 걱정과 두려움들로부터 텅 비게 하고 있는 자신을 상상하라. 마치 고여 있는 물웅덩이의 둑을 무너뜨릴 때 그 물들이 완전히 빠져나가는 것처럼 모든 걱정스러운 생각들이 흘러가버린다고 상상하라.

이렇게 상상하는 동안, 긍정적인 선언을 되풀이하라. "하나님의 도우심으로 지금 나는 내 마음을 모든 걱정, 모든 두려움, 모든 불안감으로부터 텅 비우고 있다."

이것을 천천히 다섯 번 되풀이하라.

그리고 "나는 내 마음이 이제 모든 걱정, 모든 두려움, 모든 불안감으로부터 텅 비어 있다는 것을 믿는다"라고 덧붙여라. 이 말을 다섯 번 되풀이하는 동안, 그와 같은 생각들이 당신의 마음에서 사라져가는 상상의 그림을 붙들어라. 그리고 이처럼 당신을 걱정으로부터 해방시켜 주시는 하나님께 감사하라. 그런 다음에 잠자리에 들어라.

이 치료 과정은 잠자리에 들 때와 마찬가지로 오전과 오후에도 반드시 활용되어야 한다. 이런 목적을 달성하기 위해 약 5분 동안 손쉽게 이용할 수 있는 조용한 장소를 찾아라. 그리고 위에서 말한 절차를 충실히 이해하라. 그러면 당신은 곧 유익한 결과를 보게 될 것이다.

이 과정은 당신이 당신 자신의 마음속에 들어가 걱정들을 하나씩하나씩 제거하는 것을 상상함으로써 더 강화될 수도 있다.

어린아이들은 어른보다 상상하는 기술이 더 뛰어나다. 어린아이들이라면 입맞춤으로 상처를 씻어버린다든지, 걱정을 던져버린다든지 하는 놀이로써도 상당한 효과를 볼 수 있다. 이런 단순한 방법이 어린아이들에게 효과가 있는 것은 어린아이들이 마음속으로 그렇게 하면 현실적으로도 그렇게 된다고 믿고 있기 때문이다.

이런 행동이 어린아이들에게는 현실 속의 행동이며, 실제 결과도 그렇게 드러난다. 당신의 두려움들이 당신의 마음속에서 밖으로 빠져나간다고 상상하라. 그러면 그 상상은 오래지 않아 현실로 나타날 것이다.

상상은 걱정을 만들어내는 한 원천이지만, 동시에 걱정의 치료제가 될 수도 있다. '아이디어의 구체화(Imagineeering)'는 사실적인 결과를 얻기 위해 심상을 이용하는 것인데, 놀랄 만큼 효과적인 방법이다. 상상은 환상과는 다른 것이다. 상상이라는 말은 상상한다는 관념에서 나온 말이다. 다시 말하면, 당신은 걱정의 심상, 아니면 걱정에서 해방된 심상을 구성한다. 당신이 구성하는 심상(당신의 상상)은 당신이 충분한 믿음을 가지고 마음속에 계속 가지고 있으면, 결국 사실이 되고 만다. 그러니 당신 자신을 걱정에서 벗어나 있는 모습으로 상상하라. 그러면 이 배수 작용이 조만간 당신의 생각에서 비정상적인 두려움을 제거할 것이다.

텅 빈 마음을 믿음으로 채워라

그러나 마음을 텅 비우는 것만으로는 충분치 않다. 마음은 텅 빈 상태로는 오래 지속되지 못하기 때문이다. 텅 빈 마음은 곧 다른 무엇으론가 채워지지 않으면 안 된다. 마음은 절대로 진공 상태를 지속되지 못한다. 그러므로 마음을 텅 비게 했으면, 다시 그 마음을 채워라. 믿음, 소망, 용기, 기대라는 생각들로 당신의 마음을 가득 채워라. 긍정적인 선언을 큰소리로 말하라.

"하나님은 지금 내 마음을 용기와 평화와 조용한 확신으로 가득 채우고 계신다. 하나님은 지금 나를 온갖 위험으로부터 보호하고 계신다. 지금 내가 사랑하는 모든 것들을 온갖 위험으로부터 보호하고 계신다. 하나님은 지금 나를 올바른 판단을 내리도록 인도하고 계신다. 지금 내가 이 상황을 뚫고 나가도록 지켜주고 계신다."

하루에 여섯 번씩 이 생각이 당신의 마음속에 넘쳐흐르도록 당신의 마음을 가득 채워라. 얼마 지나지 않아서 이 믿음의 생각들이 당신의 마음속에서 걱정을 밀어내버릴 것이다. 걱정은 하나의 예외를 빼놓고는 모든 생각 중에서 가장 강력한 것이다.

그 하나의 예외가 바로 믿음이다. 믿음은 언제나 걱정을 극복할 수 있으며, 걱정이 감히 대항할 수 없는 강력한 힘이다. 하루하루 믿음으로 마음을 가득 채워나가면 마침내 당신의 마음에는 걱정이 들어설 여지가 없어진다. 바로 이것이 결코 잊어서는 안 되는 위대한 사실이다. 믿음을 자신의 것으로 지배하라. 그러면 자동적으로 당신은 걱정을 지배할 수 있게 된다.

이상의 과정을 요약하면 이렇다. 마음을 텅 비우고, 하나님의 은혜를 마음에 새긴다. 그리고 당신의 마음을 믿음으로 채운다. 그러면 당신은 걱정하는 습관을 깨뜨리게 될 것이다.

믿음으로 당신의 마음을 채워라. 그러면 얼마 되지 않아 쌓이고 쌓인 믿음이 당신의 걱정을 내쫓아버릴 것이다. 당신이 이 원리를 실천에 옮기지 않는다면 이 제안을 읽고 또 읽어도 아무런 소용이 없다. 이 방법을 실천에 옮기기 시작할 때는 바로 지금이다.

다시 말해, 당신이 당신의 걱정하는 습관을 깨뜨리는 제일 좋은 방법은 매일 당신의 마음을 깨끗이 비우고 그 마음을 믿음으로 가득 채우는 것임을 확신하며, 그렇게 되기를 바라는 것이다. 이 방법은 지극히 간단하다. 믿음의 전문가가 될 때까지 믿음을 실천하는 사람이 되기를 배워라. 그러면 걱정은 당신 마음속에 감히 둥지를 틀지 못한다.

당신의 마음을 걱정에서 벗어나게 하는 일은 아무리 강조해도 지나치지 않을 만큼 중요하다. 당신이 오랫동안 어떤 일이 일어날까 두려워하고 있다고 해보자. 그렇게 두려워하는 것은 두려워하는 그 일이 실제로 일어나도록 돕는 것과 마찬가지이다. 성경에는 우리를 겁나게 하는 구절이 있다. 그것은 우리를 두렵게 할 만큼 진실하다.

"나의 두려워하는 것이 내게 임했고 나의 무서워하는 것이 내 몸에 미쳤구나."(「욥기」 3장 25절)

이 구절은 두말할 나위 없는 사실이다. 당신이 무엇인가를 항상 두려워하고 있으면, 자신이 두려워하는 바로 그것이 실현되는 데 적합한 상황을 조성하게 되기 때문이다. 두려움은 바로 그런 분위기에 힘을 얻어 당신의 마음속에 깊이 뿌리를 박고 자라는 것이다. 당신이 그렇게 되도록 당신 스스로에게 만들어가고 있다는 말이다.

그러나 그렇다고 해서 너무 겁낼 필요는 없다. 성경은 그와는 또 다른 위대한 진리를 끊임없이 반복해서 말하고 있기 때문이다.

"내가 굳게 믿었던 일이 내게 일어났다."

말은 간단하지만, 성경은 '불가능한 것은 하나도 없다'는 믿음을 갖는다면 '너의 믿음대로 네게 이루어지리라'는 것을 되풀이해서 우리에게 말해주고 있다.

그러므로 당신이 당신의 마음을 두려움에서 믿음으로 바꾼다면, 당신은 공포의 대상을 만들지 않게 될 것이요, 믿음의 대상을 실현하게 될 것이다. 당신의 마음을 두려움이 아니라 건전한 생각들과 믿음의 생각들로 둘러싸라. 그러면 당신은 두려움이라는 결과 대신에 믿음이라는 결과를 낳게 될 것이다.

잔가지를 먼저 잘라라

이런 걱정을 공략하는 데는 전략을 쓰지 않으면 안 된다. 단번에 온갖 걱정들을 완벽하게 정복하려고 그 걱정의 핵심을 정면으로 공략해 성공을 거두기란 대단히 어렵다. 전방에 있는 요새들을 하나씩하나씩 공략해나가다가 마지막에 본거지로 쳐들어가는 것이 효과적이다.

다시 말하면, 걱정이라는 나무에 제일 작은 가지부터 자르는 것이 좋다. 그리고 나서 차차 줄기에 접근하고 나중에 밑뿌리를 넘어뜨려라.

언젠가 나는 내 농장에서 몹시 아깝기는 했지만 한 그루의 커다란 나무를 베어내야만 하는 일이 있었다. 오랫동안 성장해온 커다란 나무를 베어내야 한다는 것은 슬픈 일이었다. 그러나 그런 사정이야 어쨌든 인부들이 전기톱을 가지고 왔다.

나는 그들이 땅 가까이에 있는 나무의 밑동부터 자를 것이라고 생각했다. 그러나 그렇지 않았다. 그들은 그렇게 하지 않았다. 내 예상과는 달리 나무에 사다리를 걸쳐놓고 그 위로 올라가 먼저 잔가지들을 잘라냈고, 그 다음에는 좀 더 굵은 가지들을 베어냈고, 나무 줄기의 윗부분을 잘라냈다. 그렇게 해서 남은 것은 굵다란 등걸뿐이었다. 몇 분 후, 이 나무는 성장하는 데 50여 년이라는 긴 세월이 걸렸다는 사실을 까마득히 잊기라도 한 듯이 거짓말처럼 한 무더기의 재목이 되어 포개졌다.

"만일 나뭇가지를 치지 않고 나무를 베어 넘겼다면, 그 나무를 베어 넘겼을 때 옆에 있는 다른 나무들을 상하게 했을 것입니다. 게다가 나무가 작아지면 작아질수록 그 나무는 그만큼 다루기가 쉬워집니다."

인부는 그렇게 설명해주었다.

이같이 오랜 세월에 걸쳐 우리 성격에 깊이 뿌리를 내리고 성장한 걱정이라고 하는 큰 나무는 가능한 한 작게 만들어서 처리하는 것이 최선이다. 그러므로 작은 걱정, 사소한 걱정스런 표현들부터 잘라내는 것이 좋다. 우선 대화에서 걱정스러움을 드러내는 말들을 줄여나가라. 그런 말들은 걱정이 되니까 하게 되기도 하지만, 그런 말들이 거꾸로 걱정을 만들어내기도 한다.

걱정이 머리에 떠올랐을 때는 그 즉시 그것을 믿음의 생각과 표현으로 대치하라. "기차 시간에 늦을까봐 걱정이야"라는 걱정이 떠오르면, 제시간 안에 확실히 닿을 수 있을 만큼 충분히 이른 시간에 출발하면 된다. 당신이 일찍 출발하면 할수록 걱정은 그만큼 줄어든다. 계획성 있게 움직이면 허둥대지 않는 마음을 가질 수 있으며, 시간을 통제할 능력을 가질 수 있게 된다.

당신이 이런 조그만 걱정들을 제거해나가면 점차 걱정의 원줄기를 벨수 있다. 그러면 당신의 능력을 배가시킬 수 있고, 그 배가된 능력으로 당신의 삶에서 걱정의 근원, 즉 걱정하는 습관을 제거할 수 있다.

내 친구 다니엘 폴링 박사는 매우 중요한 충고를 하고 있다. 그는 매일 아침 잠자리에서 일어나기 전에 "나는 믿는다!"는 두 어절의 말을 세 번씩 되풀이해서 말한다고 한다. 이처럼 하루를 시작할 때 믿음으로 마음을 정돈해놓으면서 그 믿음이 하루 종일 마음에서 떠나지 않게 한다고 한다. 그날에 일어날 어떠한 문제와 난관도 믿음으로 능히 극복할 것이라고 확신하고, 하루를 창조적이며 적극적인 사고로 시작한다. 그렇게 믿는 사람을 주저앉히기란 매우 힘든 일이다.

나는 방송 강연을 통해 폴링 박사의 "나는 믿는다!"라는 기술을 소개했다. 얼마 후 한 부인으로부터 편지를 받았다. 그녀는 우연히 유대교 신자가 되긴 했지만, 자신의 종교에 대해서 별다른 믿음은 없다고 말했다. 그녀는 자신의 집안이 불화와 말다툼, 걱정과 불행으로 가득 차 있다고 했다. 그리고 자신의 남편은 "자기 생각밖에는 할 줄 몰라서 늘 술만 퍼마시고" 종일 빈둥거리며 마땅한 일자리를 구할 수가 없다고 맥없이 한탄하고 있으며, 시어머니는 "온종일 몸이 아프다고 앓는 소리"만 하고 있다고 했다.

그녀는 폴링 박사의 "나는 믿는다!"라고 선언하는 방식에 깊은 감동을 받았고, 그래서 이 방식을 실천해보기로 결심했다고 했다. 그다음 날 아침 눈을 뜨자마자, 그녀는 "나는 믿는다, 나는 믿는다, 나는 믿는다!"라고 자신 있게 선언했다.

그녀는 그 결과를 편지에 다음과 같이 적었다.

제가 이 일을 시작한 지 열흘밖에 안 됩니다만, 어젯밤 남편이 돌아와서 주급 80달러짜리 일자리를 구했노라고 말했습니다. 남편은 또 술을 끊을 작정이라고도 말했습니다. 저는 남편이 하는 말이 도무지 믿어지지 않았습니다.

게다가 더더욱 놀라운 것은 시어머니가 앓는 소리를 하지 않게 되었다는 것입니다. 집안의 모든 일이 마치 기적이 일어나기라도 한 것처럼 변했습니다. 제 걱정은 어디론가 사라져버린 것 같습니다.

이 이야기는 거의 마술과도 같아 보인다. 그러나 이런 기적은 소극적인 두려움의 태도에서 적극적인 믿음과 긍정적인 태도로 바뀌는 사람들에게 매일 일어나고 있다.

지금은 세상을 떠난, 내 친구 하워드 챈들러 크리스티는 화가였는데,

그는 걱정을 없애버리는 다양한 기술들을 가지고 있었다. 나는 지금까지 하워드처럼 삶의 기쁨과 즐거움으로 충만한 사람을 만나본 일이 없다. 그는 불굴의 정신을 가지고 있었으며, 남에게 자신의 행복을 전염시켰다.

우리 교회는 목사의 재임 중에 초상화를 그려두는데, 이 초상화는 생전에는 자신의 집에 걸어두었다가 사후에는 교회에 귀속되어 선임자들의 초상화와 함께 교회당의 복도에 걸리게 된다. 장로와 집사들은 그 목사의 표정이 제일 좋다고 여겨지는 때를 택해서 초상화를 그리도록 한다.

내가 내 초상화를 그리기 위해 하워드 앞에 앉았을 때, 나는 그에게 물었다.

"하워드, 당신은 전혀 걱정이 없는 것 같군요?"

그러자 그는 소리 내어 웃었다.

"걱정이요? 그런 것 없습니다. 저는 그런 거 믿지 않습니다."

"그래요. 정말 그렇습니다. 바로 그것이 당신이 걱정하지 않는 아주 단순한 이유지요. 사실 너무나 간단한 것 같습니다. '나는 걱정을 믿지 않는다. 그렇기 때문에 나는 걱정하지 않는다'라니 말입니다."

내가 그의 말에 주석을 달았다. 그리고 다시 물었다.

"그런데 당신은 정말 한 번도 걱정해본 일이 없습니까?"

그는 이렇게 대답했다.

"저도 한 번 걱정을 해보기로 마음먹었던 적이 있었습니다. 누구나가 다 걱정을 하고 있는 것처럼 보이는데, 유독 저 혼자만 걱정을 하고 있지 않으니, 제 자신이 이상해 보였어요. 그래서 남들이 다 하는 걱정을 나도 한 번 해보기로 단단히 결심했지요. 어느 날 하루를 택해서 '이날이 내게 걱정스러운 날이 되리라!'라고 말했습니다. 그 걱정이라고 하는 것이 무엇인지 알아보고, 그게 정말 어떤 것인지 알기 위해 본격적으로 뭔가 걱정을 해보기로 했습니다.

그 전날 밤에 다른 날보다 일찍 잠자리에 들었습니다. 그다음 날 걱정이라는 대단한 일을 해보기 위해 미리 푹 휴식을 취해두려고 그런 것이지요. 아침에 일어나서 충분한 식사를 했습니다. 걱정을 제대로 하려면 배가 고파서는 안 되지 않겠습니까? 그리고 식사가 끝난 후 본격적으로 걱정을 해보기 시작했습니다. 저는 걱정을 하기 위해 최선을 다했습니다. 그러나 정오가 다 되도록 그 걱정이 뭔지 전혀 알 수가 없었습니다. 그게 뭔지 도무지 감이 잡히질 않았어요. 그래서 그만 걱정해보는 것을 포기하고 말았습니다."

그는 전염병이 강한 웃음을 터뜨리며 그렇게 말했다.

"하지만 당신은 분명 걱정을 극복하는 뭔가 대단한 방법을 알고 있을 겁니다."

내 말에 그는 이렇게 말했다.

"매일 아침 저는 제 마음을 하나님으로 가득 채우는 데 15분을 씁니다. 마음이 하나님으로 가득 차면 걱정이 들어설 여지는 전혀 없지요. 제가 사는 동안은 늘 그렇게 할 겁니다."

하워드 챈들러 크리스티는 그림붓을 다루는 위대한 화가였으며, 삶을 다루는 데 있어서도 역시 위대한 화가였다. 그는 위대한 진리를 체득할 줄 알았으며, 그것을 단순화했다. 그가 단순화한 진리는 무엇인가? 그것은 '자신의 마음속에서 나오는 것은 이전에 자신이 자신의 마음속에 집어넣은 것'이라는 진리이다.

당신의 마음을 걱정의 생각들이 아니라 하나님에 관한 생각들로 채워라. 그러면 당신은 당신의 그 마음으로부터 믿음과 용기의 생각들을 되돌려 받게 될 것이다.

걱정으로부터 자유로워지는 법

걱정은 우리의 마음을 하나님의 사랑이나 자비와는 정반대되는 생각들로 가득 채워버리는 파괴적인 과정이다. 근본적으로 바로 그것이 걱정이 하는 모든 일이다. 그것의 치유법은 당신의 마음을 하나님의 능력, 하나님의 보호, 하나님의 선하심으로 가득 채우는 것이다.

매일 당신의 마음을 하나님으로 가득 채우는 데 15분씩 써라. 당신의 마음을 "나는 믿는다!"라는 생각으로 가득 채워라. 그러면 당신은 걱정이나 믿음의 결여가 들어설 여지를 사전에 봉쇄하게 될 것이다.

대부분의 사람들은 하워드 챈들러 크리스티와는 달리 걱정을 극복하는 데 실패하고 있다. 그들이 당면하는 문제들을 공연히 복잡한 것으로만 생각하고, 간단한 몇 가지의 기술로 그 문제들에 대한 걱정을 제거할 생각을 하지 않기 때문이다.

어려워 보이는 개인적인 문제들이 그리 복잡하지도 않은 간단한 방법으로 손쉽게 해결된다는 것은 우리를 의아하게 한다. 그것은 어려움을 처리하기 위해 해야 할 일이 무엇인지 우리가 충분히 모르고 있기 때문이다. 우리는 어떻게 해야 하는지를 잘 알고 있어야 한다.

그 비결은 걱정을 공격하는 전술을 고안해 효과적으로 활용하는 것이다. 우리의 마음속에 걱정에 대한 효과적인 반격이 전개되고 있는 그림을 그려보는 것도 좋다. 그렇게 함으로써 합리적이고 유용한 태도로 문제를 해결할 수 있는 영적 힘을 끌어들일 수 있다.

걱정에 대한 이 기술적인 전술을 효과적으로 이용한 가장 좋은 사례는 한 실업가가 고안해낸 방안이다. 그는 참으로 걱정이 많은 사람이었다. 그는 걸핏하면 신경질을 부려 건강을 해치곤 했다. 그의 걱정이라는 것은 좀 특이했다. 자신이 일을 제대로 했는지, 말을 제대로 했는지 등을 걱정했다. 그는 언제나 자신이 내린 판단을 스스로 번복하며 자신감을 잃어갔다. 그는 부검 전문가였다. 뛰어난 두뇌의 소유자로서 두 곳의 대학교를 모두 우등으로 졸업했다.

나는 그에게 간단한 방법, 즉 하루가 끝나면 그날 하루의 모든 일을 잊어버리고, 미래를 바라보며 또 하루를 살고, 그러고는 하루가 끝나면 또 그것을 잊어버리는 데 도움을 주는 간단한 방법을 시험해보면 좋을 것이라고 제안했다. 그리고 그 간단하고 극화된 영적 진리가 큰 효과가 있을 것이라고 설명해주었다.

위대한 인물들은 언제나 단순해질 수 있는 최고의 능력을 가지고 있다. 다시 말해, 그들은 심오한 진리를 실천에 옮길 수 있는 아주 간단한 계획을 고안해내는 능력을 가지고 있다. 내 충고를 받아들인 이 실업가도 자신의 걱정을 제거하는 아주 단순한 방법을 고안해서 활용했다. 나는 그가 점점 나아지고 있다는 것을 알아차렸고, 그에게 그렇다고 말해주었다.

"네, 그렇습니다. 저는 드디어 그 비결을 발견했고, 확실히 그 비결은 놀랄 만한 효과가 있었습니다."

그는 그렇게 대답했다. 그러고는 나에게 언제든지 저녁 무렵에 자신의 사무실에 들르면, 자신이 어떻게 해서 그 걱정하는 습관을 깨뜨리고 있는지 보여주겠노라고 말했다.

그러던 어느 날 그가 내게 전화를 걸어 저녁이라도 함께하면 어떻겠냐고 청해왔고, 나는 저녁 무렵에 그의 사무실에서 그를 만났다. 그는 매일 저녁 사무실을 떠나기 전에 '간단한 의식'을 함으로써 자신의 걱정하는 습관을 깨뜨리고 있다고 설명해주었다. 그 의식은 아주 독특한 것으로 내게 오랫동안 깊은 인상을 남겼다.

우리는 모자와 외투를 집어들고 사무실 출구로 걸어나갔다. 그의 사무실 출구에는 휴지통이 놓여 있었고, 그 위쪽에는 달력이 걸려 있었다. 그 달력은 우리가 흔히 보는 1개월 단위나 1주일 단위가 아니라, 매일의 날짜가 커다랗게 표시된 일력이었다. 그는 이렇게 말했다.

"자, 나는 이제 나의 저녁 의식을 거행하겠습니다. 걱정하는 습관을 떨쳐버리는 의식 말입니다."

그는 손을 뻗어 그날의 일력을 뜯어냈다. 그러고는 그것을 손으로 똘똘 말아 조그만 공처럼 만들었다. 나는 그가 손바닥을 펴서 '그날'을 휴지통에 집어넣는 것을 흥미롭게 지켜보았다. 그런 다음 그는 눈을 감았고, 입술을 움직였다. 나는 그가 기도드리고 있음을 알았다. 그렇게 잠시 시간이 흘렀다. 기도가 끝나자 그는 큰소리로 말했다.

"아멘, 자, 이제 되었습니다. 이것으로 하루가 끝났습니다. 갑시다. 이제 나가서 즐겨봅시다."

거리에 나왔을 때, 나는 그에게 물었다.

"무슨 기도를 드렸는지 가르쳐줄 수 있겠습니까?"

그는 웃으면서 이렇게 말했다.

"목사님이 하시는 것과 같은 기도는 아닌데요."

그러나 내가 자꾸 조르자 이야기해주었다.

"네, 저는 이렇게 기도했습니다. '주여 당신은 저에게 이날을 주셨습니다. 저는 그것을 바라지 않았지만, 저는 그것을 받고 기뻤습니다. 저는 이날 하루 최선을 다했습니다. 그리고 당신은 저를 도와주셨습니다. 저는 당신께 감사합니다. 저는 조금은 잘못하기도 했습니다. 그것은 제가 당신의 충고를 따르지 않았기 때문입니다. 저는 그것을 부끄럽게 생각하고 있습니다. 저를 용서해주십시오.

그러나 저는 동시에 몇 가지 승리와 몇 가지 성공도 거두었습니다. 그래서 저는 주의 인도하심에 감사하고 있습니다. 주여, 과오이든 성공이든, 승리이든 패배이든, 주님께서 주신 오늘 하루는 이제 끝났고 저도 그것과 함께 끝났습니다. 지금 저는 그것을 당신에게 돌려드리려고 합니다. 아멘."

아마도 기도의 정통적인 형식에 맞는 것은 아닐 것이다. 그러나 분명히 효과적인 기도였다. 그는 하루의 종료를 마치 한 편의 연극처럼 연출하고, 그 이튿날은 더 잘해나가기를 기대하면서 미래를 맞이할 태세를 갖추었다. 하루가 끝나면 하나님은 밤의 커튼을 내림으로써 세상을 캄캄하게 했다. 그는 바로 이 하나님의 방법에 자신의 방법을 일치시켰던 것이다.

그는 이 방법을 통해 자신의 지난 과거의 과실과 패배, 모자람과 지나침의 지배로부터 차츰 벗어나게 되었다. 지난날로부터 축적되어 온 걱정들로부터 해방되었다. 걱정을 극복하는 가장 효과적인 방법을 고안해 활용했던 것이다. 그 방법은 성경에도 기술되어 있다.

"형제들아 나는 아직 내가 잡은 것으로 여기지 아니하고 오직 한 일 즉 뒤에 있는 것은 잊어버리고 앞에 있는 것을 잡으려고 좇아가노라. 푯대를 향하여 그리스도 예수 안에서 하나님이 위에서 부른 부름의 상을 위하여 좇아가노라."(『빌립보서』 3장 13~14절)

걱정을 극복하고 또 다른 기술들도 당신에게 제시될 수 있다. 나는 그런 기술들을 주의 깊게 사용해보고 그 효과를 입증해주는 여러 사람들의 증언에 귀기울이고자 한다.

나는 자기 개발에 관심을 갖는 우리들 모두가 하나님의 거대한 영적 실험실에서 공부하는 똑같은 학생들이라고 믿는다.

우리는 다같이 성공적인 삶을 살아나가기 위한 다양하고 실제적인 방법들을 고안해내고 있다. 각처에서 수많은 사람들은 친절하게도 그들이 사용한 방법들과 그렇게 해서 얻게 된 결과들에 관해서 내게 편지를 보내 준다.

나는 효과가 입증된 다양한 방법들을 다른 사람들도 유용하게 쓸 수 있도록 여러 책과 설교, 라디오와 TV의 강연, 기타의 다른 매체를 통해서 널리 전하려 애쓰고 있다. 이렇게 해서 자신의 걱정뿐만 아니라 다른 개인적인 문제들까지도 능히 극복하는 방법들을 알게 된 수많은 사람들이 등장할 것이다.

걱정을 깨뜨리는 10가지 공식

---

1. **걱정에 대한 자신감을 회복하라.** 다음의 말을 자신에게 선언하라. "걱정은 대단히 위험한 마음의 습관이다. 나는 하나님의 도우심으로 그 어떤 습관도 고칠 수 있다."

2. **걱정을 믿음으로 대체하라.** 당신은 걱정함으로써 걱정하는 사람이 되고 말았다. 하지만 거꾸로 당신은 더욱 강력한 믿음의 습관을 기름으로써 이 걱정에서 벗어날 수 있다. 당신이 행사할 수 있는 모든 힘과 인내력을 다해 믿음을 구사하기 시작하라.

3. **지금부터 시작하라.** 당신은 어떻게 믿음을 구사하는가? 매일 아침 자리에서 일어나기 전에 당신이 가장 먼저 해야 할 일은 "나는 믿는다!"를 큰소리로 세 번 말하는 것이다.

4. **효과적인 기도의 방법을 익혀라.** 다음의 형식으로 기도하라. "나는 이날을, 내 생명을, 내가 사랑하는 사람들을, 내 일을 모두 주의 손에 맡깁니다. 주의 손에는 위해가 없습니다. 있다면, 오직 선뿐입니다. 무엇이 일어나든, 결과가 어떻게 되든, 내가 주의 손 안에 있다면, 그것은 하나님의 뜻이며, 또한 그것은 선입니다."

5. **긍정적으로 말하기에 힘써라.** 당신이 지금까지 부정적으로 말해오던 모든 일에 대하여 긍정적으로 말하기를 연습하라. 긍정적으로 말하라. "오늘은 아주 형편없는 날이 될 것 같아"라고 말하지 마라. 그 대신 "오늘은 참 좋은 날이 될 거야"라고 자신만만하게 말하라. "나는 그런 일에 자신이 없어"라고 말하지 마라. 그 대신 "나는 하나님의 도우심으로 그렇게 할 수 있다"라고 자신 있게 말하라.

6. **당신의 모든 대화에 믿음의 주사를 놓아라.** 걱정스런 대화에는 절대로 끼지 마라. 비관적으로 말하는 집단은 그 집단에 속한 모든 사람에게 부정적이고 소극적인 경향을 감염시킨다. 그러나 비관적으로 말하는 대신 긍정적이고 적극적인 이야기를 함으로써, 당신은 그 집단의 울적한 분위기를 걷어내고 각자에게 희망과 행복감을 심어줄 수 있다.

7. **성경을 읽고 그것을 기억하라.** 당신이 걱정꾸러기가 된 이유는 당신의 마음이 문자 그대로 염려, 패배감, 음울한 생각에 물들어 있기 때문이다. 이에 대항하기 위해서 믿음, 소망, 행복, 영광, 광휘에 대해 말하는 성경의 각 구절에 밑줄을 긋고, 그것들 하나하나를 기억하라. 그리고 창조적인 생각들이 당신의 잠재의식에 뿌리내릴 때까지 반복해서 말하라. 그러면 당신의 잠재의식은 앞서 당신이 그 잠재의식에게 준 것, 즉 걱정이 아닌 낙관을 당신에게 되돌려줄 것이다.

8. **희망에 찬 사람들과 교제하라.** 긍정적이며 적극적으로 생각하고 믿음을 낳는 생각들을 하는 친구들, 창조적 분위기 창출에 공헌하는 친구들로 당신 주변을 감싸라. 이것이 당신을 믿음의 태도로 다시 고무할 것이다.

9. **걱정을 치유하는 당신의 능력을 확인하라.** 당신이 얼마나 많은 사람을 도와서 그들의 걱정하는 습관을 치료할 수 있는가를 확인하라. 자신의 걱정들을 극복하도록 다른 사람들을 도움으로써 당신은 당신 자신 속에 위대한 능력을 얻을 수 있다.

10. **협력자인 예수 그리스도를 인정하라.** 당신 생활의 매일매일을 예수 그리스도의 동반자가 되고, 예수 그리스도의 협력자가 되어 살고 있다고 생각하라. 예수께서 실제로 당신 곁에서 당신과 같이 걷고 있는데, 애가 타거나 걱정을 하는 일이 있을 수 있겠는가? "주는 나와 함께하신다"라고 당신 자신에게 자신 있게 주장하라. 소리 높여, "내가 너와 항상 함께하리라"라고 자신 있게 주장하라. 그리고 이 말을 바꾸어 "예수 그리스도가 지금 나와 함께하고 있다"라고 말하라. 매일 이 긍정적인 선언을 세 번씩 하도록 하라.

10

개인적인 문제를 해결하는 능력

이 장에서 나는 개인적인 문제의 올바른 해결법을 찾아낸 행복한 사람들에 관해 말하고자 한다.

그들은 간단하지만 아주 현실적인 계획을 세웠고 그 결과는 행복하고 성공적인 인생으로 나타났다. 그들은 당신과 똑같은 사람들이었고 당신이 가지고 있는 것과 똑같은 문제와 고민들을 가지고 있었지만 그 어려움을 극복하기 위한 방법들을 찾아냈다. 이들이 발견한 방법은 당신에게도 마찬가지의 결과를 가져다줄 것이다.

먼저 오랜 친구였던 한 쌍의 부부 이야기부터 해보려고 한다. 남편인 빌은 오랜 세월 억척스럽게 일을 해서 마침내 부사장으로까지 승진한 사람이었다. 그대로 사장으로 승진하는 것은 자연스러운 일이었고, 빌 자신도 지금의 사장이 퇴직하면 자신이 사장이 될 것이라 확신하고 있었다. 그의 능력과 수완, 경험은 사장이 되기에 전혀 손색이 없었기 때문에 그의 바람은 그대로 이루어질 것처럼 보였다. 게다가 더욱 중요한 것은 그 자신이 그렇게 되리라고 믿어 의심치 않고 있었다는 사실이다. 그러나 막상 그날이 되어 뚜껑이 열리고 보니 예상과 달리 외부 인사가 사장으로 선임되었다.

내가 빌 부부가 살고 있는 도시에 도착한 것은 그가 이런 타격을 받은 직후의 일이었다. 부인인 메리는 특히 이 문제 때문에 회사에 앙심을 품고 있었다. 저녁 식사 때, 메리는 회사에 있는 사람들에게 퍼붓고 싶은 말을 한바탕 쏟아부었다. 너무나 컸던 실망과 굴욕감, 좌절감이 그녀의 타오르는 분노를 부채질했다. 남편뿐만 아니라 나에게까지도 그 원통함을 하소연했다.

그러나 메리와 대조적으로 빌은 아주 냉정했다. 분명히 마음에 심한 상처를 입었고 크게 실망했으며 몹시 당황했지만, 용기를 가지고 상황에 대처하고 있었다. 본래 온후한 성품의 사람이었기 때문에 그가 화를 내거나 격분하지 않는 것은 그다지 의외의 일은 아니었다. 그러나 메리는 빌이 즉시 사직하기를 바랐다. 그녀는 "그들에게 하고 싶은 말을 다해버리고 당장 회사를 그만둬요"라며 그를 몰아세웠다.

그러나 빌은 마음을 결정했다. 이렇게 된 것이 자신에게는 최선이며, 새로운 사장과 함께 일을 할 것이고, 최선을 다해 그 사장을 도울 것이라고 말했다.

대개 그렇듯이 빌이라 할지라도 이런 상황에서 이런 태도를 보이기란 쉽지 않았을 것이다. 그러나 빌은 오랫동안 그 회사를 위하여 일해왔으며, 그 나이에 다른 회사로 옮겨 더 나은 결과를 얻는다는 보장도 없고, 또 부사장 자리라면 그 회사에서 계속 일할 수 있으리라 생각하고 있었다.

그러나 메리는 달랐다. 나를 보며 "당신 같으면 이런 경우에 어떻게 하

겠어요"라고 물었다. 나는 아마 그녀와 마찬가지로 실망도 하고 상심도
하겠지만, 증오는 영혼을 좀먹을 뿐만 아니라 사고방식까지 엉망으로 흐
트러뜨리기 때문에 미움이 내 마음속으로 스며들게 내버려두지 않을 것
이라고 대답했다.

나는 메리에게 이런 상황에서는 하나님의 인도하심, 즉 우리들을 초월
한 하나님의 지혜가 필요하다는 것을 깨닫게 해주었다. 그 문제는 우리가
그 문제를 객관적이며 합리적으로 생각할 수 없을 만큼 이미 감정적인 문
제로까지 변질되어 있었다는 것이다.

따라서 그는 그들에게 "두세 사람이 내 이름으로 모인 곳에는 나도 그
들 중에 있느니라"(「마태복음」 18장 20절)라고 한 주님의 말씀에 우리 자신
의 주의를 돌리고, 그와 교제를 나누며 그에게 기도를 드리는 사람의 자
세로 다만 몇 분 동안만이라도 아무 말도 하지 말고 조용히 앉아 있자고
간청했다. 나는 여기에는 우리 세 사람이 있으며, 만일 우리가 주의 이름
으로 모이는 정신을 회복하기만 하면, 하나님이 우리와 함께 계시어 우리
의 마음을 평안하게 하시며 우리에게 우리가 해야 할 바를 가르쳐주실 것
이라고 주의를 환기시켰다.

메리가 내 말에 동조하기란 결코 쉬운 일이 아니었지만, 기본적으로 그
녀 역시 지성과 기품이 있는 사람이었기에 결국 내 제안에 동의했다.

그렇게 몇 분간 말없이 앉아 있은 후, 나는 그들에게 우리가 서로 손을
맞잡는다면 비록 이곳이 공공의 식당이기는 할지라도 조용히 기도를 드
릴 수 있다고 말했다. 나는 기도를 드려 하나님의 인도하심을 구했다. 빌
과 메리가 평온한 마음을 갖게 해주실 것을 구하고, 한 걸음 더 나아가 새
사장에게도 하나님의 은총이 내리기를 기도했다. 그리고 또 빌이 그 회사
의 새로운 방침에 충분히 적응해서 지금까지보다 더욱 열심히 회사를 위

해 이바지할 수 있도록 간구했다.

기도를 드리고 우리는 잠시 말없이 앉아 있었다. 그러자 메리가 한숨을 쉬면서 말했다.

"전 이렇게 되리라는 걸 알고 있었습니다. 목사님과 함께 저녁 식사를 하게 된다는 말을 들었을 때, 이 문제에 대해 그리스도인으로서의 입장을 취하라고 말씀하실까봐 걱정했었습니다. 솔직히 말씀드리자면, 전 이렇게 할 생각이 추호도 없었기 때문입니다. 그만큼 제 마음속은 들끓고 있었단 말입니다. 물론 지금은 이 문제의 올바른 해결이 이런 경로를 거쳐서 이루어진다는 걸 알았습니다. 비록 그것이 아무리 어려울지라도 따르도록 성실하게 노력하겠습니다."

그녀의 미소에는 힘이 실려 있지 않았다. 그러나 증오의 감정은 없었다.

때때로 나는 그 친구들이 어떻게 지내는지를 살펴보았다. 그리고 모든 일들이 그들의 예상과 다른 방향으로 흘러가고 있다는 것을 알았다. 그러나 그들은 점차 그 회사의 새로운 경영 체제에 만족했으며, 실망과 악의를 극복할 수 있었다.

빌은 새 사장을 좋아하며, 어떤 점에서는 그와 함께 일하는 것이 즐겁다고까지 털어놓았다. 또 새 사장도 그를 자주 불러서 여러 가지 문제를 놓고 상의하며 그를 의지하는 것 같다고도 했다.

메리도 사장 부인과 다정하게 지냈으며, 최대한 협력해나갔다.

그렇게 2년이 지났다. 어느 날 나는 빌이 사는 도시에 도착하여 전화를 걸었다.

"무슨 말을 먼저 해야 할지 모르겠어요. 정말 기쁜 일이에요."

메리가 그렇게 말했다.

나는 그런 그녀의 목소리를 듣고 아주 중대한 일이 일어난 모양이라고 했다. 그러나 그녀는 내가 하는 말에는 아랑곳하지 않고 "아주 굉장한 일이 일어났어요. 빌네 회사 사장이 다른 회사로 영입되었어요. 그 사장에게 더 좋은 자리랍니다. 그래서 그 사장은 회사를 그만두게 되었어요. 아무튼 그 뒤에 어떻게 된 줄 아세요?" 하고 그녀는 들뜬 목소리로 말했다.

"빌은 방금 회사의 사장이 되었다는 통지를 받았답니다. 지금 바로 이곳으로 좀 와주세요. 우리 셋이서 함께 하나님께 감사 기도를 드려야겠어요."

잠시 후 우리 세 사람이 모였을 때 빌은 "목사님은 잘 아시겠지만, 저는 결국 기독교는 결코 공리공론(空理空論)이 아니라는 것을 깨닫기 시작했습니다. 우리는 명확한 뜻을 가진 영적이며 과학적인 원리에 따라 한 가지 문제를 해결했습니다. 우리가 예수의 가르침에 따라 이 문제의 해결에 임하지 않았더라면 틀림없이 범했을 무서운 과오를 생각해보면 정말 소름이 끼칩니다" 하고 말했다. 그는 이어서 이런 질문을 던졌다.

"기독교는 비실제적이라는 어리석은 말을 한 사람은 누굴까요?"

그러고는 그는 이렇게 다짐했다.

"앞으로 무슨 문제가 생긴다면 반드시 우리 세 사람이 이 문제를 해결한 것과 똑같은 방법으로 해결하겠습니다."

그 뒤, 몇 년이 지났다. 메리와 빌에게는 다른 여러 가지 문제가 일어났지만, 그들은 똑같은 방법을 적용했고, 한결같이 성공적인 결과를 얻었다. 빌 부부는 '하나님의 손에 맡긴다'는 방법으로 문제를 올바르게 해결하는 법을 배웠던 것이다.

하나님과 협력하라

문제를 해결하는 또 한 가지 효과적인 방법은 하나님을 협력자로 받아들이는 간단한 방법이다. 성경이 가르치는 기본적인 진리는 하나님이 우리와 함께 계신다는 것이다. 사실 기독교는 이 개념에서 출발한 것이다. 예수 그리스도께서 태어나셨을 때 임마누엘이라고 불리었는데, 이는 '하나님은 우리와 함께 계신다'는 뜻이다.

기독교는 인생이 아무리 어려운 문제나 환경에 처해 있더라도, 하나님은 우리 바로 가까이에 계시다는 것을 가르치고 있다. 우리는 하나님께 이야기할 수 있고, 하나님을 의지할 수 있고, 하나님의 도우심을 얻을 수 있고, 하나님과의 관계에서 우리를 향한 측량할 수 없는 관심과 지지, 혜택을 누릴 수 있다. 수많은 사람들이 이 믿음의 실재를 경험하고 있다.

그러나 문제에 대한 올바른 해결책을 얻으려면 당신은 이것을 믿는 데서 한 걸음 더 나아가야 한다. 왜냐하면 당신은 실제로 하나님이 임재하신다는 믿음을 갖지 않으면 안 되기 때문이다. 하나님은 당신의 아내나 사업 동반자, 가장 친한 친구와 같이 실재하시며 실제적이시라는 것을 믿어라. 모든 일을 하나님과 상의하라. 하나님은 당신이 하는 말을 들어주시고, 당신의 문제에 관해 의견을 주신다는 것을 믿어라. 하나님은 당신의 의식을 통해서 당신의 마음에 당신의 문제 해결에 필요하고 온당한 생각과 통찰력을 강하게 심어주신다고 생각하라. 이와 같은 믿음에는 결코 잘못이 있을 수 없다는 것, 당신은 바른 결과를 낳는 진리로 인도된다는 사실을 절대적으로 믿어라.

나는 어느 날 중서부 한 도시의 로터리 클럽 회의에서 연설을 한 일이 있다. 바로 그다음 날 한 사업가가 불시에 나를 찾아왔다. 그는 내가 신문에 기고한 짧은 글을 읽었다고 했다. 그는 내 글이 자신의 "태도를 혁명적으로 바꾸어놓았으며, 사업을 구했다"라고까지 표현했다.

당연히 나는 한편으로는 기뻤고 어떻게 내가 쓴 그 짧은 글이 그런 결과를 낳았는지 궁금했다. 그는 이렇게 말했다.

"제 사업이 위기에 놓였던 때였습니다. 사실 위기에 닥치고 보니 제 사업을 어떻게 구해야 할지 막막했습니다. 계속되는 불행한 상황들이 좋지 못한 시장상황과 각종 규제, 경제적 혼란 등을 타고 제 사업에 심각한 영향을 끼치고 있었습니다. 이럴 즈음에 저는 신문에서 목사님이 쓰신 '하나님을 동반자로 삼아라'는 기사를 읽었습니다. 목사님은 '하나님과의 회사 합병'이라는 말을 쓰고 있었습니다.

처음에 저는 그 글을 읽고 골빈 사람이 하는 말이라고 생각했습니다. 도대체 어떻게 땅에 사는 인간이 하나님을 사업의 동반자로 삼을 수 있겠는가 싶었지요. 게다가 언제나 하나님을 감히 근접할 수 없는 거대한 존재로 생각하고 있다보니 하나님 보시기에 저와 같은 인간은 한 마리 벌레같을 것이라고 여기고 있었던 것입니다. 그러나 그럼에도 목사님은 하나님을 동반자로 받아들여야 한다고 말했습니다. 터무니없어 보였습니다. 그때 한 친구가 당신의 책을 빌려주었습니다. 저는 신문기사와 비슷한 생각이 그 책 전체에 흐르고 있다는 것을 알았습니다. 당신의 책에는 이 충고를 충실히 따른 사람들의 실제적인 이야기가 담겨 있었습니다. 그들은 모두 분별력이 있는 사람들로 보였지만, 그때까지만 해도 저는 당신의 말을 납득할 수 없었습니다. 저는 목사란 모두 이상주의적인 관념론자들로서 사업 등의 실제적인 문제에 대해서는 아무것도 모르는 사람들이라고 생각하고 있었습니다. 그래서 저는 목사님의 책을 쓸데없는 것이라고 생각했습니다."

그는 빙그레 웃으며 말했다.

"그런데 어느 날 이상한 일이 일어났습니다. 저는 아주 낙심해서 사무실에 나갔기 때문에 실제로 제가 할 수 있는 최선의 일이란 제 머리를 부수고, 저를 납작하게 쓰러뜨릴 것으로 보이는 그 모든 문제들을 깡그리 쓸어내버리는 일이라고 생각할 정도였습니다. 그때 하나님을 동반자로 삼는다는 생각이 제 마음에 떠올랐습니다. 저는 문을 닫고 의자에 주저앉았습니다. 그리고 두 손으로 머리를 감싸고 책상에 엎드렸습니다. 목사님에게 말씀드립니다만, 저는 그 당시까지 오랜 세월을 살아오면서 아마 한 열 번 정도나 기도를 해보았을 것입니다. 그러나 어쨌든 그때 기도를 했습니다. 저는 하나님께 제가 하나님을 동반자로 삼는다는 이야기를 들었다는 것과, 그렇지만 그것이 무슨 말인지, 제가 어떻게 해야 하는지를 모르겠다는 것을 말씀드렸습니다. 저는 하나님에게 제 사업이 망해가고 있으며, 몹시 실망하여 절망적인 생각밖에는 떠오르지 않고, 그래서 헛되이 허우적거리며 낙심해서 어쩔 줄 모르겠다고 했습니다. 저는 이렇게 말했습니다.

'하나님, 당신과의 동반관계에서 저는 많은 지분을 드리지 못합니다. 그러나 저와 함께 해주시고 저를 도와주십시오. 당신이 어떻게 저를 도우시는지 알지 못하지만, 저는 도움을 받고 싶습니다. 그래서 이제 저의 사업, 제 자신, 저의 가족, 저의 미래를 당신 손에 맡깁니다. 당신이 말씀하시는 대로 이루소서. 당신이 제게 무엇을 하라고 어떻게 말씀하시는지조차 알지 못합니다만, 당신께서 분명하게 말씀해주시기만 한다면, 당신의 가르침에 귀기울이고 그 가르침을 따를 것입니다.'

이것이 제 기도였습니다. 저는 기도를 마친 후에 책상 앞에 앉아 있었습니다. 아마 저는 어떤 기적적인 일이 일어나기를 기대하고 있었던 것 같습니다. 그러나 아무런 일도 일어나지 않았습니다. 단지 마음이 갑자기 진정되며 편안해졌습니다. 저는 실제로 평화를 느꼈습니다. 그 밖의 다른 것들은 아무 변함이 없었습니다. 그러나 다음 날 사무실에 나갔을 때, 저는 이전보다 더 밝아졌고 더 행복했습니다. 저는 사태가 호전될 것이라는 확신을 느꼈습니다. 제가 왜 그렇게 느끼게 되었는지는 설명하기 어렵습니다. 아무것도 달라진 것은 없었습니다. 사실 사태가 조금 더 나빠졌는지도 모릅니다. 그러나 저는 달라져 있었습니다. 최소한 조금이라도 달라져 있었습니다.

이 평화의 느낌은 지속되었고, 저는 조금씩 더 나아진다는 것을 느낄 정도였습니다. 저는 하나님이 마치 저의 동반자이기라도 한 것처럼 날마다 그에게 기도하고 말했습니다. 교회에서 하는 그런 기도는 아니었지요. 서로 얼굴을 대면해서 하는 것과 같은 평범한 말이었습니다. 그러던 어느 날, 사무실에 있을 때의 일입니다. 갑자기 어떤 생각이 떠올랐습니다. 마치 팝콘 기계에서 옥수수 알이 터지듯 그렇게 터져 나왔습니다. 저는 제 자신에게 말했습니다. '도대체 이게 뭐지?' 그것은 그 이전에는 제게 한 번도 떠올랐던 적이 없던 생각이었습니다. 그러나 저는 그 즉시 그것이 제가 따라야 할 방법이라는 것을 알았습니다. 왜 그전에는 이런 생각들이 떠오르지 않았는지 도무지 이해할 수 없었습니다. 아마도 저의 마음이 무엇엔가에 강하게 속박되어 있어서 정상적으로 생각하지 못했기 때문이었던 것 같습니다. 아무튼 저는 즉시 떠오르는 대로 그 육감을 따랐습니다."

잠시 그는 말을 멈추었다. 그러고는 다시 말을 이었다.

"아닙니다. 그것은 육감이 아니라, 제 동반자가 제게 말해준 것이었습니다. 저는 즉시 그 생각을 실행에 옮겼습니다. 그리고 만사가 제대로 굴러가기 시작했습니다. 새로운 생각들이 제 마음속에서 흘러나오기 시작했습니다. 여러 가지 불리한 여건에서도 저는 사업을 정상 궤도에 올려놓았습니다. 그리고 전반적으로 상황이 호전되면서, 얼마 전에 비로소 완전히 위기에서 벗어났습니다.

저는 그와 같은 문제들을 다루는 설교나 책도 모르고, 당신이 쓰는 책의 성격에 대해서도 전혀 모릅니다만, 당신에게 이렇게 권하고 싶습니다. 사업가들과 이야기할 기회가 있을 때마다, 그들에게 하나님을 사업 동반자로 삼는다면 여태까지 이용해왔던 것보다 더 훌륭한 아이디어들을 얻게 될 것이고, 그 아이디어들을 재산으로 만들 수도 있을 것이라고 말씀해주시기 바랍니다. 단순히 돈만의 이야기가 아닙니다. 투자해서 더 많은 수익을 얻는 방법은 하나님이 인도하시는 아이디어를 통해서 얻어진다고 저는 확신합니다. 그들에게 하나님을 사업의 동반자로 삼는 것이 문제를 바르게 해결하는 길이라고 이야기해주십시오."

이 사례는 하나님과 인간이 상호 협력하여 일하는 것을 보여주는 수많은 실례들 가운데 하나이다. 이 문제 해결책의 효능은 아무리 강조해도 지나치지 않는다고 생각한다. 내가 실제로 보고 들은 바에 의하면, 대부분은 놀라운 결과를 가져왔다.

개인적인 문제를 해결하는 믿음

개인적 문제 해결에 무엇보다도 중요한 것은 그 문제를 적절하게 해결할 수 있는 힘이 자신의 내부에 선천적으로 있다는 사실을 깨닫는 일이다. 둘째로 중요한 것은 일정한 계획을 만들어서 실천에 옮기는 일이다. 영적인 일이나 정서적인 일에 있어서 계획성이 없다는 것은 개인적인 문제 해결에 실패하는 결정적인 원인이 된다.

어느 회사의 중역은 인간의 두뇌가 비상시에 발휘하는 힘을 전폭적으로 신뢰한다고 말했다. 인간은 비상시에 끌어내 이용할 수 있는 여분의 특별한 힘을 가지고 있다는 것이 그의 이론인데, 아주 흥미롭다. 일상적인 행위에서는 이 힘이 잠자고 있으나, 비상시에는 필요에 따라 여분의 특별한 힘을 끌어내 쓸 수 있다.

그러나 실제적인 믿음을 가진 사람은 이런 비상시의 힘을 잠재워두지 않고, 그 믿음에 비례해서 일상생활에서도 비상시의 힘을 대부분 활용한다. 이 사실은 어떤 사람들이 일상생활에서나 비상시에 다른 사람들보다 훨씬 큰 힘을 발휘하는 것을 설명해준다. 그들은 아주 절박한 상황이 아니면 쓰지 않는 이런 비상시의 힘을 일상생활에서도 습관적으로 끌어내 쓰고 있다.

곤란한 사정이 생겼을 때 당신은 어떻게 대처해야 하는지 방법을 알고 있는가? 또한 특별히 어려운 문제가 일어났을 때, 대처할 분명한 계획을 가지고 있는가? 이런 경우 대부분의 사람들은 요행을 믿는데, 안타깝게도 그 결과는 대체로 실패로 나타난다. 문제 해결에 당신의 더욱 위대한 능력을 활용하라.

개인적인 문제를 해결하는 방법으로서 두세 사람이 함께 기도를 드리며 모든 문제를 하나님께 전적으로 맡기는 방법, 하나님과의 동반관계를 갖는 방법, 자신에게 내재해 있는 비상시의 힘을 활용하는 것 이외에도 또 한 가지 중요한 방법이 있다. 그것은 믿음의 태도를 구사하는 방법이다.

그 이전에도 성경을 많이 읽었지만, 어느 날 나는 성경이(만일 내가 믿음을 가지려 하고 내가 실제로 믿음을 가지기만 한다면) 모든 어려움을 극복할 수 있고, 어떤 상황에도 대처할 수 있으며, 어떤 패배에도 굴하지 않고 나를 당황하게 만드는 모든 문제들을 해결할 수 있다는 것을 가르치려 하고 있다는 사실을 깨닫게 되었다. 이런 깨달음이 주어진 날은 내 인생에 있어서 하나의 전기, 아니 최대의 전기가 되었다.

아마도 이 책을 읽고 있는 많은 사람들은 믿음의 생활이란 생각조차 해보지 못한 사람들일 것이다. 그러나 지금 곧 믿음의 생활에 들어가라. 왜냐하면 믿음의 방법은 인간 생활을 성공적으로 이끌어가는 원리이며, 이 세상에서 가장 유력한 진리이기 때문이다.

성경 전체를 통해서 이 진리는 거듭해서 강조되고 있다. "만일 너희에게 믿음이 겨자씨 한 알만큼만 있어도 (⋯⋯) 못할 것이 없으리라."(「마태복음」 17장 20절)

성경은 이 진리를 절대적으로, 사실적으로, 완전하게, 문자 그대로 말하고 있다. 그것은 환상이 아니고 환각도 아니다. 예제나 상징, 비유도 아니다. 절대적 사실이다.

"만일 믿음이 겨자씨 한 알만큼만 있으면."

당신이 그것을 믿고 그것을 구사한다면, 당신의 문제들, 당신의 그 어떤 문제라도 다 해결될 것이다.

"너희 믿음대로 되라."(「마태복음」 9장 29절)

필요한 것은 믿음이며, 당신이 지니고 활용하는 믿음의 정도에 따라 상응하는 열매를 얻게 된다. 작은 믿음은 당신에게 작은 열매를 줄 것이며, 중간 크기의 믿음은 당신에게 중간 크기의 열매를 줄 것이고, 큰 믿음은 당신에게 큰 열매를 줄 것이다. 그러나 전능하신 하나님의 관대하심 가운데 당신이 겨자씨 한 알만큼의 믿음으로 상징되는 아주 작은 믿음이라도 가지고 있기만 한다면, 그 믿음은 당신의 문제를 해결하는 데 놀라운 역할을 할 것이다.

내 친구인 모리스 플린트와 메리 앨리스 플린트의 감동적인 이야기를 하고자 한다. 내가 그들을 알게 된 것은 나의 책 『생각대로 된다』가 『리버티 매거진(Liberty Magazine)』지에 요약 게재되었을 때였다. 그 무렵 모리스 플린트는 큰 실패 속에 있었다. 사업상 실패뿐만 아니라 한 인간으로서도 그러했다. 그는 두려움과 분노로 가득 차 있었으며, 내가 만나본 사람들 중에 가장 부정적이고 소극적인 사람이었다. 그는 본래 유쾌한 성품을 타고났고 꽤 재미있는 사람이었는데, 자신도 인정한 것처럼 스스로 자신의 삶을 망쳐놓고 말았다.

그러던 어느 날, 그는 "믿음이 겨자씨 한 알만큼만 있으면"이라는 사고방식을 강조한 앞서 말한 내 책의 요약본을 읽었다. 당시 그는 아내, 두 아이와 함께 필라델피아에 살고 있었는데 뉴욕에 있는 우리 교회로 전화를 했지만, 어찌 된 일이었는지 내 비서와 잘 연결되지 않았다. 그는 무슨 일이든지 조금 해보고는 잘 되지 않으면 그만 포기해버리는 딱한 습관이 있었기 때문에 여느 때 같으면 두 번 다시 전화를 걸 리가 없었다. 그러나 그의 마음 자세는 이미 변하고 있었다. 그는 끈질기게 전화를 했고 교회의 예배시간까지 알아냈다. 그다음 주일에 예배를 드리기 위해 가족들과 함께 필라델피아에서 뉴욕까지 차를 몰고 왔다. 그리고 그 뒤로는 아무리 날씨가 나쁜 날이라도 예배를 거른 일이 없었다.

그 뒤의 면담에서 그는 내게 자신의 생활에 관해 자세하게 말하고, 자신의 문제를 어떻게 해결할 수 있겠느냐고 물었다. 금전상의 문제, 환경 문제, 부채 문제, 장래 문제, 근본적으로 그는 자신의 개인적인 문제들이 얽혀서 심하게 억눌려 있었고, 상황이 거의 절망적이라고 생각하고 있었다.

나는 그에게 만일 그가 마음을 굳게 먹고 마음의 자세를 하나님의 사고방식에 조화시키며 믿음의 기술을 배우고 활용하려 한다면 모든 문제는 해결될 수 있다고 납득시켰다.

그와 그의 아내 모두의 마음에서 제거해야 했던 태도는 '분노'였다. 그들은 아무에게나 마구잡이로 욕을 해댔으며, 어떤 사람들에 대해서는 특히 더했다. 그들은 불행한 처지에 놓여 있었다. 그런 상태에 놓이게 된 것은 그들 자신에게 어떤 문제가 있어서가 아니라 다른 사람들이 그들에게 비열하게 대했기 때문이라고 병적으로 생각하고 있었다. 실제로 그들 부부는 잠자리에서 남을 모욕하기 위해 무슨 말을 하는 것이 좋겠느냐는 등의 이야기를 주고받기까지 했다. 어떻게 그런 분위기 속에서 편히 잠들 수 있었겠는가.

그 뒤로 모리스 플린트는 정말 믿음에 전념하게 되었다. 믿음이 그 이전의 다른 어떤 것들보다 더더욱 강하게 그를 사로잡았다. 그러나 상황에 대처하는 능력은 아직 미약했다. 물론 이것은 그의 의지가 아직 혼란한 상태에서 벗어나지 못하고 있었기 때문이었다. 처음 한동안 그는 부정적이고 소극적인 오랜 습관 때문에 어떤 능력이나 강함과 같은 것은 생각할 수 없었다. 그러나 그는 '만일 믿음이 겨자씨 한 알만큼만 있으면 못할 것이 없으리라'는 생각에 끈기있게 필사적으로 매달렸다. 그가 무슨 힘으로 믿음을 키워나갈 수 있었겠는가? 그러나 작으나마 믿음을 갖게 됨에 따라 그는 점차 믿음을 크게 키워나갈 수 있게 되었다.

어느 날 밤, 그는 주방으로 가서 접시를 씻고 있는 아내에게 이렇게 말했다.

"주일날 교회에서 예배를 드릴 때는 믿음을 가지는 것이 비교적 쉽지만, 아무래도 계속 붙들고 있지는 못해. 그 믿음은 금세 시들고 말지. 그래서 생각한 건데, 겨자씨 한 알을 내 주머니에 가지고 다니면 어떨까? 내 믿음이 희미해질 때 꺼내서 보면 그 겨자씨가 믿음을 잃지 않도록 도와줄 것 같은데."

이렇게 말하고는 아내에게 물었다.

"겨자씨를 구할 수 있을까? 아니면 그건 성경에만 쓰여 있는 존재일까? 요즘 세상에 겨자씨 같은 것이 있을까?"

그러자 메리가 웃으면서 말했다.

"겨자씨라면 저 병 속에 있어요."

그녀는 병 속에서 겨자씨 한 알을 꺼내어 그에게 주면서 말했다.

"모리스, 당신은 겨자씨가 필요한 것이 아니라는 걸 모르나요? 그것은 하나의 상징에 불과해요."

"성경이 겨자씨라는 말을 하고 있어서 그것을 원했던 거야. 아마 나는 믿음을 갖기 위해 하나의 상징을 가져야 하는 사람인가 봐."

그는 자신의 손바닥 위에 올려놓은 그 겨자씨 한 알을 바라보며 이상하다는 듯이 말했다.

"이것이 내가 필요로 하는 믿음의 전부라고? 이렇게 작은 겨자씨 한 알만큼의 믿음만 있으면 된다고?"

그는 잠시 겨자씨를 들고 있다가 이내 자기 주머니에 넣으면서 말했다.

"하루 종일 겨자씨를 만질 수만 있다면, 그것이 내 믿음을 잃지 않도록 해주겠구먼."

그러나 겨자씨가 너무 작아서 금세 잃어버렸고, 또 다른 것을 주머니에 넣어가지고 다녔으나 그것도 곧 사라져버렸다. 그 씨를 또다시 잃어버렸던 날, 그는 한 가지 생각을 떠올렸다. 그 겨자씨를 작은 플라스틱 구슬 속에 집어넣을 수는 없을까? 그렇게 하면 그 작은 구슬을 주머니 속에 넣어둘 수도 있고, 시계줄에 달아둘 수도 있으니, 그에게 "만일 믿음이 겨자씨 한 알만큼만 있으면 못할 것이 없으리라"라는 믿음을 항상 상기시켜줄 수 있을 것 같았다.

그는 플라스틱 전문가로 알려진 어떤 사람에게 어떻게 하면 겨자씨를 깨끗하게 플라스틱 구슬 속에 넣을 수 있는지를 물었다. 그러나 그 '전문가'는 지금까지 해본 적이 없기 때문에 할 수 없을 것이라고 대답했다. 그러나 그것은 전혀 이치에 맞지 않는 대답이었다.

플린트는 이때 이미 '믿음이 겨자씨 한 알만큼만 있으면' 플라스틱 구슬 속에 겨자씨를 넣을 수 있다고 확신할 정도의 믿음은 가지고 있었다. 그는 작업에 착수했고, 몇 주일 동안 그 일에 매달려 결국 성공했다. 그는 여러 개의 장신구용 모조 보석, 목걸이, 넥타이 핀, 열쇠고리, 팔찌 등을 만들어서 내게 보내주었다. 그것들은 매우 아름다웠다. 그 장신구 하나하나에는 겨자씨가 든 반투명의 알이 영롱하게 빛나고 있었다. 그리고 그 하나하나의 장신구에는 '겨자씨가 상기시키는 것'이라고 쓰인 카드가 달려 있었다. 또한 그 카드에는 이 장신구가 어떻게 쓰일 수 있는가가 쓰여 있었다. 즉 겨자씨가 어떻게 '불가능한 일은 없다'는 것을 그것을 가진 사람에게 상기시켜 주느냐 하는 것이 설명되어 있었다.

그는 나에게 그 물건이 상품화될 수 있겠느냐고 물었다. 나는 그런 문제에 대한 전문가가 아니었다. 그래서 그 물건들을 『가이드포스트』의 편집 고문으로 있는 그레이스 아워슬러에게 보였다. 그녀는 또 그것을 나도 잘 아는 본위트 텔러 백화점의 사장이요, 그 방면에서 가장 유능한 월터 호빙에게 보냈다. 그는 이 물건들을 보자마자 이 사업의 가능성을 곧바로 간파했다. 며칠 뒤, 뉴욕의 신문에 2단으로 "믿음의 상징, 번쩍이는 유리에 싸인 진짜 겨자씨가 실제 존재하는 팔찌가 되다!"라는 광고가 실렸을 때의 내 놀라움과 기쁨은 이루 다 말할 수 없다. 그리고 광고에는 "만일 믿음이 겨자씨 한 알만큼만 있어도 (……) 못할 것이 없으리라"라는 성경 말씀이 인용되어 실렸다. 이 물건들은 곧 날개 돋친 듯이 팔렸다.

플린트 부부는 중서부 지방의 한 도시에 '겨자씨가 상기시키는 것'을 생산하는 공장을 세웠다. 어떤가? 희한한 일이 아닌가? 한 실패자가 교회에 나갔다가 거기서 성경 한 구절을 듣고, 그것으로 멋진 사업을 만들어냈다는 것은 얼마나 기묘한 일인가? 당신도 다음부터 교회에 나가 성경 강독이나 설교를 들을 때는 더욱 진지하게 귀기울여 듣는 것이 좋을 것이다. 어쩌면 당신도 당신의 삶뿐만이 아니라 당신의 사업까지도 재건할 수 있는 아이디어를 얻게 될지도 모른다.

이 사례에서 믿음은 한 제품을 생산하고 판매하는 사업을 일으켰고, 그 제품은 수백 수천만의 사람들을 도왔고 또 앞으로도 도울 것이다. 그 제품은 인기가 있고 유용했기 때문에 유사 제품이 나오긴 했지만, 플린트의 '겨자씨가 상기시키는 것'은 주문이 계속 이어졌다.

이 조그만 물건에 의해 변화된 인물들의 이야기는 낭만적인 이야기이다. 그것이 프린트 부부에게 끼친 영향, 즉 그들의 인생 변화, 성격 개조, 개성 발현은 믿음의 능력을 보여주는 감동적인 증거이다.

그들은 더 이상 부정적이거나 소극적이지 않다. 긍정적이며 적극적이다. 더 이상 패배자가 아니다. 승리자이다. 더 이상 남을 미워하지 않는다. 그들은 분노를 극복했고, 마음은 사랑으로 충만하다. 능력에 대한 새로운 감각과 새로운 시각을 지닌 사람들이다. 두 사람 모두 내가 지금까지 알고 있는 사람들 가운데 더없이 훌륭한 인물들에 속하는 사람들이다.

플린트 부부에게 문제를 올바르게 해결하는 방법을 물어보라. 그들은 당신에게 이렇게 대답할 것이다.

"믿음을 가지시오. 진실로 믿음을 가지시오."

그리고 그들은 자신들의 말을 믿으라고 할 것이다.

당신이 이 이야기를 읽고 "플린트 부부는 그래도 나처럼 생활이 쪼들리지는 않았다!"라고 부정적으로 말한다면(분명, 그렇게 말하는 것 자체가 부정적이다), 나는 지금까지 플린트 부부처럼 생활이 쪼들렸던 사람은 거의 만나본 일이 없다고 말할 것이다. 그리고 만일 당신이 처한 상황이 더욱 절망적이더라도 플린트 부부가 했던 것처럼 두세 사람이 함께 기도를 드리며 모든 문제를 하나님께 전적으로 맡기고, 하나님과의 동반관계를 가지며, 자신에게 내재해 있는 비상시의 힘을 활용하고, 믿음의 태도를 구사한다면, 당신도 당신의 문제를 올바르게 해결할 수 있을 것이다.

개인적인 문제를 해결하기 위한 10가지 제안

———

1. **해결책이 없는 문제란 없다.** 어떤 문제라도 그 문제에 대한 해결책이 있다는 것을 믿어라.

2. **마음의 평정을 유지하라.** 긴장은 사고의 흐름을 방해한다. 정신적 압박 아래서는 두뇌가 효과적으로 작용하지 못한다. 편안한 마음으로 문제에 대처하라.

3. **억지로 문제를 해결하려 하지 마라.** 마음을 편하게 가져라. 뚜렷한 해결책이 저절로 나올 때까지 기다려라.

4. **사실을 정확하게 인식하라.** 공평하게, 아무런 편견 없이, 사적 감정의 개입 없이 문제와 관련된 모든 사실들을 수집하라.

5. **수집한 사실들을 써서 목록을 만들어라.** 잡다한 관련 요소들이 일목요연하게 정리되면서 생각은 더욱 명확해질 것이다. 당신은 생각하면서 동시에 볼 수가 있게 된다. 그러면 문제를 주관적이 아니라 객관적으로 볼 수 있다.

6. **하나님의 도우심을 구하라.** 하나님이 당신의 마음속에 어떤 암시를 주시리라는 것을 긍정적으로 확신하며 당신의 문제를 놓고 하나님께 기도하라.

7. **하나님의 인도하심을 믿어라.** 시편 73편의 '주의 교훈으로 나를 인도하시고'의 약속에 따른 하나님의 인도하심을 믿고 구하라.

8. **통찰력과 직관력을 신뢰하라.** 당신에게는 누구 못지 않은 통찰력과 직관력이 있다. 그 사실을 스스로에게 깨우쳐주도록 하라.

9. **교회에 나가라.** 그리하여 예배를 드리는 경건한 분위기에 따라 당신의 잠재의식이 그 문제에 대해 작용하게 하라. 창조적이고 영적인 사고는 올바른 해답을 주는 놀라운 능력이 있다.

10. **이상의 제안을 머리로 이해하고 행동으로 실천하라.** 만일 당신이 이런 단계를 충실하게 지킨다면, 당신의 마음속에 전개되거나 스치고 지나가는 방법은 당신의 문제에 대한 올바른 해답이다.

11

어떻게 믿음으로 병을 고치는가

종교적 믿음이 병을 고치는 데 필요한 요소일까? 많은 증거들이 그렇다는 것을 확인해준다. 한때 나 자신도 이 사실을 확신하지 못한 적이 있었다. 그러나 지금은 분명히 그렇다고 믿고 있다. 지금까지 너무나 많은 증거들을 보아왔기 때문에 도무지 그것을 믿지 않을 수가 없다.

우리는 믿음이 바르게 이해되고 적용되기만 한다면 질병을 극복하고 건강을 유지하는데 아주 강력한 힘이 있다는 것을 배워 알고 있다.

이 중요한 문제에 대한 나의 확신은 여러 의사들에게서 얻은 것이다. 언젠가 빈의 유명한 외과의사인 한스 핀스터러 박사가 미국을 방문한다는 기사가 신문에 실린 일이 있었다. 나는 '하나님의 인도를 받은 영예로운 외과의사'라는 타이틀이 붙은 이 신문의 기사를 소개하고자 한다.

하나님의 보이지 않는 도움으로 수술에 성공한다고 믿고 있는 빈의 외과 의사 한스 핀스터러 박사는 국제 외과학회에서 수여하는 최고 영예인 '수술의 대가(master of surgery)'로 선정되었다. 국소마취만을 사용한 복부 절개 수술에서의 업적을 인정받은 것이다.

올해 72세의 빈 대학교 교수인 핀스터러 박사는 2만 번이 넘는 큰 수술을 했는데, 그중 8,000번은 오직 국소마취만으로 한 위절제술이었다. 핀스터러 박사는 지난 몇 년이 채 안 되는 짧은 기간에 약품과 수술 기술이 획기적으로 발전했지만, "그런 발전이 모든 수술의 성공을 보장해주지는 못한다. 분명히 간단하게 끝날 것 같던 수술에서도 환자가 죽는 경우가 허다하며, 반대로 절망적이었던 수술에서 환자가 회복되는 수가 있다"라고 말한다. 그는 또 이렇게 덧붙인다.

"나의 동료 중에는 이런 일들이 예측할 수 없는 우연에 의한 것이라고 생각하는 사람들도 있으나, 또 다른 동료들은 보이지 않는 하나님의 도우심으로 절망적인 환자가 살아난 것이라고 말한다. 최근에는 불행히도 많은 환자들과 의사들이 모든 일이 하나님의 섭리에 의해 일어난다는 신념을 잃어가고 있다. 우리가 다시 한 번 우리의 행동, 특히 환자들에 대한 처치에서 하나님의 도움이 얼마나 소중한 것인가를 깨닫게 된다면 우리는 더 많은 환자를 소생시킬 수 있을 것이며, 소생술의 참된 진보를 이룰 수 있게 될 것이다."

이 위대한 외과의사는 과학을 믿음과 결합시키면서 이렇게 결론지었다.

의학적 기술에 더해지는 플러스알파

나는 언젠가 전국 실업가 대회에서 연설을 한 적이 있다. 그 모임은 미국 경제에서 아주 중요한 위치를 차지하는 특별한 산업을 일으킨, 독창적인 사업적 능력이 있는 지도자들이 대거 참석한 모임이었다.

이 대회의 오찬회에서는 주로 세금, 원가 상승 및 여러 가지 사업상의 문제가 집중적으로 토의되고 있었는데, 갑자기 이 모임의 지도자들 가운데 한 사람이 내게 물었다. 내게는 다소 뜻밖이었다.

"당신은 믿음이 병을 고칠 수 있다고 믿습니까?"

"지금까지 믿음에 의해 병을 고쳤다고 주장하는 수많은 사례들 가운데는 근거가 확실한 것들이 아주 많습니다. 물론 우리가 신체적인 병을 고치는 데 믿음에만 의지해야 한다고는 생각하지 않습니다. 하나님과 의사가 협력하여 병을 고쳐야 한다고 믿고 있습니다. 이 견해는 의학적 과학과 믿음의 과학을 다 이용합니다. 양자 모두가 병을 치료하는 데 없어서는 안 될 요소입니다"라고 나는 대답했다.

그러자 그가 의미심장한 미소를 지으며 말했다.

"제 이야기를 좀 들어보십시오. 저는 아주 오래전에 턱골종이라는 병을 앓았습니다. 턱뼈에 종양이 생긴 것이지요. 의사는 불치병이라고 말했습니다. 그때 제가 얼마나 혼란스러웠는지는 아마 상상하실 수 있으실 것입니다. 절망한 저는 필사적으로 도움을 구했습니다. 그 당시 꽤 성실하게 교회에 다니고 있었지만, 그렇게 독실한 신자는 아니었습니다. 성경을 제대로 읽어본 적이 한 번도 없을 정도였으니까요. 그러던 어느 날, 침대에 누워 있는데 갑자기 성경이 읽고 싶어졌습니다. 그래서 저는 아내에게 성경을 한 권 가져다달라고 부탁했지요. 제 아내는 크게 놀랐습니다. 그때까지 그런 부탁을 한 일이 전혀 없었기 때문이었지요.

그런데 성경을 읽으면서 마음의 위로와 평안을 찾았습니다. 또 점차로 희망을 되찾았고 절망이 서서히 물러갔습니다. 저는 꽤 오랫동안 날마다 성경을 읽었습니다. 그러자 저를 괴롭히던 턱의 통증이 점점 줄어들었습니다. 처음에는 제가 그렇게 상상하기 때문이라고 여겼습니다.

그러던 어느 날 저는 성경을 읽고 있는 중에 갑자기 가슴속이 따뜻해지면서 커다란 행복감이 밀려오는 특이한 느낌을 가지게 되었습니다. 설명하기가 어려운 느낌이라 이미 그때의 그 느낌을 설명하려는 노력을 포기하고 말았답니다. 아무튼 그 이후로 제 병세는 눈에 띌 정도로 빠르게 호전되었습니다. 그래서 처음 저를 진단했던 의사를 찾아갔습니다. 그는 제 상태가 호전되었다는 데 동의하면서도 일시적인 진행정지일 것이라고 말했습니다. 그러나 또 다른 정밀 검사 결과 골종의 징후가 완전히 사라졌다는 진단이 내려졌습니다. 물론 의사들은 여전히 제게 언제 재발할지 모르니 조심하라고 경고했습니다. 그렇지만 저는 병이 완전히 나았다고 확신하기 때문에 의사들의 그런 말에 전혀 신경쓰지 않습니다."

"그 병이 나은 지 얼마나 되었습니까?"라고 내가 물었다.

"14년이 되었습니다."

그가 대답했다.

나는 그 사람을 자세히 관찰해보았다. 그는 건강하고 건장했으며, 그 업계에서는 걸출한 인물이었다. 이 이야기는 사업가들이 일반적으로 그러하듯이 사실에 입각한 것이다. 그가 자신의 이야기를 반신반의하는 기색이 조금이라도 있었는가? 전혀 없었다. 그는 확신하고 있었다. 사형 선고를 받았던 사람이 지금 여기 살아 있으며, 그것도 활력이 넘치게 살아 있다는 사실이 그렇다는 것을 입증해주고 있었다.

도대체 이것은 무엇을 뜻하는가? 의사의 뛰어난 기술에 무엇인가 하나가 더해진 것이다. 플러스알파! 그 플러스알파가 무엇이었는가? 그것은 분명 병을 낫게 하는 믿음이었다.

그가 병 고침을 받은 사례는 이와 비슷한 수많은 사례들 가운데 하나에 불과하다. 그리고 그 수많은 사례 대부분은 충분한 의학적 근거에 의해 사실로 입증되었고, 그렇기 때문에 우리는 사람들에게 병을 치료하는 과정에서 이 놀라운 믿음의 힘을 더욱 많이 활용해야 한다고 격려한다. 그러나 슬프게도 많은 사람들은 병을 치유하는 믿음의 능력을 무시한다. 나는 믿음이 기적을 일으킬 수 있고, 또 일으키고 있다고 굳게 확신한다. 그러나 이 기적이란 것도 사실 따지고 보면 영적 과학 법칙의 작용이다.

질병을 치유하는 마음 자세

오늘날 점차로 마음과 몸, 정신과 영혼의 병을 고침받는 것을 도와주는 종교적 실천이 강조되어가고 있는 추세이다. 이것은 기독교 본래의 실천으로의 복귀라고 할 수 있다. 다만 최근에 와서 우리는 종교가 오랫동안 병을 치료하는 활동을 수행해왔다는 사실을 간과하려는 경향이 있다. '목사(pastor)'라는 말은 '영혼을 구함, 즉 구령(救靈, the cure of souls)'이라는 말에서 나왔다. 그러나 현대에 들어와서 사람들은 성경의 가르침이 과학과 조화를 이루는 것은 불가능하다는 잘못된 생각을 하고 있다. 그렇기 때문에 병의 치료에서 종교가 가지는 중요한 역할은 전적으로 물질 과학에 넘겨지고 있는 형편이다. 하지만 그럼에도 불구하고 오늘날 종교와 건강의 밀접한 관계는 점차 인정을 받는 추세이다.

'신성함(holiness)'이란 말이 '완전(wholeness)'을 뜻하는 말에서 나왔으며,

보통 종교적인 의미로 많이 쓰이는 '명상(meditation)'이라는 말과 '약물 치료(medication)'라는 말의 어원이 유사하다는 것은 의미심장하다. 이 두 말의 유사성은 우리가 하나님과 하나님의 진리에 대한 진지하고 실제적인 명상이 우리의 영혼과 몸에 약물치료와 같은 효과를 낳는다는 것을 깨달았을 때, 놀랍도록 분명해진다.

오늘날 의학은 병의 치료에 있어서 심신 상관적 요소를 강조하고 있으며, 신체적 건강과 정신적 상태의 상호관계를 인정하고 있다. 현대의 의학은 그 의학적 처치에 대해 환자가 어떻게 생각하고 있으며 어떻게 느끼고 있는지와의 밀접한 관계를 인식하고 있으며 신중히 고려하고 있다. 종교가 인간의 생각과 느낌, 그리고 기타의 기본적인 태도를 다루고 있는 것임을 감안한다면, 믿음의 과학이 병의 치료 과정에서 중요한 요소로 작용한다는 것은 지극히 당연한 일이다.

소설가이며 극작가이기도 한 해럴드 셔면은 어느 날 방송사로부터 그 방송의 주요 고정 멘트를 바꾸어 달라는 요청을 받았다. 그는 이 요청과 더불어 자신을 그 방송사의 전속 작가로 써줄 것이라는 약속도 받았다. 그는 몇 달 동안 열심히 작업을 했다. 그러나 방송사는 그와의 약속을 파기해버렸고, 무단으로 그의 작품을 사용하기까지 했다. 그 일로 그는 재정적 어려움과 함께 심한 굴욕감을 느꼈다. 그는 마음이 상했고 신의를 저버린 방송사 사장에 대한 분노와 증오를 주체할 수 없었다. 그는 그때 자신이 누군가를 죽여버리고 싶기까지 했다고 고백했다.

이런 증오는 급기야 병이 되었다. 목의 얇은 점막에 곰팡이균의 일종인 사상균이 침범한 것이다. 병원에서 좋다는 방법은 다 써봤지만 병은 치료되지 않았다. 그 병의 치료에는 의학적 처치 그 이상의 것이 필요했다. 그가 증오를 버리고 용서와 이해하는 마음을 갖게 되었을 때 상태는 점차 저절로 회복되었다. 그는 의학과 새로운 정신적 자세의 도움으로 그를 괴롭히던 몸과 마음의 병에서 벗어날 수 있었다.

건강과 행복을 성취하기 위한 현명하고 효과적인 방법은 의학의 기술과 방법을 최대한으로 이용함과 동시에 영적 과학의 지혜와 경험, 기술을 적용하는 것이다. 하나님이 과학의 숙련자인 의사와 신앙의 숙련자인 목사를 통해 일하신다는 믿음을 뒷받침하는 명확한 증거가 있다. 그리고 수많은 의사들이 이런 관점에 동의하고 있다.

병을 주는 것도, 병을 치유하는 것도 마음에 달렸다

한 로터리 클럽 오찬에서 나는 아홉 명의 회원과 한 식탁에 앉아 있었다. 그중 한 사람은 군에서 제대한 지 얼마 되지 않는 의사였다. 그가 말했다.

"군에서 제대해보니 환자들의 병이 크게 달라져 있더군요. 대부분 환자들에게 필요한 것은 약이 아니라 정신력이었습니다. 몸의 병보다 마음과 감정의 병이 훨씬 더 깊어요. 두려움과 열등감, 죄의식, 분노가 뒤죽박죽 얽혀 있지요. 그들의 치료에는 일반의사보다는 정신과의사가 필요합니다. 그러나 정신과의사인 저 역시 그들에게서 그리 만족할 만한 결과를 얻어내지 못했습니다. 그러면서 저는 대부분 환자들의 근본적인 문제는 영적인 것임을 알게 되었습니다. 그래서 그들에게 성경 구절을 자주 들려주었습니다. 결국 저는 습관적으로 그들에게 종교적이며 영적인 책, 특히 어떻게 살아야 하는지를 가르쳐주는 책들을 처방하게 되었지요."

그리고 그는 나를 쳐다보며 이렇게 말을 이었다.

"요즈음 목사님들은 병을 치료하는 데 목사님들이 일정한 역할을 수행해야 한다는 것을 깨달아가고 있습니다. 물론 의사들이 목사님들의 영역을 침범하지 않듯이 목사님들도 의사들의 영역을 침범하지는 않으시지요. 어쨌든 사람들이 건강과 행복을 찾는 것을 돕기 위해 의사들은 목사님들과 협력할 필요가 있습니다."

나는 뉴욕 주에 사는 한 의사로부터 이런 편지를 받은 일이 있다.

이 도시 주민의 약 60퍼센트는 마음과 영혼의 부적응으로 야기된 병에 걸려 있습니다. 현대인들의 영혼이 신체적 병을 유발시킬 만큼 병들어 있다는 사실은 믿기 어려운 일입니다. 나는 언젠가는 목사와 신부, 랍비들이 이런 것들을 이해하게 되리라 믿습니다.

그는 또한 친절하게도 환자들에게 나의 책 『생각대로 된다』와 유사한 책들을 권해 주목할 만한 성과를 얻었다고 말해주었다.

앨라배마의 버밍햄에 있는 서점 주인은 나에게 그 도시에 사는 한 의사의 처방전을 보내주었다. 그 처방전에 쓰여 있는 약들은 약국이 아니라 서점에서 구할 수 있는 것들이었다. 그 의사는 어느 특정한 질병에 특정 책들을 처방했던 것이다.

미주리 주 캔자스 시 의사회 회장이었던 칼 R. 페리스 박사는 나와 함께 라디오 방송에 출연하여 건강과 행복의 관계를 주제로 한 프로그램을 진행한 일이 있었는데, 그는 인간의 치료에는 신체적인 것과 정신적인 것이 매우 밀접하게 연결되어 있어서 종종 그 둘 사이에 명쾌한 선을 긋는다는 것이 대단히 어렵다고 말했다.

몇 년 전, 클래런스 W. 리브 박사 역시 내게 영적이며 정신적인 병이 신체적 건강에 끼치는 영향을 지적해주었다. 나는 그의 현명한 지도에 힘입어 내가 다루고 있는 두려움, 미움, 분노 등의 문제가 종종 신체적 건강과 행복의 문제와 밀접하게 관련되어 있다는 것을 간파하기 시작했다. 이 요법을 신뢰하는 리브 박사는 스마일리 블랜턴 박사와 함께 뉴욕에 있는 마블 협동교회에서 종교와 정신의학 진료서를 개설했고 수년에 걸쳐 수백여 명의 환자를 치료했다.

고인이 된 윌리엄 시먼 베인브리지 박사와 나는 종교와 외과의학의 상호협력이라는 견지에서 밀접하게 협력했고, 그를 통해 우리는 수많은 사람들에게 건강과 새로운 삶을 가져다주었다.

뉴욕에 사는 내 의사 친구인 테일러 버코비츠 박사와 하워드 웨스트코트 박사 두 사람은 몸과 마음, 영혼의 질병이 믿음과 직결된다는 과학적이면서도 영적인 이해를 통해 내 목회에 큰 도움을 주었다.

레베카 비어드 박사는 이렇게 말했다.

"우리는 고혈압을 초래하는 심신 상관적 원인들 가운데 포착하기 힘든 억압된 형태의 두려움—대부분 실제로 일어난 일이 아닌 언제 일어날지도 모르는 것에 대한 막연한 두려움이 있다는 것을 발견했습니다. 그들은 대부분 장래의 일을 두려워하지요. 그런 의미에서 그 두려움은 그저 상상의 두려움이라고 볼 수 있습니다. 그들이 두려워하는 것은 절대로 일어나지 않을 것이기 때문입니다.

당뇨병의 경우, 췌장에서 분비되는 인슐린을 마구잡이로 소모시켜 최악의 상태를 맞게 하는 원흉은 다름 아닌 슬픔과 실망의 감정이라는 것을 발견했습니다. 슬픔이나 실망은 다른 그 어떤 감정보다 더 많은 에너지를 소모한답니다. 여기서 우리는 감정이 지나간 과거의 것에 연루되어 있음을 발견할 수 있습니다. 감정은 우리의 삶에서 과거의 것을 되살려내고 그럼으로써 미래를 향해 나아가지 못하게 가로막습니다.

현대 의학은 병의 표면적 증세를 어느 정도 호전시킬 수 있습니다. 혈압이 너무 높으면 낮아지게, 너무 낮으면 높아지게 하는 약물을 투여해서 일시적으로 증상이 개선되게 할 수 있지요. 또한 당뇨병 환자에게 인슐린을 투여해서 더 많은 당분이 에너지로 쓰이게 하고, 그런 작용을 통해 역시 일시적으로 증상을 완화시킬 수는 있습니다. 이런 방법은 때로는 결정적인 도움이 되기는 하지만 완전한 치료법은 되지 못합니다. 게다가 우리는 아직 감정의 모순으로부터 우리를 보호해줄 그 어떠한 약물이나 백신도 개발해내지 못했습니다. 우리의 감정적 자아에 대한 더 나은 이해와 종교적 신앙으로의 복귀라는 복합적인 요법만이 영구적인 치료를 약속할 수 있을 따름입니다."

비어드 박사는 자신의 견해를 다음과 같이 결론짓고 있다.

"해답은 예수의 치료하시는 가르침 속에 있습니다."

한 여의사는 의학과 믿음의 복합 요법으로 성과를 내고 있다고 내게 편지로 알려주기도 했다.

저는 당신의 종교 철학에 관심을 가지게 되었습니다. 저는 정성을 다해 일을 해왔고, 그래서 신경이 예민해져 있었으며, 걸핏하면 화를 내곤 했습니다. 때로는 지난날의 두려움과 죄의식에 사로잡히기도 했고, 사실 병적인 긴장감 때문에 거의 죽을 지경이 되는 때도 있었습니다. 그러던 어느 날 우연히 당신의 책을 읽게 되었습니다. 그 책이 바로 제가 필요로 하는 처방이었습니다. 대의사이신 하나님이 나와 함께 계신다는 것, 그리고 그분이 두려움의 병원균을 죽이고, 죄의식의 바이러스를 무력하게 하는 항 생제가 되신다는 믿음이 바로 그 처방이었습니다.

저는 당신의 책에 쓰여 있는 기독교 원리들을 실천하기 시작했습니다. 그러자 차츰 긴장에서 해방되고, 평안과 행복을 느끼게 되었으며, 충분한 수면을 취하게 되었습니다. 그때부터 저는 비타민이나 활력제 복용을 그만두었습니다.

그녀는 다음과 같은 말을 덧붙였는데, 바로 이 점이 내가 가장 강조하고 싶은 것이다.

그리고 이 새로운 경험을 신경통에 시달리고 있는 제 환자들과 나누고 싶어졌어요. 그런데 저는 수많은 환자들이 선생님의 책, 그리고 그와 유사한 또 다른 책들을 읽고 있는 것을 발견하고 깜짝 놀랐습니다. 환자들과 저는 협력할 수 있는 공통의 기반을 가지고 있었던 것입니다. 그것은 우리의 마음을 풍요롭게 하는 경험이었습니다. 이제 환자들과 신앙에 대해 자연스럽게 대화를 나누고 있습니다.

저는 의사로서 하나님의 도움에 의해 기적적으로 회복된 수많은 경우를 보아왔고, 불과 몇 주일 전에도 보았습니다. 3주일 전에 제 여동생이 아주 큰 수술을 받았습니다. 수술 후 장폐색 증세를 보였고, 닷새째 되던 날에는 병세가 악화되었습니다. 제가 12시경에 병원을 나섰을 때만 해도, 몇 시간 이내에 호전의 기미가 보이지 않으면 회복될 가능성이 없어 보였습니다. 저는 몹시 걱정이 되었고, 초조한 심정이 되어 동생의 장폐색 증세가 호전되기를 기도하면서(이미 가능한 모든 의학적인 처치를 다한 상태였습니다) 약 20분간 병원 부근을 천천히 차를 몰고 돌아다녔습니다.

그런 다음 제가 집으로 돌아온 지 채 10분도 지나지 않아 여동생의 담당 간호사에게서 전화가 걸려왔습니다. 여동생의 장폐색 증세가 사라지고 병세가 확실히 호전되었다는 내용이었습니다. 그리고 그 후에 제 동생은 완전히 회복되었습니다. 제가 어떻게 하나님의 개입으로 동생이 되살아난 것이라고 믿지 않을 수가 있겠습니까?

이것은 성공적인 경력을 쌓은 의사의 이야기였다.

엄격하고 건전한 과학적 견지에서 우리는 믿음을 통한 치유의 현상이 신뢰할 만한 것임을 알게 되었다. 내가 치유에 있어서 이 믿음의 역할이 분별 있는 것임을 확실히 믿지 않았더라면, 나는 분명 이 장에 쓰인 관점을 생각해내지 못했을 것이다.

오랫동안 나는 내 교회의 신자들에게서 뿐만이 아니라 내 책의 수많은 독자들과 라디오 청취자들에게서 믿음으로 병을 고쳤다는 편지를 헤아릴 수 없이 많이 받았다. 나는 그 편지들의 진실성에 대해 주의 깊게 조사해보았고, 그것들의 신빙성에 대해서 만족할 만한 결과를 얻었다. 나는 건강과 행복, 그리고 성공적인 삶의 길이 있다는 것을 냉소적인 사람들에게 확실한 증거와 함께 자신 있게 선언하고 싶었다. 오로지 잠재의식 속에서 스스로 패배를 바라고 있거나, 스스로 병든 채로 지내고 싶어 하는 사람들만이 이런 사례들에 소개된 건강의 가능성을 무시하게 될 것이다.

이상의 갖가지 사례들이 공통으로 주장되는 원리들을 간단히 공식화하면 이렇다. 즉 의학적이고 심리학적인 모든 수단, 그리고 영적 과학의 모든 수단을 복합적으로 사용하라. 이것은 건강과 행복을 확실히 가져다주는 요법이다. 단, 환자를 살리는 것이 하나님의 뜻이라면 말이다. 이런 이야기를 하는 것은 우리에게는 분명히 삶을 마쳐야 하는 때가 올 것이기 때문이다. 물론 생명 자체는 결코 종말이 없다. 다만 이 지상의 삶이 끝날 뿐이다.

우리 기성 교회들은 기독교에 건강에 대한 건전한 메시지가 있다는 것을 적극적으로 전하는 데 실패했다. 마땅히 해야 하며 충분히 할 수 있는 중요한 역할을 간과하고 있는 것이다. 그들이 이런 메시지를 전달하는 데 실패했기 때문에 수많은 다른 영적 단체들과 조직들이 그 부족함을 보충해주기 위해 만들어져 왔다. 이제 모든 교회들은 이미 그 진실성이 입증된 것들, 다시 말해서, 믿음 가운데 치유가 있다는 사실을 인정해야 한다. 다행스럽게도 기독교의 각종 단체와 조직들의 사려 깊고 과학적인 지성을 지닌 영적 지도자들이 여러 사실들과 성경에 근거한 믿음에 한 걸음 더 나아가고 있으며, 이제 예수 그리스도의 치유하시는 놀라운 은총을 사람들에게 적용하고 있다.

질병을 치유하는 하나님의 능력

나는 질병 치료에 성공한 수많은 예를 신중히 검토해본 결과 거기에는 반드시 병을 고치는 데 필요한 몇 가지 요소가 있다는 사실을 발견했다.

첫째, 자신을 하나님 손에 기꺼이, 그리고 온전히 맡긴다.

둘째, 어떤 형태의 것이든 죄의식이나 머릿속에 뿌리내리고 있는 그릇된 욕망과 같은 모든 잘못된 생각들로부터 영혼이 깨끗해져야 한다.

셋째, 하나님의 치유하시는 능력과 잘 조화된 의학적 복합요법에 대한 믿음과 신념이 있어야 한다.

넷째, 그것이 무엇이든지 간에 하나님의 응답을 기꺼이 받아들일 거짓

없는 자세가 갖춰져 있어야 한다. 하나님의 뜻에 대한 그 어떠한 분노나 비탄이 있어서는 안 된다.

다섯째, 하나님이 치유하실 수 있으시다는 데 대한 의심 없는 믿음이 있어야 한다.

이 모든 치료 과정에서 하나님의 능력이 환자의 몸과 마음을 관통할 때 생기는 열심과 광명, 확신을 강조해야만 한다. 내가 실제로 조사해본 바에 따르면, 돌발적으로 나은 경우도 있고 점진적인 경우도 있지만, 어떤 형태로든 한때 열심과 광명, 아름다움과 평화, 기쁨과 해방감을 맛본 순간이 있었다고 한다.

이런 문제를 조사함에 있어서 나는 언제나 일단 병이 완치되었다고 하더라도 그 치료가 일시적인 호전이 아닌, 영구적인 것임을 증명하기 위해 오랫동안 경과를 지켜보곤 했다.

여기서 한 부인이 내게 보내준 편지를 통해 알게 된 한 사례를 소개하고자 한다. 나는 그녀의 판단을 존중하며 그녀의 말에 신빙성이 있음을 의심치 않는다. 이 사례의 모든 자료는 철저하며 아주 과학적인 것이다. 그녀는 치명적인 병의 진행을 막기 위해 즉각적인 수술을 받아야 할 처지에 놓여 있었다. 직접 그 부인의 말을 인용하기로 한다.

수술을 위한 모든 예비적 치료를 다 받았습니다. 그러나 예감이 좋지 않았습니다. 이런 상황에선 누구나 그렇듯이 두려움에 휩싸입니다. 이 이상의 병원 치료는 아무 소용이 없다는 것을 알고 있었습니다. 제겐 아무런 희망도 없었습니다. 그래서 저는 하나님을 향해 돌아서서 그분의 도우심을 구하기로 했습니다. 저는 신앙심 깊은 한 아이의 기도로 하나님과 그의 치유하시는 사역을 행하시는 그리스도께서 저를 도우실 것임을 깨닫게 되었습니다. 저는 그런 생각에 전적으로 매달렸고, 제 자신을 하나님의 손에 온전히 맡겼습니다.

저는 매일 아침마다 그런 도우심을 구했고, 그 당시 적지 않았던 집안일을 하면서 하루를 보내곤 했습니다. 그날도 저는 식당에서 저녁 준비를 하고 있었습니다. 내내 혼자였지요. 그런데 갑자기 식당 안이 이상하리만치 밝은 빛으로 가득 찼습니다. 그리고 제 오른편에 누군가가 아주 가까이 서 있는 것 같은 느낌이 들었습니다. 그리고 저는 저를 대신해서 드려지는 기도 소리를 들었습니다. 제 곁에 계신 예수 그리스도께서 저를 위해 기도하고 계심을 알았지요.

저는 확실히 하기 위해 그다음 날 아침까지 기다렸습니다. 아침이면 상태가 나아진 것이 더 확실해질 테니까요. 그리고 아침에 제 병세가 호전되었음을 확실히 느낄 수 있었습니다. 저는 마음이 편안해졌으며, 친구에게 병이 나았다는 사실을 알렸습니다.

그리스도께서 제게 임재하시고 저를 치유하셨다는 것은 오늘날까지도 여전히 생생한 기억으로 남아 있습니다. 이 일은 15년 전에 있었던 일입니다. 그리고 저의 건강은 그때 이후로 나날이 좋아져 지금은 최고의 상태를 유지하고 있습니다.

심장 질환의 경우, 믿음이라는 처방—조용하며 평화로운 예수 그리스도에 대한 믿음이라는 처방—이 치료를 가속화시킨다. 심장 질환을 겪어본 사람들은 그리스도의 치유하시는 은총에 대한 철저하고 완전한 믿음의 치료법과 그들의 의사에게서 지시받은 의학치료를 열심히 받아서 놀랄 만한 회복의 효과를 보았다고 말한다. 이와 같은 사람들은 믿음의 처방을 받고 난 뒤 의사들이 내려준 갖가지 지시와 처방만으로 치료하던 때보다는 훨씬 건강해질 것이며, 그동안 억눌렸던 과도한 긴장을 생각해보면, 여분의 힘까지도 축적한 셈이다.

그러나 그들이 배운 것은 그 이상이다. 그들은 인간의 행복을 증진시키는 중요한 방법, 그리고 하나님의 치유하시는 능력에 자신을 전적으로 내맡긴다는 위대한 방법을 배운 것이다. 이것은 자기 자신 안에 재창조하는 강력한 능력이 역사하고 있다는 것을 받아들이고, 창조적 과정에 자기 자신을 내맡겨야 이루어진다. 환자는 우주 안에 선천적으로 내재되어 있는 삶의 활력과 재창조하는 에너지의 흐름에 자신의 의식을 열어놓게 되는데, 그 삶의 활력과 재창조하는 에너지는 긴장과 고도의 스트레스, 행복의 법칙에 거슬리는 기타의 모든 것들로 인해 그의 삶에서 억압되고 있던 것들이다.

오래전, 한 저명인사가 심장병에 걸린 일이 있었다. 그는 의사로부터 재기불능이라는 진단을 받았다. 의사는 그에게 대부분의 시간을 침대에서 보내라고 지시했다. 인생의 남은 기간을 침대에서 병약한 환자로 지내야 할 판국이었다. 그렇게 해도 살 수 있는 날은 얼마 남지 않았다고 했다. 요즘의 의학으로 본다면, 그 무렵 그에게 그와 같은 선고를 하는 것이 타당했는지 의문스럽다. 아무튼 그는 그 비참한 장래에 대한 선고에 귀기울이고 그것들을 주의 깊게 생각해보았다.

어느 날 아침, 그는 일찍 잠에서 깨어 성경을 펼쳐 우연히(그 일이 진정 우연이었을 리는 없다) 예수 그리스도의 치유에 관한 한 이야기를 읽게 되었다. 그는 또 "예수 그리스도는 어제나 오늘이나 영원토록 동일하시니라"(「히브리서」 13장 8절)라는 구절도 읽었다. 이 구절을 읽고 문득 만약 예수 그리스도가 먼 옛날에 사람들의 병을 실제로 고치셨다면, 그리고 만약 예수 그리스도가 어제나 오늘이나 영원토록 동일하시다면, 그 예수 그리스도가 오늘날이라고 병을 고치지 못할 이유는 없지 않느냐는 생각을 하게되었다. 그래서 그는 "왜 예수께서 내 병을 고쳐주시지 않는 것일까?"라고 자문해보았다. 그러자 그의 가슴속에서 믿음이 용솟음쳤다.

그래서 확신을 가지고 하나님께 자신의 병을 고쳐주실 것을 구했다. 그는 예수께서 자신에게 "너는 내가 너의 병을 고칠 수 있다고 믿느냐?"라고 말씀하시는 것 같이 느껴졌다. 그래서 그는 자신도 모르게 "네, 하나님, 저는 당신께서 하실 수 있다고 믿습니다"라고 대답했다고 한다.

그는 눈을 감았다. 그리고 그리스도의 치유 능력이 자신의 심장을 어루만지는 것 같은 느낌을 받았다. 그날 하루 종일 그는 이상하게도 몸과 마음이 편안했다. 하루가 다할 무렵, 그는 자신의 내부에서 힘이 솟아나는 것을 확신했다. 그리고 마침내 어느 날, 그는 이렇게 기도를 드렸다.

"하나님, 만약 이것이 당신의 뜻이라면, 저는 내일 아침 이발소에 들러 머리 손질을 좀 하고 외출을 할 생각입니다. 그리고 며칠 안에 다시 일을 시작하겠습니다. 저는 저 자신을 온전히 주님의 손에 맡깁니다. 만약 제가 지나친 활동으로 인해 내일 죽게 된다 해도, 저는 오늘 이 모든 놀라운 일들을 누리게 하신 주님께 감사드리고 싶습니다. 저와 함께하시는 당신의 도우심으로 내일을 힘차게 시작할 것입니다. 그리고 당신께서는 온종일 저와 함께하실 것입니다. 저는 제가 충분한 힘을 가지게 될 것으로 믿습니다. 그러나 만약 저의 이 믿음이 허사가 되어 제가 죽을 수밖에 없을지라도, 저는 영원히 주님과 함께 할 것입니다. 그리고 어느 쪽이 되든 그 모든 것에 저는 늘 만족할 것입니다."

이 조용한 믿음 가운데 그는 나날이 활동의 강도를 높여갔다. 그는 그

때 이후로 항상, 심장병이 그에게 감지된 이래로 오늘날까지 그와 같은 기도 속에서 살았으며, 75세에 은퇴를 했다. 내가 아는 어떤 사람도 그만큼 성심을 다해 일하며 인류 복지에 기여한 사람은 없었다.

그렇지만 그는 언제나 자신의 몸과 신경의 한계를 알고 결코 무리하지 않았다. 점심식사를 마친 후에는 반드시 침대에 누워 낮잠을 자는 것이 한결같은 습관이었다. 그는 그 어떤 스트레스도 자신에게 허용하지 않았다. 일찍 자고 일찍 일어나는 등 언제나 규칙적인 생활을 철저히 지켰다. 그의 어떤 활동에도 걱정이나 분노, 긴장은 없었다. 그는 열심히 일했지만 언제나 여유가 있었다.

의사들도 옳았다. 만약 그가 젊은 시절처럼 불규칙한 생활을 계속했더라면 어떻게 되었을까? 아마 오래전에 죽었거나 죽지는 않아도 적어도 그처럼 오랫동안 일을 하지는 못했을 것이다. 의사들의 권고가 그를 그리스도의 치유하시는 역사가 완성될 수 있는 지점에까지 이르게 했던 것이다. 심장병에 걸리지 않았더라면 그는 정신적으로나 영적으로 병을 고치려는 준비를 갖추려 하지 않았을 것이다.

유능한 사업가였던 나의 또 다른 한 친구도 심장병으로 고생했다. 그는 여러 주를 병상에 묶여 지내야 했다. 그러나 얼마 지나지 않아 자신이 전에 맡아 하고 있던 일들로 복귀해서 그 모든 일들을 성공적으로 해나갔다. 게다가 그는 이전에 비해서는 별다른 긴장 없이 일을 해나갔다. 마치 전에 누리지 못했던 새로운 힘을 가지게 된 것 같았다. 그의 회복은 자신의 건강 문제에 대한 과학적이고도 영적인 확고한 접근 방식에서 연유한 것이다. 그는 유능한 의사를 만났으며, 의사의 지시를 철저하게 따랐다. 그때의 상황에서 그에게 절대적으로 필요했던 일이었다.

그러나 투약과 그런 일련의 치료법 이외에도 그는 또 한 가지 영적치료법을 고안해냈다. 그는 자신이 병원에 입원해 있는 동안 편지로 그 치료법을 내게 요약해서 알려왔다.

올해 스물다섯 살밖에 안 된 절친한 친구가 저와 비슷한 병으로 이 병원에 실려왔는데, 그는 불과 네 시간 만에 죽어버렸습니다. 또 최근에 알게 된 두 사람도 바로 옆의 병실에서 저와 비슷한 처지로 신음하고 있습니다. 저에게는 아직도 해야 할 일이 많습니다. 그렇기 때문에 저는 돌아갈 것이고, 제 앞에 주어진 일들을 하는 데 자신을 바칠 것입니다. 그것도 더 오래 살며 더 풍성하게 살 것을 기대하며 그렇게 할 것입니다. 아마도 제가 이런 경험을 하지 못했더라면, 저는 그런 것들을 누리지 못하고 살아갔을 것입니다. 이곳 의사들은 훌륭하고, 간호사들도 친절하며, 병원이 참 좋습니다.

그리고 그는 자신이 생각해낸 영적 요법을 이렇게 요약했다. 그것은 세 부분으로 되어 있었다.

(1) 절대적인 안정이 필요한 제1단계에서는 저는 「시편」의 훈계에 유의했습니다.
　　"너희는 가만히 있어 내가 하나님 됨을 알지어다."(「시편」46편 10절)
(2) 점차 상태가 호전되어갈 무렵, 저는 다음의 말들을 긍정적으로 받아들였습니다.
　　"너는 여호와를 기다릴지어다. 강하고 담대하며 여호와를 기다릴지어다."(「시편」27편 14절)

(3) 점차 힘을 되찾고 새로운 확신과 신념을 갖게 됨에 따라 저는 다음 구
절을 자신 있게 선언했습니다.

"내게 능력 주시는 자 안에서 내가 모든 것을 할 수 있느니라."(「빌립
보서」 4장 13절)

첫 번째 단계에서 그는 하나님의 보호 아래 완전히 자신을 맡기고 휴식
했으며, 두 번째 단계에서 그는 그의 심장을 하나님의 보호하심에 맡겼
고, 하나님은 치유하시는 손길을 그 환자의 심장에 얹어 그 심장을 새롭
게 하셨던 것이다.

이 영역 요법을 실행에 옮기면서 그는 힘이 자신에게 주어진다는 것을
긍정적으로 확신하게 되었고, 새로운 힘을 받았다.

이 세 단계의 요법으로 그는 치유를 얻었다. 그의 치료를 담당했던 의
사들의 유능한 의술이 그의 몸이 본래 지니고 있던 치유의 힘을 촉발시켰
고, 마찬가지로 믿음의 지혜로운 적용이 그의 본성에 내재하고 있는 영적
능력을 촉발시켜 그를 치료했던 것이다. 그 두 가지 요법이 우리의 생명
안에 있는 위대한 소생력을 불러일으킨다. 그 위대한 소생력이란 우리 몸
을 치유하는 능력과 우리 마음을 회복시키는 능력이다. 전자는 의학적 처
치에 해당하고, 후자는 믿음의 처치에 해당하며, 하나님은 이 양자 모두
를 주관하신다. 하나님은 우리의 몸과 마음 모두를 지으셨으며, 그들 양
자를 지배하는 건강과 안녕의 가정을 세우셨다. "우리가 그를 힘입어 살
며 기동하며 존재하느니라."(「사도행전」 17장 18절)

병을 예방하고 마음과 몸을 치유함에 있어서, 당신에게 유용한 치유의
믿음을 끌어내는 데 실패하는 일이 없길 바란다.

질병을 치유하는 8가지 제안

––––––

자신이나 사랑하는 사람이 병들었을 때 할 수 있는 일에는 무엇이 있을까? 그에 대한 실제적인 제안을 소개한다.

1. **"병이 나거든 의사를 부름과 동시에 목사도 부르세요"라는 유명 의과대학교 학장의 권고를 따르라.** 치료에는 의학적 기술과 마찬가지로 영적인 힘도 중요하다는 것을 믿어라.

2. **의사를 위해 기도하라.** 하나님은 치유력의 매개로 숙련된 인간이라는 도구를 쓰신다. 어떤 의사는 이 사실을 "우리는 환자를 취급하고 하나님은 그를 고치신다"라고 표현한다. 그런고로 의사가 하나님의 치유하시는 은총의 통로가 될 수 있도록 기도하라.

3. **무슨 일을 하든지 결코 전전긍긍하거나 두려워하지 마라.** 당신이 두려워하면, 병을 치유하기 위해 긍정적이며 반드시 치료가 된다는 확신이 필요할 때, 도움보다는 부정적이며 파괴적인 생각을 전하게 된다.

4. **하나님이라 할지라도 법칙을 무시하지 못하신다는 것을 기억하라.** 우리들에게 사소한 것으로 보이는 물질의 법칙도 이 우주를 관통해 흐르는 하나님의 위대한 능력의 단편적 계시라는 것을 기억하라. 영적 법칙도 병을 지배한다. 하나님은 모든 병에 대해 두 가지 치료법을 마련하고 계신다. 하나는 과학에 의해 적용되는 자연법칙을 통한 치료법이고, 다른 하나는 믿음을 통해 적용되는 영적 법칙에 의한 치료법이다.

5. **당신의 사랑하는 사람을 하나님의 손에 온전히 맡겨라.** 당신의 믿음으로 사랑하는 사람을 하나님의 능력의 흐름 속에 있게 할 수 있다. 거기에서 치유가 이루어진다. 그러나 그 치유가 효과적으로 이루어지기 위해서, 환자는 하나님의 뜻의 작용에 온전히 맡겨져 있지 않으면 안 된다. 이것은 이해하기도 어렵고 실행하기도 어렵다. 그러나 사랑하는 사람이 소생하기를 바라는 간절한 욕구가 그를 하나님께 기꺼이 바치려는 헌신의 욕구와 같은 정도일 때, 치유하시는 능력이 작동하기 시작한다.

6. **가족들 사이의 영적 융화가 이루어지도록 노력하라.** 「마태복음」18장 19절에서 강조하고 있는 요점을 기억하라. "너희 중의 두 사람이 땅에서 합심하여 무엇이든지 구하면 하늘에 계신 내 아버지께서 그들을 위하여 이루게 하시리라." 불화와 질병은 사촌간이다.

7. **마음속에 병이 나은 모습을 그려라.** 사랑하는 사람이나 자신이 완전히 건강을 회복한 모습을 상상하라. 그가 하나님의 사랑과 선하심으로 빛을 내고 있는 모습을 그려라. 당신의 의식은 병이나 죽음까지도 생각할 수 있겠지만, 당신 마음의 90퍼센트는 잠재의식 속에 놓여 있다. 건강하다는 마음의 영상을 잠재의식 속으로 스며들게 하라. 그러면 잠재의식이 건강의 에너지를 발산할 것이다. 당신의 믿음이 당신의 잠재의식을 통제하지 못한다면, 당신은 결코 좋은 것을 얻지 못할 것이다. 당신의 잠재의식은 당신의 사고가 실제로 생각하고 있는 것만을 되돌려주기 때문이다. 당신이 실제로 생각하는 것이 부정적이고 소극적이면, 결과도 그에 따라서 부정적이고 소극적이다. 당신이 실제로 생각하는 것이 긍정적이고 적극적이면, 당신은 긍정적이고 적극적인 결과, 즉 실제적인 병의 치유를 얻게 될 것이다.

8. **철저히 자연스러워져야 한다.** 하나님께 병을 고쳐주십사 구하라. 당신이 진심으로 원하는 것이라면 하나님께 간곡히 그렇게 해주실 것을 구하라. 그러나 당신이 이 '간곡히'라는 말을 한 번만 쓰기를 권한다. 한 번 그렇게 구했으면 다음부터는 기도할 때에 하나님의 선하심을 생각하라. 이런 긍정적이고 적극적인 믿음은 당신의 심오한 영적능력을 풀어내도록 도울 것이며, 하나님의 자비로운 돌보심에 대한 확신 가운데 기쁨을 누리게 할 것이다. 이 기쁨이 당신을 붙들어줄 것인데, 바로 이 기쁨 자체가 치유의 능력이라는 것을 기억하라.

12

어떻게 활력을 되찾는가

한 부인이 약국에 들러 몸과 마음의 고민을 한꺼번에 해결해주며, 심신의 병을 낫게 해주는 약을 살 수 있느냐고 물었다.

물론 이런 약이 약국 선반에 있을 리 없다. 그런 약이 물약이나 알약 모양으로 되어 있을 리도 없다. 그러나 그 부인이 찾던 것과 똑같은 심신의 병을 치료하는 약은 분명히 있으며, 그것은 많은 사람들이 필요로 하는 약이다. 기도와 믿음, 역동적인 영적 사고를 혼합한 처방이 바로 그것이다.

오늘날 전세계 인구의 절반 이상은 온당치 못한 마음의 상태가 감정과 신체구조에 끼치는 좋지 못한 영향 때문에 병들어 있다. 그렇기 때문에 이 약은 대단히 중요한 의미를 갖는다. 건강 상태가 좋지 못한 사람들은 이 책에서 귀중한 건강 처방을 발견하게 될 것이다. 이 처방을 의사들이 주는 건강 지침들과 함께 충실히 지켜나가면 큰 도움을 받을 수 있을 것이다. 나는 여기서 영적, 정서적 처치가 쇠퇴하면서 잃어버린 활력을 되찾을 수 있다는 실례를 들고자 한다.

어느 큰 회사의 사장이 자기 회사의 영업이사를 내게 보낸 일이 있었다. 이 영업이사는 매우 유능할 뿐 아니라 아주 열심히 일하던 사람이었는데, 웬일인지 점점 그의 재능과 에너지 모두가 심각할 정도로 뒤쳐졌다. 그는 회사의 권고에 따라 의사의 진단을 받고, 반강제적인 휴가를 떠나게 되었다. 그러나 휴가조차도 그에게는 아무런 도움이 되지 못하는 것 같았다.

마침 우리 교회의 종교와 정신의학 진료소를 알고 있던 그의 주치의가 그 회사의 사장에게 그 영업이사를 우리에게 보내 상담치료를 받게 하는 것이 좋겠다고 권했던 것이다. 그러나 그는 자신을 교회로 보낸 회사의 처사에 대해 상당히 못마땅하게 생각하고 있었다.

"사업가를 목사에게 보내다니, 참 난처한 일입니다. 아마 당신은 함께 기도하고 성경을 읽자고 하시겠죠?"

그는 안절부절 못하며 말했다.

"저는 전혀 뜻밖이라고는 생각하지 않습니다. 때때로 우리를 괴롭히는 문제는 기도와 성경을 이용하는 것만으로도 놀랄 만한 효과를 거둘 수 있답니다."

나는 그렇게 대답했다.

그러나 그의 불쾌해 보이는 표정에는 내 말에 협조할 기색이 전혀 없었다. 마지못해 나는 이렇게 말했다.

"솔직히 말해서 당신이 제 말에 고분고분 따라주지 않는다면, 결국 당신은 해고될 것입니다."

"대체 누가 그런 말을 합디까?"

"당신 회사의 사장이죠. 실제로 그는 우리가 당신을 회복시키지 못하면, 참 애석한 일이지만, 당신을 해고할 수밖에 없다고 말했습니다."

그는 당황한 기색이 역력한 채로 물었다.

"그렇다면 내가 꼭 당신의 말을 따라야만 하는 건가요?"

"두려움이나 괴로움, 긴장, 분노, 죄의식, 또는 이 모든 것이 복합된 좋지 못한 감정들이 사람의 마음에 쌓이게 되면, 흔히 당신과 같은 상태에 빠지게 됩니다. 이런 감정적 장애물들이 어느 한계 이상으로 축적되면, 인간의 정신력은 더 이상 지탱해내지 못하게 되고, 결국 무너져버리고 맙니다. 또한 정서적, 영적, 지적 능력도 봉쇄되어버립니다. 그래서 분노나 두려움, 또는 죄의식으로 꼼짝달싹 못 하게 되는 것입니다. 저는 당신의 문제가 무엇인지 모릅니다만, 당신이 저를 절대적으로 믿을 수 있는 다정한 친구하고 생각해주셨으면, 그리고 당신 자신에 대하여 제게 이야기해주셨으면 좋겠습니다."

나는 그가 아무것도 숨기지 않는 것이 중요하다는 것과 그 어떤 것이라도 괜찮으니 마음속에 담아두고 있는 두려움이나 분노, 죄의식과 같은 것들을 있는 대로 다 털어놓으라고, 마음을 텅 비게 만들어야 한다고 힘들여 그를 납득시켰다.

"저는 우리의 면담이 확고한 신뢰 가운데 이루어질 것임을 약속합니다. 당신 회사의 모든 직원들이 바라는 것은 당신이 돌아와서 옛날과 같은 뛰어난 능력을 발휘해주는 것입니다."

이런 과정을 거쳐서 그 문제들이 무엇인지 드러나게 되었다. 그는 몇 가지 죄를 범했으며, 이런 죄들을 은폐하기 위해 점점 더 복잡하게 뒤엉킨 거짓말의 미로 속으로 자신을 몰아넣었다. 그는 자신의 죄가 탄로나지 않을까 하는 불안 속에서 생활해야 했다. 그의 마음은 참담할 정도로 혼란스러워 마치 쓰레기장과도 같았다.

그가 상당히 얌전하고 내성적인 사람이었기 때문에, 자신의 이야기를 털어놓게 하는 것은 꽤 어려운 일이었다. 나는 내가 그의 과묵함을 이해하기는 하지만, 그의 병에 대한 이 수술은 반드시 하지 않으면 안 되며, 또한 이 수술은 그가 철저하게 그의 마음을 비우지 않고서는 이루어질 수 없다는 것을 말해주었다.

그리하여 모든 과정이 다 끝났을 때 그가 취한 태도를 나는 일생을 두고 결코 잊지 못할 것이다. 그는 천천히 자리에서 일어나 온 몸을 쭉 펴더니, 발끝으로 서서 마치 기지개를 켜듯이 하늘을 향해 두 팔을 쭉 펴고, 심호흡을 했다.

"아, 정말, 속이 다 후련합니다."

그것은 해방과 구원을 극적으로 표현하는 말이었다. 나는 그에게 이제 하나님께 기도하고 그를 용서해주실 것과 그의 마음을 평화와 정결로 가득 채워주실 것을 구하라고 권했다.

"소리 내서 기도하라는 말씀이신가요? 제 평생에 그렇게 해본 적은 한 번도 없는데요."

그는 반신반의하는 표정으로 물었다.

내가 말했다.

"네, 그렇게 하는 것이 좋습니다. 그렇게 하면 당신은 강해질 겁니다."

그의 기도는 아주 간단했다. 그러나 그것은 내가 지금도 생생하게 기억할 정도로 분명한 내용의 기도였다. 그는 이렇게 기도했다.

"주여, 저는 깨끗하지 못한 인간이었습니다. 그리고 제가 저지른 잘못을 후회하고 있습니다. 저는 그 모든 것을 여기 있는 친구에게 다 털어놓았습니다. 이제 당신께 구하오니, 저를 용서하시고 저를 평화로 채워주소서. 또한 제가 이런 행동을 결코 반복하지 않도록 저를 강하게 하시옵소서. 제가 다시 깨끗해지고 더 나아질 수 있도록, 제가 좀 나은 사람이 될 수 있도록 도와주시옵소서."

그는 그날로 회사에 돌아갔다. 그에게는 아무런 이야기도 더할 일이 없었으며, 그럴 필요도 없었다. 곧 그는 제 궤도에 올라섰으며, 최고의 영업 이사가 되었기 때문이다.

얼마 후에 나는 그 회사의 사장을 만났는데, 그는 내게 이렇게 말했다.

"당신이 빌에게 어떻게 했는지 모르지만, 빌은 지금 우리 회사에서 아주 중요한 인물이 되었습니다."

"저는 아무것도 하지 않았습니다. 하나님이 하셨습니다."

나는 그렇게 대답했다.

"네, 무슨 말인지 알겠습니다. 아무튼 그는 옛날의 빌로 돌아왔습니다."

사장의 말이었다.

빌은 활력이 떨어졌을 때, 자신에게 정상적인 힘을 회복시켜줄 건강처방을 알게 되었고, 그것을 이용하게 되었던 것이다. 다시 말해, 몸과 마음의 이상을 한꺼번에 치료하는 약을 먹고 자신의 건강치 못한 영적이고 정신적 상태를 치료했던 것이다.

분노와 악의를 마음에서 내보내라

콜로라도 의과대학교 교수인 프랭클린 에보 박사는 종합병원에 입원해 있는 환자의 3분의 1은 그 성질이나 증상으로 보아 분명히 신체적인 질병이고, 또 3분의 1은 정신과 신체의 이상이 결합되어 나타나는 혼합병이며, 나머지 3분의 1은 틀림없이 모두 정신적인 질병이라고 주장한다.

또 『마음과 몸(*Mind and Body*)』의 저자이기도 한 플랜더즈 던바 박사는 '신체적인 것인가 또는 정신적인 것인가가 문제가 아니라, 그 두 가지가 어느 정도의 비율로 섞여 있느냐 하는 것이 더 중요하다'라고 말하고 있다.

이 문제를 한 번이라도 심사숙고해본 사람이라면 그 누구라도 우리에게 분노, 증오, 악감, 악의, 질투, 앙심과 같은 것들이 병을 낳는 태도라고 주장하는 의사들이 틀리지 않았다는 것을 인정할 것이다. 분노가 폭발하면, 명치가 내려앉는 느낌과 위의 통증을 경험하게 된다. 감정의 폭발로 말미암아 우리 몸 안에서의 화학적인 반응이 야기되며, 그것은 다시 우리 몸에 불쾌한 감각을 가지게 한다. 이런 불쾌한 감각이 격심하게 지속되거나 오랜 시간에 걸쳐 서서히 끓어오르면, 몸의 상태는 일반적으로 쇠약해진다.

어느 의사는 나도 잘 알고 있는 어떤 환자에 대해 그가 앙심 때문에 죽었다고 말해주기도 했다.

"그의 앙심은 몸에 심각한 손상을 입혔고, 결국 병에 대한 저항력은 약해질 대로 약해졌습니다. 그래서 신체적 질병이 그를 침범하자, 그 질병을 극복할 체력이나 힘이 없었던 거지요. 그는 격렬한 앙심으로 자신도 모르게 자신의 몸을 손상시켰던 것입니다."

이렇게 의사는 설명했다.

샌프란시스코의 저명한 의사 찰스 마이너 쿠퍼 박사는 「심장병 예방을 위한 기탄 없는 충고(Heart-to-Heart Advice About Heart Trouble)」라는 기고문에서 이렇게 말하고 있다.

당신은 가능한 한 감정적 반응을 억제하지 않으면 안 된다. 어느 한 사람의 혈압을 가지고 실험을 해본 결과, 분노를 터뜨렸을 때는 그 즉시로 혈압이 평상시보다 무려 60 정도나 상승하는 것으로 나타났다. 이 실험으로 알 수 있듯이 감정의 폭발이 심장에 미치는 영향은 상당히 심각하다. 성미가 급한 사람은 남이 과오를 범했을 때 이미 엎질러진 물이라서 아무리 화를 내도 소용없으므로 화를 내지 않는 것이 현명한 일임에도 절제심 없이 금세 발끈해서 책망하려고 든다. 그러나 되도록 남의 잘못으로 자신의 감정이 혼란스러워지지 않도록 자제하는 것이 현명하다.

그리고 쿠퍼 박사는 스코틀랜드의 위대한 외과의사 존 헌터 박사의 이야기를 인용했다. 헌터 박사 역시 심장병이 있어 격렬한 감정이 심장에 미치는 영향을 잘 알고 있었다. 그는 자신의 생명이 자신을 괴롭히는 사람의 손에 달려 있다고 말했다. 그런데 사실상 그의 죽음은 그가 자신을 억제하는 일을 잊고 벌컥 화를 내어 생긴 심장병 때문이었다고 한다.

쿠퍼 박사는 마지막에서 이렇게 결론 내린다.

사업상의 문제가 당신을 괴롭히거나 또 당신이 그 일로 화가 치밀어오르기 시작하면, 냉정하게 그 문제를 샅샅이 분석해보시기 바랍니다. 그렇게 하면 솟구쳐오르던 혼란스러운 감정이 흩어질 것입니다. 당신의 심장은 신체적, 정신적, 그리고 감정적 활동을 지성적으로 다스려나가는 명랑하고 침착한 사람 속에서 오랫동안 머물기를 바라고 있답니다.

만약 당신의 건강이 좋지 못하다면 신중하게 자기 분석을 해보는 것이 좋다. 어떤 악의, 분노, 또는 원한을 품고 있는가를 자신에게 솔직히 물어보고, 만약 있다면 그것들을 지체없이 몰아내라. 당신이 그들에게 그런 감정을 가졌다고 해서 그것들이 누군가에게 해를 끼칠 수 있는 것도 아니며, 오히려 그런 감정은 밤낮으로 당신의 생명을 좀먹기만 할 뿐이다. 수많은 사람들의 건강이 나빠져 있다. 그것은 그들이 먹는 음식이 나빠서가 아니라 그들을 좀먹고 있는 불건전한 감정 때문이다. 감정적인 병은 활력을 떨어뜨리고 능률을 감소시키며 자신을 파괴하며, 결국 그들의 행복을 앗아가버린다.

그러므로 우리의 사고방식이 신체적 상태에 영향을 준다는 사실을 상기해야 한다. 다른 사람에 대한 원한으로 자신을 병들게 할 수 있다는 것도 인정해야 한다. 또한 죄의식으로 말미암아 다양한 생리학상의 징후를 키워나갈 수도 있다는 것과 두려움이나 걱정의 결과로 뚜렷한 신체적 징후가 나타날 수도 있다는 것을 명심해야 한다. 그러나 사고방식을 바꾸면 병도 고칠 수 있다.

마음의 고통이 우리 몸에 끼치는 영향

최근 한 의사가 체온이 38.8도나 되어 입원한 젊은 여자 이야기를 해준 적이 있다. 그녀에게 나타나는 증상은 분명 관절염이었다. 그녀의 관절은 심하게 부어 있었다.

의사는 그 환자의 상태를 면밀히 검사하기 위해서 그녀에게 아무런 약도 주지 않고 그저 고통을 덜 수 있도록 약간의 진통제만을 처방해주었다. 그리고 이틀이 지났다. 그 젊은 여자 환자가 의사에게 물었다.

"언제까지 병원에 남아 있어야 합니까?"

"아마 6개월쯤 입원해 있어야 할 것입니다."

"그럼, 결혼을 6개월 후로 미뤄야겠네요!"

그녀는 놀라서 소리쳤다.

"미안합니다만, 그 이상의 것은 약속할 수 없습니다."

이 대화는 저녁에 주고받은 것이었다. 그다음 날 아침, 그 환자는 체온이 정상을 회복하고 관절의 부기도 말끔히 가라앉아 있었다. 어떻게 된 일인지 영문을 모르는 의사는 며칠간 더 치료해보고, 마침내 완쾌된 것으로 판단해서 그녀를 집으로 돌려보냈다.

약 한 달쯤 되어 그녀는 전과 똑같은 증세로 다시 입원했다. 체온은 38.8도였고 관절은 부어올라 있었다. 그때 면담을 통해 밝혀진 바로는 그녀의 아버지는 자신의 사업에 이득이 될 것으로 예상되는 한 남자와 딸을 결혼시키려 했다. 딸은 자기 아버지를 사랑했기에 아버지의 뜻에 따라 그 남자와 결혼하려고 했다. 하지만 마음속으로는, 자기 뜻에 안 맞는 남자와 결혼하기가 죽기보다 싫었다. 그래서 그녀의 잠재의식이 그녀를 돕기에 이르렀고, 드디어는 그것이 실제로 그녀에게 관절염의 원인이 되었고, 또 열이 나게 했던 것이다.

의사는 그 여자의 아버지에게 만일 딸에게 결혼을 강요하면 그녀는 불구자가 되고 말 것이라고 설명해주었다. 그러자 아버지는 딸에게 그 결혼을 하지 않아도 좋다는 말을 했고 그녀의 병은 곧 씻은 듯이 나아 퇴원했다.

당신에게 관절염이 있다고 해서 당신이 결혼 상대를 잘못 골랐다고 생각하지는 마라! 이 사례는 마음의 고통이 신체적 상태에 끼치는 심각한 영향을 실증적으로 보여주는 예일 뿐이다.

나는 유아기의 어린아이들이 홍역이나 전염성 강한 질병들보다 그들 주변에 있는 사람들의 두려움과 증오에 더 빨리 감염될 수 있다는 한 심리학자의 주장을 읽은 적이 있다. 두려움이라는 바이러스는 그들의 잠재의식 속으로 깊이 파고들어가 잠복하며 평생에 걸쳐 떠나지 않는다. 그러나 그 심리학자는 "참으로 다행스럽게도 그 유아기의 어린아이들은 사랑과 선의, 그리고 믿음에도 감염될 수 있으며, 그럼으로써 정상적이고 건강한 어린아이와 어른으로 성장하게 된다"라고 덧붙였다.

콘스탄스 J. 포스터는 『레이디스 홈 저널(Ladies, Home Journal)』의 한 기사에서 탬플 의과대학교 교수인 에드워드 웨이스 박사가 미국 의사협회에서 행한 연설의 일부를 인용하고 있다. 웨이스 박사는 그 연설에서 근육과 관절의 만성적 고통과 불쾌감에 시달리고 있는 사람들은 가까운 어떤 사람들에 대해 음울한 앙심을 품고 있기 때문에 그렇게 되었을 수가 있다고 주장했다. 그는 또 이와 같은 사람들은 보통 그들이 그런 고질적인 분노를 품고 있다는 것을 전혀 모르고 있다고 말한다.

또한 웨이스 박사는 감정과 느낌은 세균만큼이나 실재적인 존재이며, 감정에서 기인한 질병의 고통은 박테리아로 인한 질병에 비해 적지 않으나 감정으로 인해 발생한 질병은 환자가 그 진행을 전혀 의식하지 못한다고 말한다. 이런 사람들은 마음의 문제로 고통받는 것이 아니라—마음에 문제가 있는 사람들은 병의 진행을 의식할 수 있다—감정의 장애로 인해 병이 발생한다. 그리고 그들의 감정 장애는 종종 그들의 가족 문제와 관련이 있다고 주장했다.

이 잡지의 기사에는 손바닥 습진 때문에 의사를 찾아온 부인에 관한 이야기도 소개되어 있다. 의사는 그 부인에게 그녀 자신에 관해 이야기하도록 했다. 그녀가 털어놓은 이야기로 미루어보아, 그녀는 아주 완고한 사람이었다. 그녀는 류머티즘에도 걸려 있었지만 의사는 그녀를 정신과 의사에게 보냈다. 그 정신과 의사는 단번에 그녀의 생활에 뭔가 짜증나게 하는 상황이 있음을 간파했다. 그 짜증나게 하는 상황을 그녀는 피부 발진이라는 겉으로 드러나는 형태로 바꾸고 있었다. 다른 물건이나 사람을 할퀴려고 하는 욕구를 습진으로 대신 충족시켰던 것이다.

의사는 다소 무뚝뚝한 목소리로 그녀에게 손에 습진이 발생하게 된 자초지종을 설명하며 그녀에게 물었다.

"당신을 괴롭히는 게 무엇이죠? 당신은 무엇인가에 크게 화가 나 있는데, 그렇지 않은가요?"

그녀는 꼿꼿이 일어서더니 그냥 병원 밖으로 걸어나가 버렸다. 의사가 문제의 핵심을 너무나 정확하게 찔렀던 것이다. 며칠 뒤에 그녀는 다시 의사를 찾아왔다. 이번에는 도움을 받을 준비가 되어 있었다. 물론 그녀의 미움이 완전히 가신 것은 아니었다.

이 부인의 문제는 경쟁에서 연유된 것이었다. 그녀는 자신의 동생이 그녀를 제대로 존중하지 않는다고 느끼고 있었다. 자기 동생에 대한 미움을 가지고 있지 않았을 때는 아무런 문제가 없었다. 또 자기 동생과의 껄끄러운 관계를 해결하자, 24시간 안에 습진도 사라져버렸다.

펜실베이니아 의과대학교 교수인 L. J. 사울 박사는 "감정적인 혼란은 코와 목 내부의 혈액 순환에 영향을 준다. 그런 혼란은 또 분비선의 분비 작용에도 영향을 준다. 그러므로 감정적인 혼란이 일어나면 점막은 한층 더 감기 바이러스나 다른 세균에 감염되기 쉽다"라며 감정적 혼란과 감기 사이의 연관성을 지적했다.

콜롬비아 의과대학교의 외과학부 교수인 에드문드 P. 파울러 박사는 "시험 기간 중인 학생들이 잘 걸리는 감기가 있고, 여행 전후의 사람들이 잘 걸리는 감기가 있다. 또 대가족을 돌보아야 할 피치 못할 상황이 된 주부가 잘 걸리는 감기도 있다. 때로는 장모가 딸 집에서 같이 살기 위해 찾아왔을 때 감기에 걸리더니만 장모가 떠나자 감기도 같이 사라져버리는 그런 경우들도 종종 보게 된다(그는 장모와 사위, 시어머니와 며느리의 관계 모두에서 이런 예가 있었다고 한다)"라고 말했다.

파울러 박사가 든 예 중에는 스물다섯 살 난 여자 판매원에 관한 이야기도 있었다. 그녀가 박사의 진찰실로 찾아왔을 때, 그녀는 코가 막히고 콧속이 벌겋게 충혈되어 있었으며, 두통과 미열로 고생하고 있었다. 이런 증세가 이주일이나 이어지고 있었다. 그녀에게 물어보니, 그 증상이 생기기 몇 시간 전에 약혼자와 한바탕 크게 싸웠다고 했다.

이웃 병원에서의 치료로 감기는 깨끗이 나았다. 그러나 몇 주 지나지 않아 그녀는 다시 감기에 걸렸다. 이번에는 이웃에 있는 정육점 주인과 싸운 후에 감기가 시작되었다. 그녀는 다시 병원에서 치료를 받았고 곧 나았다. 그러나 그 후에도 그녀는 툭하면 감기에 걸렸다. 그녀가 감기에 걸리는 것은 무슨 이유가 되었든 크게 화를 내고 난 다음이었다. 결국 파울러 박사는 그녀에게 자신의 좋지 못한 성격이 만성적인 감기의 원인이라는 사실을 납득시킬 수 있었다. 그녀가 자신의 감정을 더욱 편안하게 가지는 것을 배워 익힘에 따라 감기 증상은 차차 사라졌다.

분노, 원한, 죄의식이 당신을 병들게 한다

사람들은 성경이 그들에게 '미워하지 말라'라거나 '분노하지 말라'라고 말할 때, 그 말을 '이론상으로만 존재하는 충고' 정도로만 생각한다. 성경은 결코 이론상의 것만은 아니다. 우리가 가지고 있는 책들 가운데 가장 위대한 지혜의 책이며 삶과 건강에 대한 실제적인 충고들로 가득 차 있다. 분노와 원한, 죄의식은 사람을 병들게 한다고 의사들은 말한다. 많은 사람들은 성경이 순전히 종교적인 책이며 그렇게 때문에 전혀 실제적이 아니라고 무시해 버리기 일쑤이다. 그러나 의사들은 성경이 인간의 행복에 대한 최첨단의 책이라는 것을 다시 한 번 입증해준다. 성경이 다른 어떤 책보다 많이 읽히고 있다는 것은 이상한 일이 아니다. 우리는 이 책에서 우리의 잘못된 점이 무엇인가 발견하는 것뿐만이 아니라 그 잘못을 어떻게 바로잡을 수 있는가도 발견할 수 있다.

파울러 박사는 '신경성 감기'가 불안을 느끼는 어린아이들에게서도 발견된다는 데 주의할 것을 촉구하며 이혼한 가정의 아이들에게서 만성적인 감기 사례들이 발견된다고 전했다. 그런가 하면 동생이 태어나면서부터 습관적으로 감기에 걸리는 아이들도 있다고 한다. 동생이 태어나면서 부모가 자신에게 관심을 덜 가지게 될 것이라고 염려하고 동생에 대해 질투를 느끼기 때문이다.

오랫동안 코막힘과 기침으로 고생을 한 아홉 살 된 남자아이가 있었다. 그 아이의 아버지는 아주 권위적인 반면 어머니는 모든 응석을 다 받아주는 관대한 사람이었는데, 아버지의 엄격함과 어머니의 관대함이 아이를 혼란스럽게 했다. 특히 아이는 아버지한테 벌받는 것을 몹시 두려워했다. 그런데 이 아이는 집을 떠나 야영을 간다든지 하면 감기 증세가 깨끗이 사라지곤 하는 것이 관찰되었다고 한다.

이와 같은 초조, 분노, 증오, 원한 등은 위의 예에서 보듯이 건강을 해치는 강력한 힘을 갖고 있다. 그렇다면, 병을 예방할 수 있는 것은 무엇인가? 그것은 선의, 아량, 믿음, 침착함 등의 태도로 마음을 가득 채우는 것이다.

마음을 다스리는 12가지 방법

---

1. **분노는 하나의 감정이며, 감정은 언제라도 뜨거워질 수 있고, 때로는 격양될 수도 있다는 것을 기억하라.** 그러므로 감정을 가라앉히려면 그 감정을 냉각시켜라. 어떻게 냉각시킬 수 있는가? 누구라도 극도로 분노했을 때는 주먹이 불끈 쥐어지고, 음성이 높아지며, 근육이 긴장되고, 몸은 경직된다. (심리학적으로 말하면, 아드레날린이 온몸에 두루 퍼져 전투 준비를 갖추게 되는 것이다) 이것은 신경 조직에 남아 있는 지난날의 혈거인들의 유적이다.

   그러므로 냉정함으로 감정의 열에 신중하게 대항하라. 다시 말해, 그 감정을 얼려버려라. 신중하게 의지의 힘을 행사하여 주먹이 쥐어지지 않게 하라. 차분하게 목소리를 낮추어 속삭이듯이 말하라. 속삭이듯이 말하며 논쟁을 한다는 것은 매우 어려운 일이라는 것을 기억하라. 의자에 편히 앉거나 자리에 누워라. 누워서 화가 나 제정신을 잃는다는 것은 대단히 어려운 일이다.

2. **자신에게 큰소리로 외쳐라.** "바보가 되지 마라. 그것은 아무 도움도 되지 않는다. 그러니 신경쓰지 마라." 그런 때에 기도를 드린다는 것은 어려운 일이지만, 어떻게든 기도하도록 하라. 최소한 예수 그리스도의 모습을 당신의 마음에 그려보기라도 하라. 그리고 예수 그리스도가 당신처럼 화가 치밀어 있는 모습을 생각해보려고 하라. 결국 불가능한 일이지만, 그런 노력은 당신의 격양된 분노를 삭이는 데 도움이 된다.

3. **그레이스 오슬러 부인이 제안한 분노를 삭이는 방법을 써보라.** 그녀는 전에는 화가 나면 하나부터 열까지 세어봤지만, 어느 날 우연히 주기도문의 첫머리 여덟 마디를 외우는 것이 더 효과적이라는 것을 알게 되었다.

   "하늘에 계신 우리 아버지여, 이름이 거룩히 여김을 받으시오며."(「마태복음」 6장 9절)

   화가 났을 때 이 말을 열 번만 하면, 분노는 당신을 지배할 힘을 완전히 상실해버릴 것이다.

4. 분노는 성가시고 조그만 불만이 쌓이고 쌓인 후에 폭발하는 불만의 집결체이다. 그 불만은 그것 자체로서는 지극히 작지만, 쌓이고 쌓여서 집적된 힘을 가지게 되고, 마침내 불꽃처럼 타오르면 우리의 이성을 완전히 잃게 만든다. 그러므로 **당신을 성가시게 하**

는 것의 목록을 만들어보라. 그 불만이 아무리 사소한 것일지라도 목록으로 만들어보라. 이렇게 하는 것은 분노라는 커다란 강물로 모여드는 불만의 냇물부터 해결하려는 데 목적이 있다.

5. **하나하나의 불만거리들을 기도의 구체적인 제목으로 삼아라.** 한 번에 하나씩 극복해 나가라. 당신의 모든 분노를 한꺼번에 없애려 하지 말고, 분노를 이루고 있는 불만들을 하나씩 기도로 잘라나가라. 이렇게 하면 오래지 않아 당신은 억누를 수 있을 정도로 분노를 약화시킬 수 있을 것이다.

6. **분노를 느낄 때마다 스스로에게 다음에 나오는 말을 할 수 있도록 자신을 훈련하라. "이것이 과연 화낼 만한 가치가 있는 것일까? 바보 같은 짓을 해서 웃음거리가 될지도 모른다. 이러다간 친구를 잃을지도 모른다."** 이 기술을 충분히 익히기 위해서 날마다 몇 번씩 다음과 같은 말을 해보라. "어떤 일이건 그 일 때문에 흥분하거나 이성을 잃는 것은 쓸데없는 짓이다." 그리고 또 당신 자신에게 확실히 선언하라. "겨우 5센트의 분노 때문에 1,000달러의 감정을 낭비하는 것은 무익한 짓이다."

7. **만일 감정이 상할 만한 일이 생기거든, 될 수 있는 대로 빨리 그 일을 바로잡아라.** 견딜 수 없다면, 단 1분이라도 방치하지 마라. 거기에 대해 어떤 조치를 강구하라. 자기 연민에 빠지는 일이 없도록 하라. 원망스러운 일을 생각하면서 우울해지는 일이 없도록 하라. 감정이 상했을 때는 손가락을 다쳤을 때와 마찬가지로 처리하라. 즉 곧바로 치료하라. 만일 당신이 그 조치를 강구하지 않으면 당신의 몸 전체가 뒤틀리게 된다. 그러니 즉시 사랑과 용서의 기도를 드림으로써 그 상처에다 영적인 소독약을 발라라.

8. **당신의 마음속에서 불평거리를 빼내라.** 당신의 마음을 열어 불평거리들이 쏟아져나가도록 하라. 당신이 신뢰할 수 있는 사람을 찾아가서 당신 마음속의 불평거리들을 깨끗이 털어버려 그것들이 당신 안에 흔적조차 남아 있지 않게 하라. 그러고는 말끔히 잊어라.

9. **당신의 감정을 상하게 한 사람을 위해 기도하라.** 이 기도는 품은 악의가 사라질 때까지 계속하라. 그런 결과를 얻기 위해서는 때때로 상당히 오랫동안 기도해야 할지도 모른다. 실제로 이 방법을 써본 한 사람은 그 불평거리들이 사라지고 마음의 평화를 얻

기까지 몇 번을 기도해야 했는지 그 숫자를 헤아려보았는데, 정확하게 예순네 번이었다고 한다. 그는 문자 그대로 기도로 그것들을 자기 몸에서 쫓아낸 것이다. 이것은 실로 효과가 보장되어 있는 방법이다.

10. 다음의 짤막한 기도를 드려라. **"그리스도의 사랑이 내 마음을 가득 채워주시기를."** 그리고 다시 덧붙여라. **"그리스도의 사랑이 (그 사람의 이름을 여기에 넣는다)를 위하여 나의 영혼을 가득 채워주시기를."** 이와 같이 기도를 드리고, 또 실제로 그렇게 되고자 하는 마음이 있으면(또는 그렇게 되기를 구하는 마음이 있으면), 당신은 구원을 얻게 될 것이다.

11. **일곱 번을 일흔 번 용서하라는 예수 그리스도의 권고를 받아들여라.** 문자 그대로 해석하면, 사백구십 번을 용서하라는 말이 된다. 한 인간을 그렇게 수없이 용서하기 이전에 그에게 품었던 분노에서 벗어나게 될 것이다.

12. 표면까지 타오르는 당신 내부에 있는 야만스럽고 절제되지 않는 원시적인 충동은 예수 그리스도의 지배에 맡김으로써만 다스릴 수 있다. 그러므로 **예수 그리스도께 기도함으로써 이 과정을 끝내라.**
"주님께서는 사람의 도덕도 변화시킬 수 있사오니 이제 저의 신경도 바꾸어주옵소서. 주께서는 육신의 죄를 극복할 수 있는 힘을 주실 수 있사오니, 이제 제게 저의 기질의 죄를 극복할 수 있는 힘도 주시옵소서. 저는 제 기질을 주님의 뜻에 맡기겠나이다. 주님의 치유하시는 평화가 제 영혼 속에 내리듯이 저의 신경과 기질에도 내리게 하옵소서."
만일 당신이 자신의 기질 때문에 고민하고 있다면, 위의 기도를 하루에 세 번씩 하도록 하라. 이 말을 카드에 써서 당신의 책상 위나 부엌의 싱크대 위, 또는 당신의 수첩 속에 넣어두는 것이 좋다.

13

새로운 사고방식이 당신을 변화시킨다

미국이 낳은 가장 지혜로운 사람 윌리엄 제임스는 다음과 같은 말을 남겼다.

"우리 세대의 가장 위대한 발견은 인류가 자신의 마음가짐을 바꿈으로써 삶을 바꿀 수 있음을 알게 된 것이다."

당신은 당신이 생각하고 있는 그대로의 당신이 될 것이다. 그러니 낡고, 지치고, 닳아빠진 모든 생각들을 날려버려라. 당신의 마음을 신선한 생각들, 믿음과 사랑과 선의의 새롭고 창조적인 생각들로 가득 채우라. 이런 방법들로 당신은 실제로 당신의 인생을 개조할 수 있다. 그렇다면 이와 같이 자신의 생각을 바꾼 사람들을 어디서 발견할 수 있을까?

나는 한 전문 경영인을 알고 있다. 그는 겸손할 뿐 아니라 어떤 역경에도 굴하지 않는 정신을 가지고 있었다. 어떤 문제도, 어떤 변수도, 어떤 반대도 결코 그를 좌절시키지 못했다. 그는 복잡하게 생각하지 않고 단순히 낙관적인 태도, 그리고 일이 제대로 풀려나가리라는 확고한 자신감을 가지고 각각의 난관에 맞서나가곤 했는데, 언뜻 이해되지 않는 측면도 있지만, 신기하게도 행운은 언제나 그의 편을 들었다. 그는 마치 인생을 다스리는 마술의 손, 결코 실패하지 않는 마술의 손을 가지고 있는 것 같았다.

그런 인상적인 특징 때문에 이 사람은 언제나 나의 관심을 끌고 있었다. 그처럼 살아가고 있는 데는 반드시 어떤 특별한 까닭이 있으리라고 생각했던 것이다. 그래서 그의 이야기를 듣고 싶었지만 그는 무척 겸손하고 과묵한 사람이라 내게 자신에 관한 이야기를 쉽게 털어놓을 것 같지 않았다.

삶을 변화시키는 새로운 사고의 흐름

어느 날 그는 마음이 내켰는지 내게 자신의 비결을 들려주었다. 그것은 놀랄 만큼 간단한 것이었지만 대단히 효과적인 비결이었다. 나는 그의 공장을 방문했다. 최신식 구조로 된 공장으로 냉 · 난방 설비까지 갖춰져 있었다. 생산공정은 효율적이었고 노무관리도 최선에 가까운 것이었다. 남에게 잘해주려는 선의가 공장 안에 가득 차 있었다.

그의 사무실에는 훌륭한 책상과 융단이 갖춰져 있었고, 초현대식의 벽체는 외국산 나무로 된 패널로 장식되어 있었다. 그 장식의 도형은 서로 잘 조화된 다섯 빛깔로 되어 있었다. 그야말로 최고였다. 그러나 그 사무실에는 그 모든 것보다 더한 것이 있었다.

상상해보라, 그의 번쩍번쩍 광택이 나는 마호가니 책상 위에서 손때 묻은 한 권의 낡은 성경책을 발견했을 때 얼마나 놀라웠겠는가! 그 책은 초현대식으로 꾸며져 있는 사무실에서 볼 수 있는 단 하나의 낡은 이단자였다. 나는 기묘한 불일치에 대해 한마디 안 할 수 없었다.

그러자 그는 그 성경을 가리키며 대답했다.

"이 책은 이 공장에 있는 것들 중에서 가장 최첨단을 달리는 것입니다. 설비는 낡고 가구의 유행은 변하지만, 이 책은 언제나 우리를 훨씬 앞서 나가 있으며 결코 시대에 뒤떨어지지 않을 겁니다.

이 성경은 대학교 입학 때 독실한 신자이셨던 제 어머니께서 사주신 것입니다. 그때 어머니는 만약 제가 성경을 읽고 그 가르침을 따른다면 인생을 성공적으로 살아가는 방법을 배우게 될 것이라고 말씀하셨지요. 그러나 저는 그런 어머니를 시대에 뒤떨어진 분이라 생각했고요."

그는 싱글싱글 웃으며 말을 이었다.

"그저 어머니의 기분을 상하게 하지 않으려고 그 성경을 받아두기만 했었습니다. 몇 년 동안 그 성경을 한 번도 펼쳐보지도 않았지요. 사실 성경책 따위는 필요 없다고 생각하고 있었던 겁니다. 정말 멍청한 바보였던 것입니다. 그 결과, 오래지 않아 제 인생은 그야말로 엉망진창이 되고 말았지요. 제 자신이 잘못되어 있었기 때문에, 모든 일이 뒤틀려가고 있었습니다. 근본적인 생각도 비뚤어져 있었고, 행동도 삐딱해져 있었습니다. 그러다보니 하는 일도 비뚤어질 수밖에 없었지요. 저는, 정말이지, 하는 일마다 실패했습니다. 잘 되는 일은 하나도 없었어요. 지금은 저의 문제가 근본적으로 그릇된 사고방식에 있다는 것을 알고 있습니다. 그 당시 저는 부정적이고 소극적이었으며, 작은 일에도 화내기 일쑤였고, 늘 잘난 체하는 고집쟁이였습니다. 아무도 제게 저에 대한 자신의 의견을 말해주지 않았습니다. 저는 제가 뭐든지 다 안다고 생각하고 있었지요. 그러니 저를 좋아하는 사람이 한 사람이라도 있었겠어요? 저는 누가 뭐라고 해도 '실패자'였던 것입니다."

이것이 그의 어두웠던 과거 이야기였다. 그는 이야기를 계속했다.

"그러던 어느 날 밤, 서류를 살펴보고 있었는데, 아주 우연하게도 오랫동안 잊고 지냈던 그 성경책이 제 눈에 띄었습니다. 그것이 옛 기억을 되살려주었지요. 별 뚜렷한 생각 없이 그 성경을 펴서 읽었습니다. 우연이라는 게 얼마나 이상한 것인지를 잘 아실 것입니다. 정말 그 짧막한 한순간에 모든 것이 다 달라져버린 것입니다. 무슨 이야기이냐 하면, 성경을 읽어내려가던 중에 한 구절이 제 마음을 파고든 것입니다. 제 인생을 바꾸어놓은 한 구절말입니다. 정말, 그 성경 한 구절이 제 인생을 바꾸어놓았습니다. 제가 그 구절을 읽은 그 순간부터 모든 것이 다 달라졌습니다. 근본적으로 달라졌습니다."

"그 기막힌 성경 구절은 무엇이었습니까?"

호기심에 가득한 눈으로 나는 물었다.

"'여호와는 나의 빛이요 나의 구원이시니 내가 누구를 두려워하리요 여호와는 내 생명의 능력이시니 내가 누구를 무서워하리요 악인들이 내 살을 먹으려고 내게로 왔으나 나의 대적들, 나의 원수들인 그들은 실족하여 넘어졌도다 군대가 나를 대적하여 진 칠지라도 내 마음이 두렵지 아니하며 전쟁이 일어나 나를 치려 할지라도 나는 여전히 태연하리로다(「시편」 27편 1~3절).' 어째서 그 구절에 그렇게도 제 마음이 끌렸는지는 모르겠습니다만, 아무튼 그 구절에 끌렸습니다. 이제 와서 안 것이지만, 저는 믿음도 없고 자신감도 없었기 때문에 연약했고, 그러했기 때문에 늘 실패를 했던 것입니다. 저는 대단히 부정적이고 패배적이었습니다. 그러던 제게 마음속으로부터의 어떤 심상찮은 변화가 일어났습니다. 아마도 그것은 어떤 영적 체험과 같은 것이었을 겁니다. 저의 부정적이고 소극적인 사고방식이 긍정적이고 적극적인 것으로 바뀌었습니다. 저는 하나님을 믿고 성실히 최선을 다할 것이며 성경에 요약되어 있는 원리들을 충실히 지켜나가기로 결심했습니다. 그 결심대로 해나감에 따라 저는 새로운 사고방식을 가지게 되었습니다. 저는 전과는 전혀 다른 방식으로 생각하기 시작했습니다. 오래지 않아 저의 부정적이고 소극적인 사고방식들은 이 새로운 영적체험에 의해 밀려나갔고, 새로운 사고의 흐름이 조금씩이지만 확실히 저 자신을 개조해나갔습니다."

이 사업가의 이야기는 그렇게 끝났다. 그는 자신의 사고방식을 바꾸었다. 새로운 생각들이 쏟아져 들어와 이제까지 그를 패배로 몰고가던 낡은 생각들을 몰아냈다. 그 결과 그의 인생이 달라졌다.

다른 방식으로 사고하라

이 사례는 인간의 본성에 관한 중요한 사실을 설명해주고 있다. 당신은 실패와 불행으로 가는 길을 생각할 수도 있고, 성공과 행복으로 가는 길을 생각할 수도 있다. 당신이 살아가고 있는 이 세상은 외적 환경과 조건에 의해서 결정된다기보다는 주로 당신의 마음을 습관적으로 차지하고 있는 생각에 의해 결정된다. 고대의 위대한 사상가인 마르쿠스 아우렐리우스가 남긴 저 위대한 명언을 기억하라.

"인생은 그 사람의 생각이 만들어가는 그 무엇이다."

미국에서 살았던 사람들 가운데 더없이 지혜로운 사람이었던 콩코드의 현자 에머슨은 이렇게 말했다.

"온종일 생각하고 있는 것, 그것이 바로 그 사람의 본체이다."

한 유명한 심리학자는 이렇게 말하고 있다.

"인간의 본성에는 그가 습관적으로 당신 자신에 대해 생각하는 방향으로, 정확히 그대로 되어가는 강한 경향이 있다."

인간의 생각은 하나의 물건과 같은 것이라고들 말한다. 그 생각이라는 물건은 실제로 역동적인 힘을 지니고 있다. 생각이 발휘하는 실제적인 힘을 고려해본다면, 이런 주장이 옳다는 것을 어렵지 않게 받아들일 수 있을 것이다. 당신은 실제로 자신의 생각에 의해서 자신을 어떤 특정한 상황 속으로 들어가게 할 수도 있고, 또는 반대로 그런 상황에서 벗어나게 할 수도 있다. 당신은 자신의 생각으로 자신을 병들게 할 수도 있고, 반대로 치유하는 형태의 생각들로 자신을 건강하게 할 수도 있다. 어느 특정한 방향으로 생각해보라. 그러면 당신은 당신의 생각이 가리키는 상황을 끌어들이게 된다. 또 그와는 다른 방향으로 생각해보라. 그러면 당신은 앞서와는 전혀 다른 상황을 창조해낼 수도 있다. 상황은 생각에 의해 창조되는 것이며, 이 창조는 상황이 생각을 창조하는 것과는 비교도 할 수 없을 정도로 강력한 것이다.

사물을 긍정적이며 적극적으로 생각하라. 긍정적이고 적극적인 생각은 당신 자신의 주변에 그런 결과를 낳기에 적합한 환경을 조성한다. 반대로 부정적이고 소극적인 생각은 당신 자신의 주변에 부정적이고 소극적인 결과를 낳기에 적합한 환경을 조성한다.

그러므로 당신이 처한 환경을 변화시키기 위해서는 우선, 이전과는 다른 방식으로 생각하기 시작하라. 만족스럽지 못한 환경을 수동적으로 받아들이지 말고, 당신의 마음속에 당신이 그렇게 되었으면 하고 적극적으로 바라는 환경을 하나의 영상으로 새겨두라. 그리고 그 영상을 확실하게 붙들고 상세한 부분까지 세밀하게 그려나가라. 나아가 그것을 믿고 그것을 놓고 기도하며 그것을 이루기 위해 일하라. 그러면 당신은 그것을 능히 실현할 수 있게 된다.

이것은 위대한 우주 법칙들 가운데 하나이다. 내가 좀 더 어린 시절에 이 법칙을 발견했더라면 좋았을 텐데, 유감스럽게도 내가 이 법칙을 알게 된 것은 상당히 나이를 먹은 뒤의 일이었다. 그것은 내 인생에서 최대 발견이라고 할 수는 없지만, 최대 발견들 가운데 하나라고는 말할 수 있다. 나는 하나님과 나와의 관계라는 중요한 법칙 외에도 위대한 법칙이 하나 더 있다는 사실을 깨달았다. 그리고 이 법칙은 깊은 의미에서 하나님과 인간의 관계에 없어서는 안 되는 중요한 요소이기도 하다. 바로 이 법칙이 하나님의 능력을 인간에게 연결해주는 통로가 되기 때문이다.

우리가 믿는 그대로 이루어지는 것이 삶이다

이 위대한 법칙을 간단히 요약하면 다음과 같다.

당신이 부정적이고 소극적인 생각을 하면, 당신은 부정적이고 소극적인 결과를 얻는다. 당신이 긍정적이고 적극적인 생각을 하면, 당신은 긍정적이고 적극적인 결과를 얻는다. 이것은 번영과 성공을 가져다주는 경이로운 법칙의 기초가 되는 단순한 사실이다. 이것을 한 문장으로 줄인다면, 다음과 같다.

"믿어라. 그러면 성공한다."

나는 아주 흥미 있는 경험을 통해 이 법칙을 배웠다. 몇 년 전, 로웰 토머스, 에디 리켄배커, 브랜치 리키, 레이먼드 손버그, 그 밖의 많은 사람들과 함께 『가이드포스트』라는 잡지를 창간했다. 이 잡지를 창간한 목적은 크게 두 가지였다.

하나는 믿음으로 갖가지 난관들을 극복한 사람들의 이야기들을 게재해서 성공적인 삶의 기술, 두려움과 역경, 장애, 분노를 극복하는 기술을 가르치는 것이다. 다양한 형태의 패배주의를 극복하는 믿음을 가르치고자 했다.

다른 하나는 비영리와 무교파주의를 지향하는 종파를 초월한 잡지로서 하나님이 역사의 흐름을 주관하고 계신다는 것과 이 나라가 하나님과 그분의 법칙에 대한 믿음의 기초 위에 세워졌다는 것을 가르치는 것이다.

이 잡지는 독자들에게 미국이 확고한 종교적 전제 위에 세워진 세계에서 가장 위대한 나라라는 것과 우리가 그 종교적 전제를 지키지 못하면 지금 누리고 있는 자유는 타락하고 말 것이라는 사실을 상기시켜 주고 있다.

레이먼드 손버그가 발행인으로, 그리고 내가 편집인으로 이 잡지를 창간했는데, 그 당시 우리는 재정적 보증을 해줄 후원자가 없었다. 그야말로 믿음으로 시작되었다. 처음 사무실은 뉴욕 주의 폴링이라는 조그만 마을의 한 식품점 2층이었다. 빌려온 타자기 한 대와 삐걱거리는 의자 몇 개가 사무실에 있는 전부였다. 그렇지만 정기구독자가 조금씩 늘어나 2만 5,000명에 이를 정도였다. 장래는 낙관적이었다. 그러던 어느 날 밤 갑자기 사무실에 불이 났고, 불과 1시간여 만에 사무실은 모두 타버렸다. 게다가 정기구독자의 인적사항을 정리한 장부까지 모두 불타버렸다. 그리고 안타깝게도 우리는 그 장부의 복사본을 준비해두지 않았었다.

초창기부터 이 『가이드포스트』의 신실하고 유력한 후원자인 로웰 토머스가 이 기막힌 사정을 그의 라디오 방송 프로그램을 통해 알렸다. 그러자 놀랍게도 순식간에 3만여 명의 정기구독자가 확보되었다. 기존의 정기구독자에 5,000명 정도가 추가된 신규구독자 리스트를 확보한 셈이었다.

정기구독자는 그 후로도 계속 늘어나서 4만여 명 선에 육박했다. 그러나 그 잡지 사업을 끌어가는 데 드는 비용은 그보다 훨씬 빠른 속도로 늘어났다. 사실 그 잡지는 더욱 많은 사람들에게 메시지를 전하기 위해 언제나 원가 이하로 팔고 있었기 때문에 그 비용은 우리가 예상했던 것보다 훨씬 컸고, 그래서 오래지 않아 심각한 재정적 위기에 봉착하게 되었다. 사실 어느 때는 그 잡지의 출간을 더 이상 이끌어나간다는 것이 거의 불가능한 것으로 보이기도 했었다.

우리는 회의를 열었다. 아마도 당신은 그처럼 비관적이고 부정적이며 의기소침한 회의에 참석해본 일이 없을 것이다. 그 회의는 시종일관 비관론이 지배했다. 청구서를 결제할 돈을 어디서 구한단 말인가? 우리는 빚으로 빚을 갚는 것 이외의 다른 방안을 전혀 생각해내지 못했다. 우리의 마음은 실의로 가득 차 있었다.

이 회의에 우리 모두가 존경하는 한 부인이 초대되었다. 그녀가 이 회의에 초대된 것은 그녀가 『가이드포스트』의 창간을 돕기 위해 2,000달러를 기부했기 때문이다. 우리는 똑같은 자리에 번갯불이 다시 한 번 떨어지기를 막연히 기대하고 있었다. 그러나 그녀는 돈보다 훨씬 가치 있는 것을 우리에게 주었다.

이 의기소침한 회의가 진행되는 동안 아무말 없이 듣고 있던 그녀가 마침내 이렇게 말문을 열었다.

"제 생각에 당신들은 제가 다시 한 번 기부금을 내주기를 바라는 것 같군요. 어쩌면 저는 당신들이 이 곤경에서 빠져나오도록 도울 수 있을 것 같습니다. 그러나 저는 당신들에게 돈은 한 푼도 더 내놓지 않을 생각입니다."

그녀의 말은 우리를 곤경 속으로 더 깊이 몰아넣었다. 그러나 그녀의 말은 이어졌다.

"그러나 나는 당신들에게 돈보다 훨씬 더 가치 있는 것을 드릴 생각입니다."

우리는 의아하게 생각할 수밖에 없었다. 그 상황에서 돈보다 더 가치 있는 것을 도무지 상상할 수 없었기 때문이었다.

"저는 당신들에게 아이디어를 드릴 생각입니다."

"그래요? 도대체 아이디어로 어떻게 청구서를 결제할 수 있단 말인가요?"

우리는 별다른 깊은 관심 없이 그렇게 생각하며 중얼거렸다.

그러나 그렇지 않았다. 그 아이디어는 청구서를 결제할 수 있도록 우리를 도왔다. 이 세상의 모든 성공은 처음에는 하나의 창조적인 아이디어로 계획되었던 것들이다. 그다음에는 그것에 대한 믿음, 그다음에는 그 아이디어를 실행할 수단과 방법, 이것이 바로 성공이 밟아나가는 올바른 순서이다.

그녀가 말했다.

"자, 여기 그 아이디어가 있습니다. 여러분이 당면하고 있는 문제가 무엇입니까? 그것은 온갖 것들이 다 부족하다는 것입니다. 여러분은 돈이 부족합니다. 정기구독자도 부족합니다. 시설도 부족합니다. 아이디어도 부족합니다. 용기도 부족합니다. 이 모든 것들이 여러분들에게는 다 부족한데, 그건 왜 그럴까요? 복잡하게 생각하실 필요없습니다. 간단합니다. 그것은 여러분이 부족한 것만을 생각하고 있기 때문입니다.

여러분이 부족한 것을 생각하면, 여러분은 그 부족한 상태를 낳는 조건을 창조하는 것입니다. 여러분이 여러분의 마음속으로 늘 부족한 것들만을 생각하고 그럼으로써 그런 생각들에만 무게를 실어 주기 때문에, 이 『가이드포스트』의 발전을 촉진시키는 데 쓸 수 있는 여러분의 창조적인 힘들을 스스로 좌절시켜오고 있었던 것입니다. 여러분이 하고 계시는 것을 보면 아주 열심히 참으로 많은 일을 하고 계시다는 것을 알 수 있습니다. 그러나 여러분은 여러분이 하는 그 모든 노력에 실제적인 힘을 빌려주는 한 가지, 가장 중요한 일을 하는 데까지는 아직 미치지 못하고 있습니다. 그 대신 여러분은 부족하다는 말만 하고, 부족하다는 생각만 하고 있습니다.

이런 문제를 바로잡기 위해서는 여러분의 사고방식을 고쳐야 하고, 번영과 목표 달성, 성공을 생각하기 시작해야 합니다. 이렇게 하는 데는 훈련이 필요합니다. 그러나 여러분이 믿음을 행사하기만 한다면, 그런 일은 순식간에 이루어질 수도 있습니다. 그 방법은 여러분 자신의 마음속에 영상을 그리는 것입니다. 다시 말해서 성공적인 업적을 이룬『가이드포스트』의 모습을 보는 것입니다. 전국을 휩쓰는 위대한 잡지로 마음속에 그려보십시오. 어마어마한 정기구독자들의 수를 마음속에 그리고, 그들 모두가 이 영적 잡지를 열심히 읽고 그로부터 많은 도움을 얻는 모습을 그리십시오. 그들의 인생이 매달 발행되는『가이드포스트』가 가르치는 성공의 철학에 의해 변화되고 있는 모습을 마음속에 분명한 영상으로 그려보십시오.

마음속에 난관과 실패만을 그리고 있을 것이 아니라 여러분의 마음을 끌어올려 성공의 영상을 그리기 바랍니다. 만약 생각을 여러분이 바라는 성취의 단계까지 고양시킨다면, 여러분은 문제를 내려다볼 수 있을 것이며, 그럼으로써 더 고무적인 시각을 갖게 될 것입니다. 자, 조금만 더 이야기합시다. 이 잡지의 발간을 계속해나가는 데는 어느 정도의 정기구독자가 있어야 합니까?"

우리는 기민하게 계산해서 대답했다.

"10만 명!"

그 당시 우리가 확보하고 있는 정기구독자는 4만 명 남짓이었다.

"좋습니다."

그녀는 확신에 찬 목소리로 말했다.

"불가능한 숫자가 아닙니다. 가능합니다. 다른 데서는 얻을 수 없는 도움을 이 잡지에서 받고 있는 10만 명의 사람들, 그들의 영상을 여러분의 마음속에 그리십시오. 그러면 여러분은 10만 명의 정기구독자를 확보하게 될 것입니다. 사실 여러분이 여러분의 마음속에서 10만 명의 정기구독자들을 보게 되는 그 순간에 여러분은 이미 그들을 정기구독자들로 확보한 것입니다."

그녀는 나를 쳐다보며 말했다.

"노먼, 당신은 지금 마음속에서 10만 명의 정기구독자를 볼 수 있습니까? 거길 보십시오. 당신 앞을 보세요. 당신은 마음의 눈으로 그들을 볼 수 있습니까?"

그러나 그럼에도 나는 확신을 가질 수가 없었다. 그래서 상당히 회의적으로 말했다.

"글쎄, 아마 그런 것 같기는 한데, 너무 희미하게 보이는 것 같습니다."

그녀는 조금 실망한 모양이었다. 그녀가 다음과 같이 물었을 때, 나는 그녀가 나에 대해 그러했을 것이라고 생각했다.

"당신은 당신의 그 풍부한 상상력으로 10만 명의 정기구독자의 영상을 마음속에 그릴 수 없단 말입니까?"

나는 내 상상력이 그리 잘 발휘되지 않고 있다는 것을 알았다. 내가 볼 수 있는 것은 10만 명에는 턱없이 모자라는 실제의 4만여 명뿐이었다.

그녀는 나의 오랜 친구인 레이먼드 손버그를 향해 돌아앉았다. 손버그는 놀라운 불굴의 정신을 가진 사람이었다. 그녀는 그의 별명을 부르며 말했다.

"핑키, 당신은 10만 명의 정기구독자의 영상을 당신의 마음속에 그릴 수 있습니까?"

나는 핑키가 그의 마음속에서 그들을 볼 수 있을지 다소 의문스러웠다. 그는 고무제품을 생산하는 제조업자였다. 그런데 틈을 내서 이 비영리의 영적잡지 출판 일을 돕고 있었다. 고무제품을 생산하는 사람이 어떻게 이런 식의 사고에 제대로 반응할 수 있겠느냐고 미리 속단하지는 마라. 그는 창조적인 상상력의 소유자이다. 나는 그가 그녀의 이야기에 매혹되어 있다는 것을 그의 표정을 보고 알 수 있었다. 그녀가 그에게 "10만 명의 정기구독자가 보입니까?"라고 물었을 때, 그는 앞을 똑바로 응시하고 있었는데 다소 무엇엔가 놀라는 표정이었다.

그는 열띤 어조로 부르짖었다.

"네, 보입니다. 저는 그들이 똑똑히 보입니다."

나는 깜짝 놀라서 이렇게 물었다.

"어디서 보인다고? 도대체 그들이 어디서 보이는 것입니까? 내게 그곳을 가리켜주십시오."

그 순간, 나도 그들의 영상을 내 마음속에 그리기 시작했다. 나의 눈앞에도 수많은 정기구독자의 모습이 떠오르기 시작했다.

손버그는 그곳에 있는 모든 사람들에게 이렇게 제안했다.

"우리 모두 머리 숙여 다함께 10만 명의 정기구독자를 주신 하나님께 감사합시다."

솔직히 나는 그때 우리가 하나님을 너무 급박하게 몰아가는 것이라고 생각했다. 그러나 그것은 다음의 성경 구절을 생각할 때, 지극히 정당한 것이었다.

"너희가 기도할 때에 무엇이든지 믿고 구하는 것은 다 받으리라."(『마태복음』 21장 22절)

이것은 당신이 하나님께서 당신에게 무엇인가 주시기를 기도할 때, 그와 동시에 당신이 바라고 기도하는 그것의 영상을 당신의 마음속에 그려야 한다는 말이다. 만일 그것이 하나님의 뜻이고, 이기적으로 구한 것이 아니라 인간의 복지를 위해 가치가 있는 것이라면, 그것은 당신이 구하는 순간 당신에게 주어진다는 것을 믿어라.

당신이 이런 논리적 추론을 받아들이는 데 어려움을 느낀다면, 나는 당신에게 그 시간 이후로 오늘날에 이르기까지 『가이드포스트』의 출판에는 그 어떤 부족함도 없었다는 것을 말하고자 한다. 『가이드포스트』는 멋진 친구들을 얻었고, 훌륭한 재정적 지원을 얻었다. 『가이드포스트』는 언제든 제때에 청구서를 결제할 수 있었으며, 필요한 시설들을 구입할 수 있었고, 충분한 자금을 조달할 수 있었다. 내가 이 글을 쓰고 있는 순간, 『가이드포스트』는 거의 50만여 명에 육박하는 정기구독자를 확보하고 있는데, 거의 정기적으로 정기구독자들이 늘어나고 있으며, 때로는 하루에 3,000~4,000여 명의 신규구독자들을 받아들인 일도 있었다.

나는 『가이드포스트』를 광고하기 위해서 이 사례를 들어 말하고 있는 것은 아니다. 물론 나는 내 책을 읽는 모든 독자들에게 이 잡지를 강력하게 추천한다. 그러나 내가 이 이야기를 당신에게 하는 것은 내가 이 일에 경이로움을 느끼고 있기 때문이다. 실로 나는 위대한 인간 승리의 법칙을 우연히 발견하게 된 것이다. 그 이후로 나는 이 법칙을 나 자신의 문제에 적용하기로 했고, 그 결과는 언제나 놀라운 성공이었다. 내가 이 법칙을 적용하는 데 실패한다면, 나는 놀라운 성공을 놓치게 될 것이다.

위대한 인간 승리의 법칙

그 법칙은 실로 간단하다.

"당신의 문제를 하나님의 손에 맡겨라."

당신의 사고 속에서 당신을 문제 위로 올려놓아라. 그러면 당신은 그 문제를 아래에서 위로 올려다보는 것이 아니라 위에서 아래로 내려다볼 수 있다. 우선 그것이 하나님의 뜻에 맞는 것인지 검토해보라. 다시 말해, 그릇된 것으로부터 성공을 끌어내려 하지 마라. 그것은 도덕적, 영적, 윤리적으로 올바른 것이어야 한다. 당신은 결코 잘못된 것에서 올바른 결과를 얻지 못한다. 당신의 생각이 그릇된 것인 한, 그것은 그릇된 것이지 바른 것이 아니며, 그것이 그릇된 것인 한, 그것은 결코 올바른 것일 수 없다. 그것이 본질적으로 그릇된 것이라면, 그것은 결과에 있어서도 그릇된 것으로 나타나게 마련이다.

그러므로 당신은 그것이 바른 것인지 어떤지를 확실히 하고, 그것이 바른 것이라면 하나님의 이름으로 그것을 확실히 붙들고, 당신의 마음속에 그것으로부터의 위대한 결과를 하나의 영상으로 그려라. 당신의 마음속에 번영과 목표 달성, 그리고 성공에 대한 생각을 깊이 새겨놓아라. 실패에 대한 생각은 아무리 사소한 것이라도 결단코 받아들이지 마라. 실패와 같은 부정적이고 소극적인 생각이 당신의 마음속에 끼어들려고 하면, 그 즉시 적극적이고 긍정적인 선언을 늘려나감으로써 그것을 추방해버려라. 다음의 말을 긍정적으로, 자신 있게 큰소리로 선언하라.

"하나님이 지금 나에게 성공을 주고 계신다. 하나님이 지금 나를 목표 달성의 길로 인도하고 계신다."

당신이 만들어 당신의 의식 속에 굳게 지니고 있는 마음속의 영상은 당신이 당신의 사고 속에 그것을 끊임없이 긍정적으로 확인하고 그 일을 이루기 위해 성실하고 유효 적절한 노력을 기울이기만 한다면, 실제로 이루어지게 된다. 이 창조적인 과정을 간단히 요약하면 다음과 같다.

마음속에 생생한 영상을 그리고 기도하라. 그러면 마침내 이루어질 것이다.

어느 분야에서든 그 분야에서 주목할 만한 업적을 남긴 사람들은 예외 없이 그들의 겪어본 경험들을 통해 이 법칙의 가치를 잘 깨닫고 있다.

언젠가 헨리 J. 카이저는 나에게 다음과 같은 이야기를 들려주었다. 그가 강줄기를 따라 제방을 쌓는 공사를 하고 있을 때였다. 공사가 한창 진행 중이던 어느 날 거대한 폭풍과 홍수가 있었고, 그 때문에 흙을 운반하는 중장비들이 다 물에 잠겨버렸다. 그때까지 했던 모든 공사가 헛일이 되어버리고 말았다. 물이 빠진 뒤, 그가 피해 정도를 파악하기 위해 공사 현장에 갔을 때, 그는 노동자들이 모두 허탈한 표정으로 진흙더미와 그 속에 파묻힌 중장비들을 우두커니 쳐다보며 서 있는 것을 보았다. 그는 노동자들 틈에 끼어서서 싱긋 웃으면서 이렇게 말했다.

"도대체 왜 그렇게 허탈한 표정입니까?"

"이 상황이 보이지 않습니까? 우리 장비들이 진흙탕에 파묻혀버렸잖습니까."

"진흙탕이라뇨, 무슨 진흙탕을 말하는 겁니까?"

그가 여전히 밝은 표정으로 반문하자, 그들은 깜짝 놀라 말했다.

"무슨 진흙탕이냐고요? 주변을 좀 둘러보십시오. 온통 진흙탕뿐이지 않습니까?"

그러나 그는 웃으면서 말했다.

"아닙니다, 아니에요. 내 눈에는 진흙탕 같은 것은 보이지 않습니다."

"도대체 빤히 보이는 것을 가지고 어째서 그렇게 말씀하시는 것입니까?"

그들이 묻자 카이저가 말했다.

"왜냐하면 저는 지금 활짝 갠 푸른 하늘을 보고 있기 때문입니다. 그곳에는 진흙탕 같은 것은 없습니다. 저기에는 밝은 햇빛밖에 없습니다. 그리고 나는 햇빛을 이겨내는 진흙탕은 한 번도 본 일이 없습니다. 곧 그것은 말라버릴 것이고. 그러면 당신들은 다시 저 장비들을 쓸 수 있을 것입니다. 그래서 모든 일을 다시 시작하면 되는 것입니다."

그는 전적으로 옳았다. 만일 당신의 눈이 당신 발 밑에 있는 진흙만을 바라보고, 그럼으로써 실패를 예감하고 있다면, 당신은 당신 자신을 좌절의 구렁텅이로 빠져들게 할 것이다. 기도와 믿음을 동반한 장래에 대한 낙관적인 사고방식이 실제로 성공을 가져다주는 것이다.

무엇이 올바른 일인가?

내가 알고 있는 또 한 친구는 좋지 못한 환경에서 출발하여 괄목할 만한 성공을 거두었다. 그는 학생 시절에는 무뚝뚝하고 수줍음을 잘 타는 붙임성 없는 촌뜨기였다. 그러나 내가 만나 본 사람들 가운에 가장 예리한 두뇌를 가진 사람이며 재능이 출중한 사람이다. 그리고 오늘날, 그는 자기 분야에서 크게 성공한 인물이 되어 있다. 나는 그에게 그의 성공 비결을 물은 적이 있다.

그는 나의 질문에 이렇게 대답했다.

"오랫동안 저와 함께 일해온 많은 사람들, 그리고 이 나라에서 누구에게나 주어지는 무한한 기회가 그것입니다."

"네. 저도 그렇다는 것은 알고 있습니다. 하지만 저는 당신에게 당신만이 가지고 있는 어떤 특별한 것이 있다고 생각합니다. 제가 관심을 갖는 것은 바로 그것입니다."

내 말에 그는 이렇게 대답했다.

"그것은 당신이 문제를 어떻게 생각하느냐 하는 태도와 관계가 있습니다. 저는 어떤 문제가 일어나면, 먼저 제 마음으로 그 문제를 공격하여 산산조각을 내버립니다. 전력을 다해 모든 정신력을 그 문제에 집중시킵니다. 그런 다음에는 제 문제를 놓고 진지하게 하나님께 기도합니다. 그 후에는 성공한 모습의 영상을 제 마음속에 그립니다. 그러고는 저는 제 자신에게 묻습니다. '무엇이 내가 해야 하는 올바른 일인가?' 그릇된 것은 결코 올바른 것이 아니며, 그릇된 것에서는 결코 올바른 것이 나올 수 없기 때문이죠. 마지막으로 제가 가진 모든 것을 그 문제에 쏟아부었습니다. 그러나 제가 강조하고 싶은 것은, 당신이 패배를 생각하고 있다면 지체없이 당신의 생각을 바꿔야 한다는 것입니다. 새롭고 긍정적인 생각들을 하십시오. 바로 그것이 난관을 극복하고 성공에 도달하는 기초이자 근본입니다."

지금 이 순간, 당신이 이 책을 읽고 있는 지금 이 순간에도 실현 가능성이 있는 아이디어가 당신의 마음속에 분명히 잠재되어 있다. 그 아이디어를 풀어내어 구체화함으로써, 당신은 당신 사업의 재정 문제나 영업 문제를 해결할 수 있으며, 당신 자신과 당신의 가족들도 돌볼 수 있고, 당신의 모험적 사업에서의 성공을 획득할 수 있다. 이런 창조적인 생각들이 당신의 마음속에 들어와 끊임없이 흐르게 하고 실제로 활용해나가면, 당신은 당신 자신의 인생을 개조할 수 있고 내내 그런 인생을 누리게 된다.

나도 한때는 믿음과 번영 사이에는 아무런 관계가 없다는 어리석은 생각에 사로잡혔던 시절이 있었다. 즉 누군가가 종교에 대해 말하고 있다면 그는 그것을 사업의 성공과 결부시켜서는 안 되며, 단지 종교는 윤리나 도덕, 또는 기타의 사회적 가치를 다루고 있을 뿐이라고 생각했던 때가 있었다. 그러나 지금의 나는 이와 같은 견해는 하나님의 능력을 제한하고 개인의 발전을 구속하는 것임을 깨닫고 있다. 종교는 우주에 엄청난 힘이 잠재해 있으며, 이 힘이 인간의 내부에도 잠재해 있다는 것을 가르쳐준다. 이 힘은 모든 패배를 일소하고 그 어떤 곤경이라도 극복할 수 있게 한다.

우리는 이미 원자 에너지가 어떠한 것인지를 보아 알고 있으며, 우리를 소스라치게 할 정도의 거대한 에너지가 우주 안에 잠재해 있다는 것도 알고 있다. 이런 에너지와 똑같은 강력한 힘이 인간의 마음속에도 내재해 있다. 인간의 마음속에 잠재해 있는 이런 능력보다 더 강한 힘은 이 세상에 없다. 평범한 한 사람 한 사람의 인간일지라도, 자신이 지금까지 실현해낸 것들보다 훨씬 더 위대한 일을 성취할 능력이 있다.

지금 이 책을 읽고 있는 사람이 누구이든 간에 이것은 변함없는 진리이다. 당신이 실제로 당신 자신을 풀어내어 쓴다면, 당신은 당신의 마음이 그 어떤 것에서도 모자람이 없는 이와 같은 창조적 가치를 지닌 생각들로 가득 차 있다는 것을 알게 될 것이다. 하나님의 능력에 의해 촉발되는 당신의 능력을 최대한으로, 그리고 올바르게 활용함으로써 당신의 인생을 성공적인 것으로 만들 수 있다.

당신은 당신의 인생을 원하는 그 어떤 인생으로든 만들어갈 수 있다. 실제로 믿고, 그것의 영상을 마음속에 그리며, 그것을 위해 하나님께 기도하고, 그것을 얻기 위해 노력하면 그 어떤 인생으로든 우리 인생을 만들어갈 수 있는 것이다. 당신 자신의 마음속을 깊이 들여다보라. 그 안은 경이로움으로 가득하다.

당신이 처해 있는 상황이 어떤 것이든, 당신은 그 상황을 개선할 수가 있다. 우선 마음을 안정시키고, 그럼으로써 마음속 깊은 곳에서 영감이 솟아나올 수 있게 하라. 하나님이 지금 당신을 돕고 계신다는 것을 믿어라. 성공의 영상을 마음속에 그려라. 당신의 인생을 튼튼한 영적 기초 위에 구성하고, 그럼으로써 하나님의 원리가 당신 안에서 작용할 수 있게 하라. 당신의 마음속에 실패가 아니라 성공의 영상을 굳게 지녀라. 그렇게 하면 창조적인 생각들이 당신의 마음속에서 자유로이 흘러나오게 될 것이다. 이것은 당신의 인생뿐만 아니라 그 어느 누구의 인생이라도 바꿀 수 있는 놀라운 법칙이다. 새로운 생각의 흐름은 지금 당신이 직면하고 있는 온갖 난관들이 그 어떤 것이든 당신을 개조할 수 있다. 다시 말하지만, 당신은 그 어떤 난관이라도 극복할 수 있다.

성공을 바란다면 바른 생각을 가져라

이런 노력을 했음에도 사람이 창조적이고 성공적인 인생을 살아가는 데 실패하는 이유는 자신에게 있는 잘못 때문이다. 그는 잘못 생각하고 있으며, 잘못된 생각을 바로잡아야 할 필요가 있다. 올바른 사고방식을 가져야 한다. 「시편」 23편의 "의의 길로 인도하시는도다"에는 선한 길로 인도하신다는 의미뿐만이 아니라 마음의 바른 자세를 가지도록 인도하신다는 의미도 포함되어 있다. 이사야가 "악인은 그의 길을, 불의한 자는 그의 생각을 버리고 여호와께로 돌아오라"(「이사야」 55장 7절)라고 말했을 때, 그 말에는 악에서 떠나 선을 행하라는 의미뿐만이 아니라, 그의 사고를 그릇된 사고에서 올바른 사고로, 거짓된 사고에서 진리의 사고로 바꾸라는 의미도 포함되어 있다. 성공적인 삶의 중요한 비결은 자기 자신 속에 그릇된 것의 양을 줄여나가고 진리의 것을 늘려나가는 것이다. 마음속에 유입

되어 자유로이 흐르는 새롭고 의로우며 건강한 생각들은 삶의 환경에 창조적인 영향을 끼친다. 진리는 언제나 바른 과정을 통해서 바른 결과를 낳는다.

몇 년 전에 나는 한 젊은이를 만난 일이 있다. 도무지 어찌해볼 도리가 없는 완벽한 실패자였다. 본래 그는 아주 유쾌한 성격의 사람이었다. 그러나 하는 일마다 실패했다. 그를 고용하는 사람은 처음에는 그를 아주 열광적으로 좋아한다. 그러나 호감은 곧 식어버리고, 오래지 않아 그는 해고되고 만다. 이런 실패의 악순환은 매번 되풀이되었다. 피고용인으로서뿐만 아니라 한 사람의 인간으로서도 실패자였다. 그는 갖가지 일들의 인과관계를 헤아리지 못하게 되었고, 그 어떠한 일도 바르게 처리하지 못했다. 결국 그는 습관적으로 내게 묻곤 했다.

"제대로 되는 일이 하나도 없으니 제게 무슨 문제가 있는 것이지요?"

그러나 그는 여전히 자만심으로 가득 차 있었다. 그는 늘 잘난 척하고 자신밖에 몰랐으며, 자신을 제외한 모든 사람들에게 비난을 퍼부을 뿐 아니라, 사람들을 몹시도 짜증나게 하는 습관을 가지고 있었다. 그에게는 그가 관계하고 있는 모든 업무에 뭔가 잘못된 것이 늘 있는 것으로 보였으며, 그를 고용하고 있는 회사도 언제나 문제투성이로 보였다. 그는 자신이 실패한 까닭을 다른 사람들의 탓으로 돌렸고, 결코 자신의 책임으로는 여기지 않았다. 그는 결코 자신을 반성하려 하지 않았으며 바로 자신에게 어떤 문제가 있을 수 있다고는 꿈에도 생각하지 못했다.

어느 날 그가 나와 이야기하기를 원했다. 마침 나는 160킬로미터 정도 떨어진 곳에서 설교를 하기 위해서 그곳까지 차를 몰고 가야 했기 때문에, 가고오는 길에 그와 동행하게 되었다. 돌아오는 길이었다. 자정 무렵, 길가에 있는 간이휴게소에 잠깐 들렀을 때였다. 그가 갑자기 이렇게 외쳤다.

"이제 알았다. 이제 알았다!"

"도대체 뭘 알았다는 겁니까?"

내가 놀라서 물었다.

"제 문제의 해답을 찾았습니다. 이제야 제 문제가 무엇인지 알게 되었어요. 저와 관련된 온갖 일들이 다 잘못되는 것은 바로 제 자신이 잘못되었기 때문이란 것을 이제야 알게 되었다는 말입니다."

내가 그의 등을 두드리며 말했다.

"드디어 제정신이 들었군요."

"어쩌면 그렇게도 명쾌할 수 있죠? 저는 언제나 잘못 생각하고 있었고, 그랬기 때문에 언제나 그릇된 결과를 얻었던 거예요."

이때 우리는 밝은 달빛 아래 휴게소 밖 내 차 옆에 서 있었다. 내가 그에게 말했다.

"해리, 한 걸음 더 나아가 하나님께 당신의 마음을 바로잡아주시길 구하십시오."

그러고는 다음과 같은 성경 구절을 그에게 들려주었다.

"진리를 알지니 진리가 너희를 자유롭게 하리라."(「요한복음」 8장 32절)

그 진리를 당신의 마음 가운데 받아들여라. 그러면 당신의 모든 잘못에서 벗어나 자유롭게 될 것이다.

그는 예수 그리스도를 열성적으로 따르는 신봉자가 되었다. 참믿음, 그리고 사고방식과 행동 습관의 온전한 변화를 통해서 그의 그릇된 생각과 그릇된 행위가 그의 본성에서 제거되었다. 그는 그릇된 방식 대신 올바르고 의로운 방식으로 생각을 키워나감으로써 바른 사람이 되었다. 그가 바른 사람이 되자, 이제 온갖 일들이 바르게 풀려나갔다. 새로운 사고의 흐름이 당신을 변화시킬 수 있음을 믿어라.

올바른 사고방식을 갖게 되는 7가지 단계

―――

다음은 당신의 마음 태도를 부정적이고 소극적인 것에서 긍정적이고 적극적인 것으로 바꾸고, 창조적인 새로운 생각들을 풀어내며, 그릇된 사고방식에서 올바른 사고방식으로 옮겨가게 하는 데 실제적으로 도움이 되는 7단계이다.

1. **이제부터 24시간 동안 당신의 사업과 건강, 장래 등 당신의 온갖 것들에 대하여 신중하게 희망에 가득 찬 말만을 하라.** 모든 것들을 낙관적으로 말하도록 하라. 어쩌면 당신에게 이것은 대단히 어려운 일일 것이다. 아마 비관적으로 말하는 데 길들여져 있는 사람은 더욱 힘들 것이다. 그러나 그런 부정적이고 소극적인 습관에서 벗어나야 한다. 설사 그렇게 하는 데 당신의 의지의 행위가 필요할지라도 말이다.

2. **24시간 동안 희망에 찬 말만을 했다면, 이번에는 1주일 동안 계속하라.** 그런 다음, 하루나 이틀 동안은 현실적이 되어볼 수도 있다. 1주일 전에는 비관적이었던 것들이 달라져 있음을 발견하게 될 것이다. 당신에게 긍정적이고 적극적인 시각이라는 현실의 동이 터오는 것이다. 대부분의 사람들이 자기 자신을 현실적이라고 말하는 것은 자기 자신을 현혹하는 것이다. 그들은 현실적인 것이 아니라, 그저 부정적이고 소극적인 것일 뿐이다.

3. **당신이 신체에 영양분을 공급하는 것과 같이 당신의 마음에도 영양분을 공급해주라.** 마음을 건강하게 하기 위해서는 온전한 생각들로 그 마음에 영양분을 공급해야 한다. 그러므로 오늘 당신의 마음을 부정적이고 소극적인 것에서 긍정적이고 적극적인 것으로 돌려라. 신약성경을 첫머리부터 읽기 시작하라. 읽어가면서 믿음과 관련된 부분에 밑줄을 그어라. 그렇게 하기를 「마태복음」, 「마가복음」, 「누가복음」, 「요한복음」을 다 읽을 때까지 하라. 특히 「마가복음」 11장 22, 23, 24절에 유의하라. 그 구절들은 밑줄을 긋고 당신의 의식 속에 깊이 뿌리내리게 할 모범적인 구절들이다.

4. 밑줄을 친 구절들을 암기하라. 하루에 한 구절씩, 밑줄을 친 모든 구절들을 다 암기할 수 있을 때까지 해나가라. 꽤 많은 시간이 걸리겠지만, 당신이 부정적이고 소극적인 사고방식을 지니게 되기까지 이보다 훨씬 더 많은 시간을 썼다는 것을 기억하라. 당신의 부정적이고 소극적인 사고방식을 지워버리는 데는 상당한 노력과 시간이 필요하다.

5. 당신의 친구들 가운데 가장 긍정적이며 적극적으로 생각하는 사람들이 누구인지를 확인하기 위해 친구들의 명단을 작성하라. 긍정적이며 적극적으로 생각하는 친구들과 교제하라. 그렇다고 부정적으로 생각하는 친구들을 버리라는 것은 아니다. 하지만 한동안은 긍정적이고 적극적인 시각을 갖고 있는 친구들과 더 가까이 지내라. 그들의 그런 정신에 당신 자신이 동화될 때까지 그렇게 하라. 그런 다음에야 당신은 부정적이고 소극적인 친구들에게 돌아갈 수 있다. 이제는 그들의 부정적이고 소극적인 태도에 당신이 감염되지 않고 오히려 당신이 새롭게 얻은 사고방식을 그들에게 줄 수 있다.

6. 논쟁을 피하라. 그러나 부정적이거나 소극적인 태도가 표출되는 때는 언제나 긍정적이고 적극적이며 낙관적인 견해로 맞서라.

7. 기도를 많이 하라. 하나님이 당신에게 크고 놀라운 일들을 주신다는 생각으로 늘 감사의 기도를 하라. 하나님은 당신이 생각하는 그대로의 하나님이시기 때문이다. 하나님은 당신이 주시리라고 믿고 있는 것보다 더 큰 것은 결코 주지 않으신다. 하나님은 당신에게 위대한 것들을 주고자 하신다. 그러나 그런 하나님이실지라도 당신이 믿음으로 받을 준비를 갖추고 있는 것보다 더 큰 것을 주시지는 못한다.
"너희 믿음대로(즉 너희 믿음의 크기에 비례하여) 되라."(「마태복음」 9장 29절)
행복하고 성공적인 인생의 비결은 비생산적이고 건강하지 못한 모든 옛 생각들을 남김없이 추방해버리고, 그 자리를 새로운 활력이 넘쳐나는 역동적인 믿음의 생각들로 가득 채우는 것이다. 당신은 그 새로운 생각들을 의지할 수 있다. 그러면 그 새로운 생각들의 흐름이 당신과 당신의 인생을 다시 만들어줄 것이다.

14

긴장을 풀면 힘이 솟는다

"오늘날 미국 사람들은 매일 밤 제대로 잠을 이루기 위해 600개 이상의 수면제를 먹고서야 잠자리에 든다."

이것은 몇 년 전 내가 강연을 했던 한 제약업자들의 모임에서 직접 들은 이야기이다. 그 당시 이런 주장을 믿기 어려웠지만, 그 뒤에 실제 숫자는 그 통계치를 훨씬 뛰어넘는다는 충격적인 말을 들었다.

또 다른 권위자에게서는 미국 사람들이 매일 1,200만 개 이상의 수면제를 소비하고 있다는 말을 들었다. 이 숫자는 미국인 열두 명 중 한 명은 수면제를 복용하고 잠이 든다는 말이다. 통계에 의하면 수면제의 사용량이 지난 몇 년 동안 열 배 이상으로 증가했다고 한다. 최근의 발표는 더더욱 놀랄 만하다. 제약회사의 부사장의 말에 따르면, 매년 어림잡아 70억 개 이상의 수면제가 소비되는데, 하루에만 1,900만 개 이상의 수면제가 소비된다는 이야기이다.

이 얼마나 비참한 상황인가! 수면은 자연스러운 원기 회복의 방법이다. 누구나 하루의 일과가 끝나면 편안히 잠을 잘 수 있어야 하고, 그런 것이 정상이라고 생각하지만, 사람들은 아마도 잠자는 기술마저 잃어버린 것이 분명하다. 사실 그런 문제들을 많이 접하는 목사인 내가 이제는 한 번의 설교만으로는 잠재우기가 거의 불가능할 만큼 사람들은 신경질적이며 극도로 긴장해 있다. 교회에서 꾸벅꾸벅 조는 사람들을 본 지도 꽤 오래되었는데, 참으로 슬픈 상황이다.

숫자, 특히 천문학적인 숫자를 다루기 좋아하는 어느 워싱턴 당국자는 지난해에 전 미국인이 앓았던 두통의 횟수는 총 75억 번에 달했다고 한다. 1인당 1년에 약 50번의 두통을 일으켰다는 것이다. 당신은 올해 두통을 몇 번이나 앓았는가? 당신에게 배당된 할당량은 채웠는가 말이다. 그 당국자가 어떻게 이런 천문학적인 숫자를 계산해냈는지는 말하지 않았지만, 그 얼마 후, 나는 미국의 제약회사들이 매년 아스피린만 5,000톤 이상을 판다는 통계 보고를 내 눈으로 보았다. 아마도 이 시대는 어느 작가의 말처럼 '아스피린 시대'라고 부르는 것이 적절할지도 모르겠다.

또 어느 권위 있는 소식통에 의하면, 미국의 각 병원에 있는 침대의 반이상은 세균에 감염되거나 사고로 다쳤거나 만성적으로 몸에 이상이 생긴 환자들이 아니라 자신의 감정을 조정하거나 통제하지 못해 이상이 생긴 환자들이 차지하고 있다고 한다.

한 병원에서 500명의 환자들을 조사해보았는데, 그중 386명, 즉 전체의 77퍼센트에 해당하는 환자가 심신의 복합적 장애로 일어난 병, 대체로 불건전한 정신 상태로 생긴 병이었다고 한다. 또 다른 곳에서는 위궤양 환자의 사례를 조사해보았는데, 그중 반은 신체적 이상으로 발병한 것이 아니라 지나친 걱정이나 남에 대한 지나친 미움, 또는 과중한 죄의식이나 과도한 긴장 때문에 발병한 것이었다고 한다.

또 다른 병원의 의사는 자신이 보기에는 오늘날 의사들이 과학의 엄청난 발달에도 불구하고 과학적 수단만으로는 환자의 절반도 치료하지 못한다고 한다. 그는 수많은 사례들에서 환자들이 마음속의 병든 생각들을 몸속에 흘려넣고 있다고 단언한다. 주로 걱정과 긴장과 같은 병든 생각들을 말이다.

문제의 해결은 올바른 자기 인식에서 시작된다

이 불행한 상황은 너무나 심각해서 우리 교회도 스마일리 블랜턴 박사를 위시한 열두 명의 정신과 의사를 두게 되었다. 왜 교회에 정신과 의사들을 두었을까? 그 대답은 정신병리학도 하나의 과학이기 때문이라는 것이다. 정신 병리학의 목적은 근거가 확실한 과학적 법칙과 과정에 따라 인간의 본성을 분석하고 진단하고 치료하는 데 있다.

기독교는 하나의 철학이며, 신학, 형이상학, 예배의 체계이다. 또한 도덕적이고 윤리적인 규율을 실천하는 것이기도 하다. 더 나아가 기독교는 하나의 과학으로서의 특징도 지니고 있다. 다시 말해 인간 본성에 대한 이해와 처치를 위해 꾸며진 일련의 기술과 법칙들을 담고 있는 한 권의 책, 성경에 튼튼한 기초를 두고 있는 과학이다. 이 법칙들은 아주 엄밀하고, 바른 이해와 믿음, 실천이 적용될 때는 늘 옳다는 것이 실증되고 있기 때문에 기독교가 정밀 과학으로서의 형태를 갖추고 있다고 말할 수 있다.

누구든지 우리 교회의 진료소에 찾아오면 제일 먼저 상담하는 사람은 아마도 정신과 의사일 것이다. 의사는 매우 친절하고 주의 깊은 태도로 방문자의 문제가 무엇인지 조사하고, 그에게 문제의 원인을 말해준다. "왜 당신은 일생 동안 열등감을 떨쳐 버리지 못하는가?", "무슨 이유로 당신은 두려움에 사로잡히는가?", "왜 당신은 그런 앙심을 품게 되었는가?", "왜 당신은 항상 수줍어하고 말이 없는가?", "왜 어리석은 짓만 하며 늘 터무니없는 말만 하는가?"를 묻는다.

인간 본성에서 나오는 이런 현상은 아무 이유 없이 그냥 일어나는 것이 아니다. 그렇게 행동하고 있는 데는 반드시 그럴 만한 이유가 있다. 그 이유를 발견하게 되는 순간이 당신 생애에 아주 중요한 순간이 될 것이다. 자신을 안다는 것, 즉 올바른 자기 인식은 자신의 잘못을 바로잡을 수 있는 근거가 된다.

자기 인식의 과정을 거치게 한 뒤, 정신과 의사는 방문자를 목사에게 넘긴다. 그러면 목사는 방문자에게 무엇을 어떻게 해야 하는지를 가르쳐준다. 목사는 각각의 경우에 따라서 과학적이고 체계적인 형태로 기도와 믿음, 그리고 사랑의 치료법을 적용한다. 정신과 의사와 목사는 각각 자신의 지식을 짜내 각각의 치료법을 서로 원용한다. 그렇게 함으로 인해 많은 사람들이 새로운 인생과 행복을 발견하게 된다. 목사는 정신과 의사의 역할을 대신할 수 없으며, 정신과 의사는 목사의 역할을 대신하지 못한다. 이 둘은 각각 자기 자신에게 주어진 기능을 발휘하지만, 언제나 상호간에 긴밀히 협조한다.

이 과정에서 활용되는 기독교의 가르침은 인생의 주요, 구세주인 예수 그리스도의 그 힘이 결코 쇠약해지지 않는다는 것, 바로 그것이다. 우리는 예수 그리스도의 가르침이 아주 실천적이고 절대적인 효과가 있다는 것을 확신한다. 실제로 "내게 능력 주시는 자 안에서 내가 모든 것을 할 수 있느니라"(「빌립보서」 4장 13절)라고 믿는다. 복음은 우리가 그에 따라 살아가면 그 놀랄 만한 약속을 문자 그대로 실현시켜준다.

"기록된 바, 하나님이 자기를 사랑하는 자들을 위하여 예비하신 모든 것을 눈으로 보지 못하고 귀로도 듣지 못하고 사람의 마음으로도 생각지 못하였다 함과 같으니라."(「고린도전서」 2장 9절)

믿어라. 그리스도를 믿어라. 그리스도의 생각과 그가 하신 일을 믿어라. 믿어라. 그러면 당신은 두려움과 증오, 열등감, 죄의식, 그리고 다른 갖가지 모든 형태의 패배감을 극복할 수 있다. 다시 말해서, 너무나 선하기 때문에 실현될 수 없는 선이란 있을 수 없다. 당신은 하나님께서 그 사랑하는 자들을 위해 예비하신 것들을 지금까지 결코 보지도, 듣지도, 상상하지도 못했다.

긴장 완화의 좋은 치료제

진료소에서 자주 다루게 되는 문제는 긴장이다. 이 문제는 너무나 심각해서 만성적 질병이라 불릴 만하다. 그러나 미국인들만이 긴장으로 고통당하고 있는 것은 아니다. 몇 년 전, 캐나다 로열 은행의 사보에는 이 문제가 집중적으로 실렸다. 그것은 "속도를 낮추어라!"라는 제목으로 실렸는데, 그 일부분을 인용하면 다음과 같다.

이 사보는 온갖 정신적, 신체적 건강 문제에 대한 친절한 상담역을 담당하기 위해서가 아니라, 캐나다의 모든 성인을 괴롭히고 있는 긴장이라는 문제를 해결하기 위해 발행되었다.

우리는 날로 증대되는 긴장의 희생자들이다. 우리는 긴장을 풀기가 대단히 어렵다. 우리의 날카로워진 신경체계는 마치 영구적인 것처럼 되어 버렸다. 우리는 매일 낮이나 밤이나 숨가쁘게 전개되는 생활에 쫓겨서 정말 사는 것처럼 제대로 살지 못하고 있다. 인생을 즐기면서 살 수 없게 된 것이다. 우리는 "환경을 초월한 영혼의 고요한 숭고함"이란 칼라일의 말을 기억하지 않으면 안 된다.

이와 같이 유명한 은행에서조차 고객들에게 긴장에 희생되어 진정으로 원하는 것들을 인생에서 끌어내는 데 실패하고 있다는 사실을 환기시킬 만큼 상황이 심각하다는 것이다.

플로리다의 세인트 피터즈버그에서 "당신의 혈압은 얼마입니까?"라는 간판이 붙은 기계를 길가에서 실제로 본 일이 있다. 그 기계의 투입구에 동전을 넣으면 당신은 그 기계로부터 그다지 반갑지 않은 말을 듣게 될 것이다. 이처럼 마치 자동판매기에 동전을 집어넣고 껌을 사듯이 동전을 집어넣기만 하면 손쉽게 혈압을 잴 수 있는 기계가 등장했다는 것은 많은 사람들이 혈압 때문에 고민하고 있다는 사실을 시사해준다.

긴장을 완화시키는 가장 간단한 방법은 무슨 일이나 넉넉한 마음으로 여유 있게 처리하는 것이다. 그 어떤 일이라도 더 천천히, 더 침착하게, 정신적인 압박감 없이 해나가라.

내 친구인 유명한 야구 코치 브래치 리키는 아무리 타율이 좋고 수비에 빈틈이 없으며 주력이 좋아도 선수가 '지나친 정신적 압박'으로 긴장해 있을 때는 그 선수를 경기에 참가시키지 않는다고 말한 적이 있다. 훌륭한 야구 선수로 대성하기 위해서는 모든 동작에 넉넉한 힘의 여유가 있어야 하고 정신적으로도 여유가 있어야 한다. 안타를 치는 가장 효과적인 방법은 힘들이지 않고 공을 쳐내는 것이다. 마음에 여유가 있으면 모든 근육이 유연하게 되어 서로 협력하여 강한 힘을 낼 수 있다. 있는 힘을 다해 죽기 살기로 공을 치려고 잔뜩 긴장해 있으면, 공을 헛치거나 살짝 스치는 실책을 하게 마련이다. 이것은 야구뿐만 아니라 골프 등 모든 스포츠에도 어김없이 적용되는 진리다.

1916년 한 해를 제외하고는 1907년에서 1919년까지 언제나 타이콥의 타율은 아메리칸리그의 최고 타율이었다. 그 기록은 아직까지도 깨지지 않고 있다. 타이콥은 그 엄청난 위업을 이룬 자신의 야구방망이를 내 친구에게 기념으로 주었다. 나는 그 방망이를 만져볼 기회가 있었는데, 그때 왠지 그를 경외하는 마음이 생겼다. 나는 그 야구방망이를 들고 시합에 나간 선수처럼 타격자세를 취해보았다. 내가 취한 타격자세는 어느 면으로 보나 그 불멸의 강타자와는 비교도 안 될 것이다. 과연 전에 선수생활을 한 적이 있는 내 친구는 그런 내 모습을 보더니 껄껄 웃으면서 말했다.

"타이콥은 결코 그런 식으로는 치지 않았네. 자네는 지나치게 뻣뻣해. 힘이 너무 들어갔어. 자네는 의욕이 지나치단 말일세. 그런 식이라면 틀림없이 삼진 아웃일세."

타이콥의 타격 자세는 아름다웠다. 사람과 야구방망이가 일체를 이루고 있었다. 그것은 작품이었다. 나는 그의 편안한 스윙 자세에 놀라지 않을 수 없었다. 그는 넉넉한 힘을 구사하는 대가였다. 마음의 여유를 가지고 넉넉한 힘을 구사한다는 것은 그 어떤 일에서나 성공하는 비결이다. 효율적으로 일하는 사람들을 관찰해보라. 그들은 언제나 최소한의 힘을 들여 손쉽게 일을 처리하는 깃처럼 보인다. 그러면서 그들은 최대의 힘을 발휘한다.

여유를 찾는 방법

한 유명한 사업가 친구는 재주가 많아 다방면의 중요한 일들을 하고 있는데, 언제나 느긋하고 여유 있어 보인다. 어떤 일이나 효율적으로 신속하게 처리하며 결코 당황하는 법이 없다. 시간이나 일들을 제대로 처리하지 못하는 사람들이 흔히 보여주는 걱정스러워하거나 기진맥진한 모습을 전혀 찾아볼 수 없다. 나는 그에게 그처럼 넉넉한 힘을 내는 비결이 무엇이냐고 물었다.

그는 웃으면서 이렇게 말했다.

"뭐 대단한 비결이랄 것까지는 없습니다. 그저 하나님과 조화를 이루도록 노력했을 뿐입니다. 그게 전부입니다. 매일 아침 식사가 끝나면 아내와 나는 언제나 거실에서 조용한 한때를 보냅니다. 그리고 명상할 만한 분위기에 빠져들도록 영감 있는 글들을 낭송합니다. 한 편의 시일 때도 있고, 어떤 책의 몇 구절일 때도 있습니다. 그러고는 조용히 앉아 각자의 기분과 마음가짐에 따라 기도를 드리거나 명상에 잠깁니다. 그리고 우리와 함께 하나님이 우리를 힘과 평화스러운 에너지로 가득 채우고 계신다는 것을 스스로에게 긍정적으로 단언합니다. 빠뜨릴 수 없는 15분간의 의식인데, 우리는 한 번도 거른 적이 없습니다. 그 시간이 없으면 살아갈 수 없습니다. 그 시간이 없으면 아마도 우리는 부스러져버릴 것입니다. 그 시간 덕분에 나는 언제나 내가 필요로 하는 에너지를 얻고 일처리하는 데 필요한 힘이 내게 넘쳐나고 있음을 느낍니다."

이것이 넉넉한 힘을 실제로 구사하고 있는, 효율적으로 살아가는 사람의 말이다.

나는 긴장을 완화하기 위해 이와 같은 방법을 쓰고 있는 사람들을 많이 알고 있다. 그리고 이것은 오늘날에는 널리 쓰이고 있는 방법이기도 하다.

어느 해 2월이었다. 나는 그해 겨울, 휴가로 플로리다에 와 있었다. 그런데 나는 매일 아침 가장 먼저 내 우편물을 처리하는 오랫동안 정해진 일과를 건너뛸 수가 없었다. 어느 화요일 아침, 나는 뉴욕의 내 사무실에서 온 우편물을 잔뜩 안고 급히 내려가고 있었다. 그 우편물을 처리하는 데만도 몇 시간이 걸릴 것 같아 조급한 마음으로 급히 지나쳐갔다. 모자로 얼굴을 반쯤 가린 채 흔들의자에 깊숙이 파묻힐 듯이 앉아 있던, 조지아에서 온 한 친구가 나를 불러 세우더니 남부 특유의 느리고 유쾌한 말투로 말을 건네왔다.

"선생님, 어디를 그렇게 급히 가십니까? 플로리다의 태양 아래서는 그렇게 급히 서두를 필요가 없습니다. 그러니 이쪽으로 오십시오. 이 흔들의자에 편안히 앉아서 내가 이 지상 최고의 예술을 할 수 있도록 도와주십시오."

나는 어리둥절해서 말했다.

"당신이 지상 최고의 예술을 할 수 있도록 도와달라는 말입니까?"

"그렇습니다. 그것은 이제 사라져가고 있는 예술입니다. 이제 대부분의 사람들은 그 예술을 어떻게 하는지조차 더 이상 알지 못할 겁니다."

"그래요? 좋습니다. 그것이 무엇인데요? 내가 보기엔 당신이 어떤 예술을 하고 있는 것 같지는 않습니다만……."

"천만에요. 나는 예술을 하고 있습니다. 나는 지금 여기 태양 아래 편안히 앉아 있는 예술을 하고 있습니다. 자, 여기 앉으세요. 그래서 저 태양빛이 당신의 얼굴에 쏟아지게 해보세요. 참 따뜻하고 향기롭답니다. 아마 당신 마음이 편안해질걸요. 어때요? 당신은 태양에 대해 깊이 생각해본 일이 있습니까? 태양은 결코 서두르거나 흥분하지 않습니다. 그러면서도 아주 천천히 소리조차 내지 않고 자기 할 일을 합니다. 태양은 벨을 누르는 일도 없고 전화를 받는 일도 없습니다. 물론 전화를 하는 일도 없지요. 단지 끊임없이 그의 광선을 내쏠 뿐입니다. 그렇지만 태양은 지금 이 순간에도 당신이나 내가 한평생 일하는 것보다도 더 많은 일을 하고 있습니다. 태양이 하는 일을 생각해보십시오. 태양은 꽃을 피우고, 나무를 자라게 하며, 땅을 따뜻하게 데우고, 만물들을 자라게 합니다. 곡식을 여물게 하고 강이나 바다의 물을 빨아올렸다가 다시 우리에게 보내줍니다. 그리고 태양은 당신에게 평화로운 느낌을 줍니다.

태양 아래 앉아서 그 태양빛이 내게 쏟아지면, 그 태양이 내게 어떤 광선을 쏘아주고, 어떤 에너지를 채워준다는 것을 깨달았습니다. 단지 내가 시간을 좀 내서 앉아 있기만 하면 그렇다는 말입니다. 자, 그러니 이제 우편물 따위는 잊어버리고, 나와 함께 여기에 앉아 있지 않겠습니까?"

나는 그의 말대로 했다. 그런 다음 내 방으로 들어가서 우편물을 정리했다. 전보다 더 짧은 시간 안에 그 일을 마쳤다. 그날 하루 휴가를 즐길 만한 많은 시간적 여유를 가지게 되었고, 더 오랫동안 태양 아래 앉아 있을 수도 있었다.

물론 나는 하루 온종일 태양 아래 앉아 있었으면서도 어떤 가치 있는 일도 얻어내지 못하는 게으름뱅이가 많다는 사실도 알고 있다. 그러나 햇빛을 쬐며 긴장을 풀고 심신을 쉬게 하는 것과 그저 가만히 앉아 있기만 하는 것은 다르다. 만약 당신이 태양 아래 앉아서 긴장을 풀고 심신을 쉬게 하며 하나님에 관해 생각하고 당신 자신과 하나님이 조화를 이루게 하며 당신 자신을 그분의 능력의 흐름에 열어놓는다면, 태양 아래 앉아 있는 것이 결코 게으름은 아니다. 사실 그것은 당신의 능력을 새롭게 하는 가장 좋은 방법이다.

비결은 마음을 고요하게 하고 급하게 서두르는 그 어떤 들뜬 반응도 피하며 평화로운 생각들로 마음을 가득 채우는 것이다. 이 예술의 본질적 핵심은 속도를 낮추는 것, 다시 말해, 에너지를 최대한 아껴가면서 가장 효율적으로 당신의 맡은 바 책임을 다하는 것이다. 긴장이 풀린 상태에서 여유 있는 마음으로 넉넉한 힘을 쓰는 데 익숙해지려면, 그렇게 되는 데 도움이 되는 한두 가지 계획을 세워서 그것을 실행하는 것이 좋다.

긴장으로부터 자유로워지는 방법

이와 같은 계획들 가운데 최고의 것이라고 할 수 있는 계획을 나는 에디 리켄베커 대위에게서 배웠다. 그는 매우 바쁜 사람이었지만 자신의 일을 처리하는 데 있어서는 만약 필요하다면 언제라도 꺼내 쓸 수 있는 여분의 힘을 늘 가지고 있는 것처럼 보였다. 나는 아주 우연한 기회에 그의 비결의 일부분을 엿보게 되었다.

그때 나는 그와 함께 TV 방송 프로그램을 촬영하고 있었다. 우리는 이 작업이 빨리 끝날 수 있다는 다짐을 몇 번이나 받았다. 또 그렇게 일찍 끝내야만, 그는 그다음에 잡혀 있는 다른 많은 일들을 차질 없이 해 나갈 수 있었다.

그러나 촬영은 우리가 예상했던 것보다 훨씬 더 많은 시간이 걸렸다. 그럼에도 그 대위는 조금도 초조한 빛을 보이지 않았다. 신경질을 내거나 걱정스러워하지도 않았다. 안절부절하지도 않았고, 자기 사무실에 허겁지겁 전화를 해대지도 않았다. 희한하게도 그 상황을 담담히 받아들이고 있었다. 스튜디오에는 낡은 흔들의자가 두 개 놓여 있었는데, 그것은 우리를 위해서라기보다는 분명 촬영을 위한 무대 장치였다. 그는 그중 하나에 아주 여유 있는 태도로 걸터앉았다.

에디 리켄베커의 열성적인 팬이었던 나는 그가 이처럼 조금도 긴장하지 않는 것이 궁금했다.

"저는 당신이 무척 바쁘다는 것을 압니다. 그런데도 이처럼 아무런 일도 없다는 듯이 조용하고 침착하게 편안히 앉아 있는 것을 보니 놀랍군요."

사실 내가 리켄베커 대위의 시간을 너무 많이 빼앗고 있는 것 같아 미안해서 마음이 편치 않았다.

"어쩌면 그렇게 아무 일도 없다는 듯이 태평스러울 수 있는 거지요?"

나는 다시 물었다.

그러자 그는 웃으면서 대답했다.

"저는 단지 당신의 설교대로 실천하고 있을 뿐입니다. 당신도 이리 와서 앉으십시오."

나는 그의 말대로 남아 있는 다른 하나의 의자를 끌어당겨 앉았다. 그리고 잠시 휴식을 취한 다음에 말했다.

"에디, 제가 보기에 당신은 이렇게 태평스러울 수 있는 무슨 비결을 가지고 있을 게 틀림없습니다. 저한테 좀 알려주세요."

그는 겸손한 사람이었다. 그러나 내가 고집스럽게 청하자 할 수 없다는 듯이 입을 열어 그가 자주 사용한다는 방법을 말해주었다. 지금은 나도 그 방법을 사용하고 있는데 그 효과는 대단하다.

첫째, 몸의 힘을 풀어라. 이것을 하루에 몇 차례 행하라. 몸의 갖가지 모든 근육의 힘을 남김없이 풀어라. 당신 자신을 해파리와 같다고 생각하라. 당신의 몸을 완전히 힘이 풀린 상태로 만들라. 감자가 가득 든 커다란 삼베자루의 영상을 당신의 마음속에 그려라. 그런 다음 마음속으로 그 감자들이 남김없이 빠져나올 수 있도록 그 삼베자루의 한쪽 끝을 자른다고 상상하라. 당신 자신을 그 삼베자루라고 생각하라. 속이 텅 빈 삼베자루보다 힘이 더 풀려버린 것이 또 있을 수 있겠는가?

둘째, 마음을 비우는 것이다. 매일 몇 번씩 마음으로부터 원망과 실망, 좌절, 고민 등 당신을 짜증스럽게 하는 모든 것들을 빼내라. 당신이 당신의 마음을 정기적으로 자주 청소해내지 않으면, 이런 좋지 못한 생각들은 뭔가 대단한 폭발 수단을 강구하지 않으면 안 될 때까지 누적되어갈 것이다. 넉넉한 힘의 흐름에 장애가 되는 요소는 그 어떤 것이라도 그 즉시 마음에서 빼내버려야 한다.

셋째, 영적으로 생각하라. 영적으로 생각한다는 것은 규칙적인 간격을 두고 마음을 하나님께 향하게 한다는 뜻이다. 적어도 하루에 세 번은 '당신의 눈을 산을 향하여 들라.' 이것으로 당신은 하나님과 조화를 유지하게 되며, 당신을 평화로 충만하게 할 것이다.

이 방법은 내게 아주 인상적이었다. 나는 이 방법을 몇 달 동안 써보았다. 그 결과, 이 방법은 긴장을 풀고 그 어떤 일이든 힘들이지 않고 손쉽게 해나가는 데 아주 효과적이라는 것을 확인할 수 있었다.

하나님과 더불어 휴식하라

뉴욕에 사는 내 친구 테일러 버코비츠 박사에게서 나는 긴장을 풀고 일하는 기술에 관해 많은 것을 배우고 있다. 그는 진료실에 환자들이 들끓어 북새통을 이루고 쉴 새 없이 전화가 걸려오는 등의 상황에 처하면, 그 즉시 일손을 멈추고 책상 앞에 기대어 지극히 자연스럽고 공손한 태도로 하나님과 이야기를 시작한다. 나는 그런 기도 형태를 좋아한다. 그는 그런 상황에서는 대체로 다음과 같은 기도를 한다고 내게 말했다.

"주여, 보소서, 저는 저 자신을 너무 심하게 몰아가고 있습니다. 저는 신경과민입니다. 여기서 저는 환자들에게 마음을 고요히 하라고 충고해 왔는데, 이번에는 저 자신이 그 충고를 실행해야 될 것 같습니다. 당신의 치유하는 손길로 저를 어루만져주십시오. 제게 침착함과 고요함, 그리고 힘을 주시고, 저의 신경에너지를 지켜주시옵소서. 그 평온으로 저를 찾아 오는 이 사람들을 도울 수 있게 하시옵소서."

그는 1, 2분 동안 묵묵히 서 있는다. 그런 다음 하나님께 감사하고, 이내 충만하면서도 넉넉한 힘으로 일을 다시 시작한다.

왕진을 갈 때 종종 교통체증에 발이 묶이는 수가 있다고 한다. 그는 이런 짜증스러울 수도 있는 교통정체를 휴식에 이용하는 아주 흥미로운 습관을 가지고 있었다. 차의 엔진을 끄고 의자에 깊숙이 들어앉아 고개를 뒤로 젖히고는 편안히 눈을 감는다. 때로는 그대로 잠이 드는 수도 있는데, 잠이 들어도 조금도 염려할 필요가 없다. 움직여야 할 때가 되면 반드시 뒤에 있는 자동차가 경적을 울려 그를 깨워주기 때문이다.

이와 같이 교통이 혼잡한 거리에서 잠깐씩 마음 편히 휴식을 취한다고 해도 그 시간은 기껏해야 1, 2분 정도이다. 그렇지만 그 짧은 시간이 활력을 되찾는 데는 굉장한 효과가 있다. 어느 곳에 있더라도 휴식을 취할 수 있는 이 짤막한 자투리 시간들은, 당신이 찾으려고만 한다면 하루 중에도 얼마든지 찾을 수 있다. 짧은 자투리 시간일지라도 당신이 자진해서 신중하게 하나님의 능력에 다가서려고 노력하기만 한다면, 당신은 마음의 평정을 충분히 유지할 수 있다. 활력을 낳는 것은 휴식시간의 길이에 비례하는 것이 아니라 질에 비례하기 때문이다.

나는 유명한 통계학자인 로저 밥슨이 자주 아무도 없는 교회에 나가 홀로 조용히 앉아 있곤 한다는 말을 들었다. 아마 그는 두세 곡의 찬송가를 부르면서 휴식을 취하고 원기를 회복할 것이다. 또한 데일 카네기도 마음이 긴장되면 뉴욕에 있는 사무실 부근의 교회에 가서 15분 가량 묵도를 올리곤 했다고 한다. 그는 자신이 가장 분주한 때에 이렇게 했다고 한다. 이런 사실은 그가 시간에 의해 지배를 받는 것이 아니라 거꾸로 시간을 지배하고 있었다는 것을 보여준다. 또한 이것은 긴장이 지나쳐 통제할 수 없을 정도가 되지 않도록 하려는 그의 주의깊음을 보여주기도 한다.

어느 날 밤, 나는 우연히 워싱턴에서 뉴욕으로 가는 기차에서 한 친구를 만났다. 이 사람은 국회의원이었는데 자기 지역구로 연설차 가는 길이라고 했다. 그리고 자신이 연설할 한 단체는 자신에 대해 적대적이어서 아마도 자신을 아주 난처하게 만들 것이라고 했다. 지역구의 한 소수 민족을 대표하고 있었지만, 아무튼 그는 그런 좋지 못한 상황을 뻔히 예견하면서도 그들을 만나려고 했다.

"그들이 나를 만나기 원한다면, 당연히 만날 권리를 드려야지요."

"그래도 당신은 통 걱정하고 있지 않은 것 같은데요?"

내가 한마디 했다.

"네, 걱정하지 않습니다. 만일 내가 그런 일을 걱정하면 어떻게 되겠습니까? 아마 나는 화가 치밀어서 그 상황에 올바르게 대처하지 못하게 될 것입니다."

그는 담담하게 대답했다.

"당신은 그렇게 긴장되는 상황을 다루는 무슨 특별한 방법이라도 가지고 있습니까?"

내가 물었다.

"네, 그런 셈입니다. 그들은 참 귀찮은 사람들입니다. 그러나 나는 이런 상황에 긴장하지 않고 대처하는 내 나름대로의 방법을 알고 있습니다. 나는 심호흡을 하고, 조용히 진심을 다해 이야기하고, 친근하고도 공손하게 행하며, 내 성질을 죽이고, 하나님이 나를 지켜주시리라는 것을 믿습니다. 그것이 제가 그 상황에 대처하는 방법입니다.

나는 한 가지 중요한 사실을 배워 익혔습니다. 그것은 어떤 상황에서도 긴장을 풀고, 평정을 유지하며, 우호적인 태도를 취하고, 믿음을 가지며, 최선을 다하는 것입니다. 이렇게 행하면 언제든 어떠한 일이든 제대로 처리할 수 있습니다."

나는 그 의원이 긴장하는 일 없이 살아가고 일해나가면, 더 나아가 소기의 목표를 성공적으로 이룰 수 있는 능력을 가지고 있다는 것을 믿어 의심치 않는다.

뉴욕 주에 있는 내 농장에서 어떤 공사를 하고 있을 때, 나는 한 일꾼이 삽으로 작업을 하고 있는 것을 지켜보고 있었다. 아름다운 광경이었다. 그의 몸은 가늘었지만 근육이 전체적으로 잘 발달되어 있었다. 그는 몸 전체를 정확하고 조화롭게 써서 일을 하고 있었다. 삽을 땅에 꽂았다가 퍼내는 동작에는 완벽한 리듬이 있었다. 그는 삽을 모래더미에 꽂고 몸으로 내리눌러 깊이 박은 다음, 날렵하고 자연스럽게 그 삽을 들어올려 모래를 퍼냈는데, 그 동작에는 끊어짐이 전혀 없었다. 다시 삽을 모래더미 속에 꽂고 몸으로 내리눌러 깊이 받은 다음 삽을 쉽게 들어 올리는데 그 동작에서 삽으로 원을 그렸다. 그의 이 동작은 마치 노래를 부르는 것 같았다. 실제로 그는 일을 하면서 노래를 부르고 있었다.

십장의 얘기로 그가 가장 일을 잘한다고 한다. 또 유머 감각이 풍부해서 같이 일을 하기에 아주 마음 편한 사람이라고도 했다. 여기 또 유쾌한 능력으로 일하는 마음 편한 사람, 넉넉한 힘을 구사하는 기술의 대가가 있었던 것이다.

마음의 여유는 재창조에서 얻어진다. 그리고 그 재창조의 과정은 지속적이어야 한다. 인간은 끊임없이 흐르고 있는 힘의 통로이다. 그 힘은 하나님에게서 나와 인간에게 들어갔다가 다시 소생하기 위해 하나님에게 되돌아간다. 만약 인간이 이 끊임없는 재창조의 흐름에 보조를 같이 해서 살아간다면, 그는 늘 긴장감 없이 일해나가며 그 어떤 일이라도 손쉽게 처리하는 능력을 갖추게 될 것이다.

긴장을 풀어주는 10가지 방법

이 기술을 어떻게 터득할 수 있는가? 여기 당신의 일을 힘들게 하는 것들을 제거해버리는 10가지 방법이 있다. 이미 그 효과가 입증된 이 방법들을 써서 그 힘든 일을 손쉽게 해나가라. 당신은 긴장을 풀게 되고 넉넉한 힘을 가지게 될 것이다.

1. **당신 자신을 두 어깨에 세상을 짊어지고 있는 아틀라스라고 생각하지 마라.** 너무 심하게 긴장하지 마라. 당신 자신이나 당신이 처한 현실과 상황을 너무 심각하게 생각하지 마라.

2. **당신의 일을 좋아하기로 결심하라.** 그러면 그 일은 고되지 않고 즐거워진다. 만약 당신이 직업을 바꾸고 싶어 했다면 굳이 직업을 바꿀 필요가 없을 것이다. 당신 자신을 바꿔라. 그러면 당신이 하는 일도 달라 보일 것이다.

3. **일의 계획을 세워라.** 그리고 그 계획에 따라 일하라. 일을 하는 방법이 조직적이지 못하면 늘 바빠서 허둥대게 된다.

4. **모든 일을 한 번에 해치우려고 하지 마라.** 시간은 끊임없이 주어지고 있으므로 너무 조급해하지 마라. 성경의 현명한 충고 "네가 할 일은 오직 한 가지뿐이다"에 주의를 기울여라.

5. **바른 마음의 자세를 가져라.** 당신이 하는 일의 어려운 정도는 순전히 당신이 그 일을 어떻게 생각하느냐에 달려 있다. 그 일을 어렵다고 생각하면 실제로 어렵게 처리되고, 쉽다고 생각하면 쉽게 되는 법이다.

6. **당신이 하는 일에 전문가가 되라.** (무슨 일이든) 아는 것이 힘이다. 어떤 일도 제대로 하면 쉬운 법이다.

7. **마음을 편하게 가져라.** 항상 편안한 마음으로 일하라. 결코 무리하거나 억지를 쓰지 마라. 한 걸음 성큼 넘어가라.

8. **오늘 일을 내일로 미루지 않도록 자신을 훈련하라.** 처리하지 못한 일이 쌓이게 되면 당신의 일은 점점 어려워진다. 일을 정해진 시간표대로 해나가도록 하라.

9. **당신의 일을 놓고 기도하라.** 그렇게 함으로써 당신은 효과적으로 휴식을 취할 수 있다.

10. **하나님을 '눈에 보이지 않는 동반자'로 삼아라.** 놀랍게도 그 동반자가 당신의 무거운 짐을 벗겨줄 것이다. 하나님은 교회에 계시듯이, 사무실에도, 공장에도, 가게에도, 주방에도 어느 한 곳 빠짐없이 계신다. 하나님은 당신의 일을 당신 이상으로 잘 알고 계신다. 하나님의 도우심이 당신의 일을 더욱 쉽게 만들 것이다.

15

어떻게 남의 호감을 사는가

사람은 누구나 남이 자기를 좋아해주기를 바란다. 우리는 이 사실을 그대로 인정해야 한다. 혹시 "남이 나를 좋아하든 싫어하든 조금도 개의치 않아!"라고 말하는 사람이 있을지도 모르지만, 그가 진심으로 그렇게 말했다고는 생각하지 않는다.

심리학자인 윌리엄 제임스는 "인간의 본성 가운데 가장 강력한 욕구는 다른 사람들로부터 인정을 받고 싶은 욕구이다"라고 말한다. 남의 호감을 사고, 존경을 받으며, 귀감이 되고 싶다는 것은 인간의 근본적인 욕구이다.

어느 고등학교 학생들에게 "가장 간절히 원하는 것은 무엇인가?"라는 주제로 설문조사를 한 적이 있었다. 압도적으로 많은 수의 학생들이 '인기 있는 사람이 되는 것'이라고 대답했다. 나이 많은 성인들도 마찬가지이다. 사실 남에게 인정과 존경을 받고 싶다거나 동료들의 사랑을 받고 싶은 욕구 없이 세상을 살아가는 사람이 있다고는 생각하기 어렵다.

대중적 인기를 얻는 기술을 터득하려면, 우선 의도적인 꾸밈을 없애라. 인기를 얻기 위해, 또 인기를 얻을 만한 기회를 잡기 위해 의도적으로 노력해보라. 당신은 결코 그것을 얻지 못할 것이다.

하지만 사람들로부터 "저 사람에겐 확실히 뭔가가 있어"라는 평을 받는다면, 당신은 호감을 받을 수 있는 길에 들어서 있다는 것을 확신할 수 있다.

그러나 인기를 얻는 데 성공했다고 할지라도 결코 모든 사람들이 다 당신을 좋아하지는 않는다는 것을 알아야 한다. 인간의 본성에는 남을 좋아하는 데 어려움을 느끼게 하는 특성이 있다. 옥스퍼드 대학교의 한 벽에는 다음과 같은 시가 새겨져 있다.

> 나는 당신을 사랑하지 않습니다, 펠 박사!
> 그 이유는 나도 모릅니다.
> 하지만 이것만은 내가 확실히 알고 있으니,
> 나는 당신을 사랑하지 않습니다, 펠 박사!

이 시의 뜻은 퍽 미묘하다. 이 시의 작가는 펠 박사를 좋아할 수 없었다. 그 이유는 모르지만, 그는 자신이 펠 박사를 좋아하지 않는다는 것만큼은 분명히 알고 있었다. 그것은 터무니없는 혐오일 가능성이 크다. 펠 박사가 분명히 아주 좋은 사람이었기 때문이다. 만약 그가 펠 박사를 좀 더 잘 알았더라면, 어쩌면 그는 펠 박사를 좋아했을지도 모른다. 아무튼 애석하게도 펠 박사는 그 시의 작자에게 결코 호감을 얻지 못했다. 그것은 우리가 뚜렷한 이유 없이 어떤 사람과는 마음이 맞거나 혹은 맞지 않는다는 다소 우리를 당황하게 하는 인간의 복잡한 심리 때문이었을 것이다.

성공적인 인생을 위해 호감을 얻도록 노력하라

성경조차 인간 본성의 이 불행한 사실을 인정하고 있다. 그러하기에 성경은 이렇게 말하고 있다.

"할 수 있거든 너희로서는 모든 사람들과 더불어 화목하라 내 사랑하는 자들아 너희가 친히 원수를 갚지 말고 하나님의 진노하심에 맡기라 기록되었으되 원수 갚는 것이 내게 있으니 내가 갚으리라고 주께서 말씀하시니라."(「로마서」 12장 18~19절)

성경은 아주 실제적인 책이다. 성경은 사람들을 잘 알고 있다. 성경은 사람들의 불완전함뿐만 아니라 무한한 가능성도 잘 알고 있다. 예수께서는 그의 제자들에게 어느 마을에 들어가 그 마을 사람들과 화합할 수 있도록 최선을 다하되 그렇게 했음에도 여전히 그들과 그렇게 지낼 수 없거든 그들의 발에 묻은 그 마을의 먼지까지라도 털어버리라고 충고하고 있다.

"누구든지 너희를 영접하지 아니하거든 그 성에서 떠날 때에 너희 발에서 먼지를 떨어버려 그들에게 증거를 삼아라."(「누가복음」 9장 5절)

이 말은 당신이 모든 사람의 호감을 얻지 못하더라도 심각하게 생각하지 않는 것이 현명하다는 것을 가르쳐주고 있다.

그렇지만 당신이 충실히 지켜나가기만 한다면, 당신 자신을 다른 사람들이 좋아하는 인간으로 만들어나갈 수 있는 분명한 공식과 방법이 있다. 당신이 다소 까다로운 사람이거나 천성적으로 수줍어하는 사람, 또는 반사회적인 사람일지라도 남들과 만족할 만한 교제를 누릴 수 있다. 당신은 자신을 남들과 편하고 정상적이며 자연스럽고 유쾌한 교제를 누리는 사람으로 만들어갈 수 있다.

이 문제는 중요하다. 당신에게 충분한 시간과 주의를 기울여 이 방법을 반드시 터득해야 한다고 아무리 강조해도 결코 지나치지 않을 것이다. 당신이 그 방법을 완벽하게 터득하기 전까지는 당신은 절대로 만족할 만큼 행복하거나 성공적일 수 없기 때문이다. 인간관계에서의 이러한 자질을 살려나가는 데 실패하면, 역으로 그렇다는 사실이 당신에게 심리적으로 좋지 못한 영향을 끼칠 것이다. 남의 호감을 얻는다는 것은 자기 만족 자체와는 비교할 수 없을 정도로 훨씬 더 중요한 일이다. 당신이 자신에 대해 어느 정도 만족하는 것도 당신의 성공적인 인생에는 필수불가결한 것이다. 그러나 정상적이고 만족스러운 인간관계는 당신에게 그보다 더욱 중요한 것이다.

이 세상 그 어느 누구도 자신을 원하지 않거나 필요로 하지 않을 때의 심정은 인간이 느낄 수 있는 느낌 중에서 가장 처참한 것이다. 다른 사람들이 당신을 원하고 필요로 하는 정도만큼 당신은 본래의 성품을 드러내게 된다. 반대로 고립된 인간이나 폐쇄적인 인간은 말로 다할 수 없는 비참한 고통을 겪게 된다. 그들은 자기 방어의 수단으로 자신의 인격 속에서조차 스스로를 더더욱 고립시켜버린다. 그들의 안으로 파고드는 내성적인 특성은 외향적이고 진취적인 사람이 경험하는 정상적인 발전을 거부하기까지 한다. 인간성은 그것 자체가 밖으로 드러나고 그럼으로써 남에게 어떤 가치 있는 것이 되지 않는 한, 병들어 죽어버리고 만다. 남이 자신을 원하지도 않고 필요로 하지도 않는다는 감정은 욕구불만과 노화와 질병을 초래한다. 만약 당신이 스스로를 있으나마나 한 존재라고 느끼고, 실제로 그 누구도 당신을 원하지도 않고 필요로 하지도 않는다면, 당신은 뭔가 대책을 강구하지 않으면 안 된다. 그것은 심리적으로 만만치 않은 문제이며, 살아나가기 위해 필연적으로 하게 되는 애처로운 노력이기도 하다. 인간 본성으로 발생하는 문제들을 다루는 사람들은 끊임

338

없이 이 문제와 또 그것이 초래하는 불행한 결과에 맞부딪히게 된다.

당신이 얻은 호감을 소중히 하라

나는 어떤 도시의 로터리를 클럽의 오찬 회의에서 두 명의 의사와 식사를 한 일이 있었다. 그중의 한 명은 이미 오래전에 은퇴한 나이 지긋한 의사였으며, 다른 한 명은 그 도시에서 인기 좋은 젊은 의사였다. 그 젊은 의사는 약속 시간에 조금 늦어서 아주 지친 모습으로 허겁지겁 뛰어들어와 한숨을 내쉬며 의자에 털썩 주저앉았다.

"전화벨만이라도 울리지 않으면 좋겠습니다."

그는 불평을 해댔다.

"사람들이 끊임없이 나를 찾고 있어서 화장실에도 갈 수 없을 지경입니다. 전화기에 소음장치라도 달고 싶은 심정입니다."

그러자 나이든 의사가 조용히 말했다.

"짐, 나도 자네의 그 기분은 잘 알고 있네. 나도 예전에는 그렇게 생각했었지. 하지만 지금은 전화벨만 울려도 감사한다네. 사람들이 자네를 원하고 자네를 필요로 하는 것을 기쁘게 여기게."

그는 애처롭게 말을 이어갔다.

"이제 나를 부르는 사람은 더 이상 없어. 전화벨이 울리를 소리를 다시 듣고 싶은데, 이제 아무도 나를 원하지도 않고 필요로 하지도 않는다네. 나는 이제 퇴물이야."

그 식탁에 앉아 있던 너무나 바쁜 생활로 때때로 피로를 느끼곤 하던 우리는 그 나이든 의사의 말을 듣고 많은 생각을 하게 되었다.

한 나이든 부인이 자신의 불행을 내게 호소한 적이 있었다. 그녀는 자신의 처지를 불만족스러워하고 자신이 불행하다고 느끼고 있었다.

"남편은 이미 죽었고, 아이들은 모두 장성했어요. 더 이상 제가 서 있을 자리가 없답니다. 사람들은 내게 친절히 대해주지만 사실 그들은 내게 아무런 관심도 없지요. 누구나 다 자기밖에 몰라요. 아무도 날 필요로 하지 않는단 말입니다. 그것이 제가 불행하다고 느끼는 원인인가요? 그럴까요?"

그녀는 그렇게 물었다. 맞는 말이다. 사실 그것은 불행의 대단히 중요한 원인일 수 있다.

한 회사 사무실에서 칠순이 조금 넘은 그 회사의 창설자는 가만히 앉아 있지 못하고 공연히 서성이고 있었다. 나는 지금의 사장인 그의 아들을 만나러 왔는데 그는 전화통화 중이었다. 그래서 그 사이에 나는 그 창설자와 이야기를 나누었다. 그는 침울하게 말했다.

"당신은 왜 어떻게 은퇴하면 좋은지에 대한 책은 쓰지 않습니까? 나는 은퇴하는 방법을 알고 싶답니다. 한때는 나는 내가 맡아야 하는 일들의 책임을 남에게 넘기면 얼마나 좋을까 하고 생각하기도 했지만, 그러나 이제 와서는 아무도 내가 하는 그 어떤 말에도 아무런 관심도 기울이지 않는다는 것을 깨달았습니다. 난 언제나 나 자신이 꽤 인기 있는 사람이라고 생각하고 있었지요. 그런데 이젠 내가 이 사무실에 내려와 주변을 둘러보면, 모두 나에게 '안녕하세요?'라고 인사를 하고는 곧바로 나를 잊어버립니다. 차라리 이곳에 전혀 나타나질 않으면 그들이 내게 관심을 좀 가질까요? 내 아들이 회사를 맡아 썩 잘해나가긴 하지만, 사람들이 나를 조금이라도 필요로 했으면 좋겠어요."

그는 처량하게 말을 맺었다.

이런 사람들은 그들의 인생에 있어서 가장 쓰라리고 불행한 경험을 겪고 있는 것이다. 남이 애써 자기를 찾아주길 바라지만, 바로 그런 근본적인 욕구가 충족되지 않았던 것이다. 그들은 다른 사람들이 그들을 인정해주기를 원한다. 남들로부터 존경받고 싶어 한다. 그러나 이러한 그들의 바람은 은퇴했을 때만 일어나는 것은 아니다.

언젠가 스물한 살 된 한 젊은 여성이 태어난 이래로 내내 자신은 불필요한 존재였다고, 자기의 괴로움을 털어놓은 적이 있다. 누군가가 어린 시절에 그녀에게 "너는 원치 않는 아이였다"는 말을 했다고 한다. 이 지독한 말은 그녀의 잠재의식에 깊이 파고들어 심한 열등감과 자기경멸의 감정을 불러일으켰다. 따라서 그녀는 점점 내성적이고 수줍어하는 사람이되었으며, 그녀 스스로도 고립의 길을 택했다. 그녀는 고독해졌고 불행해졌다. 그녀의 병적인 상태를 고치는 길은 그녀의 삶을 영적으로 개조하는 길, 특히 비뚤어진 사고방식을 개조하는 길밖에는 없었다. 그렇게 해야자신의 갇혀 있던 매력적인 개성을 해방시킬 수 있고, 다른 사람들의 호감도 살 수 있을 것이다.

호감을 얻는 방법

셀 수 없이 많은 사람들이 의식하지 못하는 심각한 심리적 갈등으로 인해서 남에게 호감을 받는 요령을 터득하지 못하고 있다. 그들은 남의 호감을 얻기 위해 애를 쓴다. 그러다 때때로 실제로는 좋아하지 않는 행동까지도 하는 극단적인 지경에까지 몰고 간다. 오늘날 수많은 사람들이 다른 사람들로부터 피상적인 의미에서의 인기를 얻고 싶다는 무절제한 욕구로 인해 피눈물 나는 연기를 하고 있는 걸 볼 수 있다.

인기라는 말은 현대사회에서 종종 피상적인 의미로 쓰이고 있다. 인기는 몇 가지 간단하고 자연스러우며 정상적이고 쉽게 익힐 수 있는 기술을 익히면 획득할 수 있는 것이다. 그 기술들을 성실히 실행한다면 당신은 곧 다른 사람들의 호감을 사는 사람이 될 수 있다.

첫째, 마음 편한 사람이 되라. 즉 사람들이 아무런 부담없이 사귈 수 있는 사람이 되라는 말이다. 우리는 사람들이 어떤 특정인에 관해서 "저 사람과는 가까워질 수 없어"라고 말하는 소리를 들을 때가 있다. 그 사람은 좀처럼 뛰어넘을 수 없는 장벽에 둘러싸여 있는 것이다. 그러나 마음 편한 사람은 태평스럽고 자연스럽다. 그에게는 유쾌하고 친절하며 따뜻한 분위기가 있다. 그런 사람과 함께 있으면 마치 오랜 세월 익숙하게 사용해온 친숙한 모자를 쓰거나 몸에 편한 오래된 코트를 걸치거나 늘 신던 구두를 신은 것처럼 편안하다. 이와 반대로 완고하고 서먹서먹하며 동정심이 없는 사람은 그 어떤 집단 속에서도 결코 쉽게 어울리지 못한다. 그는 그 집단 속에서 마치 끝이 뾰족한 송곳과도 같이 남을 위태롭게 한다. 사람들은 그를 어떻게 대해야 하는지, 그가 어떤 반응을 보일는지 도무지 종잡지 못한다. 그렇기 때문에 결코 쉽사리 그를 좋아하지 못한다.

몇몇 소년들이 그들 모두가 부담없이 좋아하는 한 소년에 관해 이야기를 나누고 있었다.

"그는 좋은 친구야. 참 재미있어. 그 애와 있으면 언제나 마음이 편해."

자연스럽게 사귈 수 있는 특성을 갖는 것이 매우 중요하다. 대체로 이런 사람은 마음이 너그럽다.

이런 사실을 확실하게 보여주는 전형이랄 수 있는 사람이 제임스 A. 팔리인데, 그는 과거 미국의 우체국장을 지낸 사람이기도 하다.

내가 맨 처음 팔리를 만난 것은 꽤 오래전의 일이다. 많은 사람들이 북적대는 곳에서 그를 만났는데, 그는 그 혼란스러운 와중에서 나를 알아보고 내 이름을 불렀다. 그것은 내가 결코 잊을 수 없는 인간미 넘치는 장면이며, 내가 팔리를 좋아하는 이유 중의 하나이다.

우연한 사건을 통해, 나는 남의 호감을 사는 팔리의 비결을 알게 되었다. 나는 팔리 그리고 다른 두 명의 작가와 함께 필라델피아 저술가협회에서 주최하는 오찬모임에서 연설을 할 예정이었다. 사실 나는 그곳에 좀 늦게 도착했기 때문에 그 장면을 직접 보지는 못했다. 그러나 내가 알고 있는 출판사 사장은 그 일을 직접 봤다고 한다. 이 모임의 연사들이 호텔 복도를 따라 걸어가고 있었을 때였다. 한 호텔 여직원이 시트, 타월 등 객실 물품을 실은 손수레 곁에 서 있었다. 그들은 이 손수레를 피해 옆으로 지나가려 했고, 그녀는 그들에게 아무런 관심도 보이지 않았다. 그때 팔리가 그녀 곁으로 다가가서 손을 내밀며 이렇게 말했다.

"안녕하세요? 나는 제임스 A. 팔리입니다. 아가씨 이름은 뭔가요? 만나서 반갑습니다."

출판사 사장은 그들과 같이 홀 안으로 들어가면서 뒤를 돌아보았다. 인사를 받은 그녀가 아름다운 미소를 짓고 있었다. 이 일은 남에게 관심을 가지며 마음이 너그럽고 외향적인 사람이 대인관계에서 얼마나 성공적인가를 보여주는 좋은 실례이다.

한 대학교의 심리학과에서 사람들이 좋아하는 성격과 싫어하는 성격의 특성에 대한 분석을 해본 일이 있었다. 100가지의 특성이 과학적으로 분석되었다. 남의 호감을 얻기 위해서는 100가지 특성 중에서 46가지 이상의 특성을 지녀야 하는 것으로 밝혀졌다. 우리가 다른 사람들로부터 좋은 평판을 얻기 위해 그렇게도 많은 특성을 지녀야 한다는 것은 적잖이 우리를 낙담케 한다.

그러나 기독교에서는 기본적인 특성만 가지면 사람들이 자신을 좋아하게 하기에 충분하다고 가르친다. 그 특성이란 '진지하고 한결같은 관심을 가지고 다른 사람들을 사랑하는 것'이다. 당신이 이 기본적 특성을 갖게 되면 그 밖의 다른 특성들은 자연스럽게 생겨난다.

만약 당신이 마음 편한 사람이 아니라면, 당신의 의식과 잠재의식 속에 있을 수도 있는 긴장을 불러일으키는 온갖 요소들을 제거하기 위해 당신 자신의 성격을 분석해보라. 다른 사람들이 당신을 좋아하지 않는 이유가 그들에게 있다고 생각하지 마라. 그 원인은 당신 자신에게 있다. 그 이유를 찾아 제거할 결심을 하라. 그러기 위해 정직해야 하며, 어쩌면 전문가의 도움이 필요할지도 모른다. 까탈스러운 요소들은 당신이 오랫동안 품어온 특성들일 수도 있다. 어쩌면 그 성격은 완강한 방어적 자세로 생겨난 것이거나, 어린 시절부터 발달된 태도일 수도 있다. 그러나 까탈스러움이 어떤 이유로 발생했든, 당신 자신을 과학적으로 분석하고 변화할 필요성을 인식한다면 제거할 수 있다. 그렇지 않으면 당신의 성격은 개조되기 어렵다.

한 남자가 우리 교회의 진료소에 찾아와 대인관계에서의 문제를 해결할 수 있도록 도와달라고 요청한 일이 있었다. 그는 서른다섯 살 정도로 보였는데, 균형 잡힌 몸매에 강한 인상을 풍기는 굉장히 멋진 사람이었다. 언뜻 보기에 사람들이 그를 좋아하지 않는다는 그의 말이 믿기지 않을 정도였다. 그러나 그는 내게 자신의 대인관계에서의 비참한 실패를 보여주는 불행한 환경적 요인들과 실제 현실에서 벌어지는 사건들을 대충 말해주었다.

"저는 최선을 다했습니다. 사람들과 잘 지내기 위해 지켜야 한다고 배워온 온갖 방법들을 다 써서 노력해보았지만 효과는 전혀 없었습니다. 제가 어떻게 하든 사람들은 저를 싫어할 뿐이고, 더욱 괴로운 것은 그들이 저를 싫어한다는 사실을 저 자신도 알고 있다는 것입니다."

그와 이야기를 나누어본 결과, 나는 문제의 원인이 어디에 있는지 어렵지 않게 알 수 있었다. 그의 말투에는 집요한 비판적 태도가 배어 있었다. 물론 그 비판적 태도는 교묘히 위장된 것이기는 했으나 명백히 드러났다. 입술을 묘하게 오므리는 별로 매력적이지 못한 버릇도 있었는데, 다른 사람들은 그런 그의 모습에서 점잔을 빼고 있거나 책망하고 있다는 느낌을 받는다. 다시 말해 그가 우월감을 갖고 있거나 그들을 경멸하고 있다는 느낌을 주었다. 사실 그는 상당한 자부심을 가지고 있다는 느낌을 주었다. 그는 융통성이라고는 전혀 없는 아주 고집스러운 사람이었다.

그는 이렇게 물었다.

"다른 사람들이 저를 좋아하도록 저 자신을 바꿀 수는 없을까요? 저도 모르는 사이에 다른 사람들의 기분을 상하게 하곤 하는데, 거기서 벗어나는 방법이 없을까요?"

그 젊은이는 철저하게 자기중심적이고 이기적이었다. 그가 진정으로 좋아하는 사람은 바로 자기 자신이었다. 그가 하는 모든 말과 취하는 모든 태도는, 본인은 의식하지 못하고 있었지만, 자신에게 어떤 영향을 미칠 것인지를 계산하고 하는 것들이었다. 우리는 그에게 자기 자신을 잊고 다른 사람들을 더 사랑하도록 가르쳐야 했다. 물론 이 일은 그의 지금까지의 성장과정에서 길들여진 근본적 태도를 뒤집는 일이었다. 그러나 이런 방법은 그의 문제를 해결하는 결정적인 방법이었다. 나는 이 젊은이가 표면상 다른 사람들과 크게 다투는 일은 별로 없지만, 실상은 다른 사람들에 대한 미움으로 속이 들끓고 있으며 마음속으로 그들을 욕하고 있다는 것을 알았다. 마음속으로 그는 그가 접하는 그 누구라도 자신에게 적합한 사람으로 만들려고 애를 쓰고 있었다. 아마도 사람들은 문제가 그런 것인지는 잘 모르고 있었을지라도 무의식적으로 그가 그렇게 하고 있다는 사실을 감지하고 있었을 것이다. 그에 따라 그들의 마음속에는 그에게 접근하는 것을 가로막는 장벽이 세워져 있었던 것이다.

생각부터 다른 사람들을 기분좋게 하는 것이 아니었기 때문에 자연히 다른 사람들을 대하는 그의 태도조차 도무지 따뜻함이 없었다. 그는 상당히 정중했고 다른 사람들에게 불쾌감을 주거나 촌티가 난다는 인상을 주지 않으려고 애를 썼지만, 다른 사람들은 무의식중에 그에게서 냉담함을 느꼈다. 그렇기 때문에 다른 사람들은 그가 늘 불평하고 있는 '매정한 거절'을 그에게 안겨주었다. 그들이 그에게 등을 돌리는 것은 그가 먼저 자신의 마음속에서 '매정한 거절'을 안겨주었기 때문이었다. 그는 자기 자신을 지나치게 사랑했고, 자신의 자존심을 살리기 위해 다른 사람들을 좋아할 수 없었던 것이다. 그는 자기애로 고통을 당하고 있었다. 그가 다른 사람들을 향한 사랑을 실천해야 풀릴 문제였다.

우리가 그의 문제점을 지적하자, 그는 당황해서 어쩔 줄 몰랐다. 그러나 진지하게 자신의 문제 해결에 매달렸다. 자기애 대신에 다른 사람들에 대한 사랑을 키워나가는, 우리가 제안한 기술들을 사용하기 시작했다. 그것을 완성하는 데는 어떤 근본적인 변화가 필요했으나 그는 성공적으로 그 일을 해냈다.

우리가 그에게 가르쳐준 방법은 이런 것들이었다. 우선, 잠자리에 들기 전에 버스운전사나 신문배달 소년 등 그날 하루 동안 만난 사람들의 명단을 작성해본다. 그리고 그 명단에 적힌 사람들 각각의 모습을 마음속에 떠올리고, 얼굴이 떠오를 때마다 그 사람이 잘되기를 바라는 마음을 갖는 것이다. 그런 다음 그 한 사람 한 사람을 위해 기도하고, 자신을 둘러싸고 있는 작은 세계를 위해 기도한다. 우리들 각각은 사업상 만나는 사람들, 그리고 이 모양 저 모양으로 관계를 맺는 사람들과 더불어 각기 나름대로 하나의 작은 세계를 구축하고 있다.

이 젊은이가 아침에 가장 먼저 만나는 사람은 그의 가족을 제외하고는 아파트의 승강기 안내원으로 일하는 소년이었다. 이제까지 그는 이 소년에게 형식적인 아침인사 외에는 한마디의 말도 건네본 적이 없었다. 그런데 이번에는 시간을 좀 내서 그 소년과 잠시 이야기를 나누어보았다. 그는 그 소년에게 그의 가족과 취미에 관해 물어보았다. 그는 그 소년이 아주 흥미 있는 시각과 누구에게나 매혹적일 수 있는 훌륭한 경험을 가지고 있다는 사실을 발견했다. 지금까지 그는 그 소년이 단순히 승강기를 그의 층까지 오르락내리락 조종해주는 로봇에 지나지 않는다고 생각했었다. 그러나 이제 그 소년에게서 새로운 가치들을 발견했다. 그는 실제로 그 소년을 좋아하게 되었고, 역으로 이 젊은이에 대해 꽤 정확한 견해를 가지고 있었던 그 소년 또한 자신의 견해를 바꾸기 시작했다. 그들은 친밀한 관계를 맺게 되었다. 그는 이런 방식으로 다른 한 사람 한 사람에게 접근해나갔다.

어느 날, 이 젊은이가 내게 말했다.

"저는 이 세상이 재미있는 사람들로 가득 차 있다는 것을 알았습니다. 제가 전에는 전혀 깨닫지 못하고 있었던 사실입니다."

그렇게 볼 수 있게 되었다는 것은 그가 자기 자신을 잊었다는 것을 보여주는 증거였다. 그리고 성경이 우리에게 현명하게 말해주고 있듯이, 자기 자신을 잊자, 비로소 자기 자신을 찾았던 것이다. 그는 자기 자신을 잊어버림으로써 자기 자신을 찾았고, 더 나아가 새로운 많은 친구들을 찾았다. 사람들은 그를 좋아하기 시작했다.

다른 사람들을 위해 기도하기를 배어 익히는 것도 그의 성격을 개조하는 데 매우 중요한 역할을 했다. 어느 누군가를 위해 기도하면, 그 사람을 대하는 태도가 우호적인 것으로 바뀌기 때문이다. 그렇게 함으로써 그 사람과의 관계를 더 높은 수준으로 끌어올리게 된다. 우호적인 태도가 그에게 흘러가면 그 사람이 우호적인 태도를 보인다. 서로에 대한 우호적인 태도가 만나게 됨에 따라 높은 수준에서의 이해의 일치가 이루어진다.

호감을 얻고 싶다면 먼저 호감을 베풀어라

본질적인 의미에서 다른 사람들이 당신을 좋아한다는 것은 다른 한편으로는 당신이 그들을 좋아한다는 것을 뜻한다. 미국에서 가장 인기 있었던 윌 로저스가 남긴 매력적인 수많은 말들 가운데 이런 말이 있다.

"이제까지 나는 한 번도 싫어하는 사람을 만나본 적이 없습니다."

이 말은 어쩌면 다소 과장된 표현으로 들릴지도 모른다. 그러나 나는 윌 로저스가 결코 과장해서 한 말이 아니라고 확신한다. 바로 그것이 윌 로저스가 사람들을 대하는 태도였고, 그 결과로 사람들은 마치 꽃이 태양을 향해 그러하듯이 그를 향해 자신들의 마음을 열었던 것으로 보인다.

때때로 좋아하기 어려운 사람들도 있다는 반박이 나오기도 한다. 그렇다. 심히 유감스러운 일이긴 하지만, 다른 사람들에 비해 남의 호감을 사기 어려운 사람이 있다는 것은 사실이다. 그러나 그렇다고 할지라도 우리가 그를 이해하려고 진지하게 노력하기만 한다면, 그에게서 칭찬할 만한, 심지어 사랑할 만한 특성이 있다는 것을 발견하게 될 것이다.

어떤 사람이 자신과 교제하고 있는 사람들에게 품은 혐오의 감정을 극복해야 하는 문제에 부딪힌 적이 있었다. 그는 몇몇 사람에 대해 심각한 혐오감을 지니고 있었다. 그들은 그를 심히 짜증나게 했다. 그러나 그는 그를 괴롭게 하는 누구라도 칭찬할 만한 점들이 있다면 빠짐없이 찾아내어 목록으로 만들어 그들에 대한 혐오의 감정을 극복해냈다. 그는 날마다 그들의 좋은 점을 발견해서 목록에 추가하려고 애를 썼다. 그렇게 하자 그는 자신이 호감을 전혀 가질 수 없었던 사람들이 사실은 호감을 느낄 만한 많은 장점들을 지니고 있다는 사실에 새삼 놀랐다. 사실 그는 그들의 매력적인 특성들을 알게 되고 나서는 자신이 지난 날 어떻게 그들을 좋아하지 않을 수 있었던가를 이해할 수 없어서 무척 당황하기까지 했다. 물론 그가 그들에게서 호감이 가는 그런 특성들을 발견해내고 있을 때, 다른 한편으로는 그들이 거꾸로 그에게서 호감이 가는 새로운 특성들을 발견하고 있었다.

당신이 만족할 만한 인간관계를 확립하지 못하고 지금까지 살아왔다고 할지라도 당신 자신이 변화될 수 없다고는 생각하지 마라. 다만, 당신은 이 문제의 해결을 향한 확실한 단계를 밟아나가지 않으면 안 된다. 아무튼 당신은 기꺼이 노력하기만 하면 변화될 수 있으며, 남들이 아주 좋아하고 존경하는 사람이 될 수 있다. 당신이나 내가 상기해야 할 것은 보통 사람들이 자신의 결점을 감추기 위해 전 인생을 헛되이 낭비하고 있다는 것이다. 우리는 결점을 곱게 간직하면서 키워나가고 부풀리며 결코 그것을 고치려고 하지 않는다. 마치 망가진 레코드판의 홈에 걸려 있는 전축 바늘과도 같이 몇 번이고 같은 가락을 되풀이한다. 당신은 즉시 그 바늘을 망가진 홈에서 들어올려 다른 홈으로 옮겨야 한다. 그렇게 하면 잡음은 사라지고 상쾌한 화음을 들을 수 있다. 더 이상 당신의 인생을 인간관계에서의 결점을 키워나가는 데 낭비하지 마라. 남은 인생을 인간관계에서의 친목을 쌓아나가는 데 써라. 인간관계는 성공적인 인생에 대단히 중요하기 때문이다.

다른 사람들이 당신을 좋아하게 만드는 또 하나의 중요한 요인은 당신이 다른 사람의 자아를 존중해주는 일이다. 자아는 인간성의 본질적인 핵심으로서 누구에게나 신성한 것이다. 자존의 욕구는 그 누구에게나 지극히 정상적인 것이다. 만약 내가 당신의 자아를 무시해서 결과적으로 당신의 자존심을 건드리게 되면, 당신은 그것을 일소에 붙일지는 모르지만, 나는 당신에게 깊은 상처를 입힌 것이다. 사실 내가 당신을 경멸하는 경우 당신은 입으로는 나를 용서한다고 말할 수도 있고, 또 진심으로 그렇게 말했을지라도 당신이 영적으로 아주 대단한 사람이 아닌 한, 결코 당신은 나를 썩 좋아하지는 못할 것이다.

반면에 내가 당신의 자존심을 북돋아주고 당신이 자신의 인간적 가치를 느낄 수 있도록 도와준다면, 나는 당신의 자아에 대해 최고의 존경을 표시한 것이 된다. 나는 당신의 자존심을 최고로 존중한 셈이 되고, 당신은 내가 당신에게 한 행위에 대해 내게 감사할 것이요, 또 내가 당신에게 그러했기 때문에 나를 좋아할 것이다.

다른 사람의 자아에 상처를 입히는 일이 반드시 불친절한 행위에 의해서만 되는 것은 아니다. 사소한 말 한마디, 사소한 행동 하나가 얼마나 깊이 다른 사람의 자아에 상처를 입히는지는 상상하기조차 어려울 정도이다. 사람의 자아는 종종 그런 식으로 상처를 입게 된다.

누군가 어떤 모임에서 재미있는 농담을 한마디 했다고 하자. 거기 있는 모든 사람들이 그 농담에 아주 즐겁게 웃었다. 그러나 단 한 사람, 당신은 이미 그 농담을 알고 있다. 그래서 당신은 짐짓 점잔을 빼면서 "아주 재미있는 농담이야. 난 지난 달 어떤 잡지에서 읽었지"라고 말한다. 그 순간 웃음소리는 사라지고 만다.

물론 그 상황에서 다른 사람들에게 당신의 월등한 지식을 알리는 것이 당신에게 아주 중요한 것으로 느껴질 수도 있다. 그러나 당신의 그 한마디에 농담을 했던 사람의 기분은 어떻게 될 것인가? 결과적으로 당신은 그 재미있는 농담을 한 사람의 기쁨을 강탈한 것이다. 당신은 잠시 동안 그 사람에게 쏠리던 여러 사람의 주목을 그에게서 억지로 빼앗다가 당신 자신에게로 향하게 한 것이다. 사실상 당신은 그의 돛을 가득 채울 순풍을 가로막아 그를 납작하게 만들었고 그에게 상처를 입힌 것이다. 그는 잠시 동안 기분이 좋았으나 당신이 그 좋은 기분을 빼앗아버린 것이다. 그 모임의 어떤 사람도 당신이 저지른 일로 인해 당신을 좋아하지 않을 것이며, 특히 그 농담을 했던 사람은 더욱 그러할 것이다. 당신이 그 농담을 좋아하든 좋아하지 않든간에, 당신은 그 농담을 했던 사람과 그 농담을 듣고 즐거워했던 사람들 모두 그 농담을 즐기게 그냥 놔두었어야 했다. 그 농담을 했던 사람이 적잖이 당황하고 난처했을 것임을 기억하라. 당신이 한마디만 하지 않았더라면 그는 기분이 상하지 않았을 것이다. 다른 사람들의 콧대를 꺾지 마라. 그들을 존중해주어라. 그러면 그 때문에 그들은 당신을 좋아할 것이다.

내가 이 장을 쓰고 있을 때, 나는 나의 옛 스승이며 오하이오 웨슬리언 대학교의 총장이었던 존 W. 호프만 박사의 방문을 받고 참으로 기뻤다. 나는 그와 마주앉아 있는 동안, 지난날 이 위대한 인물이 나에게 얼마나 많은 영향을 주었는가를 다시 한 번 생각해보게 되었다. 내가 대학교를 졸업하기 전날 밤이었다. 우리는 학생회관에서 연회를 가졌었는데, 당시 총장이었던 호프만 박사도 참석하여 연설을 했다. 만찬이 끝난 후, 그는 나에게 총장 사택까지 산책하자고 청했다.

그날은 유월의 아름다운 밤이었다. 우리는 총장 사택으로 가는 나지막한 언덕을 걸어올라가고 있었다. 그는 내게 앞으로 전개될 인생과 성공할 기회에 대해 말했다. 그리고 또 이제 막 바깥 세상에 첫발을 내딛을 나를 기다리고 있는 스릴에 관해서도 말해주었다. 총장 사택 앞에 도착해 걸음을 멈추었을 때, 그는 나의 어깨에 손을 얹으면서 말했다.

"노먼, 난 언제나 자네를 좋아했네. 그리고 자네를 믿고 있지. 자네에겐 대단한 가능성들이 있어. 난 그런 자네를 늘 자랑스러워할 거야. 내 말을 잊지 말게."

물론 나에 대한 과대평가였다. 그러나 남을 과소평가하는 것보다는 훨씬 낫다.

때는 6월, 그리고 졸업하기 전날 밤, 나는 꽤 흥분되어 있었고 상당히 감상적이었다. 나는 애써 눈물을 감추며 그에게 안녕히 주무시라는 인사를 했다. 그 후 오랜 세월이 흘렀지만, 그 옛날 6월의 어느 달밤에 그가 내게 해준 말과 그때의 광경을 결코 잊지 않고 있다. 나는 내내 그를 사랑했다.

나는 그가 다른 많은 졸업생들에게 그와 비슷한 말을 해주었다는 것과 그들이 성인이 된 그 오랜 후까지도 나와 마찬가지로 그를 사랑하고 있다는 것을 안다. 그는 그들의 가능성을 존중했고 끊임없이 그들을 격려해주었다. 그 후에도 그는 오랫동안 나뿐만 아니라 다른 졸업생들에게도 아주 사소한 일이라도 생기면 축하한다는 편지를 보내주곤 했다. 그의 인정을 받는다는 사실은 우리 모두에게 대단한 격려가 되었다. 젊은이들에 대한 그의 이런 가르침은 수많은 졸업생들의 삶에 긍정적인 영향을 끼쳤고, 그는 그들로부터 애정과 존경을 받았다.

당신이 그 누군가에게 자신을 갖도록 격려해주고, 더 나아지고 더 강해지며 더 훌륭한 사람이 되도록 도와주면, 그는 당신에게 결코 시들지 않는 애정을 보낼 것이다. 할 수 있는 한 많은 사람들을 격려해주어라. 그러나 그것은 당신이 그들을 좋아하고 당신이 그들에게서 가능성을 보았기 때문에 해야 하는 일이지 이기적인 생각으로 해서는 안 된다. 할 수 있는 한 많은 사람들을 격려하라. 그러면 당신은 결코 친구가 부족하지 않을 것이다. 그들은 늘 당신에게 좋은 생각을 가질 것이다. 순수한 마음으로 그들을 격려하고 사랑하라. 그들에게 선을 행하라. 그러면 그들의 존경과 애정이 당신을 향해 되돌아올 것이다.

타인으로부터 호감을 얻을 수 있는 10가지 방법

———

다른 사람들이 당신을 좋아하게 만드는 기본적 원리들은 장황하게 힘들여 설명할 필요가 없다. 아주 간단하고, 옳다는 것을 쉽게 실증할 수 있기 때문이다. 그러나 나는 다른 사람들의 호감을 얻는 10가지 실제적인 원칙을 열거하고자 한다. 이 원리들의 확실성은 수없이 입증되었다. 당신이 그것들의 대가가 될 때까지, 그리고 다른 사람들이 당신을 좋아할 때까지 이 원칙들을 실천하라.

1. **상대방의 이름을 기억하는 습관을 길러라.** 이름을 잘 기억하지 못한다는 것은 그 사람에 대한 당신의 관심이 충분치 못하다는 것을 뜻한다. 이름은 누구에게나 중요한 것이다.

2. **당신과 같이 있는 사람이 아무런 부담도 느끼지 않을 만큼 마음 편한 사람이 돼라.** 익숙한 모자나 구두 같은 사람이 되어라. 같이 있는 사람이 자기 집에 있는 것처럼 느낄 수 있는 마음 편한 사람이 되려고 노력하라.

3. **일 때문에 화를 내지 않도록 마음의 여유를 가지고 무슨 일이든 넉넉하게 처리할 수 있는 특성을 길러라.**

4. **자기중심적이 되지 마라.** 당신이 다 알고 있다는 인상을 주지 않도록 조심하라. 대부분의 사람들처럼 자연스럽게 행동하고 겸손하라.

5. **다른 사람들에게 충분한 관심을 기울일 수 있는 자질을 길러라.** 그러면 그들은 당신과 함께 있기를 바랄 것이다.

6. **당신의 성격에서 '까탈스러운 것'을 제거하라.** 다른 사람들이 그것들을 의식하지 못하고 있을지라도 그렇게 하라.

7. 당신이 가지고 있었거나 지금 가지고 있는 갖가지 모든 오해를 풀기 위해 진지하게 노력하라. 당신의 마음속에서 불평거리를 빼내버려라.

8. 거짓없이 다른 사람을 좋아하게 될 때까지 사람을 좋아하도록 노력하라. "이제까지 나는 한 번도 싫어하는 사람을 만나본 적이 없습니다"라는 윌 로저스의 말을 기억하고 그렇게 되도록 노력하라.

9. 누군가 이룬 성공이나 성취에 대해서 축하할 기회를 놓치지 마라. 남의 슬픔이나 실패에는 위로의 말을 잊지 마라.

10. 사람들이 더 강해지고 더 효과적으로 그들의 문제를 해결할 수 있도록 그들에게 무엇인가를 줄 수 있게, 당신 스스로 깊은 영적 체험을 갖도록 하라. 사람들에게 힘을 주라. 그러면 그들은 당신에게 애정을 줄 것이다.

16

상심을 치유하는 처방

"상심을 치유하는 처방을 주십시오."

이 요구를 해온 사람은 어떤 남자였다. 그의 담당 의사에게서 들어 알게 된 이야기인데, 그 의사의 말에 의하면 고통을 호소하는 그 남자의 무력감은 신체적인 질병 때문은 아니라고 했다. 그의 문제는 슬픔을 딛고 일어설 수 없는 무능력에 있었다. 그는 큰 슬픔으로 심각한 내적 고통을 겪고 있었던 것이다.

담당 의사는 그에게 영적 상담과 치료를 함께 받는 것이 좋겠다고 충고했다. 그러자 그는 의학적인 용어까지 섞어가며 자신의 의문을 털어놓았다.

"과연 저의 만성적인 마음의 고통을 덜어줄 수 있는 어떤 영적 처방이 있을까요? 슬픔은 누구에게나 주어지는 것이잖아요. 그렇기 때문에 저도 남들처럼 슬픈 일에 대처할 수 있을 것이라고 생각했고, 최선을 다해왔지만 마음의 평화를 찾지 못했어요."

그는 슬프고도 어설픈 웃음을 지으며 다시 말했다.

"제발 마음의 고통을 제거할 수 있는 처방을 주십시오."

사실 상심을 치유할 처방은 분명히 있다. 이 처방의 중요한 요소들 가운데 하나는 신체활동이다. 마음이 상한 사람은 들어앉아서 수심에 잠기고자 하는 유혹을 이겨내야 한다. 수심에 잠겨 아무런 도움도 되지 않는 온갖 생각을 곱씹는 대신, 신체를 움직임으로써 정신적 고통을 느끼게 하는 두뇌의 긴장을 완화시킨다. 다시 말해 신체활동은 두뇌의 다른 부분을 활용하여 긴장을 다른 것으로 바꾸며 슬픔을 줄여준다.

확실한 주관과 뛰어난 분별력을 가진 나이 많은 한 시골 변호사는 슬픔에 잠겨 있는 한 부인에게 이렇게 말했다.

"상심한 마음에 가장 좋은 약은 부인의 경우에는 빨래를 하고 무릎으로 기면서 마룻바닥을 닦는 등 열심히 집안일을 하는 것입니다. 또 남자의 경우에는 도끼를 들고 몸이 지칠 때까지 장작을 패는 것입니다."

이 방법이 상심을 완벽하게 치료하는 방법이라고 할 수는 없지만, 마음의 고통을 완화시켜 주는 방법임에는 틀림없다.

상심이 어떤 것이든, 가장 먼저 해야 할 일은 자신을 감싸고 있는 패배적인 분위기에서도 벗어나, 설사 그렇게 하는 것이 아무리 어려울지라도, 기필코 다시 정상적인 삶으로 복귀하고야 말겠다고 단단히 결심하는 일이다. 상심할 일이 생겼다면 서둘러 당신 삶으로 복귀하라. 오랜 친구들과 다시 만나기 시작하라. 새 친구들을 만들어라. 부지런히 걷고, 뛰고, 운동을 하라. 그럼으로써 온몸의 혈액이 왕성히 순환하게 하라. 뭔가 가치 있는 일에 몰두하는 가운데 자기 자신을 잊어라. 당신의 나날을 창조적인 활동으로 보내며, 특히 신체활동에 중점을 두어라. 마음을 쉬게 할 수 있는 유익한 분주함 속에서 살아라. 그러나 당신이 하는 그 일은 할 만한 가치가 있고 건설적인 것이어야 한다. 불건전한 파티라든가 도박, 음주 등의 퇴폐적 활동을 통한 피상적인 현실 도피는 일시적으로 고통을 둔화시킬 뿐이지 결코 그 고통을 치료하지는 못한다.

상심에서 벗어나는 비결

상심에서 벗어나는 가장 자연스럽고 효과적인 방법은 슬픔이 빠져나갈 수 있는 길을 열어주는 것이다. 이상하게도 오늘날 슬픔을 밖으로 드러내 보여서는 안 된다는 어리석은 생각이 널리 퍼져 있다. 소리 내어 울거나 지극히 자연적인 현상인 눈물이나 흐느낌을 통해 슬픔을 표현하는 것은 옳지 못하다고 생각한다. 그러나 이것은 자연의 법칙을 부정하는 것이다. 고통이나 슬픔이 밀려올 때 소리 내어 우는 것은 지극히 자연스러우며 정상적인 반응이다. 그것은 전능하신 하나님이 우리 몸 안에 예비해두신, 우리의 고통을 경감시키는 과정이다. 이 과정은 반드시 활용되어야 한다.
  터져나오는 울음을 억제한다는 것, 울음을 금한다는 것, 울음을 억누른다는 것은 슬픔의 중압을 경감시키기 위해 하나님이 베풀어주신 방법을 거부하는 것이다. 인간의 신체와 신경 조직의 갖가지 다른 모든 기능과 마찬가지로 슬픔을 드러내는 이 기능도 그냥 방치해두거나 전적으로 거부해서는 안 된다. 남자든 여자든 적당히 웃는 것은 상심에서 벗어나는 좋은 수단이다. 그러나 결코 도에 지나치거나 습관화되어서는 안 된다. 도에 지나치도록 울거나 습관적으로 울게 되면 비정상적인 슬픔이 밀려오게 되며, 정신병으로 발전할 수도 있다. 그 어떠한 방종도 허용되어서는 안 된다.

사랑하는 사람이 죽었다는 내용의 편지를 많이 받는다. 그들은 죽은 사람과 함께 자주 다녔던 장소에 다시 간다든지, 또는 죽은 사람의 가족이나 친구와 다시 어울리는 일이 견디기 어렵다고 호소한다. 그래서 그들은 추억의 장소나 예전의 알고 지냈던 사람들을 애써 피한다.

이것은 바람직하지 않다. 상심에서 벗어나는 비결은 될 수 있는 대로 정상적이고 자연스럽게 행동하는 것이다. 이 방법은 비정상적인 슬픔을 막는 데 아주 중요하다. 물론 이것은 불성실이나 무관심을 의미하지는 않는다. 정상적인 슬픔은 자연스러운 과정이며 얼마 지나지 않아 곧 평소의 일이나 직책으로 돌아가 전과 같이 생활해나갈 수 있게 된다.

물론 상심을 더욱 완벽하게 치료하는 것은 하나님을 믿음으로써 얻어지는 치유력 있는 위로이다. 상심을 치료할 처방의 핵심은 믿음으로 하나님을 향해 돌아서는 것이요, 하나님을 향하도록 자신의 마음과 가슴을 비우는 것이다. 영적으로 자신을 꾸준히 비워나가면 마침내는 상심한 마음이 치유된다. 예전에 비해 오늘날 사람들이 특별히 더 고통을 받고 있는 것은 아니지만 상심으로 인해 고통받는 사람들은 믿음없이 고통을 치유하는 것은 불가능하다는 사실을 깨달을 필요가 있다.

브라더 로렌스는 이렇게 말하고 있다.

"만일 이 세상에서 천국의 고요한 평화를 알고자 한다면, 하나님과 더 친밀해져서 그분과 겸손하며, 다정한 대화를 나눌 수 있어야 한다."

슬픔과 정신적 고통이라는 무거운 짐을 하나님의 도움없이 무작정 지고 다니는 것은 현명치 못한 일이다. 인간이 견뎌내기에는 그 고통의 무게가 너무 무겁기 때문이다. 상심에 대한 가장 간단하고 효과적인 처방은 하나님과 함께하는 것이다. 하나님과 함께하면 내면의 고통은 완화되고, 상처는 치료될 것이다. 커다란 비극적 사건을 겪은 수많은 남녀가 우리에게 이 처방이 대단히 효과 있는 것임을 증언해주고 있다.

상심을 치유하는 또 하나의 처방

상심에 대한 처방에서 또 하나의 중요한 치료적 요소는 삶과 죽음, 그리고 생명의 불멸에 대한 굳건하고 의심 없는 철학을 갖는 일이다. 죽음이란 존재하지 않는 것이며, 모든 생명은 분리할 수 없는 것이요, 현세와 내세는 하나이며 시간과 영원은 나눌 수 없는 것이고, 이 세상이 하나의 막힘없이 통일된 우주라는 견고한 믿음을 가지게 된다면, 당신은 영원한 생명에 대한 최고의 철학을 발견한 것이다.

이런 확신들은 모두 분명한 근거들이 있으며, 성경이 바로 그런 근거들 가운데 하나이다. 나는 성경이 우리에게 아주 정교하며, 궁극적으로는 옳다는 것을 드러낼 통찰력, '인간이 이 세상을 떠날 때 어떠한 일이 일어나는가?'라는 중대한 의문에 대한 과학적인 통찰력을 갖게 해준다고 믿고 있다. 또한 성경은 우리에게 이런 진리들은 믿음으로 알게 된다는 것을 말해주고 있다. 철학자 알리 베르그송은 이렇게 말하고 있다.

"진리에 도달하는 가장 확실한 방법은 지각과 직관, 추리에 의해 어느 특정한 지점까지 도달하고, 그런 다음에 대대적인 비약을 거쳐 직관적으로 진리를 깨닫는 것이다."

당신도 이런 과정을 통해 그냥 '안다'라는 어떤 영광스러운 순간에 도달하게 될 때가 있을 것이다. 나도 바로 그런 과정을 통해 지금에 이르게 된 것이다.

나는 절대적으로, 온 마음을 다해, 철두철미하게, 앞서 말한 이 진리를 확신하고 있으며, 그에 관해 털끝만큼의 의심도 하지 않는다. 나는 이 궁정적이고 적극적인 믿음에는 점진적으로 도달했으나, 내가 이것을 알게 된 것은 어느 한 순간에 일어난 일이었다.

이 철학을 갖게 되면 사랑하는 사람과의 사별로 인한 슬픔을 굳이 피하려 하지 않는다. 그 슬픔을 승화시키고 흩뜨릴 수 있으며, 불가피한 상황의 의미에 대한 깊은 이해로 자신의 마음을 가득 채울 수 있다. 또 이 철학은 당신에게 당신이 사랑하는 사람을 잃어버린 것이 아니라는 깊은 확신을 줄 것이다. 이 믿음에 근거해 살라. 그러면 당신은 평안을 누릴 것이며, 당신의 가슴에서 고통이 사라질 것이다.

당신의 마음과 가슴속에 성경의 경이로운 다음 말씀 한 구절을 깊이 간직하라.

"하나님이 자기를 사랑하는 자들을 위하여 예비하신 모든 것은 눈으로 보지 못하고 귀로 듣지 못하고 사람의 마음으로 생각하지도 못하였다 함과 같으니라."(「고린도전서」 2장 9절)

이 구절은 당신이 지금까지 그 무엇을 보아왔을지라도, 그 어떤 놀라운 것들을 보아왔을지라도, 하나님이 자기를 사랑하고 자기를 전적으로 신뢰하는 자들을 위해 예비하신 그 놀라운 것들에 비견할 만한 다른 것들을 당신은 결코 보지 못했다는 뜻이다. 더 나아가 하나님이 자기 가르침을 따르고 자기 정신에 따라 살아가는 자들을 위해 쌓아두신 그 놀라운 것들에 비견할 만한 것들에 대해서도, 당신은 결코 들어보지도 못했다는 뜻이기도 하다. 당신은 하나님이 당신을 위해 하실 일들을 보지도 듣지도 못했을 뿐만 아니라 어렴풋이나마 상상조차 하지도 못한다. 이 말씀은 하나님을 삶의 중심에 모시고 살아가는 자들에게 약속하신 위로와 불멸, 재결합, 그리고 기타의 온갖 좋은 일들에도 그대로 적용되는 말씀이다.

오랜 세월에 걸쳐 성경을 읽고, 수많은 사람들의 온갖 삶에 관심을 기울여온 나는 내가 발견한 이 성경의 약속이 절대적인 진리라는 것을 명백하게 밝히고자 한다. 그 약속은 다음 세상뿐만 아니라 이 세상에 대해서조차 그대로 적용된다. 진실로 기독교의 가르침에 근거해서 살아가는 사람들은 엄청난 일들이 자신에게 일어나는 것을 경험하게 될 것이다.

죽음으로 인한 상심의 치유

「고린도전서」의 구절은 또 죽음이라는 장벽 저 너머에 살고 있는 사람들의 존재 그리고 이쪽에 살고 있는 우리와 우리보다 먼저 저쪽 세계로 넘어간 그들과의 상호관계와도 관련이 있다. 나는 여기서 '장벽'이라는 말을 다소 변증적으로 쓰고자 한다. 보통 우리는 죽음을 갈라놓는다는 의미에서 장벽이라고 생각한다.

전에는 쓸데없는 미신들로 여겼으나 오늘날에는 근거가 확실하며 과학적인 것으로 평가되는 초과학적 예지, 텔레파시, 투시 등을 다루는 초심리학과 초감각적 지각 분야의 과학자들은 영혼이 시간과 공간의 장벽을 넘어서도 살아남는다고 주장한다. 사실상 우리는 사후세계에서의 영혼의 생존과 불멸을 연구실의 실험결과에 근거해서 입증할, 역사상 가장 위대한 발견을 눈앞에 두고 있는 것이다.

오랜 세월에 걸쳐 나는 이 우주의 근본적인 원리는 죽음이 아니라 생명임을 입증해주는 사례들을 모아왔다. 나는 그러한 경험적 사실들을 기술한 사람들을 믿어왔고, 그것들이 우리의 세계와 서로 맞붙어 있거나 얽혀 있는 어떤 다른 세계를 주고 있다고 믿고 있으며, 그 세계와 우리 세계는 인간의 영혼이 죽음의 양쪽에서 중단되지 않는 연대 속에서 살아가고 있다는 것이라 믿어진다. 저 세계에서의 삶의 조건을 우리는 보통 불멸성이라고 알고 있는데, 이 세계에서의 조건과는 같지 않다. 저 세계로 넘어가 살고 있는 사람들은 우리보다 한층 더 나은 환경에서 살아가고 있으며, 그들의 이해력은 우리의 이해력을 훨씬 능가한다.

그러나 그럼에도 모든 사실들은 우리의 사랑하는 사람들의 존재가 중단 없이 연속되고 있으며, 더 나아가 그들이 우리로부터 영원히 멀어진 것이 아니라는 사실, 그리고 더한층 중요한 것은 우리가 그들과 다시 만나게 될 것이라는 사실이다. 하지만 그렇게 되기 전에도 우리는 영적 세계에서 살고 있는 사람들과 교제를 계속 할 수 있다.

미국의 위대한 학자였던 윌리엄 제임스는 그의 필생의 연구 끝에 인간의 두뇌는 영혼이 존재하는 하나의 매개체에 불과하며, 마지막에 가서는 그때까지 접근이 가로막혀 있던 이해의 영역에까지 능력이 미칠 수 있는 두뇌로 바뀌게 될 것이라는 사실을 납득할 수 있었다고 말했다. 우리의 영적 존재는 이 땅에서도 그 능력이 증대될 수 있으며, 나이를 먹고 경험이 쌓임에 따라 성장하듯이, 우리는 우리 주변을 빙 둘러싸고 있는 이 넓은 세계에 대해 더 잘 알아가게 될 것이다. 죽음이란 단지 확장된 능력의 세계로 들어가는 것일 뿐이다.

고대의 위대한 사상가였던 유리피데스는 다음의 생이 무한히 큰 생이 될 것임을 확신하고 있었다. 소크라테스도 똑같은 생각을 가지고 있었다. 그가 남긴 말들 가운데 다음은 우리에게 위로를 준다.

"그 어떠한 악도 이 세상에서나 저 세상에서도 선한 사람에게는 미치지 못한다."

테크니컬러의 색채 컨설턴트였던 나탈리 칼무스는 언니가 죽어가면서 했다는 말을 다음과 같이 전하고 있다.

"나탈리, 내게 약속해줘. 내게 약을 먹이지 말아줘. 약을 먹으면 고통이 줄어든다는 것은 알지만, 나는 죽어갈 때 내 감각이 어떠한지, 온갖 감각을 빠짐없이 느껴보고 싶거든. 나는 죽음이 아름다운 경험이 될 것임을 확신해."

"걱정 마, 그렇게 할게."

나는 혼자였다. 나는 그녀의 용기를 생각하며 울었다. 그리고 그날 밤 내내 침대 속에 파묻혀 엎치락뒤치락하다가 마침내 내가 재앙이라고 생각하고 있는 그 죽음이 언니에게는 승리를 의미하고 있다는 데까지 생각이 미쳤다.

열흘 후, 마침내 최후의 순간이 다가왔다. 나는 몇 시간째 그녀 곁을 떠나지 않고 있었다. 우리는 많은 이야기를 나누었는데, 그녀와 이야기를 나누고 있는 동안 내내, 그녀의 평정심과 영원한 생명에 대한 확신에 놀라지 않을 수 없었다. 그녀의 신체적 고통은 단 한 번도 그녀의 영적 강인함을 이기지 못했다. 이것은 의사가 미처 생각하지 못한 것이었다.

"자비하신 하나님, 제 마음을 정결케 하옵시고, 평안을 주시옵소서!"

마지막 날 그녀는 들릴 듯 말 듯한 목소리로 그렇게 중얼거리고 또 중얼거렸다.

우리는 오랫동안 이야기를 나누었는데, 나는 그녀가 서서히 잠 속에 빠져드는 것을 알아차렸다. 그래서 나는 그녀를 간호사에게 맡기고 잠시 휴식을 취하기 위해 조용히 물러나왔다. 몇 분 뒤, 언니가 부르는 소리를 듣고 나는 급히 그녀 곁으로 돌아갔다. 그녀는 죽어가고 있었다.

나는 침대 곁에 앉아서 그녀의 손을 잡았다. 온기가 느껴졌다. 갑자기 그녀가 침대에서 몸을 일으켰다. 거의 똑바로 앉아 있는 듯한 자세였다.

그녀가 말했다.

"나탈리, 다들 여기 있어. 프레드도 있고, 루스도 있는데? 아, 그렇게 된 건가!"

전기에 감전된 듯한 충격이 내 몸을 휩쓸고 지나갔다. 그녀가 루스에 관해 말한 것이다! 루스는 우리 사촌이었는데, 요 며칠 전에 갑자기 죽었다. 그러나 언니는 그때까지 루스의 죽음을 모르고 있었다.

등줄기에 오싹한 한기가 느껴졌다. 나는 어떤 굉장한 사실, 거의 소스라치게 놀랄 만한 사실을 접하고 있는 느낌이었다. 그녀는 루스의 이름을 중얼거리고 있었다.

그녀의 음성은 놀라우리만치 분명했다. "도대체 어떻게 된 일이지? 어떻게 그들이 다 여기 있는 거지?" 갑자기 그녀가 유쾌하게 양팔을 뻗었다. 마치 나를 포옹하는 듯했다. 그러고는 "나는 지금 올라가"라고 말했다. 이윽고 그녀가 양팔을 내 목에 내려뜨렸고, 곧 그녀의 몸은 내 팔 안에서 풀어져내렸다. 그녀의 의지는 죽음의 고통을 환희로 바꾸어놓았다.

내가 그녀를 자리에 바로 눕혔을 때, 그 얼굴에는 온화하고 평화로운 미소가 감돌고 있었다. 금갈색 머리카락이 베개 위에 무심하게 흐트러져 있었다. 그녀의 작달막한 옷, 가는 손가락, 부드러운 머리칼, 하얀 꽃, 부드러운 미소 등, 그녀는 다시 한 번—그리고 영원히—아리따운 여학생처럼 보였다.

죽어가는 한 소녀가 그보다 앞서 죽은 자기 사촌의 이름을 불렀다는 사실, 그리고 그녀가 그 사촌을 분명히 보았다는 확실한 사실은 이 사례에서 거듭거듭 내 주의를 끌었다. 수많은 사람들이 확인해주고 있듯이, 이런 일들이 자주 발생하며 그 일들의 성격이 거의 비슷비슷하다는 사실은 이름이 불리었던 사람들, 그리고 얼굴이 보였던 사람들이 실제로 존재했던 인물들이었다는 결정적인 증거이기도 하다.

두려워할 것도, 슬퍼할 것도 없는 죽음

그들은 지금 어디에 있는가? 그들의 형편은 지금 어떠한가? 그들이 가지고 있는 몸은 어떤 것인가? 이런 것들은 참 어려운 문제들이다. 차원이 다른 세계의 이야기는 귀에 걸면 귀걸이, 코에 걸면 코걸이 식으로 해석될 수도 있으며, 그렇기 때문에 그들이 서로 다른 진동주기 속에서 살아가고 있다는 것을 믿기 위해서는 이를 입증할 수 있는 더 정확한 사례들이 필요할 수도 있다.

고정된 자리에서 선풍기 날개 사이로 무엇인가를 본다는 것은 불가능한 일이다. 그러나 선풍기가 빠른 속도로 회전하면 선풍기 날개들은 투명한 듯이 보이게 된다. 더 빠른 진동수에서나 우리와 사별한 사랑하는 사람들이 살고 있는 것과 같은 상태에서는 감히 엿볼 수 없는 우주의 특성이 그 신비의 세계로 막 들어가는 어느 한 사람의 호기심에 잠시 보일 수 있다. 짧은 순간 동안에 우리가, 최소한의 것이기는 하지만, 더 높은 진동수의 세계로 들어간다는 것은 가능한 일이다. 영문학에서 가장 아름다운 글로 꼽히는 로버트 잉거솔은 이 위대한 진리를 다음과 같이 암시하고 있다.

"죽음의 밤에 소망은 별을 보며, 사랑에 열린 귀는 날개가 돌아가는 소리를 들을 수 있다."

한 유명한 신경과의사가 죽음의 문턱에 서 있는 사람에 관해 이런 이야기를 한 적이 있다. 죽어가는 사람이 그의 침대 곁에 앉아 있는 의사를 올려다보고 있었다. 그는 사람들의 이름을 불러댔고, 의사는 그 이름들을 적어 내려갔다. 의사는 이름이 불리었던 사람들 중 어느 누구도 개인적으로 알지 못했다. 나중에 의사는 그 죽은 사람의 딸에게 물어보았다.

"그 사람들이 누구인지 아십니까? 당신의 아버지는 마치 그 사람을 보고 있기라도 한 듯이 그들의 이름을 불렀습니다."

그녀가 말했다.

"모두 이미 오래전에 죽은 우리의 일가친척들입니다."

그 의사는 그가 그들을 보았다는 것을 믿는다고 말했다.

내 친구들인 세이지 부부는 뉴저지에 살고 있었는데 나는 종종 그 부부의 집을 방문했다. 그들 중 남편인 윌리엄이 먼저 죽었다. 그의 아내는 그를 윌이라는 이름으로 부르고 있었다. 그리고 몇 년 뒤, 이제는 그녀가 임종의 자리에 눕게 되었을 때의 일이었다. 소스라치게 놀란 표정이 그녀의 얼굴을 스치고 지나갔다. 그러더니 이내 다시 환한 미소가 그녀의 얼굴에 번졌고 그녀가 이렇게 말했다.

"아니, 윌, 당신이 어떻게? 당신, 윌 맞지요?"

죽음의 순간에 그녀는 남편을 보았던 것이다.

라디오 방송의 걸출한 명사인 아서 고드프리는 제1차 세계대전에 참전하여 한 구축함의 자기 침대에서 잠을 자고 있었을 때 일어났던 일을 말해주었다. 어느날 문득 잠에서 깨어보니 갑자기 그의 아버지가 그의 곁에서 계셨다. 아버지는 그에게 손을 내밀며 미소 띤 얼굴로 말했다.

"안녕. 잘 있거라, 내 아들아!"

고드프리가 대답했다.

"네, 안녕히 가세요."

그것은 꿈이었다. 잠시 후, 그는 정말로 잠이 깼다. 그리고 전보 한 장을 받았다. 아버지의 죽음을 알리는 전보였다. 그 전보에는 아버지의 사망시각이 명기되어 있었다. 그 시각은 고드프리가 잠 속에서 그의 아버지를 '보았던' 시각과 정확히 일치했다.

메리 마거릿 맥브라이드 역시 라디오 방송 쪽에서 명성이 높은 사람이었는데, 어머니의 죽음으로 몹시 상심해 있었다. 그들 모녀는 아주 친밀했다. 그녀는 어느 날 밤 잠에서 깨어 침대 가장자리에 앉아 있었다. 갑자기 그녀는 '엄마가 나와 함께 있는' 느낌을 받았다. 그녀는 자기 어머니를 보지도 못했고, 자기 어머니가 말하는 소리를 듣지도 못했다. 그러나 어머니가 자신과 함께 있다는 느낌을 받았다. 그리고 그때 이후로 언제나 "저는 제 어머니가 언제나 제 곁에 계신다는 것을 압니다"라고 말한다.

우리 시대의 뛰어난 영적 지도자 루퍼스 존스는 열두 살의 나이로 죽은 그의 아들 로웰에 관해 말해주었다. 그는 유럽으로 가는 배에 타고 있을 때 아들이 병에 걸렸다는 소식을 듣는다. 리버풀에 도착하기 전날 밤, 루퍼스 존스는 자기 침대에 누워 있다가 뭐라고 형언할 수 없는 슬픔이 복받치는 것을 느꼈다. 그리고 그는 자신이 마치 하나님의 품에 포근히 안겨 있는 것과 같은 느낌을 받았다. 더없는 평안, 그리고 아들이 자기 곁으로 다가와 안기는 것과 같은 느낌도 받았다.

리버풀에 도착한 루퍼스 존스는 아들이 죽었다는 소식을 전해 들었다. 아들의 사망 시각은 그가 하나님이 임재하고 계신다는 느낌, 그리고 자기 아들이 내내 자신과 함께 있다는 느낌을 받았던 바로 그 시각과 정확히 일치했다.

우리 교회의 식구인 브라이슨 칼트 부인은 남편과 세 아이를 자기 집의 화재로 잃어버린 한 아주머니에 관해 말해주었다. 그 아주머니도 심한 화상을 입었고, 그 때문에 3년밖에는 더 살지 못했다. 그녀의 임종시에 있었던 일이다. 갑자기 눈부신 광채가 그녀의 얼굴에 비치었다. 그녀는 이렇게 말했다고 한다.

"아, 정말 참 아름다워요. 그들이 나를 맞으러 오고 있답니다. 내 베개를 좀 높여 제가 잠들 수 있게 해주세요."

나의 오랜 친구인 클라크는 오랫동안 건설 기사로 일했는데, 그 일 때문에 세계 곳곳을 누비고 다녔다. 아주 합리적인 사람이었고, 감정이 풍부한 사람이라기보다는 객관적인 사실을 중시하는 아주 깐깐한 사람으로 말수도 적었다. 나는 어느 날 밤, 그의 주치의로부터 전화를 받았다. 의사는 그가 불과 몇 시간밖에는 더 살지 못할 것 같다고 말했다. 그는 심장 박동이 현저히 느려지고, 혈압도 극도로 떨어졌다. 회복의 징후는 거의 없어 보였다. 의사는 그에게 소생할 희망이 전혀 없다고 했다.

나는 그를 위해 기도했다. 그러나 그다음 날 그는 눈을 떴고, 그 며칠 뒤에는 다시 말도 하기 시작했다. 그의 심장 박동과 혈압은 정상으로 돌아왔다. 기력을 회복하고 나자, 그는 이렇게 말했다.

"누워 있는 동안, 아주 기묘한 일이 일어났습니다. 나는 그것을 뭐라 설명할 수가 없습니다. 아주 먼 곳까지 다녀온 것 같습니다. 나는 내가 지금까지 보아온 그 어떤 곳보다 더 아름답고 매혹적인 곳에 있었습니다. 주변에는 온통 빛들, 아름다운 빛들이 빛나고 있었습니다. 나는 어렴풋이 보이는 얼굴들을 보았습니다. 아주 친절해 보였습니다. 그리고 나는 평안을 느꼈고 행복했습니다. 사실 내 평생에 그런 행복한 느낌은 처음 가져봅니다.

그때 '나는 틀림없이 죽어가고 있다'는 생각이 들었습니다. 그리고 다시 '어쩌면 나는 이미 죽었을지도 모른다'는 생각이 들었습니다. 그러고는 나는 거의 껄껄 웃을 뻔했습니다. 그래서 나 자신에게 물었습니다. '왜 내가 그토록 평생 동안 죽음을 두려워했던 거지? 죽음에는 두려워할 만한 것이 전혀 없지 않은가!'"

내가 물었다.

"어떻게 그런 생각을 가지게 되었습니까? 당신은 다시 살아나고 싶지는 않았습니까? 의사는 당신이 죽음의 문턱에 가까웠다고 말했지만, 그래도 당신은 그때까지 아직 죽지 않았었으니까, 다시 살아나고 싶지 않았습니까? 당신은 정말 다시 살아나고 싶지 않았습니까?"

그는 웃으며 말했다.

"그것이 제게는 아무래도 괜찮은 듯싶었습니다. 굳이 말하라면, 나는 그 아름다운 곳에 머물고 싶었을 것입니다."

나는 환상이나 꿈, 환각이라고 생각하지 않는다. 나는 오랜 세월에 걸쳐 그 '뭔가'의 가장자리에까지 가보았다거나 저 세상을 직접 보았다는 수많은 사람들과 이야기를 나누어왔다. 그들은 한결같이 아름다움과 빛과 평화를 이야기하고 있다. 나는 그들의 그런 이야기에 어떤 의심도 없다.

하나님 안에서의 영원한 생명

신약성경은 생명의 불멸성을 아주 흥미 있고 간결하게 가르치고 있다. 성경은 예수 그리스도께서 십자가에 못 박힌 이후에 나타났다가 사라지고 다시 나타났다는 이야기를 생생히 그리고 있다. 몇몇이 그를 보았으나 그는 곧 그들의 시야에서 사라졌다. 그다음에는 다른 사람들이 그를 보았고, 그는 또 곧 사라졌다. 그것은 마치 "너희는 나를 보리라. 그리고 다시 나를 보지 못하리라"는 것과도 같았다. 이것은 그가 우리에게 우리가 그를 보지 못한다고 할지라도 그가 거기 계시지 않는 것은 아니라는 사실을 가르치려 하신다는 것을 보여준다. 시야에서 사라져 우리 눈에 보이지 않는다고 해서 그가 살아 계시지 않은 것은 아니다. 몇몇이 경험했듯이 그가 이따금씩 신비스럽게 나타나곤 하는 것은 그와 같은 진리를 시사해준다. 주께서는 "내가 살아 있고 너희도 살아 있겠음이다"(요한복음 14장 19절)라고 말씀하고 계시지 않은가? 이런 믿음 가운데 죽은 우리의 사랑하는 사람들은 언제나 우리 곁에 있으며, 이따금씩 우리를 위로하기 위해 우리 곁으로 온다.

한국전쟁 당시 한국에서 복무하고 있던 한 병사는 그의 어머니에게 보낸 편지에서 "이상한 일이 일어났습니다. 한밤중에 이따금씩, 제가 무서움에 떨 때면 아버지가 제게 와 계신 것같이 느껴집니다"라고 썼다. 그의 아버지는 돌아가신 지 이미 10년이 넘었다. 그 병사가 진지하게 "어머니는 아버지가 실제로 저와 함께 여기 한국의 전쟁터에 계실 수 있다고 생각하세요?"라고 묻자, 그 어머니는 답장으로 "왜 그럴 수 없다는 것이냐?"라고 되물었다고 한다.

이런 사실이 진실일 수 있다는 것을 믿지 않고서야 어떻게 우리가 이 과학을 존중하는 시대를 살아가는 사람들일 수 있겠는가? 거듭거듭 우리가 살아가고 있는 이 세계가 하나의 역동적인 우주─전기, 전자, 원자 에너지 등으로 가득 차 있는 우주─라는 사실을 입증해주는 증거들이 수없이 주어지고 있다. 이 우주를 채우고 있는 그런 힘들은 실로 놀라운 것들이어서 우리는 그것들을 아직까지도 완전하게 파악하고 있지 못한 형편이다. 이 우주에는 역동적인 위대한 영적 힘들이 살아서 생기 있게 움직이고 있다.

널리 알려진 캐나다의 작가, 앨버트 E. 클리프는 그의 아버지의 죽음에 관해 말하고 있다. 죽어 가는 아버지는 혼수 상태에 빠졌다. 그렇게 해서 영영 가시는 것으로 생각되었다. 그런데 짧은 순간이기는 하지만 다시 생기가 돌아왔다. 그의 눈이 가볍게 떨리며 열렸다. 벽에는 아주 오래된 액자가 하나 걸려 있었다. 그 액자에는 "나의 구원자가 살아계심을 아오니!"라는 글이 쓰여 있었다. 아버지가 눈을 떴다. 그리고 그 벽의 액자를 바라보았다. 그리고 말했다.

"나도 내 구원자가 살아 계신다는 것을 안다! 그들이 여기 내 주변에 다 있다. 어머니, 아버지, 형, 그리고 누나들이 다 여기 있다."

이 지상에서 오래전에 사라진 이들이었으나 그가 그들을 보았다는 것은 너무도 명백하다. 누가 이런 사실에 이의를 제기할 수 있겠는가? 토머스 에디슨의 부인은 내게 남편 임종시의 이야기를 해준 적이 있다. 그 유명한 남편은 죽어가면서 의사에게 계속 속삭였다고 한다.

"저 세상은 참 아름답습니다."

에디슨은 이 세상 최고의 과학자가 아니었는가? 그는 평생에 걸쳐 과학적 사실들을 다루어왔다. 그는 사실을 존중하는 사람이었다. 실제로 확인되지 않은 사실을 말할 만한 사람이 아니었다. 그가 실제로 보고, 자신이 본 것이 사실이라고 믿지 않았다면, 그는 결코 "저 세상은 참 아름답습니다"라고 말하지 않았을 것이다.

아주 오래전의 일이다. 한 선교사가 사람을 잡아먹는다고 알려진 부족들과 지내기 위해 태평양 제도로 향했다. 몇 개월 뒤, 그는 마침내 추장을 기독교로 개종시켰다. 어느 날, 이 추장이 그 선교사에게 말했다.

"당신이 맨 처음 우리 가운데 있었던 일을 기억하십니까?"

"물론 기억합니다. 제가 숲 속을 지나갈 때, 제 주변이 온통 적의로 둘러싸여 있다는 느낌을 받았거든요."

선교사의 대답이었다.

추장이 말했다.

"실제로 그들은 당신을 포위하고 있었습니다. 우리는 당신을 뒤따라가 죽일 생각이었습니다. 그런데 뭔가가 그렇게 하지 못하도록 우리를 막았습니다."

"그 뭔가가 무엇이지요?"

선교사가 물었다.

그러나 오히려 추장이 그를 구슬리듯이 되물었다.

"자, 이제 우리는 친구가 아닙니까? 그러니 당신 양 옆에서 당신과 함께 걷고 있던 그 빛나는 두 사람이 누구인지 말해주십시오."

내 친구 조프리 오하라는 유명한 작곡가인데, 그는 제1차 세계대전과 관련된 「케이티(Katy)」, 「죽음은 없네(There Is No Death)」, 「그 사람에게 타고 달려갈 말 한 필을 주게(Give a Man a Horse He Can Ride)」같이 유명한 노래들을 많이 작곡했다. 그는 제1차 세계대전에서 활약했던 한 대령에 관한 이야기를 전하고 있다. 치열한 접전 끝에 거의 전멸해버린 연대의 연대장이었던 그 대령은 참호 속에서 그의 병사들이 그곳에 함께 있음을 느꼈다고 한다. 그는 조프리 오하라에게 말했다.

"확실히 말씀드릴 수 있는데, 죽음이란 없답니다."

이 대화에서 영감을 얻은 조프리 오하라는 「죽음은 없네」라는 제목으로 노래를 작곡했다.

나는 이런 심각하고 민감한 일들을 조금도 의심하지 않는다. 나는 우리가 죽음이라고 부르는 사건을 겪은 이후에도 우리의 생명이 연속되고 있다는 것을 굳게 믿고 있다. 나는 죽음이라는 사건에 두 가지 측면이 있다고 믿는다. 한쪽에서는 우리가 지금 살아가고 있으며, 다른 한쪽에서는 앞으로 우리가 계속해서 살아가게 될 것이다. 영원은 죽음으로 시작되는 것이 아니다. 우리는 이미 그 영원 속에서 살고 있는 것이다. 우리는 영원이라는 세계의 시민이다. 우리는 죽음을 통해 생명이라고 부르는 경험의 한 형태를 바꾸는 것일 뿐이며, 그 변화는 더 나은 형태로의 변화인 것이다.

나의 어머니는 훌륭한 분이었다. 어머니가 내게 끼친 영향은 내 생애에 있어서 언제나 두드러진 것이었으며 다른 그 어떠한 경험의 영향에도 뒤지지 않는 것이었다. 어머니는 이야기하기를 대단히 좋아했으며, 그 지성은 날카롭고 기민했다. 세계 곳곳을 여행했고, 기독교 선교활동의 지도자로서 많은 사람들과 두루 사귀는 것을 좋아했다. 어머니의 삶은 보람있고 풍요로운 것이었다. 어머니는 유머 감각도 아주 뛰어났다. 어머니는 나의 좋은 친구였으며, 나는 언제나 어머니와 함께 있는 것을 좋아했다. 어머니는 그녀를 알고 있는 모든 사람들로부터 비범할 정도로 영향력이 강하고 고무적인 사람으로 평가받고 있다.

나는 성인이 되어서도 기회가 있을 때마다 어머니를 만나기 위해 집으로 갔다. 늘 집에 도착하는 때를 들뜬 마음으로 기대하곤 했다. 집에 도착하자마자 우리는 식탁에 둘러앉아서 같이 이야기를 나누곤 했는데, 진정 흐뭇했다. 그 얼마나 행복한 재회였던가! 그 얼마나 멋진 만남이었던가! 그러던 중 어머니의 죽음이 찾아왔다. 우리는 정중하게 어머니의 시신을 어머니가 어린 시절을 보냈던 남부 오하이오의 린치버그에 모셨다. 어머니만 홀로 두고 그곳을 떠나오는 날, 나는 퍽이나 슬펐다. 하지만 어쩌겠는가 무거운 슬픔을 안은 채 그곳을 떠나 돌아왔다. 우리가 어머니의 마지막 안식처로 어머니의 무덤을 만든 것은 한창 여름이 무르익어갈 무렵이었다.

가을이 왔을 무렵, 나는 어머니와 같이 있고 싶었다. 어머니 없이 홀로 외로웠다. 그래서 린치버그에 가기로 했다. 기차에서 밤새도록 이미 지나간 과거가 되어버린 행복했던 나날들을 떠올렸다. 그러나 모든 것들이 다 변해버렸으며, 다시는 옛날로 돌아갈 수는 없다는 생각이 나의 가슴을 슬픔으로 짓눌렀다.

　이윽고 나는 그 작은 마을, 린치버그에 도착했다. 날씨는 차가웠다. 묘지에 도착했을 무렵에는 하늘이 온통 두꺼운 검은 구름으로 뒤덮여 있었다. 나는 낡은 철문을 열고 내 발 밑에서 낙엽이 바스락거리는 소리를 들으며 어머니의 무덤으로 향했다. 무덤 앞에 나는 처량하게 앉아 있었다. 나는 외로웠다. 그때 갑자기 하늘의 구름이 갈라지며 그 사이로 태양빛이 쏟아졌다. 태양은 오하이오의 그 나지막한 언덕을 현란한 가을빛으로 비추었다. 그 언덕은 내가 어린 시절을 보냈던 곳이고, 어머니 자신도 그 먼 옛날 어린 시절을 보냈던 곳이다. 나는 언제나 그곳을 사랑했었다.

　그런데 갑자기 어디선가 어머니의 목소리가 들려 오는 것만 같았다. 물론 실제로 그 목소리를 들었던 것은 아니고 그렇게 느꼈던 것 같다. 그러나 내 마음속의 귀로 어머니의 목소리를 들었다. 그 말의 의미는 똑똑하고 분명했다. 어머니는 예전과 마찬가지의 정답고 상냥한 어조로 이렇게 말하는 것 같았다.

　"어찌하여 살아 있는 사람을 죽은 자 가운데서 찾는 거니? 나는 이곳에 없단다. 너는 내가 이 어둡고 쓸쓸한 무덤 속에 있을 것으로 생각하니? 그렇지 않단다. 나는 언제나 너와 내 사랑하는 사람들과 함께 있어."

　그 순간 나의 어둡던 마음속이 갑자기 환해졌다. 놀랍도록 충만한 행복감을 느꼈다. 나는 내가 들은 말이 진실이라는 것을 알았다. 그 의미는 사실적인 것이었다. 내가 무의식중에 외쳤는지도 모른다. 나는 정신없이 일어서서 비석 위에 손을 얹고 물끄러미 어머니의 무덤을 바라보았다. 그것은 단지 죽을 수밖에 없는 몸이 묻혀 있는 곳일 뿐이었다. 몸은 확실히 그곳에 묻혀 있었다. 그러나 그 몸은 더 이상 필요없어 벗어던진 옷에 지나지 않는다. 어머니의 영광스럽도록 아름다운 영혼은 그곳에 있지 않았다.

나는 그곳을 떠났다. 그리고 그 후로는 여간해서는 찾아가지 않았다. 물론 나는 그곳에 가서 어머니, 그리고 나의 어린 시절을 회상해보는 것을 좋아한다. 그러나 그곳은 더 이상 우울한 곳이 아니다. 단지 상징적인 곳일 뿐이다.

"어찌하여 살아 있는 자를 죽은 자 가운데서 찾느냐."(『누가복음』 24장 5절)

성경을 읽고 그 성경이 하나님의 선하심과 영혼의 불멸을 가르치고 있는 것을 믿어라. 진지하게 기도하고 믿음으로 기도하라. 믿음과 기도가 당신 삶의 습관이 되게 하라. 하나님과 예수 그리스도로 더불어 진실한 교제를 맺는 것을 배워 익히도록 하라. 이런 노력을 해나감에 따라 당신은 이런 놀라운 일들이 의심할 바 없는 진실이라는 확신이 당신의 마음속에 솟아오르는 것을 발견하게 될 것이다.

"그렇지 않으면 너희에게 일렀으리라."(『요한복음』 14장 2절)

우리는 그리스도의 진실함에 의지할 수 있다. 만일 그것들이 확실한 진실이 아니라면, 그리스도가 우리에게 그토록 신성한 것들을 믿고 붙잡게 하셨을 리가 없다.

이와 같은 생명과 영혼에 대한 건전하고 근본적이며 합리적인 관점인 믿음 안에서 당신은 상심을 해결하는 처방을 얻을 수 있을 것이다.

17

어떻게 하나님의 힘을 끌어오는가

네 명의 남자가 골프 클럽 휴게실에 앉아 있었다. 그들은 이제 막 한 경기를 마치고 난 뒤였다. 골프의 득점수로 시작된 이야기는 점점 개인적인 고민이나 그 밖의 다른 여러 가지 문제들에 관한 이야기들로 발전해 갔다. 그중의 한 사람이 몹시 낙담해 있었고, 나머지 다른 친구들이 그의 사정을 알고 잠시 동안만이라도 골치 아픈 문제들을 잊어버리라고 이 골프 모임을 주선했던 것이었다. 그들은 골프에 열중해 있는 몇 시간만이라도 그의 마음이 편하기를 바랐다.

그들은 휴게실에 앉아서 그에게 여러 가지 많은 충고와 제안을 해주었다. 얼마 후, 한 사람이 집으로 돌아가기 위해 자리에서 일어섰다. 그는 그런 난관이 어떤 것인지 잘 알고 있었다. 그 역시 많은 난관들을 겪었으나 난관들을 극복하는 방법을 잘 알고 있었다. 그는 일어선 채로 잠시 머뭇거리더니 낙심해 있는 그 친구의 어깨에 손을 얹었다.

"여보게, 조지. 내가 자네에게 설교한다고는 생각하지 말게. 그래, 진짜 설교하려는 것은 아니야. 하지만 자네에게 무언가를 말해주고 싶네. 내가 난관을 극복했던 방법 말일세. 자네도 그 방법을 써본다면, 내가 그랬던 것처럼 진짜로 문제를 해결할 수 있을 거야. 그 방법이란 '왜 자네는 하나님의 힘을 끌어다 쓰지 않는가?'하는 것이야. 하나님의 힘을 끌어다 쓰란 말일세."

그는 다정하게 친구의 등을 가볍게 두드리고 먼저 자리에서 일어났다. 남은 사람들은 여전히 그 자리에 앉아서 그가 남긴 말의 의미를 곰곰이 생각하게 되었다. 이윽고 낙담해 있던 친구가 천천히 말했다.

"나는 방금 전 그 친구가 한 말뜻을 알고 있어. 어딘가에 하나님의 힘이 있다는 것도 알고 있지. 하지만 내가 원하는 것은 어떻게 그 힘을 끌어다 쓸 수 있느냐 하는 거야. 바로 그게 지금 내가 필요로 하는 것이라고."

일은 순조롭게 진행되었다. 그는 하나님의 힘을 끌어다 쓰는 방법을 발견했고, 그 힘이 모든 상황을 유리하게 바꾸어놓았다. 지금 그는 건강하고 행복하게 살고 있다.

당신의 모든 것을 하나님께 의뢰하라

이 골프 모임에서 들은 충고는 참으로 적절했다. 오늘날 성공하기를 원함에도 하는 일마다 실패를 거듭해 실의에 빠져 있는 사람들이 많다. 그러나 현실이 그럴지라도 반드시 그렇게 불행해야 할 절대적인 이유는 없다. 결단코 없다. 그들이 모르고 있는 것이 있다. 비결, 하나님의 힘을 끌어다 쓰는 비결말이다. 자, 그런데 어떻게 그 하나님의 힘을 끌어다 쓸 수 있는가?

여기서 내 이야기를 해야겠다. 젊었을 때, 대학촌에 있는 제법 규모가 큰 교회에 초빙된 적이 있었다. 그 교회에 출석하는 신자들 가운데는 그 도시의 지도자급 인물들뿐만 아니라 교수들도 많았다. 나는 대단한 기회를 내게 마련해준 사람들이 나에게 품고 있던 기대와 믿음이 결코 헛되지 않았음을 증명하려고 아주 열심히 일했다. 그러나 오히려 과도한 긴장이 몰려왔다. 그 누구라도 열심히 일해야 한다. 그렇지만 지나치게 일을 하거나 도에 지나치게 긴장한 탓에 일을 효율적으로 할 수 없을 정도하면, 열심히 일을 한다고 해서 칭찬해줄 이유가 없다. 골프 경기에서도 마찬가지이다. 단 한 번에 승부를 낼 생각으로 공을 치면, 형편없는 스윙을 하게 된다. 당신이 하고 있는 일이 무엇이든 그 일에 있어서도 마찬가지이다. 아무튼 나는 피로를 느끼기 시작하고, 점점 신경질적이 되어갔으며, 나 자신의 정상적인 능력을 발휘하지 못했다.

어느 날 휴 M. 틸로이 교수를 찾아가보기로 했다. 그는 훌륭한 교육자였으며 대단한 낚시꾼이자 사냥꾼이기도 했다. 그는 남자 중의 남자였고 집 밖에서 활동하기를 좋아하는 사람이었다. 나는 그가 학교에 있지 않으면 아마도 호수에서 낚시를 하고 있을 것이라고 여겼는데, 아니나 다를까 호수에서 낚시를 하고 있었다. 내가 큰소리로 부르자, 그는 낚싯배를 호숫가로 저어왔다.

"입질이 아주 좋습니다. 이리 오시지요."

나는 그의 낚싯배에 올랐고 한동안 같이 낚시를 했다.

"무슨 일입니까?"

그는 이미 내 사정을 어느 정도 간파하고 있다는 듯이 물었다. 나는 내가 얼마나 열심히 일을 했는지와 아마도 도에 지나쳐 신경쇠약에 걸릴 지경이 된 것 같다는 이야기를 했다.

"도무지 원기를 회복할 수가 없네요."

그는 웃으면서 말했다.

"그래, 그런 것 같군요. 과로한 것 같아 보입니다."

보트가 호숫가에 닿자 그는 내게 이렇게 권했다.

"자, 저 안으로 들어갑시다."

우리는 호숫가에 있는 조그만 오두막집으로 들어갔다. 그러자 그가 나에게 말했다.

"저 의자에 편히 누우십시오. 당신에게 뭔가 읽어드리겠습니다. 내가 당신에게 읽어드릴 글을 찾고 있는 동안, 편안히 눈을 감고 긴장을 푸십시오."

나는 시키는 대로 하며 그가 어떤 철학적인 글이나 기분 전환을 해줄 글을 읽어줄 것이라 생각했다. 그러나 의외였다.

"자, 찾았습니다. 이제부터 당신한테 읽어줄 터이니 조용히 들으십시오. '너는 알지 못하였느냐 듣지 못하였느냐 영원하신 하나님 여호와, 땅끝까지 창조하신 이는 피곤하지 않으시며 곤비하지 않으시며 명철이 한이 없으시며 피곤한 자에게는 능력을 주시며 무능한 자에게는 힘을 더하시나니 소년이라도 피곤하며 곤비하며 장정이라도 넘어지며 쓰러지되 오직 여호와를 앙망하는 자는 새 힘을 얻으리니 독수리의 날개치며 올라감 같을 것이요 달음박질하여도 곤비하지 아니하겠고 걸어가도 피곤하지 아니하리로다'(「이사야」 40장 28~31절) 이 글을 마음속에 깊이깊이 새기기 바랍니다."

그리고 그는 내게 이렇게 물었다.

"지금 이 글이 무엇인지 알고 있습니까?"

"네, 「이사야」 40장입니다."

내가 대답했다.

"성경을 그렇게 잘 알고 있으니 다행입니다."

그러면서 그는 덧붙였다.

"그런데 왜 그 말씀대로 하지 않지요? 자, 긴장을 푸십시오. 심호흡을 세 번만 하기 바랍니다. 천천히 숨을 들이쉬고, 다시 내쉬고, 들이쉬고 하십시오. 하나님께 의지해서 그분의 도우심과 능력을 얻으십시오. 하나님이 이제 당신에게 힘을 주고 계신다고 믿고, 그분의 힘과의 접촉이 영원히 끊어지지 않도록 하십시오. 당신 자신을 그 힘에 내맡기십시오. 그리고 그 힘이 당신을 통해 막힘없이 흐르도록 그 힘을 받아들이란 말입니다.

당신이 맡고 있는 일을 하나님의 손에 맡기십시오. 물론 당신은 당신에게 맡겨진 일을 하지 않으면 안 됩니다. 그러나 당신은 월드 시리즈에 대타자가 그러하듯이 긴장을 풀고 마음의 여유를 가지고 쉽게쉽게 일을 해야 합니다. 그는 야구방망이를 힘들이지 않고 휘두릅니다. 결코 엄청난 장외홈런을 노리지는 않거든요. 그는 할 수 있는 최선을 다합니다. 그리고 자기 자신을 믿는단 말입니다. 자신이 많은 힘의 여유를 가지고 있다는 것을 알고 있기 때문이죠."

여기서 그는 다시 앞서의 성경 구절을 읽었다.

"여호와를 앙망하는 자는 새 힘을 얻으리니."(「이사야」 40장 31절)

이것은 꽤 오래전에 있었던 일이지만, 나는 그 가르침을 결코 잊지 않고 있다. 그는 나에게 하나님의 힘을 끌어다 쓰는 방법을 가르쳐준 것이다. 그리고 그의 가르침은 확실한 효과가 있었다. 나는 아직까지 이 친구의 충고를 충실히 따르고 있다. 그 후 이미 20여 년이 지났지만, 그의 충고는 단 한 번도 나를 실망시킨 적이 없었다. 나의 생활은 여러 가지 일들로 인해 몹시 분주한 생활이었지만 이 능력의 공식은 내가 필요로 하는 모든 힘을 아무런 모자람 없이 공급해주었다.

하나님의 힘을 끊임없이, 구체적으로 요구하라

하나님의 힘을 끌어다 쓰는 두 번째 방법은 어떤 문제에 대해서도 긍정적이고 낙관적인 태도로 대하는 법을 배워 익히는 것이다. 당신이 불러일으키는 믿음의 정도에 정비례해서 당신은 당신의 상황에 대처할 수 있는 능력을 받게 될 것이다. "너희 믿음대로 되라"(「마태복음」 9장 29절)라는 말씀은 성공적인 삶을 살아나가는 기본적인 원칙이다.

하나님의 힘은 엄연히 존재한다. 우리로서는 감히 상상조차 할 수 없을 정도로 월등한 하나님의 힘은 존재한다. 그리고 그 힘은 당신을 위해 그어떤 일이라도 해낼 수 있다. 그 힘을 끌어다 써라. 그 힘의 위대한 도움을 경험하라. 당신이 거침없이 그 하나님의 힘을 끌어다 쓸 수 있다면, 어찌 패배할 수 있단 말인가? 당신의 문제를 털어놓아라. 그리고 그 문제에 대한 구체적인 답을 구하라. 당신이 그 해답을 얻고 있다는 것을 믿어라. 지금 하나님의 도우심으로 당신이 난관을 해결할 수 있는 능력을 얻고 있다는 것을 믿어라.

실제적인 난관에 맞닥뜨린 한 부부가 나를 만나러 왔다. 남편은 전에 한 잡지의 편집인이었는데 음악과 미술 분야에서 뛰어난 인물이었다. 사람들은 누구나 그의 친절하고 우정 어린 행동 때문에 그를 좋아했다. 그의 부인도 그와 비슷한 인정을 받고 있었다. 그러나 건강이 좋지 않았고, 그래서 시골로 들어가 거의 은둔 생활을 하고 있었다.

남편은 두 번의 심장 발작을 겪었는데, 그중 한 번은 아주 심했다고 말했다. 그의 아내는 점점 쇠약해졌다. 그는 그녀가 몹시 걱정스러웠다. 그가 던진 질문은 이러했다.

"제가 건강을 다시 회복하고, 새로운 힘과 소망을 주는 어떤 능력을 얻을 수 있을까요?"

상황은 그가 설명해주었듯이 갖가지 실망과 좌절로 점철되어 있었다. 솔직히 나는 그가 생각이 지나치게 복잡한 사람이어서 믿음이 그를 다시 소생시켜준다고 할지라도 그렇게 되는 데 꼭 필요한 단순한 믿음을 그가 받아들이고 구사할 수 있을지 의심스러웠다. 그래서 나는 그에게 그가 기독교의 가르침에 따라 능력의 원천을 열어놓기에 충분할 만큼의 단순한 믿음을 행사할 능력이 있는지 다소 염려스럽다고 말했다.

그러나 그는 내게 자신이 진지하고 열린 마음이며, 자신에게 주어지는 어떤 지시라도 기꺼이 따르겠다고 자신 있게 말했다. 나는 그의 정직함과 그 영혼의 진지함을 보았고, 그때 이후로 그에게 많은 관심을 가지게 되었다. 나는 그에게 간단한 처방을 주었다. 신약과 시편을 읽고, 또 읽어 그의 마음이 그 구절들에 흠뻑 젖어들 때까지 읽어야 했다. 나는 그에게 중요 구절들을 암기하라는 일상적인 제안도 했다. 내가 그에게 가장 힘들여 강조한 것은 그의 삶을 하나님의 손에 맡기며, 그와 동시에 하나님이 그를 능력으로 채우신다는 것을 믿고, 그의 아내도 그렇게 해야 한다는 것이었다. 또한 그들 두 사람은 삶의 일상적이고 세세한 부분까지 하나님의 인도하심을 받고 있다는 것을 흔들림 없이 믿어야 했다.

그들은 예수 그리스도의 치유하시는 은혜가 그들의 의사—나는 우연히 그를 알게 되었는데, 그에 대해 칭찬하지 않을 수가 없었다. 그는 훌륭한 의사였다—와 협력하는 가운데 주어지고 있다는 것도 믿어야 했다. 나는 대의사이신 예수 그리스도의 능력이 이미 그들 가운데서 역사하고 계시는 모습을 그들의 마음속에 영상으로 그리라고 제안했다.

나는 그들을 만날 기회가 별로 없었지만, 그들은 믿음에 있어서 어린아이와 같이 순수했고, 하나님에 대한 신뢰는 철저했다. 그들은 열성적으로 성경을 읽었으며, 종종 그들이 이제 막 발견한 '놀라운 구절'에 관해서 내게 전화를 걸어 묻기도 했다. 그들은 내게 성경이 말하는 진리에 대한 신선한 통찰력을 주기도 했다. 그 부부에게는 참으로 창조적인 역사가 이루어지고 있었던 것이다.

그다음 해 봄에 그의 아내인 헬렌이 말했다.

"이처럼 아름다운 봄을 여태까지 본 일이 없습니다. 이 봄의 꽃들도 내가 지금까지 보아온 것들 가운데 가장 아름답고, 저 하늘의 구름을 좀 보세요! 정말 아름답지 않습니까? 아침에 동이 틀 때, 그리고 저녁 황혼의 그 찬란한 아름다움은 또 어떻고요? 올해는 나뭇잎들조차 더 푸른 것 같습니다. 나는 새들이 이렇게 희열에 넘쳐 즐거이 노래하는 것을 여태까지 들어본 일이 없습니다."

이렇게 말하는 그녀의 얼굴에는 희열이 넘쳐나고 있었다. 나는 그녀가 영적으로 거듭났다는 것을 알 수 있었다. 그뿐만 아니라 그녀는 조금씩 건강이 나아져 예전의 체력을 거의 회복해가고 있었다. 그녀의 타고난 창조적 능력이 다시 한 번 흘러나오기 시작했고, 삶은 그녀에게 새로운 의미로 다가왔다.

그리고 남편인 호레이스는 더 이상 심장 발작을 일으키지 않았다. 신체적, 정신적, 영적 활력이 그를 유달리 활기차게 했다. 그들은 새로운 친구들과 교제하기 시작했고, 중심적인 인물이 되었다. 그들은 어느 누구를 만나든 사람들을 정신적으로 고무하는 놀라운 힘을 가지고 있었다.

그들이 발견한 비결은 무엇인가? 복잡하게 생각할 것 없다. 그들은 하나님의 능력을 끌어다 쓰는 방법을 배워 익혔을 뿐이다.

이 하나님의 능력은 인간에겐 더없이 놀라운 사실이다. 나는 무수히 그런 사실들을 보아왔지만, 그런 사실을 다시 보게 될 때마다 사람들의 삶에서 이루어지는 그 철두철미하고 엄청난 선으로의 변화에 매번 압도당한다. 나는 하나님의 능력이 사람들을 위해 할 수 있는 그 모든 일에 열광적으로 매료되어 있으며, 그러하기에 어떻게 하든지 이 책을 끝마칠 때까지 지겹도록 이 사실을 말할 생각이다. 나는 이 능력을 끌어다씀으로써 새로운 인생의 탄생을 맞은 수많은 사람들의 수많은 이야기, 수많은 사례들을 거듭거듭 말할 수 있다.

하나님의 힘은 끊임없이 이용할 수 있다. 당신이 하나님의 힘을 향해 열려 있으면, 하나님의 힘은 당신을 향해 강력한 조수처럼 밀려올 것이다. 하나님의 힘은 그 어떤 조건이나 환경에 처해 있는 그 어떤 사람에게도 주어질 수 있는 유용한 힘이다. 이것은 강력한 것이어서, 그것이 돌입할 때는 온갖 것들을 다 바꿔놓는다. 즉 두려움, 미움, 질병, 허약함, 도덕적 결점을 없애버리되 완전히 흩어버려 그것들이 당신에게 근접하는 것조차 허용치 않으며, 당신의 삶을 건강과 행복과 선으로 새롭게 하고 강화시킨다.

하나님의 능력으로 당신의 모든 문제를 해결하라

나는 오랫동안 알코올 중독 문제와 금주 연맹의 조직에 관심을 가져왔다. 그들이 주장하는 원리 중의 하나는, 알코올 중독에 걸려 있는 사람들은 먼저 자기 자신이 알코올 중독자이며, 자신의 힘으로는 아무것도 할 수 없다는 것, 그리고 자신에게 아무런 힘도 없기 때문에 자신의 힘으로 알코올 중독에서 벗어나려고 해보았자 실패할 수밖에 없다는 것을 인정해야 한다는 것이다. 그래야만 비로소 그들은 실질적인 도움을 받을 수 있다. 그들이 이런 인식을 하고 있어야만 비로소 다른 사람들과 하나님의 능력의 도움을 받을 수 있게 된다.

또 다른 하나의 원리는 하나님의 능력에 기꺼이 의존하는 것이다. 그래야만 그는 하나님의 능력으로부터 자기 자신이 가지고 있지 않은 힘을 끌어낼 수 있다. 하나님의 능력이 사람들의 삶 가운데 생생하게 역사하는 것은 이 세상에서 가장 감동적인 일이다. 다른 그 어떤 힘의 작용도 이에 필적하지 못한다. 이 힘에 비한다면 물질적인 힘이 성취할 수 있는 일이란 기껏해야 낭만적인 수준에 불과하다. 괄목할 만한 일을 해내기 위해서는 그 일을 해내는 법칙과 공식과 동력을 발견해내야 한다. 영적 능력도 일정한 법칙을 따른다. 이런 법칙들을 완전히 터득한다면 다른 그 어떤 역학의 영역보다도 훨씬 더 복잡한 영역, 다시 말해 인간의 본성에 기적과도 같은 일들을 일으킬 수 있다. 기계를 바르게 작동시키는 일이 중요한 일이라면, 바르게 작동시키는 것은 그 이상으로 중요한 일이다. 인간의 본성은 어떤 기계보다 복잡하기 때문에 인간의 본성을 바르게 작동시키려면 상당한 기술이 필요하다. 그러나 그런 기술이 대단히 어려운 것일지라도 결국 습득될 수 있다.

나는 어느 날 플로리다의 바람에 흩날리는 종려나무 아래 앉아서, 가까스로 참담한 비극에서 빠져나온 한 남자의 인생에 하나님의 능력이 어떻게 역사하였는지를 보여주는 이야기에 귀기울이고 있었다. 그는 열여섯 살부터 술을 입에 대기 시작했다고 말했다. 처음에 아주 '멋진 일'이었다고 한다. 그로부터 23년 후, 사회에 해를 끼치는 알코올 중독자로서 '인생을 끝장내기로 결심'했다. 자기를 버린 아내와 장모, 처제에 대해 쌓아온 미움과 비탄에서 헤어나지 못하고 그 세 사람을 죽여버리겠다는 결심을 하게 되었다. 그의 이야기를 그의 말을 빌려 소개하겠다.

이 살인 결심을 실행할 담력이 필요해 나는 술집으로 들어갔다. 술을 조금만 더 마시면 세 사람을 죽일 만한 용기가 생겨날 것 같았다.

술집으로 들어가자 칼이라는 젊은이가 커피를 마시고 있는 것이 보였다. 나는 어려서부터 그를 미워했다. 그러했기에 그가 아주 단정한 모습으로 앉아 있는 것을 보고 놀랐다. 게다가 그는 술집에서 커피를 마시고 있었던 것이다.

그는 한 달에 400달러나 되는 많은 돈을 술 마시는 데만 써버리는 대단한 알코올 중독자였다. 그러니 그의 그런 모습에 내가 당황하는 건 당연한 일 아닌가. 게다가 그의 얼굴에는 어떤 이상한 빛이 흐르고 있어 얼떨떨해질 수밖에 없었다.

나는 칼의 모습에 매혹되어 그의 곁으로 다가가 물었다.

"커피를 마시고 있다니 도대체 어떻게 된 일이야?"

"난 1년 동안 술을 입에 대지 않았네."

그의 대답이었다.

나는 어이가 없었다. 칼과 나는 수없이 술자리를 같이했다. 이 일에서 더더욱 기묘한 것은 내가 칼을 그토록 미워하고 있었음에도 내 마음이 이상하게 움직였다는 사실이다. 나는 칼이 "에디, 자네도 술을 끊고 싶지 않은가?"라고 물었을 때, 그저 묵묵히 그의 말을 듣고 있었다.

"난 1년이면 1,000번은 술을 끊지."

내가 대답했다.

칼은 웃으며 말했다.

"자네의 문제를 진짜로 어떻게 해보고 싶다면, 술이 깬 뒤 토요일 9시에 저 교회로 가보게나. 거기서 금주 모임이 열린다네."

나는 종교에는 아무런 관심이 없지만, 어쩌면 가게 될지도 모르겠다고 그에게 말했다. 확실하게 기억하고 있지는 못하지만, 그의 눈빛만은 내 마음속에 선했다.

칼은 내가 그 모임에 참석해야 한다고 고집하지는 않았다. 그러나 만일 나 자신의 문제를 어떻게 해볼 의향이 있다면, 그와 그의 친구들이 어떻게든 도울 수 있을 것이라고 거듭해서 말했다. 그 말을 하고 나서 칼은 그 자리를 떴고 나는 술을 주문하기 위해 자리에서 일어섰다. 그러나 어찌 된 일인지 술 생각이 사라졌다. 그래서 술을 마시는 대신 집으로 갔다. 내게 남아 있는 유일한 집, 어머니의 집으로 말이다.

나는 17년 전에 아름다운 아가씨와 결혼했다. 그러나 술 때문에 거의 폐인이 되어버렸고, 그녀 또한 나의 장래를 믿지 못했다. 그래서 결국 그녀는 내게 이혼을 요구했고, 그래서 나는 직업도, 돈도, 심지어 내 집까지도 완전히 날려버렸다.

나는 어머니의 집에 도착했을 때부터 다음 날 아침 6시가 될 때까지 술 한 병을 앞에 놓고 씨름을 했다. 그러나 그때까지 술을 마시지 않고 견딜 수 있었다. 내내 칼의 모습을 떠올렸다. 그래서 토요일 아침에 나는 칼에게 가서 물었다. 어떻게 하면 그 금주 동맹 모임이 열리는 저녁 9시까지 술을 마시지 않을 수가 있겠느냐고 물었다.

칼이 말했다.

"술집이나 술집 간판이 눈에 들어올 때마다 '하나님, 제가 이 자리를 그냥 지나치게 해주소서'라고 짤막하게 기도를 하게."

그리고 그는 덧붙였다.

"그리고 있는 힘을 다해서 도망치게. 그것이 하나님과 협력하는 길이라네. 당신의 기도를 들으시는 것은 하나님의 일이요, 그 자리에서 도망치는 것은 자네의 일일세."

나는 칼이 내게 말해준 그대로 했다. 길고 긴 시간이었다. 나는 불안하고 마음이 자꾸만 흔들려서 내 누이와 함께 시내 이곳저곳을 거닐었다. 마침내 8시가 되었다. 그러자 내 누이가 내게 말했다.

"에디, 여기서 오빠가 참석하려는 모임이 열리는 교회까지 가려면 술집을 일곱 개나 지나야 해. 이제 오빠 혼자 가봐. 오빠가 그 모임에 참석하지 못하고 술에 취해서 돌아와도, 우리는 오빠를 여전히 사랑할 거야. 최선을 다하길 빌게. 아마 그 모임은 오빠가 참석해온 모임과는 왠지 좀 다른 것 같아."

하나님의 도우심으로 나는 그 술집들을 무사히 통과할 수 있었다.

교회 입구에서 나는 뒤를 돌아다보았다. 내가 즐겨 찾던 술집의 간판 하나가 내 눈에 똑바로 들어왔다. 나는 기로에 섰다. 술집으로 갈 것이냐, 아니면 금주 모임에 갈 것이냐? 이 싸움을 나는 평생 잊지 못할 것이다. 그러나 나 자신보다 강한 어떤 힘이 나를 술집이 아니라 교회 안으로 밀어넣었다.

모임 장소로 들어선 나는 내가 몹시도 미워했던 내 친구 칼의 힘찬 악수를 받고 얼떨떨해질 정도로 놀랐다. 그를 향한 나의 분노가 사라지고 있었다. 나는 참석자들과 일일이 인사를 나누었다. 거기에는 의사, 변호사, 벽돌공, 기계 수리공, 석탄 광부, 건설 기술자, 미장이, 막노동꾼 등 온갖 직업의 사람들이 다 있었다. 지난 세월 동안 나와 같이 술을 마셔온 사람도 눈에 띄었다. 그러나 여기 있는 그들은 모두 토요일 오후인데도 불구하고 정신이 말짱했다. 게다가 그들은 모두 행복해 보였다.

나는 그 자리에서 어떤 일이 어떻게 일어났는지 잘 모른다. 내가 아는 것은 거듭남이 이루어졌다는 것, 그것이 전부이다. 나는 그 거듭남을 깊이 느끼고 있었다.

자정이 되어 나는 유쾌한 기분으로 그곳을 나왔다. 뭐라 형언할 수 없는 들뜬 마음으로 집에 돌아왔고, 최근 5년 이래 처음으로 편안히 잠을 잘 수 있었다. 다음 날 아침 잠에서 깨어났을 때, 분명 내게 말하는 어떤 소리를 들을 수 있었다.

"당신 자신보다 위대한 힘이 있다. 당신의 의지와 당신의 삶을 당신이 알고 있는 하나님의 도우시는 손길에 맡겨라. 그러면 하나님이 당신에게 힘을 주실 것이다."

그날은 주일 아침이었다. 나는 교회에 가기로 했다. 예배에 참석했는데, 설교자는 내가 어려서부터 미워하던 사람이었다. 그는 목사복을 점잖게 차려입은 장로교 목사였다. 나는 그를 상대하지 않았는데, 그것이 잘못이었다. 그는 참으로 옳았다. 나는 찬송을 부르고 헌금을 하는 시간 내내 신경이 예민해져 있었다. 이윽고 목사가 성경을 읽었다. 설교는 '그가 겪은 바, 그 어느 누구의 경험일지라도 그것을 우습게 여기지 마라'는 주제에 기초하고 있었다. 나는 사는 동안 결코 그 설교를 잊지 못할 것이다. 그 설교는 중요한 교훈을 가르쳐주었다. 그가 겪은 바, 그 어느 누구의 경험일지라도 그것을 우습게 여기지 마라. 그와 하나님은 그 경험의 깊이와 진실을 알고 있기 때문이다.

그 후로 나는 이 목사를 내가 아는 가장 위대하고 가장 정직한 사람으로 사랑하게 되었다.

　나의 새로운 삶이 어디서 시작되었는지는 확정하기 어려운 문제이다. 내가 술집에서 칼을 만났을 때였는지, 술 한 병을 놓고 씨름을 하고 있을 때였는지, 금주 모임에서 참석했을 때였는지, 교회에서 예배를 드리고 있을 때였는지 나는 알지 못한다. 그러나 25년 동안이나 가망 없는 알코올 중독자였던 내가 술을 마시지 않는 사람이 되었다.

　나 혼자의 힘으로는 결코 그렇게 할 수 없었을 것이다. 사실 술을 끊어 보려고 1,000번쯤은 노력했으나 그때마다 실패했다. 그러나 나는 하나님의 힘을 끌어들여 썼고, 하나님이 바로 그렇게 하신 것이다.

　나는 이 이야기의 주인공과 수년 동안 알고 지냈다. 술을 끊게 된 그는 재정적인 문제를 비롯한 여러 문제에 봉착하게 되었다. 그러나 결코 다시는 약해지지 않았다.

　그와 이야기를 나누고 있는 동안, 나는 묘하게 감동하게 되었다. 나를 감동시킨 것은 그가 하는 말이나 태도 때문이 아니었다. 그것은 어떤 능력이 이 사람에게서 흘러나오고 있기 때문이었다. 그는 유명한 사람이 아니었다. 그저 매일 매일 열심히 일하는 평범한 판매원일 뿐이었다. 그러나 하나님의 능력이 그 안에 있으며, 그를 통해 흘러나오고, 그가 하는 일 가운데서 역사하고 있었다. 또 그 능력은 그 능력 자체를 다른 사람에게 전하기까지 했다. 그래서 그 능력이 나에게까지 전해진 것이었다.

　이 장은 결코 알코올중독을 논하기 위해 쓴 것이 아니다. 물론 나는 이 문제와 관련해서 또 하나의 사례를 들 생각이다. 내가 이런 사례를 인용하는 것은, 알코올 중독자를 알코올 중독에서 구할 수 있는 어떤 능력이 있다면, 그와 똑같은 힘이 다른 그 어떤 문제에 봉착한 다른 그 어느 누구라도 그가 자신의 문제를 해결할 수 있도록 도울 수 있다는 것을 결론적으로 보여주기 위해서이다. 알코올 중독의 문제보다 해결하기 더 어려운 문제는 없다. 그 어려운 문제를 해결하는 데 성공한 하나님의 힘은, 확신하건대, 당신이 직면하고 있는 그 어떠한 문제라도 능히 해결할 수 있도록 당신을 도울 수 있다.

또 하나의 다른 사례를 들어보겠다. 이 사례를 이야기하려는 것도 역시 비슷한 목적에서이다. 즉 믿음을 구사하는 사람들에게 빛나는 승리를 확실히 가져다줄 수 있는 하나님의 능력이 있으며, 그 능력은 끌어다쓸 수 있다는 것을 특히 강조하기 위해서이다.

어느 날 밤, 버지니아 주의 로어노크 호텔에서 한 남자가 나에게 이런 이야기를 들려주었다. 그는 그 뒤로 나의 절친한 친구가 되었다. 2년 전, 그는 나의 저서 『자신 있는 삶으로의 인도』를 읽었다고 한다. 그 당시 그는 자타가 인정하는 구제할 길 없는 절망적인 알코올중독자였다. 버지니아의 실업가로 심각한 주정뱅이였음에도 사업적 성공을 거둘 만한 능력이 있었다. 그러나 그는 술만 마시면 완전히 자제심을 잃어버려서 그 폐해가 차츰 드러났다.

그러던 중, 앞서 말한 나의 책을 읽고 뉴욕에 가기만 하면 자기의 알코올중독을 치료할 수 있다는 확신이 들었다고 한다. 그래서 그는 뉴욕에 왔다. 물론 그가 뉴욕에 도착했을 때는 완전히 곤드레만드레가 되어 있었다. 한 친구가 그런 그를 호텔에 데려다 놓고 돌아가버렸다. 얼마 안 있어 그는 제정신으로 돌아왔고, 제정신이 돌아온 그는 직원을 불러 타운스 병원으로 갔으면 한다고 말했다. 그 병원은 알코올 중독치료로 유명한 연구소로, 그 방면에서 최고의 권위자라고 할 수 있는 윌리엄 실크워스 박사가 있었다.

직원은 그의 주머니 속에 있던 100달러 남짓의 돈을 훔친 다음, 그를 타운스 병원으로 데려다주었다. 며칠 동안 치료를 받은 다음, 실크워스 박사는 진찰하러 와서 침대에 누워 있는 찰스에게 이렇게 말했다.

"찰스, 내가 할 수 있는 일은 다 했소. 당신의 상태는 많이 좋아진 것 같습니다."

이것은 실크워스 박사가 평상시에 쓰던 말이 아니었다. 이 경우에 이런 말을 한 것은 단지 환자에게 하나님의 능력이 인도하심을 느끼게 하기 위해서였다.

아직도 몸을 좀 떨고 있기는 했지만, 찰스는 즉시 병원을 나와 뉴욕 시 29번 가에 있는 우리 교회로 왔다. 그러나 공교롭게도 그날은 마침 법정 공휴일이어서 교회 문은 닫혀 있었다(우리 교회의 문은 법정 공휴일 외에는 언제나 열려 있다). 그는 거기 서서 한동안 망설였다. 그는 교회 안에 들어가 기도를 하고 싶었다. 그러나 교회 문은 닫혀 있었고 난감할 수밖에 없었다. 그러다가 희한한 생각을 하게 되었다. 그는 자기 지갑에서 자신의 명함 한 장을 꺼내 교회 출입문의 우편함 속에 집어넣었다.

그 순간, 놀라운 평화의 물결이 그에게 밀려들었다. 날아갈 듯한 해방감을 느꼈던 것이다. 그는 교회 문에 머리를 기대고 서서 마치 어린아이처럼 흐느껴 울었다. 그는 자신이 자유의 몸이 되었으며, 자신에게 어떤 놀라운 변화가 일어났다는 것을 알았다. 그 변화의 증거는 명백했다. 그는 그 순간부터 예전에 걷던 길에서 완전히 돌아섰고, 다시는 예전으로 돌아가지 않았다. 그 순간부터 그는 완전히 술을 끊었다.

이 사건에는 몇 가지 인상적인 특징이 있다. 그 하나는 실크워스 박사가 심리적으로나 정신적으로나 혹은 초자연적이라고나 할까, 참으로 적절한 순간에 그를 병원에서 내보낸 점이다. 이것은 박사 자신도 하나님의 인도에 따르고 있음을 나타내는 증거이다.

그 일이 일어난 지 2년 후에 찰스가 로어노크 호텔에서 이 이야기를 나에게 하고 있을 때, 나는 그가 하는 이야기를 마치 내가 전에 자세히 들었던 일이 있었던 것처럼 느껴졌다. 그러나 그는 나에게 한 번도 이야기를 한 적이 없고, 사실 나도 그와 이야기한 사실이 한 번도 없었다. 혹시 그가 편지로 그 이야기를 내게 써보내어 그것을 내가 읽었는지도 모른다고 생각했으나, 그는 나에게 편지를 써보낸 일이 없다고 했다. 그러면 혹시 내 비서나 비서의 친구, 혹은 나에게 이야기를 해줄 만한 다른 사람에게라도 말을 하지 않았느냐고 물어보았으나, 그는 지금까지 자기 부인 외에는 아무에게도 말한 적이 없다고 했고, 나는 그의 부인을 그날 밤 그 시간 이전까지는 만나본 일이 전혀 없었다.

그러고 보면, 그 사건은 때마침 그것이 일어나던 바로 그때에 나의 잠재의식 속에 전달되었다는 것이 명백해진다. 왜냐하면 나는 이 이야기를 기억하고 있었으니까 말이다.

그는 왜 자기 명함을 우편함 속에 집어넣었을까? 아마도 그는 그의 영적 본향, 즉 하나님께 보고할 작정이었으리라. 이것은 그가 절망적인 인생과 결별하고 하나님의 힘을 구하려는 적극적이고 상징적인 행동이었다. 그래서 하나님은 그 즉시 종래의 그로부터 그를 구출하고 고쳤던 것이다.

이 사건은 하나님의 힘에 대하여 강한 소망을 가지고 성실한 손을 뻗는다면 반드시 하나님으로부터 힘이 주어진다는 것을 가르쳐주고 있다.

나는 이 장에서 인간이 경험한 빛나는 승리에 관한 이야기를 해왔는데,

그 어느 이야기에서도 삶을 새롭게 하는 능력이 항상 있고 이용가능한 것이며, 또한 그 능력은 우리 자신 내부에 있는 것임을 말했다.

당신의 문제는 알코올 중독이 아닐지도 모른다. 그러나 하나님의 능력이 이처럼 가장 어려운 알코올 중독의 문제를 해결할 수 있다는 사실은 이 장 또는 이 책 전체를 통해 이야기되고 있는 놀라운 진리, 즉 믿음, 긍정적이고 적극적인 사고, 하나님께 드리는 기도를 통해 해결할 수 없는 그 어떠한 문제나 어려움, 또는 패배는 있을 수 없다는 진리를 강조해주고 있다.

하나님의 힘으로 문제를 해결했습니다

하나님의 힘을 당신의 것으로 만드는 것은 간단하고 효과적이다. 하나님은 다음 편지의 발신인이 받은 것과 똑같은 도움을 당신에게도 끊임없이 베풀어주실 것이다.

친애하는 필 목사님.

제가 목사님을 만나고 마블 교회에 다니게 된 이래 우리에게 일어난 그 놀라운 모든 변화를 생각하면 그저 기적이라고밖에 표현할 수 없습니다. 바로 6년 전의 이날, 제가 완전히 파멸 직전에 있는 것을 목사님께서 보셨을 때, 저는 사업에 실패하여 엄청난 부채를 짊어진 상태였으며, 신체적으로도 완전히 지친 데다가 지나치게 술을 마신 나머지 친구도 하나 없는 처량한 신세였습니다. 그때 목사님은 저에게 우리의 행운이 전혀 꿈이 아님을 일깨워주기 위해 이따금 그런 시련을 겪게 되는 것이라고 말씀해주셨습니다.

목사님도 알고 계시는 바와 같이 6년 전 저의 문제는 비단 술 때문만은 아니었습니다. 저는 목사님에게 목사님이 지금까지 만나온 사람들 가운데 제가 가장 부정적인 사람이라는 말을 들었습니다. 그러나 이것은 사실의 반 정도밖에 맞히지 못한 것입니다. 저는 목사님이 만난 사람 중에서 가장 성급하고 자만심이 강한, 도무지 어떻게 해볼 도리가 없는 사람이었습니다. 제가 이런 강박관념들을 다 극복한 것은 아닙니다. 아직도 저는 그렇게 하지 못한 형편입니다. 저는 매일매일 저에게 부여된 일상적인 일들을 해나가야 하는 평범한 인간들 가운데 한 사람입니다. 그러나 점차 당신의 가르침을 따르려 애씀에 따라 저 자신을 통제하고 동료들에 대해 덜 비판적이 되는 법을 배워 익히고 있습니다.

지금 저는 마치 감옥에서 해방된 것과 같은 기분입니다. 저는 삶이 이렇게 충만하며 멋질 수 있으리라고는 결코 꿈꾸지 못했습니다. 정말 고맙습니다.

에필로그

당신을 도우시는 하나님을 믿으라

당신은 이 책을 다 읽었다. 그런데 당신이 이 책에서 무엇을 알게 되었는가? 복잡하게 생각할 것 없다. 당신은 이 책에서 성공적인 삶을 영위하게 하는 실제적이고 효과적인 방법들을 알게 되었다. 당신은 온갖 패배를 극복하고 승리할 수 있도록 돕는 믿음과 실천의 공식을 알게 되었다.

이 『긍정적 사고방식』에는 이 책에서 제안하는 여러 기술들을 믿고 실제로 적용한 사람들의 이야기들이 소개되고 있다. 이런 사례들은 당신도 그들이 사용한 것과 똑같은 방법을 통해 똑같은 결과를 얻을 수 있다는 사실을 입증해 보이기 위해 소개되었다. 그러나 단순히 읽는 것만으로는 부족하다. 다시 처음으로 돌아가 이 책에 소개되어 있는 모든 방법들을 꾸준히 생활 속에서 실천해보라. 그리고 당신이 기대하는 결과를 얻을 때까지 중단하지 말고 계속하라.

나는 당신을 돕고자 하는 진지한 바람으로 이 책을 썼다. 그러므로 이 책이 당신에게 도움이 된다면 나에겐 더없이 커다란 기쁨이 될 것이다. 나는 이 책에 요약한 원리들과 방법들에 대해 절대적인 확신을 가지고 있다. 그것들은 모두 영적 경험이라는 실험실에서 검증되고, 삶의 현장에서 실증된 것들이다. 그것들은 지금까지 효과적이었던 것처럼 앞으로도 그럴 것이다.

우리는 개인적으로 만날 기회가 없었고, 앞으로도 없을 것이다. 그러나 이미 우리는 이 책을 통해서 서로를 만난 것이나 다름없다. 이미 우리는 영적인 친구들이며, 나는 당신을 위해 기도할 것이다. 하나님이 당신을 도우실 것이라는 점을 믿고 성공적인 삶을 살게 되기를 바란다.

노먼 빈센트 필